Constituição, Direito Penal e Novas Tecnologias

Constituição, Direito Penal e Novas Tecnologias

2024

Gilmar Ferreira Mendes
Matheus Pimenta de Freitas
Coordenadores

ALMEDINA

CONSTITUIÇÃO, DIREITO PENAL E NOVAS TECNOLOGIAS
© Almedina, 2024
COORDENADORES: Gilmar Ferreira Mendes, Matheus Pimenta de Freitas

DIRETOR ALMEDINA BRASIL: Rodrigo Mentz
EDITORA-CHEFE: Manuella Santos de Castro
EDITOR PLENO: Aurélio Cesar Nogueira
PRODUTORA EDITORIAL: Erika Alonso
ASSISTENTES EDITORIAIS: Letícia Gabriella Batista e Tacila da Silva Souza

DIAGRAMAÇÃO: Almedina
DESIGN DE CAPA: FBA

ISBN: 9786556279992
Fevereiro, 2024

Dados Internacionais de Catalogação na Publicação (CIP)
(Câmara Brasileira do Livro, SP, Brasil)

Constituição, direito penal e novas tecnologias / coordenação Gilmar Ferreira Mendes, Matheus Pimenta de Freitas. – São Paulo: Almedina, 2023.

Vários autores.
ISBN 978-65-5627-999-2

1. Artigos – Coletâneas 2. Criptomoedas 3. Direito constitucional – Brasil 4. Direito penal – Brasil 5. Inteligência artificial 6. Liberdade de expressão 7. Tecnologias digitais 8. Tutela penal I. Mendes,Gilmar Ferreira. II. Freitas, Matheus Pimenta de.

23-172898 CDU-340.114

Índices para catálogo sistemático:
1. Artigos: Coletâneas: Direito 340.114
Eliane de Freitas Leite – Bibliotecária – CRB 8/8415

Este livro segue as regras do novo Acordo Ortográfico da Língua Portuguesa (1990).

EDITORA: Almedina Brasil
Rua José Maria Lisboa, 860, Conj.131 e 132, Jardim Paulista | 01423-001 São Paulo | Brasil
www.almedina.com.br

SOBRE OS COORDENADORES

Gilmar Ferreira Mendes

Ministro do Supremo Tribunal Federal. Pós-Doutor, Doutor e Mestre em Direito pela Universidade de Münster, Alemanha. Professor de Direito Constitucional nos cursos de graduação e pós-graduação do Instituto Brasileiro de Ensino, Desenvolvimento e Pesquisa (IDP).

Matheus Pimenta de Freitas

Advogado e Sócio-Administrador do escritório Pimenta de Freitas Advogados. Mestre e bacharel em Direito pela Universidade de Brasília (UnB), é professor de Direito Constitucional no curso de graduação do Instituto Brasileiro de Ensino, Desenvolvimento e Pesquisa (IDP), e coordenador do Grupo de Estudos e Pesquisa em Direito Eleitoral da UnB.

SOBRE OS AUTORES

Ana Frazão
Advogada. Professora Associada de Direito Civil, Comercial e Econômico da Universidade de Brasília – UnB.

Anna Maria da Trindade dos Reis
Advogada graduada na UnB e Pós Graduada pela PUC/MG, sócia do Trindade & Reis Advogados Associados (1997), sediado em Brasília, com atuação nos Tribunais Superiores.

Caroline Somesom Tauk
Juíza Federal (TRF 2ª Região). Mestre em Direito Público – UERJ. *Visiting Scholar* em Columbia Law School

Dimas Antônio Gonçalves Fagundes Reis
Mestre em Direito Constitucional pelo Instituto de Ensino, Desenvolvimento e Pesquisa – IDP. Advogado.

Felipe Fernandes de Carvalho
Doutorando em Direito Penal pela USP, Mestre pela mesma instituição e especialista em Corrupção e Crime Organizado pela Universidade de Salamanca. Professor de Direito Penal da Pós-Graduação do IDP. Sócio do Mudrovitsch Advogados.

Gabriel Freitas Vieira
Bacharel em Direito pelo Centro Universitário de Brasília (UniCEUB) e Aluno Especial do Programa de Pós-Graduação em Direito da Universidade de Brasília (PPGD/UnB). Membro da Comissão de Processo Civil da Ordem dos Advogados do Brasil – Seccional do Distrito Federal. Advogado.

Gabriel Campos Soares da Fonseca
Advogado. Foi Assessor Especial da Presidência do Supremo Tribunal Federal (Secretaria-Geral da Presidência do STF). Coordenador do Comitê Executivo de Proteção de Dados (CEPD) do STF. Coordenador de Inovação do Centro de Direito, Internet e Sociedade do Instituto Brasileiro de Ensino, Desenvolvimento e Pesquisa (CEDIS/IDP). Mestre em Direito Econômico, Financeiro e Tributário (subárea Direito Econômico e Economia Política) pela Universidade de São Paulo (USP). Bacharel em Direito pela Universidade de Brasília (UnB).

Gilmar Ferreira Mendes
Doutor em Direito pela Universidade de Münster, Alemanha. Professor de Direito Constitucional nos cursos de graduação e pós-graduação do Instituto Brasileiro de Ensino, Desenvolvimento e Pesquisa (IDP). Ministro do Supremo Tribunal Federal (STF).

Giovanna Milanez
Advogada em Tecnologia, Proteção de Dados e Cibersegurança. Pós-Graduada em Direito da Proteção de Dados pela Faculdade de Direito da Universidade de Lisboa. Graduada em Direito pela Universidade de Brasília. Autora dos livros "Curso de Proteção de Dados: Fundamentos da LGPD" (Editora Gen, 2022) e "O tratamento de dados pessoais disponíveis publicamente e os limites impostos pela LGPD" (Editora Processo, 2022).

Guilherme Gomes Vieira
Doutorando em Administração pela Universidade de Brasília. Mestre em Direito pela Universidade de Brasília. Pós-graduado em Direito Penal e Criminologia pela PUC-RS. Pós-graduado em Direito Processual Civil pelo IDP. Graduado em Direito pela Universidade de Brasília. Professor colaborador da Universidade de Brasília. Defensor Público do Distrito Federal

João Gabriel Costa dos Santos
Advogado. Mestrando em Direito (sublinha Regulação e Transformações na Ordem Econômica) pela Universidade de Brasília (UnB). Pesquisador em P&D pelo Laboratório e Grupo de Pesquisa Direito, Racionalidade e Inteligência Artificial, da Universidade de Brasília (DR.IA/UnB). Pesquisador do Observatório da Macrolitigância Fiscal, do Instituto Brasileiro

de Ensino, Desenvolvimento e Pesquisa (OMF/IDP). Bacharel em Direito pela Universidade de Brasília (UnB).

José Antonio Dias Toffoli
Ministro do Supremo Tribunal Federal

Karoline Ferreira Martins
Advogada, mestre em Direito, Estado e Constituição pela Universidade de Brasília.

Lenio Luiz Streck
Pós-doutorado em Direito Constitucional pela Universidade de Lisboa. Doutor em Direito do Estado pela Universidade Federal de Santa Catarina (UFSC). Professor Titular do Programa de Pós-Graduação da Universidade do Vale do Rio dos Sinos (Unisinos/RS) e da Universidade Estácio de Sá (Unesa/RJ). Professor Visitante da Universidade Javeriana de Bogotá (Colômbia) e de outras universidades internacionais. Presidente de Honra do Instituto de Hermenêutica Jurídica (IHJ). Membro catedrático da Academia Brasileira de Direito Constitucional (ABDConst).

Luis Felipe Salomão
Ministro do Superior Tribunal de Justiça, foi Promotor de Justiça, Juiz de Direito e Desembargador. É professor Emérito da Escola da Magistratura do Rio de Janeiro e da Escola Paulista da Magistratura. Doutor *honoris causa* em Ciências Sociais e Humanas pela Universidade Cândido Mendes e Professor *honoris causa* da Escola Superior da Advocacia – RJ. É Coordenador do Centro de Inovação, Administração e Pesquisa do Judiciário da Fundação Getúlio Vargas, Diretor do Centro de Pesquisas Judiciais da Associação dos Magistrados Brasileiros) e Presidente do Conselho Editorial da Revista Justiça & Cidadania.

Marcela Mattiuzzo
Sócia de VMCA nas áreas de proteção de dados pessoais e concorrência. É doutoranda em Direito Comercial pela Faculdade de Direito da Universidade de São Paulo, por onde é também mestra e bacharel. Foi visiting researcher na Yale Law School e é hoje professora do Insper, do MBA em IA e Big Data do ICMC da USP e da pós-graduação em Direito Digital

do IDP. Foi assessora e chefe de gabinete do Conselho Administrativo de Defesa Econômica.

Marcelo Navarro Ribeiro Dantas
Ministro do Superior Tribunal de Justiça. Mestre e Doutor em Direito (PUC/SP), Professor de Cursos de Graduação (UnB) e Pós-graduação (Uninove) em Direito.

Marcus Vinicius Furtado Coêlho
Advogado, doutor em Direito Processual pela Universidade de Salamanca – Espanha, Ex-Presidente da OAB Nacional, Presidente da Comissão Constitucional da OAB.

Maria Cristine Lindoso
Mestre em Direito pela Universidade de Brasília e Doutoranda em Direito pela mesma instituição. Advogada. Professora. Autora do livro "Discriminação de Gênero no Tratamento Automatizado de Dados Pessoais: Como a Automatização incorpora vieses de gênero e perpetua a discriminação de mulheres", publicado em 2021 pela Editora Processo

Maria Luiza Rosa Diniz Rodrigues
Advogada sócia do escritório Corsetti & Diniz Advogados Associados. Especialista em Direito Penal Econômico pela Fundação Getúlio Vargas (FGV/SP) e bacharela em Direito pela Universidade de Brasília (UnB)

Mariana Madera Nunes
Mestranda em Direito Constitucional pelo Instituto de Ensino, Desenvolvimento e Pesquisa – IDP. Advogada. Ex-Assessora de Ministro do Supremo Tribunal Federal.

Marina Antunes Lima Pimenta
Sócia da Rossi Pertence Lima Advogados

Matheus Pimenta de Freitas
Advogado e sócio-administrador do escritório Pimenta de Freitas Advogados. Mestre e bacharel em Direito pela Universidade de Brasília (UnB), é professor de Direito Constitucional do IDP e coordenador do Grupo de

Estudos e Pesquisa em Direito Eleitoral da UnB. É coautor dos livros *Processo Constitucional Brasileiro: Propostas para a Reforma* (Almedina, São Paulo, 2022), *Decisões Controversas do STF* (Editora Forense, Rio de Janeiro, 2019), *A Constituição entre o Direito e a Política: O Futuro das Instituições* (Editora GZ, Rio de Janeiro, 2018) e *Forças Armadas e democracia no Brasil: a interpretação do artigo 142 da Constituição de 1988* (Jota, 2020). Contribuiu na elaboração da 13ª (ano de 2018), da 14ª (ano de 2019), da 17ª (ano de 2022) e da 18ª (ano de 2023) edições do *Curso de Direito Constitucional*, de autoria de Gilmar Ferreira Mendes e Paulo Gonet Branco.

Nathalie Fragoso
Advogada especialista em proteção de dados e políticas de internet, Doutora em Direito pela Faculdade de Direito da Universidade de São Paulo e graduada em Direito pela mesma instituição. Possui o Zertifikat in den Grundzügen des deutschen Rechts e o LLM (Master of Laws) na Ludwig-Maximilians-Universität München. É pesquisadora e autora de artigos sobre privacidade, proteção de dados e processo penal. Atuou em casos paradigmáticos de direitos humanos, no Brasil e em instâncias internacionais. Antes de integrar VMCA, foi coordenadora da área de Privacidade e Vigilância do InternetLab (2019-2021)

Ney de Barros Bello Filho
Pós-doutor em Direito Constitucional pela PUC-RS. Doutor em Direito pela Universidade Federal de Santa Catarina, com pesquisa elaborada na Universidade de Coimbra, Portugal e na
Universitá Degli Studi di Lecce, Itália. Mestre em Direito pela Universidade Federal de Pernambuco. Graduado em Direito pela Universidade Federal do Maranhão. Professor Adjunto da Universidade Federal do Maranhão na graduação e pós-graduação. Professor em Regime de Colaboração Técnica na Universidade de Brasília. Professor do Mestrado do IDP. Desembargador Federal junto ao TRF da 1ª Região.

Rafael de Alencar Araripe Carneiro
Doutorando e Mestre em Direito Público pela Universidade Humboldt, Berlim. Professor do Instituto Brasileiro de Ensino, Desenvolvimento e Pesquisa (IDP). Advogado

Reynaldo Soares da Fonseca
Ministro do Superior Tribunal de Justiça (STJ). Professor da Universidade Federal do Maranhão (UFMA), da Universidade de Brasília (UnB) e da Universidade Nove de Julho (UNINOVE). Pós-Doutorado em Democracia e Direitos Humanos no *Ius Gentium Conimbrigae* da Universidade de Coimbra, Portugal. Doutor em Direito Constitucional pela Faculdade Autônoma de Direito de São Paulo (FADISP). Mestre em Direito Público pela Pontifícia Universidade Católica de São Paulo (PUC/SP). Especialista em Direito Penal pela Universidade de Brasília (UnB). Bacharel em Direito pela Universidade Federal do Maranhão (UFMA).

Rodrigo Mudrovitsch
Doutor em Direito pela USP. Mestre em Direito, Estado e Constituição pela UnB. Professor de Direito Público pelo IDP. Sócio-Fundador do Mudrovitsch Advogados. Foi membro do Grupo de Trabalho sobre Segurança Pública do CNJ. Membro do Conselho Científico da Série IDP/Saraiva e do Observatório de Jurisdição Constitucional. Integrou a Comissão de Juristas Instituída para Elaboração do Anteprojeto da Nova Lei de Improbidade Administrativa. Integra a Comissão de Juristas responsável pela elaboração do anteprojeto de reforma da Lei de Lavagem de Capitais (Lei nº 9.613/1998).

Sebastião Reis Júnior
Ministro do Superior Tribunal de Justiça desde 13/6/2011, integrando aSexta Turma e a Terceira Seção (Direito Penal); Membro da Comissão de Jurisprudência do Superior Tribunal de Justiça; Ouvidor do Superior Tribunal de Justiça no período de 17/2/2017 a 13/11/2017;Membro Honorário do Instituto dos Advogados Brasileiros desde 15/5/2019; Membro Efetivo do Conselho da Justiça Federal no período de 11/9/2019 a 13/12/2021; Especialista em Direito Público pela PUC/MG; Exerceu a advocacia no período de 1986 a junho de 2011, tendo sido Gerente da Divisão de Contencioso das Centrais Elétricas do Norte do Brasil S.A – ELETRONORTE; Chefe do Departamento Jurídico da Empresa Brasileira de Telecomunicações – RADIOBRÁS e Consultor Jurídico do Ministério da Integração Nacional, além de sócio-gerente de Trindade e Reis Advogados Associados.

Sergio Henrique Furtado Coêlho Filho
Advogado, Auditor Vice-Presidente da 1ª comissão do Superior Tribunal de Justiça Desportiva (2020-2024), Membro da Comissão Nacional de Processo Civil, do Conselho Federal da OAB (2019-2022), Pós-Graduado em Direito Civil e Direito Processual Civil pela Escola da Magistratura, Bacharel em Direito pelo Centro Universitário de Brasília – UniCEUB

Victor Garcia
Mestre em Direito Constitucional pelo Instituto de Ensino, Desenvolvimento e Pesquisa – IDP. Advogado.

APRESENTAÇÃO

O Constitucionalismo pode ser designado como um movimento que tem por finalidade central a limitação do poder estatal, bem como o reconhecimento e a salvaguarda de direitos e liberdades individuais, por meio de uma constituição. Por sua vez, enquanto produto principal do movimento constitucionalista, a constituição pode ser definida como aquilo que, além de fixar os limites do poder político, declara os direitos e garantias individuais dos cidadãos.[1]

No Brasil, o constitucionalismo foi influenciado sobretudo pelo movimento estadunidense e o europeu que, apesar de suas disparidades, possuíam por ideia fundamental o balizamento da autoridade governativa – sobretudo por meio da separação dos poderes executivo, legislativo e judiciário – e a definição e proteção aos direitos e garantias fundamentais dos cidadãos.

A Constituição Federal de 1988 foi promulgada como forma de reação aos amargos anos de regime militar – em que as violações a direitos individuais eram cotidianas – e trouxe como prioridade a proteção às garantias fundamentais.

Paulo Bonavides ensinava que a Carta de 1988 "foi de todas as Constituições brasileiras aquela que mais procurou inovar tecnicamente em matéria de proteção aos direitos fundamentais".[2]

[1] CANOTILHO, J.J. Gomes. *Direito Constitucional e Teoria da Constituição.* 7 ed. Coimbra: Edições Almedina, 2003, p. 52.

[2] BONAVIDES, Paulo. *Curso de Direito Constitucional.* 23 ed. São Paulo: Malheiros Editores, 2008, p. 547.

Com efeito, logo no preâmbulo, a Constituição anuncia a instituição de um "Estado Democrático, destinado a assegurar o exercício dos direitos sociais e individuais, a liberdade, a segurança, o bem-estar, o desenvolvimento, a igualdade e a justiça como valores supremos de uma sociedade fraterna, pluralista e sem preconceitos".

Ademais, a dignidade humana passa a ser prevista como fundamento da República Federativa do Brasil, pelo art. 1º da Carta. Construir uma sociedade livre, justa e solidária, bem como promover o bem de todos sem qualquer forma de discriminação se tornaram objetivos fundamentais da República brasileira, nos termos do art. 3º.

O art. 4º, em seu inciso II, por sua vez, declara que a República Federativa do Brasil deve se pautar pela prevalência dos direitos humanos, no que diz respeito às suas relações internacionais.

De mais a mais, o rol de direitos e garantias fundamentais na Constituição de 1988 é vultuosamente superior àqueles que se observavam nas Carta anteriores. Com efeito, os 36 (trinta e seis) parágrafos do art. 153 da Constituição de 1967/69, que elencavam os direitos e garantias individuais dos cidadãos em posição de pouca visibilidade no texto constitucional, foram substituídos por 78 (setenta e oito) incisos, logo no art. 5º da Carta, em posição vestibular e de grande destaque em relação às outras matérias. O referido dispositivo constitucional reconhece como principais garantias fundamentais a inviolabilidade do direito à vida, à liberdade, à igualdade, à propriedade e às garantias constitucionais do processo.

É nesse contexto que se mostra relevantemente desafiador compatibilizar o acelerado desenvolvimento tecnológico vivenciado pela sociedade contemporânea com a preservação dos direitos fundamentais dos cidadãos.

De fato, um dos produtos mais palpáveis do avanço social corresponde à evolução da tecnologia, experimentada a nível mundial. Resta incontroverso, por um lado, que os avanços tecnológicos trazem consigo ilimitadas vantagens para a sociedade, nos mais diversos campos da existência. Sob outra perspectiva, todavia, a evolução da tecnologia por vezes pode representar séria ameaça aos direitos fundamentais assegurados na Constituição Federal.

É com o objetivo de refletir acerca do impacto das novas tecnologias sobre os direitos fundamentais constitucionalmente assegurados aos cidadãos brasileiros, sobretudo em matéria de direito penal, que este livro foi pensado.

Os textos que compõem a obra abordam temas como a tutela penal das criptomoedas, a disseminação de *fake news*, o uso de câmeras nos imóveis em plataformas de hospedagem, o tratamento de dados em matéria penal, a prática nefasta do *revenge porn* e a automatização da justiça criminal, com reflexões sobre os assuntos, apresentação de prognósticos e possíveis soluções para alguns dos problemas que serão tratados.

Assim, espera-se que os estudos coligidos nesta obra coletiva possam amparar os operadores do Direito e acadêmicos em suas atividades.

Desejamos a todos uma excelente leitura.

Gilmar Ferreira Mendes
Matheus Pimenta de Freitas

SUMÁRIO

1
INTELIGÊNCIA ARTIFICIAL E SEUS DESAFIOS NO DIREITO PENAL

Ana Frazão

1. Considerações iniciais

Não é novidade que, atualmente, decisões importantes e estratégicas de agentes privados e públicos estão sendo progressivamente terceirizadas, total ou parcialmente, para sistemas algorítmicos desenhados e executados com base em diferentes tipos de inteligência artificial.

O fenômeno tem ocorrido mesmo quando tais decisões envolvem juízos valorativos complexos e mesmo quando trazem impactos diretos na vida das pessoas que estão sujeitas a tais julgamentos, inclusive no que diz respeito à fruição de direitos fundamentais da mais alta relevância.

Trata-se de cenário que envolve consideráveis desafios, que se acentuam ainda mais quando se utiliza a inteligência artificial como ferramenta de auxílio para decisões judiciais, especialmente em matéria penal, diante das graves repercussões sobre a vida dos cidadãos.

Aliás, parte das perplexidades decorrentes da aplicação da inteligência artificial no Direito Penal já foram evidenciadas nas discussões relacionadas ao famoso caso Compas. Tal sistema, desenhado para auxiliar os juízes do estado norte-americano do Wisconsin a calcular a probabilidade de reincidência dos réus, oferecendo parâmetros para a dosimetria da pena, ficou mundialmente conhecido depois de se comprovar que adotava vieses racistas.

É nesse contexto que o presente artigo procurará explorar os riscos da utilização de sistemas algorítmicos como ferramentas de auxílio para decisões penais, abordando os diversos riscos que estão envolvidos nesse tipo de utilização, em que o *output* do sistema algorítmico participa do processo decisório ou é por ele considerado, ainda que submetido ao controle final do juiz.

Para isso, o artigo começará tratando de dois grandes obstáculos à utilização de sistemas de inteligência artificial como ferramentas de auxílio às decisões penais: a opacidade e a ausência de explicabilidade. A partir daí, tais problemas serão contextualizados no conjunto de riscos inerentes às decisões algorítmicas e das relações entre homens e máquinas para, ao final, se mostrar se e como a inteligência artificial pode ser utilizada nos processos decisórios judiciais em matéria penal.

2. O desafio da opacidade dos sistemas de inteligência artificial

Não é de hoje que se aponta a opacidade e a falta de transparência dos sistemas de inteligência artificial. Para Frank Pasquale[1], estamos vivendo em uma verdadeira *black box society*, em que algoritmos movidos por inteligência artificial decidem muito mais do que os produtos ou serviços a que podemos ter acesso: decidem também quem somos, o que pensamos e o que queremos, bem como quais os nossos direitos e as nossas perspectivas de vida.

Tal grau de "intrusão" da inteligência artificial em nossas vidas ganha níveis ainda mais altos e preocupantes quando se observa uma crescente utilização de tais sistemas pelo Poder Público para a tomada da decisão administrativa ou, no caso do Poder Judiciário, para o auxílio nas decisões judiciais. Cria-se, assim, uma nova espécie de "parceria público-privada", uma vez que agentes privados passam a participar, de alguma maneira, do processo decisório estatal, ainda que a palavra final seja assegurada, pelo menos formalmente, à autoridade pública.

Esse novo cenário, embora possa se justificar pelos inúmeros benefícios e facilidades decorrentes do manuseio de grandes volumes de dados, também acentua vários dos riscos dos sistemas de inteligência artificial, incluindo o do dataísmo, expressão utilizada por Harari[2] para se referir ao que chama de uma "verdadeira religião dos dados", cujo resultado final pode ser a completa subjugação do próprio homem.

[1] Pasquale, Frank. *The black box society. The secret algorithms that control money and information.* Cambridge: Harvard University Press, 2015.

[2] Harari, Yuval Noah. *Homo Deus. Uma breve história do amanhã.* São Paulo: Companhia das Letras, 2016.

Recentemente, o tema da opacidade e da ininteligibilidade das decisões algorítmicas despertou a atenção do meio jurídico diante de iniciativas da Justiça Trabalhista de periciar o algoritmo da Uber, para o fim de se saber qual é o grau de controle que a plataforma exerce sobre os seus motoristas e, consequentemente, poder decidir pela existência ou não da relação de emprego. Na oportunidade, houve pelo menos duas decisões do Tribunal Superior do Trabalho que suspenderam, ainda que provisoriamente, esse tipo de prova[3].

Vale ressaltar que a questão foi trazida ao Judiciário brasileiro em momento no qual já existem diversos estudos apontando para o controle algorítmico que a plataforma exerce sobre os motoristas, assim como já existe o reconhecimento do vínculo de emprego em vários e importantes países do mundo.

Não obstante, a solução do imbróglio não é trivial, até porque a própria LGPD, ao mesmo tempo em que prevê os princípios da transparência e da *accountability* e prestação de contas, também assegura, em diversos artigos, a proteção do segredo de negócios.

Trata-se, portanto, de um dos mais difíceis e importantes *tradeoffs* da LGPD, o que é reforçado pelo fato de que o próprio princípio da transparência é conformado expressamente pelo segredo comercial e industrial. Com efeito, o art. 6º, VI, da LGPD o define como "garantia, aos titulares, de informações claras, precisas e facilmente acessíveis sobre a realização do tratamento e os respectivos agentes de tratamento, observados os segredos comercial e industrial."

Acresce que a LGPD faz menção à necessidade de proteção aos segredos comercial e industrial em pelo menos outras doze oportunidades, inclusive na parte em que trata das competências da ANPD, para o fim de deixar claro que a autoridade precisa zelar pela observância dos segredos comercial e industrial (LGPD, art. 55-J, II, e § 5º).

Além das dificuldades jurídicas, relacionadas à proteção do segredo de negócios, a busca pela transparência algorítmica ainda encontra um relevante óbice de natureza técnica, pois as decisões algorítmicas podem decorrer de diversos e múltiplos passos e/ou processos que, no seu con-

[3] https://www.jota.info/tributos-e-empresas/trabalho/pericia-algoritmo-aplicativo-99-suspensa-tst-01062021. https://www.migalhas.com.br/quentes/346444/tst-ministro-suspende-pericia-tecnica-no-algoritmo-da-uber.

junto, podem ser extremamente complexos e ininteligíveis, o que se potencializa com a utilização de *machine learning* e de outras técnicas, como redes neurais.

Daí a importância de se assegurar um mínimo de inteligibilidade a tais decisões, partindo da premissa de que pelo menos os aspectos principais, os critérios e a lógica decisória precisam ser esclarecidos. Dessa maneira, seria possível preservar o segredo de empresa, já que não se revelaria inteiramente o código, mas sim os aspectos mais relevantes da decisão algorítmica, os quais seriam convertidos da linguagem matemática para a linguagem natural.

Aliás, em que pese a proteção do segredo de negócios, pode-se afirmar que a própria LGPD ampara o entendimento de que decisões algorítmicas que afetem terceiros precisam ser, no mínimo, inteligíveis e explicáveis, de forma que o segredo de negócios não pode utilizado para a ausência de explicações. Daí, inclusive, o direito à explicação e à revisão de decisões totalmente automatizadas, tal como previsto no art. 20, da LGPD.

Obviamente que isso não resolve o problema em sua integralidade, uma vez que é limitada a confiabilidade de uma explicação que, por ser oferecida pelo controlador de dados, é interessada e não está sujeita a qualquer tipo de controle. Essa é a razão pela qual muito se discute, para efeitos de se assegurar a adequada transparência algorítmica, a importância de auditorias externas independentes, que poderiam exercer o papel de atestar a idoneidade do sistema algorítmico ou de confirmar os principais aspectos que estariam sob discussão.

A própria LGPD, ao mesmo tempo em que determina que "O controlador deverá fornecer, sempre que solicitadas, informações claras e adequadas a respeito dos critérios e dos procedimentos utilizados para a decisão automatizada, observados os segredos comercial e industrial" (art. 20, § 1º), prevê que "Em caso de não oferecimento de informações de que trata o § 1º deste artigo baseado na observância de segredo comercial e industrial, a autoridade nacional poderá realizar auditoria para verificação de aspectos discriminatórios em tratamento automatizado de dados pessoais."

Dessa maneira, além da possibilidade de auditorias externas independentes, é inequívoco que a ANPD tem competência para realizar auditoria para verificação de aspectos discriminatórios no tratamento automatizado. Entretanto, como se verá adiante, há limitações para o uso das referidas auditorias. Acresce que tais soluções ainda não fazem parte da nossa prática, razão pela qual as discussões judiciais que se travam sobre aspectos relacionados às decisões algorítmicas ainda precisam ser resolvidas por outros meios. Daí a necessidade de se pensar em alternativas viáveis, exequíveis e que sejam capazes de conciliar os direitos envolvidos, tanto por parte das empresas, como parte dos terceiros que são afetados por suas decisões.

Todas essas controvérsias mostram os desafios inerentes à inteligência artificial mesmo quando esta é utilizada por agentes privados. Imagine-se, então, quando se trata da sua utilização por agentes públicos e especialmente por juízes. Em casos assim, é fundamental questionar, preliminarmente, se isso poderia ocorrer sem que o Poder Judiciário pudesse ter informações claras e amplas a respeito do funcionamento do sistema.

Para isso, será necessário se pensar, inicialmente, na natureza e nos limites do segredo de negócios. Afinal, nem mesmo a propriedade intelectual – seja a propriedade industrial, seja o direito autoral – é considerada absoluta, havendo diversas e interessantes discussões sobre a função social da propriedade nesse campo e sobre situações nas quais os direitos dos titulares deveriam ceder diante de determinados interesses sociais.

Em interessante artigo sobre o tema, no qual se procura demonstrar como algoritmos secretos podem ser verdadeiras barreiras para a justiça social, Taylor Moore[4] traz uma relevante discussão. Segundo ele, enquanto vários mecanismos dos sistemas de propriedade intelectual já equilibram os interesses do titular com os interesses da sociedade – tanto que há vários requisitos legais para a concessão de uma patente, por exemplo -, os segredos de negócio, embora carreguem o apelido de "propriedade intelectual", não estão sujeitos a qualquer limite ou mecanismo de equilíbrio entre os interesses do titular e os da sociedade, já que são criados e mantidos de acordo com a mera vontade do seu titular, o que seria mais um argumento para não compreendê-los como direitos absolutos e para deles exigir a necessária transparência em situações nas quais afetam diretamente terceiros.

Consequentemente, há boas razões para não considerar o segredo de empresa como algo absolutamente intocável ou sacrossanto, de forma a

[4] MOORE, Taylor. Trade Secrets and Algorithms as Barriers to Social Justice. https://cdt.org/wp-content/uploads/2017/08/2017-07-31-Trade-Secret-Algorithms-as-Barriers-to-Social-Justice.pdf

se exigir que, em algumas situações, ele seja sopesado diante de relevantes interesses sociais que possam ser prejudicados em virtude do segredo. Mais do que isso, uma discussão bastante atual é se e em que medida o segredo de negócios pode ser oposto ao regulador, considerando que este não tem como regular algo que não compreende.

No caso brasileiro, vale ressaltar, que a própria Lei de Propriedade Industrial deixa uma válvula de escape para a revelação do segredo de negócios em casos excepcionais, no contexto de disputas judiciais, desde que mediante o segredo de justiça. Com efeito, o art. 206, da LPI, prevê que "Na hipótese de serem reveladas, em juízo, para a defesa dos interesses de qualquer das partes, informações que se caracterizem como confidenciais, sejam segredo de indústria ou de comércio, deverá o juiz determinar que o processo prossiga em segredo de justiça, vedado o uso de tais informações também à outra parte para outras finalidades."

Acresce que, em todo o caso, considerando que o Poder Judiciário tem acesso a tais tecnologias por meio de contratos, seria fundamental indagar sobre a necessidade de que se exigisse, pela via contratual, o atendimento do requisito de transparência em relação aos aspectos fundamentais do sistema de inteligência artificial contratado. Afinal, o segredo de negócios pode ser flexibilizado contratualmente, ainda mais quando o contratante é o Poder Público e tem o seu processo decisório submetido a inúmeros princípios e garantias procedimentais.

Independentemente das soluções específicas do direito brasileiro, a discussão sobre a necessidade de algum grau de abertura e explicabilidade dos algoritmos utilizados por decisões judiciais foi bastante explorada no famoso caso Compas, sistema de inteligência artificial que começou a ser utilizado pelo estado norte-americano do Wisconsin com a finalidade de auxiliar o juiz na dosimetria da pena, por meio do cálculo do grau de risco de reincidência por parte do réu.

O problema é que não havia qualquer grau de inteligibilidade ou transparência da decisão algorítmica, já que a empresa fornecedora do sistema alegava a proteção do seu segredo de negócios, o que gerou uma grande mobilização do meio jurídico e social no sentido de que o segredo de negócios não poderia prevalecer naquela hipótese.

A própria contratação de um sistema de inteligência artificial pelo Poder Público em tais circunstâncias já causa perplexidade, já que fica claro que o segredo de negócios foi oponível até mesmo ao Poder Público. Em artigo específico sobre o tema, Frank Pasquale sintetizou o problema já no título: "Algoritmos secretos ameaçam a *rule of law*. Mandar pessoas para a cadeia por causa de julgamentos inexplicáveis e insuscetíveis de revisão feitos por um programa de computador sigiloso mina nosso sistema jurídico"[5].

Um dos pontos salientados por Frank Pasquale é que a ausência de transparência da decisão algorítmica impossibilita a defesa do réu, o que fulminaria vários dos princípios inerentes às decisões judiciais, tais como fundamentação aberta ao público e o próprio devido processo legal. Outro ponto importante destacado pelo autor é a existência de alternativas entre o segredo algorítmico e a transparência completa, já que se poderia pensar em uma transparência qualificada, possibilitando que determinados experts possam atestar a qualidade, a validade e a confiabilidade dos sistemas algorítmicos, mantendo o segredo de negócios.

Desde o caso Compas, há um considerável número de trabalhos mostrando que, por diversos enfoques e fundamentos, o segredo de negócios não poderia prevalecer em casos de condenações criminais[6]. Por mais que as condenações criminais sejam um exemplo extremo, abrem a discussão para saber em que casos é também justificável que o segredo de negócios sofra alguns temperamentos em prol dos demais interesses envolvidos.

Portanto, a discussão sob exame nos permite refletir sobre se é lícito e desejável que os algoritmos, que já são vistos por muitos como verdadeiras armas de discriminação em diversos contextos[7], possam também ser vistos como escudos, o que provavelmente ocorrerá caso o segredo de negócios seja oponível até mesmo ao Poder Público.

Dessa maneira, tem-se que a utilização de sistemas de inteligência artificial pelo Poder Judiciário como ferramentas de auxílio para as decisões judiciais, especialmente as penais, exige necessariamente soluções para endereçar a falta de transparência, tendo em vista que é inviável que o

[5] MIT Technology Review. Secret Algorithms Threaten the Rule of Law. Sending people to jail because of the inexplicable, unchallengeable judgments of a secret computer program undermines our legal system. https://www.technologyreview.com/2017/06/01/151447/secret-algorithms-threaten-the-rule-of-law/

[6] Como exemplo, ver Wexler, Rebecca. Life, Liberty, and Trade Secrets: Intellectual Property in the Criminal Justice System. *Stanford Law Review* 70 1343 (2018). https://review.law.stanford.edu/wp-content/uploads/sites/3/2018/06/70-Stan.-L.-Rev.-1343.pdf

[7] Ver O'Neil, Cathy. *Weapons of math destruction. How big data increases inequality and threatens democracy*. EUA: Crown, 2016.

Poder Judiciário possa se utilizar de *outputs* dos sistemas algorítmicos que não sejam transparentes o suficiente para assegurar inteligibilidade às decisões algorítmicas e a necessária necessidade de controle e escrutínio.

Tais dificuldades apontam inclusive para a necessidade não somente de maiores cuidados na contratação e na supervisão dos sistemas algorítmicos, como também de formação e treinamento dos juízes que irão lidar com tais tecnologias.

3. O desafio da ausência de explicabilidade das decisões algorítmicas

Outro importante desafio para a incorporação de sistemas de inteligência artificial ao processo decisório de juízes, especialmente em matéria penal, é o da ausência de explicabilidade de tais decisões, especialmente quando são totalmente automatizadas.

Não é sem razão que o art. 20, da LGPD, expressamente prevê que "O titular dos dados tem direito a solicitar a revisão de decisões tomadas unicamente com base em tratamento automatizado de dados pessoais que afetem seus interesses, incluídas as decisões destinadas a definir o seu perfil pessoal, profissional, de consumo e de crédito ou os aspectos de sua personalidade."

Com efeito, corolário lógico do direito de revisão de decisões automatizadas é o direito à explicação, até porque o titular de dados não tem como contestar algo que ele não conhece ou não entende. Daí por que a compreensão das decisões algorítmicas é pressuposto do exercício de diversos direitos previstos pela LGPD, dentre os quais o da autodeterminação, o da transparência, o da não discriminação abusiva ou ilegal. Ademais, a explicabilidade de decisões algorítmicas é fundamental para assegurar o próprio devido processo legal.

Por mais que se assegure transparência ao processo decisório algorítmico, tais decisões costumam ter alto nível de complexidade, em muitas hipóteses consistindo de centenas ou milhares de passos que são incompreensíveis para o homem comum e, não raramente, até mesmo para os programadores.

Daí por que a transparência pode não assegurar explicabilidade e nem mesmo inteligibilidade a tais decisões. Diante de bases de dados cada vez maiores e das inúmeras correlações, inferências ou cálculos probabilísticos que podem ser feitos a partir delas, é difícil – quando não impossível – estabelecer, com um mínimo de precisão ou inteligibilidade, as conexões pelas quais, a partir de determinados *inputs*, o sistema algorítmico chegou a determinados *outputs*. O problema torna-se ainda mais grave em algumas situações, tais como as das correlações esdrúxulas ou espúrias ou dos resultados não intencionais.

Há boas razões, portanto, para concluir que a transparência não é capaz de, por si só, assegurar explicabilidade às decisões algorítmicas, razão pela qual resolver o problema do segredo de negócios parece não ser suficiente para que os resultados algorítmicos possam ser efetivamente compreendidos.

Da mesma maneira, o mero controle dos *inputs* não parece ser suficiente para assegurar nem decisões não discriminatórias nem decisões minimamente suscetíveis de explicação. Vale citar, nesse sentido, o instigante artigo *The Input Fallacy*, de Talia Gillis[8], no qual a autora, ao tratar do problema das discriminações no mercado de crédito, sustenta que precisamos parar de tentar encontrar conexões causais entre os *inputs* e os *outputs* de decisões algorítmicas, porque isso é impossível.

A partir de uma considerável base de dados, Talia Gillis procura demonstrar as razões pelas quais o controle de *inputs* falha no endereçamento das preocupações com práticas discriminatórias, razão pela qual é uma grande falácia – *the input fallacy* – acreditar que tal abordagem pode resolver o problema. Daí a sua proposta de que a análise de resultados – os *outputs* – é o único meio possível para avaliar se há ou não discriminações ou disparidades inaceitáveis.

Um dos pontos importantes sustentados por Talia Gillis[9] é o fato de que não podemos pretender encontrar explicações satisfatórias nos julgamentos algorítmicos, uma vez que, além de não permitirem a avaliação de causalidades, mas somente correlações, não é possível determinar aprioristicamente como os *inputs* se relacionam aos *outputs*. Acresce que o próprio objetivo de acurácia pode ocorrer à custa das crescentes deficiências de interpretabilidade[10].

Sob essa perspectiva, o pensamento de Talia Gillis é bastante convergente com o de diversos outros autores que vêm demonstrando as sérias limitações dos julgamentos algorítmicos, especialmente quando realizados para a solução de importantes e complexas questões humanas e sociais.

[8] Gillis, Talia B., The Input Fallacy (February 16, 2021). *Minnesota Law Review*, Available at SSRN: https://ssrn.com/abstract=3571266 or http://dx.doi.org/10.2139/ssrn.3571266

[9] Op.cit., pp. 12-13.

[10] Op.cit., p. 34.

Um argumento reiteradamente explorado por esta literatura é o fato de que, em alguma medida, algoritmos são e sempre serão *black boxes*, no sentido de que, ao se basearem normalmente em linguagem matemática que privilegia padrões e correlações – mas não causalidades – acabam não levando a explicações racionais, inteligíveis e convincentes.

No excelente livro *Framers*, Cukier e os coautores[11] vão até além, não somente mostrando as deficiências dos julgamentos algorítmicos, como também advertindo para o fato de que o que entendemos por explicação apenas pode decorrer de tipos de raciocínio que somente os seres humanos podem fazer. De fato, somente o raciocínio humano é capaz de adotar diferentes *framings* para um mesmo problema e levar em consideração as questões essenciais para a compreensão do mundo: causalidades, contrafactuais e constrições.

No mesmo sentido, a obra de Kay e King – *Radical Uncertainty*[12] – aponta também para a imprescindibilidade das narrativas para a compreensão dos fenômenos humanos e sociais, diante das limitações das inferências estatísticas e dos cálculos probabilísticos, especialmente quando estamos diante das incertezas.

O que esses autores têm demonstrado é que, em se tratando de questões humanas e sociais, metodologias quantitativas e matemáticas – incluindo as que são normalmente usadas pelos algoritmos – necessitam ser complementadas por narrativas e outras metodologias qualitativas para que se possa construir uma decisão correta e que atenda minimamente aos pressupostos da explicabilidade.

Consequentemente, algoritmos apresentam dificuldades apriorísticas para serem considerados em assuntos humanos ou sociais. E tal conclusão decorre não apenas porque algoritmos são secretos ou difíceis de explicar, mas porque são incapazes de oferecer explicações, pelo menos no nível adequado. De acordo com essa perspectiva, todas as tentativas de encontrar explicações convincentes em algoritmos tenderão a ser mal sucedidas.

Diante de tais considerações, é questionável até mesmo se o direito à explicação de decisões algorítmicas é efetivamente viável, ainda mais em se tratando de decisões complexas e exclusivamente automatizadas. Com

[11] CUKIER, Kenneth et al. *Framers. Human advantage in an age of technology and turmoil.* Dutton, 2021.

[12] KAY, John; KING, Mervin. *Radical Uncertainty. Decision-making beyond the numbers.* New York: W.W.Norton & Company, 2020.

efeito, em casos assim, é possível sustentar que, exatamente por serem totalmente automatizadas, falta-lhes o requisito da explicabilidade.

Logo, tudo leva a crer que provavelmente não podemos depositar tanta confiança no direito à explicação. É fundamental reconhecer que, precisamente porque a linguagem algorítmica não costuma ser suscetível de explicação, pelo menos com o nível adequado de racionalidade e inteligibilidade, é necessário que os julgamentos algorítmicos sejam devidamente complementados pelos seres humanos.

Porém, é importante entender que a ação humana, nesse processo, deve ocorrer não apenas para entender os algoritmos – tarefa que já se viu ser provavelmente impossível – mas sobretudo para complementá-los por meio de processos decisórios mais ricos, que possam contar com metodologias qualitativas e com os devidos juízos de causalidade, contrafactuais e constrições que apenas os seres humanos – e, no caso de decisões judiciais, os juízes – podem construir.

Logo, para que as decisões algorítmicas sejam efetivamente suscetíveis de explicação e inteligibilidade, será necessária a participação humana direta e ativa no processo decisório, a fim de complementar os julgamentos algorítmicos e compensá-los em todas as suas deficiências e reducionismos. Mesmo quando se trata apenas de diagnósticos objetivos, estatísticas e correlações, a presença humana será fundamental para contextualizar tais resultados e interpretá-los adequadamente.

É por essa razão que a interação entre homens e máquinas é tão importante. Os participantes precisam entender as limitações dos sistemas algorítmicos – tanto as gerais, como as específicas, que possam decorrer de determinados modelos ou técnicas– e estarem dispostos efetivamente a contribuir proativamente para a superação de todas essas dificuldades, inclusive no que diz respeito ao oferecimento de uma explicação adequada para a decisão ou para o determinado *output* que será considerado no processo decisório.

Tal abordagem envolve, portanto, uma grande mudança em como vemos os algoritmos. Para muitos cientistas de dados, um bom algoritmo é exatamente aquele que pode ser executado até por um idiota, o que mostra que, em muitos casos, sistemas algorítmicos são programados para não serem desafiados nem modificados por seres humanos.

De forma contrária, essa nova perspectiva requer uma atitude muito diferente por parte dos "executores", que precisam estar atentos para o fato de que nem mesmo poderão ser meros executores, devendo interferir e participar dos processos decisórios por diversas razões, inclusive a de assegurar a explicabilidade. Vale ressaltar que tais preocupações se acentuam quanto tais executores são juízes e estão lidando com questões sensíveis, como as relacionadas ao Direito Penal.

Embora estejamos diante de questão nova e complexa, em relação a qual há dificuldades naturais para se chegar a conclusões muito assertivas, fato é que há fundadas razões para imaginar que pode ser uma tarefa impossível continuar tentando encontrar explicações consistentes nas decisões algorítmicas. Parece que estamos buscando algo que os algoritmos – especialmente os mais complexos – simplesmente não são capazes de oferecer.

Consequentemente, é urgente que possamos pensar além do direito à explicação, buscando refletir não só sobre meios para aprimorar e complementar decisões algorítmicas, ressignificando a relação entre homens e máquinas. Daí por que a utilização de sistemas de inteligência artificial pelo Poder Judiciário exige muitos cuidados na escolha e no monitoramento do sistema, o que inclui as precauções a serem adotados pelo juiz ao incorporar as contribuições do sistema em seu processo decisório.

4. Demais riscos da inteligência artificial: implicações sobre o devido processo legal e sopesamento com os riscos das decisões proferidas pelos juízes

Já se tendo demonstrado os desafios inerentes à opacidade e à falta de explicabilidade das decisões algorítmicas, é importante destacar que tais problemas precisam ser vistos em um contexto mais amplo, no qual já foram mapeados inúmeros outros problemas de tais decisões, a começar pela dependência que estes costumam ter de um regime de exploração de dados que é incompatível com os direitos dos titulares de dados.

Em trabalhos anteriores[13], ressaltei os seguintes riscos adicionais das decisões algorítmicas:

(i) riscos de segurança, inclusive de ataques *hackers* que alteram o funcionamento e o resultado dos sistemas;
(ii) linguagem matemática de difícil compatibilidade com questões valorativas e éticas;

[13] Frazão, Ana. Discriminação Algorítmica. Série. *Jota*. https://www.jota.info/opiniao-e-analise/colunas/constituicao-empresa-e-mercado/discriminacao-algoritmica-16062021

(iii) priorização da acurácia e redução do ruído, o que pode ser incompatível com outros importantes objetivos, como justiça;
(iv) riscos de diversos tipos de discriminação, incluindo a estatística;
(v) riscos de incorporação de vieses dos programadores ou de replicação de preconceitos já existentes na sociedade por meio de técnicas como *machine learning*; e
(vi) riscos de erros inexplicáveis e resultados não intencionais.

Todos esses aspectos agravam-se diante dos inúmeros *tradeoffs* que se apresentam aos julgamentos algorítmicos, já que a redução dos ruídos pode se dar às custas do aumento de vieses, assim como o explicabilidade se dar às custas de perda de acurácia. Acresce que a programação dos algoritmos precisa enfrentar diversas opções éticas, uma vez que a suposta pela neutralidade, em se tratando de assuntos humanos e sociais, longe de ser propriamente uma escolha técnica, é uma opção valorativa pela manutenção do *status quo* e pela perpetuação de discriminações e iniquidades existentes.

Daí por que muitas das discussões relacionadas a decisões algorítmicas estão diretamente conectadas às necessidades de um constitucionalismo digital, que seria, segundo Nicolas Suzor[14], a adaptação da *rule of law*, pensada inicialmente para o Estado, também para a governança da mídia digital, com especial atenção para o papel (i) das plataformas, como definidores das regras de participação, (ii) dos designers de tecnologia, que possibilitam a comunicação e limitam a ação, (iii) dos desenvolvedores de algoritmos que classificam, organizam, destacam e suprimem conteúdos e (iv) de todos os empregadores de moderadores humanos que são também responsáveis pelo *enforcement* das regras que tratam dos comportamentos e conteúdos aceitáveis.

A grande questão da governança digital diz respeito, pois, à necessidade da criação de regras claras para a solução de tais conflitos, buscando o atendimento do núcleo da *rule of law*, que é evitar o arbítrio por meio da institucionalização da *"rule of law, not of individuals"*[15].

Outro dos pontos fundamentais do *digital due process*, tal como explica Frederick Mostert[16], é precisamente resolver o problema da falta de trans-

[14] Suzor, Nicolas. Digital constitutionalism: using the rule of law to evaluate the legitimacy of governance by platforms https://journals.sagepub.com/doi/10.1177/2056305118787812

[15] Suzor, Nicolas. Op.cit., p. 5.

[16] Mostert, Frederick, 'Digital Due Process': A Need for Online Justice (March 11, 2020). *Journal of Intellectual Property Law & Practice*, forthcoming., SSRN: https://ssrn.com/abstract=3537058

parência, já que a opacidade dos julgamentos virtuais é um dos maiores incentivos para o arbítrio.

Por mais que não se trate de discussão fácil, é fundamental que pelo menos cogitemos (i) da existência de regras impessoais e minimamente claras, (ii) da possibilidade de contraditório e (iii) do respeito à transparência e à *accountability*. Afinal, se realmente queremos conter o arbítrio, é fundamental que as pessoas pelo menos possam entender porque e como estão sendo julgadas, inclusive para que possam exercer o legítimo direito de impugnar o "veredito".

Vale ressaltar que, guardadas as devidas proporções, tais necessidades são também observáveis quando, no caso específico do processo judicial, o juiz tem a palavra final, mas se utiliza de aportes dos sistemas de inteligência artificial, tal como ocorreu no famoso caso Compas.

Apesar de já se ter mapeado um conjunto bastante preocupante de evidências dos riscos dos sistemas algorítmicos, um argumento comumente utilizado para justificar a sua utilização mesmo para questões subjetivas e valorativas é o de que, apesar das suas falhas e problemas, os algoritmos seriam melhores do que as decisões humanas, com falibilidades e limitações ainda maiores.

Entretanto, a grande questão que se coloca é saber se, apesar de todas as conhecidas falhas dos julgamentos humanos, os algoritmos mostram-se tão mais vantajosos do que os julgamentos humanos, a ponto de justificar o seu auxílio nas decisões humanas ou mesmo a eventual substituição das decisões humanas por eles. Questão subjacente a esta é saber também se os riscos e as incertezas relacionados aos julgamentos algorítmicos autorizariam o referido auxílio ou mesmo a delegação.

Os problemas já apontados comprometem, portanto, a legitimidade dos julgamentos algorítmicos pelo processo. Se os processos decisórios humanos são muitas vezes caóticos e irracionais, os julgamentos algorítmicos também padecem de tantos problemas que dificilmente podem ser considerados como racionais, técnicos e controláveis.

Basta lembrar que muitas das limitações dos julgamentos humanos também estão presentes nos julgamentos algorítmicos, que podem inclusive incorporar os vieses dos seus programadores. Acresce que, por mais que possam ser bem melhores do que os julgamentos humanos em vários aspectos, como na questão da acurácia e da redução dos ruídos, os julgamentos algorítmicos apresentam diversos riscos não existentes nos julgamentos humanos, como é o caso dos incidentes de segurança.

A própria questão do maior controle sobre o processo decisório algorítmico precisa ser colocada em perspectiva. A título de exemplo, menciona-se o recente caso dos vieses do sistema algorítmico de recorte de imagens do Twitter, problema que foi descoberto por terceiros e que a plataforma não conseguiu resolver, tendo agora que oferecer recompensa para quem conseguir fazê-lo[17].

Isso mostra claramente o fato de que nem mesmo a transparência pode assegurar inteligibilidade a vários dos aspectos das decisões algorítmicas. O exemplo do Twitter mostra que mesmo a empresa que tem acesso ao código pode não entender a razão de resultados disfuncionais nem saber como consertar o defeito.

Imagine-se, então, o grau de vulnerabilidade a que estão sujeitos os indivíduos julgados por esses sistemas algorítmicos, problema que certamente não será resolvido suficientemente por auditorias independentes. Pelo contrário, isso pode gerar inúmeras outras dificuldades, tais como conflitos de interesses semelhantes aos que ocorreram com as agências de *rating* –os terceiros desinteressados e confiáveis para avaliar a credibilidade de diversos títulos e investimentos financeiros – que foram uma das principais responsáveis pela crise financeira de 2008.

Afinal, a questão sobre quem controla o controlador vai se tornando cada vez mais complexa quando apenas poucos atores sociais podem efetivamente realizar esse controle e quando os afetados e a sociedade civil são afastados desse monitoramento. Logo, é no mínimo complicado que a higidez de julgamentos algorítmicos dependa da credibilidade e da atuação honesta de poucos atores sobre os quais não é possível um controle social efetivo.

Em razão de todas essas dificuldades, hoje já se fala na ausência de legitimidade dos julgamentos algorítmicos em razão do processo em si e da necessidade da sua avaliação pelos próprios resultados, como já se viu anteriormente pela doutrina de Talia Gillis[18], que insiste na necessidade de que haja controle dos *outputs*, ou seja, dos resultados.

Com isso, os julgamentos algorítmicos acabam perdendo um grande diferencial comparativo em relação aos julgamentos humanos. A partir do momento em que perdem a legitimidade decorrente do processo deci-

[17] https://g1.globo.com/economia/tecnologia/noticia/2021/08/02/twitter-oferece-recompensas-a-quem-corrigir-vieses-raciais-e-sexistas-em-seus-algoritmos-de-corte-de-imagens.ghtml

[18] Gillis, Talia. Op.cit.

sório, precisarão da legitimidade decorrente do resultado. O problema é que, como lhes falta a explicabilidade, muitas também não conseguirão ter essa legitimação *ex post*.

Assim, se os julgamentos algorítmicos podem não conseguir se legitimar nem pelo processo nem pelo resultado, como poderão se substituir aos julgamentos humanos? Estes, por mais falhos que sejam e possam não se legitimar pelo processo decisório, podem se legitimar *ex post*, pela fundamentação, tal como é o caso das decisões judiciais. Entretanto, tudo leva a crer que as decisões algorítmicas não conseguem se legitimar nem pelo processo nem pelo resultado, pois falta a ambos o requisito da explicabilidade.

O impasse ora apresentado mostra que não é possível, pelo menos no atual estado da técnica, sustentar que os julgamentos algorítmicos apresentam tal superioridade sobre os julgamentos humanos que poderiam se substituir a estes. Cada vez mais, evidencia-se a necessidade da participação humana não apenas durante o processo decisório algorítmico, para fins de supervisão e monitoramento, como também para o controle de resultados e mesmo para as devidas complementações. Afinal, como bem expõem Cukier et al[19], há elementos de explicação que são exclusivos do raciocínio humano, tais como as causalidades, os contrafactuais e as constrições.

Tais considerações são ora expostas para mostrar que há boas razões para colocar em xeque a superioridade dos algoritmos sobre os julgamentos humanos, ainda mais quando se pretende utilizar tal comparação para uma delegação total ou substituição plena das decisões humanas. Se não há dúvidas de que algoritmos podem ser superiores aos humanos em diversos aspectos, também há diversos outros em que os seres humanos são superiores. Isso sem falar nos riscos adicionais decorrentes dos julgamentos algorítmicos.

Mesmo a utilização de sistemas de inteligência artificial como apoio e auxílio às decisões judiciais precisa ser vista com cuidado. É inequívoco que, desde que, com as devidas cautelas – boas bases de dados, monitoramento e cuidado, preocupações com segurança, dentre outros – os algoritmos podem ser muito melhores do que seres humanos em analisar amplas quantidades de dados, estabelecer correlações e padrões e atender ao objetivo de acurácia. Entretanto, isso não assegura por si só bons julgamentos

[19] Op.cit.

e muito menos julgamentos justos e inteligíveis. Até para incorporar esses dados adequadamente, os juízes precisarão entender os potenciais e os riscos dos sistemas algorítmicos, inclusive para o fim de supri-los no processo decisório por meio da sua contribuição pessoal.

Daí por que tudo leva a crer que a comparação entre julgamentos algorítmicos e julgamentos humanos deve ser utilizada prioritariamente para se buscar abordagens complementares entre os dois, sem abrir mão das vantagens dos julgamentos humanos e do necessário controle humano que deve existir.

Entretanto, considerando as peculiaridades da decisão judicial – ato de Estado com graves repercussões para os cidadãos e com a necessidade de respeito a diversos princípios e garantias constitucionais – essa utilização precisa ser acompanhada de muitas cautelas.

5. A utilização da inteligência artificial como mera ferramenta auxiliar evita o problema? Os riscos das interações disfuncionais na relação entre homens e máquinas

Como já se pavimentou ao longo do artigo, a transferência ou delegação total do processo decisório de agentes públicos e privados para sistemas algorítmicos é procedimento que envolve diversos riscos, considerando as limitações já apontadas na programação e nos *designs* de tais sistemas.

Um dos maiores riscos é o da irresponsabilidade organizada, pois, assim como programadores podem não se sentir responsáveis pelos resultados concretos e pelas utilizações de seus sistemas, executores podem não se sentir responsáveis quando simplesmente executam uma aplicação de terceiro.

Por outro lado, mesmo quando não ocorre a terceirização total e o sistema algorítmico tem o papel de ser apenas um auxiliar no processo decisório, permanecendo o ser humano com a "última palavra", os desafios não são banais. Afinal, pouco se sabe sobre como se comportam seres humanos diante de decisões algorítmicas, havendo o fundado receio de que tendam a concordar com os seus resultados, até porque, considerando a opacidade dos algoritmos, não conseguem compreendê-los nem questioná-los.

Como mostram Chiodo e Clifton[20], é ingenuidade achar que boas práticas de gestão poderão resolver esse tipo de problema pois, a cada estágio

[20] CHIODO, Maurice; CLIFTON, Toby. The Importance of Ethics in Mathematics. European Mathematical Society. Newsletter No. 114, December 2019.

de separação do trabalho matemático traduzido no sistema algorítmico, perde-se parcela de significado sobre o próprio alcance da programação. Consequentemente, fica muito difícil para o tomador de decisões, ao buscar auxílio nos sistemas algorítmicos, entender todo o trabalho matemático que foi feito, assim como as suas limitações.

Ainda segundo Chiodo e Clifton[21], é da própria natureza da gestão que decorrem tais problemas. Assim como um gestor não tem condições de reproduzir todo o trabalho feito pelos seus subordinados, igualmente não faria sentido que pretendesse fazer isso com sistemas algorítmicos, ainda mais quando, diante das características destes, é grande a probabilidade de que não sejam compreendidos, mesmo após consideráveis esforços nesse intento.

Se tal cenário reforça a necessidade de matemáticos e programadores considerarem os resultados concretos de seus sistemas e incluírem parâmetros éticos nas programações, também mostra como a existência de controle humano sobre tais resultados pode ser de pouca utilidade.

Com efeito, muito se tem pensado na questão do controle por pessoa natural como solução para resolver as limitações dos julgamentos algorítmicos. Esse é um dos principais aspectos ressaltados pelas Diretrizes da União Europeia para uma Inteligência Artificial Confiável[22], documento que chega a afirmar que a supervisão humana pode exigir a capacidade de anular a decisão algorítmica.

Logo, é fundamental refletir sobre como interagem os usuários com os diagnósticos e predições de sistemas algorítmicos e qual é a medida da sua capacidade de reação a determinados resultados. Afinal, para que a supervisão humana tenha resultado prático, deve haver efetivo controle e possibilidade de divergência diante dos resultados algorítmicos. Daí por que tanto se insistiu, ao longo do artigo, na necessidade de formação e treinamento dos juízes que lidarão com tais sistemas.

Mesmo assim, tais possibilidades parecem limitadas, como demonstraram Ben Green e Yiling Chen[23] em interessante estudo no qual analisam sistemas algorítmicos como o Compas, utilizados para auxiliar juízes na

[21] Op.cit.

[22] https://digital-strategy.ec.europa.eu/en/library/ethics-guidelines-trustworthy-ai

[23] Green, Ben; Chen, Yiling. In FAT* '19: Conference on Fairness, Accountability, and Transparency (FAT* '19), January 29–31, 2019, Atlanta, GA, USA. ACM, New York, NY, USA, 10 pages. https://doi.org/10. 1145/3287560.3287563. https://scholar.harvard.edu/files/19-fat.pdf

dosimetria de penas por meio de cálculos sobre o potencial de reincidência dos réus sob julgamento.

Antes de testarem suas hipóteses, os autores tentam mapear os trabalhos anteriores sobre o tema, realçando a parte da literatura que aponta o quanto as pessoas são ruins para incorporar, em suas análises, predições quantitativas. O chamado fenômeno do viés da automação (*automation bias*) sugere que ferramentas de automação influenciam decisões humanas de formas significativas e geralmente ruins. Dois tipos de erros são particularmente comuns: (i) erros de omissão, nos quais as pessoas não reconhecem quando os sistemas automatizados erram e (ii) erros comissivos, nos quais as pessoas seguem os sistemas automatizados sem considerar suas informações contraditórias.

Consequentemente, uma forte confiança em sistemas automatizados pode alterar as relações das pessoas com as suas tarefas, criando uma espécie de "para-choque" entre as decisões e os seus impactos, com a consequente perda do senso de responsabilidade e da *accountability*. Daí o receio de que decisões algorítmicas, embora tenham sido desenhadas para reduzir os erros humanos, possam causar ainda mais problemas.

Por outro lado, os autores igualmente ressaltam estudos que mostram que (i) mesmo diante de algoritmos com maior acurácia, as pessoas nem sempre os incorporam para melhorar suas decisões, preferindo confiar no seu próprio julgamento ou no julgamento de terceiro, (ii) as pessoas não sabem distinguir entre predições confiáveis e predições não confiáveis e (iii) existe uma aversão ao algoritmo, de forma que as pessoas são menos tolerantes aos erros dos algoritmos do que aos erros das pessoas.

Outra parte dos estudos sobre o assunto mostra a importância dos vieses dos julgadores humanos como verdadeiros filtros informacionais, de forma que mesmo informações que supostamente ajudariam as pessoas a tomar melhores decisões podem falhar ao ser incorporadas de forma enviesada no processo decisório.

Como se pode observar, há grande controvérsia a respeito de como os seres humanos formalmente responsáveis por determinadas decisões agem e reagem diante de resultados algorítmicos, existindo riscos tanto de que os sigam de forma irrefletida como de que os apliquem de acordo com seus próprios vieses, o que pode gerar resultados ainda mais disfuncionais.

Todo esse cenário mostra o quanto o sucesso da utilização de sistemas algorítmicos nos processos de decisão depende da prévia reflexão sobre como se dá a complexa relação entre homens e máquinas, a fim de evitar resultados indesejáveis, que vão da falta de supervisão humana à própria deturpação do resultado algorítmico.

Voltando ao estudo de Ben Green e Yiling Chen[24], os autores formulam três hipóteses que, ao final, são confirmadas pela pesquisa empírica: (i) participantes que recebem uma avaliação algorítmica de risco farão predições com menor acurácia do que a avaliação de risco, (ii) participantes serão incapazes de avaliar a sua própria performance e também a performance do algoritmo e (iii) diante da forma como os participantes interagem com a avaliação de riscos, suas posturas serão desproporcionalmente prováveis de aumentar as previsões de risco em relação a réus negros do que réus brancos.

Logo, o estudo mostra o quanto se tem a avançar na compreensão dos reais efeitos de avaliações ou diagnósticos algorítmicos sobre as decisões humanas que deles se utilizam, inclusive para avaliar o risco de que a intervenção humana não seja capaz de identificar falhas nem de realizar propriamente qualquer controle sobre eventuais problemas dos algoritmos.

Por mais que ainda seja cedo para formular conclusões sobre o assunto, já foi possível verificar que um resultado algorítmico pode inclusive alavancar a discriminação contra um determinado grupo. Não é sem razão que Ben Green e Yiling Chen[25] defendem a necessidade de inserir as avaliações algorítmicas de risco no contexto social e tecnológico, a fim de que seus impactos possam ser identificados e valorados.

Ademais, ficou igualmente claro, no exemplo concreto estudado pelos autores, que a introdução de análises algorítmicas de risco no sistema criminal não elimina a discricionariedade nem cria julgamento mais objetivos, mas simplesmente transfere a discricionariedade para outras "áreas", o que inclui a interpretação judicial da avaliação algorítmica e também a decisão sobre quão fortemente se pode confiar nela.

Seja porque a interação entre homem e máquina pode levar a uma total confiança nos sistemas, seja porque pode levar a interpretações que criem novas áreas de discricionariedade, que podem inclusive distorcer o sistema, é urgente que se entenda minimamente essa interação nos casos concretos, sob pena de tornar inexequível a proposta de que o controle humano possa ser suficiente para resolver problemas de discriminação.

[24] Op.cit.

[25] Op.cit.

Dessa maneira, tão importante quanto um bom *design* algorítmico, que possa considerar os resultados práticos e os desdobramentos éticos da sua aplicação, é a qualidade da interação entre os usuários e os sistemas algorítmicos, a fim de se evitar resultados disfuncionais e mesmo a irresponsabilidade organizada, efeitos que têm sido amplamente verificados na prática recente.

Conclusões

O objetivo do presente artigo foi demonstrar que a utilização de sistemas de inteligência artificial pelo Poder Judiciário no processo decisório, especialmente em matérias sensíveis como as penais, envolve diversos desafios e exige muitos cuidados.

Obviamente que tais preocupações não se limitam aos casos de terceirização total da atividade judicante para um sistema de inteligência artificial, o que ficou representado pela figura do juiz-robô. Mesmo quando a decisão algorítmica é uma ferramenta de auxílio ao juiz, como no caso do Compas, os problemas de opacidade, falta de explicabilidade e demais riscos da inteligência artificial estarão igualmente presentes.

O fato de o juiz, em princípio, ter a palavra final não resolve o problema, pois há evidências de que as complexas e pouco conhecidas relações entre homens e máquinas podem criar outras áreas de discricionariedade e outras disfuncionalidades, não necessariamente contribuindo efetivamente para a maior qualidade das decisões e ainda podendo reproduzir ou reforçar vieses e discriminações.

Se a delegação total ou parcial de processos decisórios para sistemas de inteligência artificial já é problemática no âmbito privado, torna-se ainda mais problemática quando ocorre no âmbito do Poder Público, a exigir novas reflexões sobre a parceria público-privada que se estabelece entre o desenvolvedor e o executor e sobre os cuidados o Poder Público deve exigir na escolha, na contratação e no monitoramento das empresas de tecnologia ofertantes dos sistemas, o que se projeta sobre várias questões, incluindo o segredo de negócios.

Por todas essas razões, a incorporação da inteligência artificial em processos decisórios judiciais – especialmente em matéria penal – deve ser cercada de garantias e cautelas tanto no nível macro – a exigir do Poder Judiciário os necessários deveres de cuidado na escolha e no monitoramento das tecnologias envolvidas, inclusive por meio de contratos que lhe assegurem as necessárias informações e prestações de contas – bem como no nível micro – a exigir dos juízes que se utilizam das referidas tecnologias a compreensão dos sistemas que estão utilizando, bem como a disposição e a capacidade para interpretar os resultados algorítmicos, exercer o devido controle sobre eles e ainda complementá-los adequadamente.

Referências

CHIODO, Maurice; CLIFTON, Toby. The Importance of Ethics in Mathematics. European Mathematical Society. Newsletter No. 114, December 2019.

CUKIER, Kenneth et al. *Framers. Human advantage in an age of technology and turmoil.* Dutton, 2021.

FRAZÃO, Ana. Discriminação Algorítmica. Série. *Jota.* https://www.jota.info/opiniao-e-analise/colunas/constituicao-empresa-e-mercado/discriminacao-algoritmica-16062021.

GILLIS, Talia B., The Input Fallacy (February 16, 2021). *Minnesota Law Review.* SSRN: https://ssrn.com/abstract=3571266 or http://dx.doi.org/10.2139/ssrn.3571266

GREEN, Ben; CHEN, Yiling. In FAT* '19: Conference on Fairness, Accountability, and Transparency (FAT* '19), January 29–31, 2019, Atlanta, GA, USA. ACM, New York, NY, USA, 10 pages. https://doi.org/10. 1145/3287560.3287563. https://scholar.harvard.edu/files/19-fat.pdf

HARARI, Yuval Noah. *Homo Deus. Uma breve história do amanhã.* São Paulo: Companhia das Letras, 2016.

KAY, John; KING, Mervin. *Radical Uncertainty. Decision-making beyond the numbers.* New York: W.W.Norton & Company, 2020.

MIT Technology Review. Secret Algorithms Threaten the Rule of Law. Sending people to jail because of the inexplicable, unchallengeable judgments of a secret computer program undermines our legal system. https://www.technologyreview.com/2017/06/01/151447/secret-algorithms-threaten-the-rule-of-law/

MOORE, Taylor. Trade Secrets and Algorithms as Barriers to Social Justice. https://cdt.org/wp-content/uploads/2017/08/2017-07-31-Trade-Secret-Algorithms-as-Barriers-to-Social-Justice.pdf

MOSTERT, Frederick, 'Digital Due Process': A Need for Online Justice (March 11, 2020). *Journal of Intellectual Property Law & Practice,* forthcoming., SSRN: https://ssrn.com/abstract=3537058

O'NEIL, Cathy. *Weapons of math destruction. How big data increases inequality and threatens democracy.* EUA: Crown, 2016.

PASQUALE, Frank. *The black box society. The secret algorithms that control money and information.* Cambridge: Harvard University Press, 2015.

________. Secret Algorithms Threaten the Rule of Law. Sending people to jail because of the inexplicable, unchallengeable judgments of a secret computer program undermines our legal system. *MIT Technology Review.* https://www.technologyreview.com/2017/06/01/151447/secret-algorithms-threaten-the-rule-of-law/

WEXLER, Rebecca. Life, Liberty, and Trade Secrets: Intellectual Property in the Criminal Justice System. *Stanford Law Review* 70 1343 (2018). https://review.law.stanford.edu/wp-content/uploads/sites/3/2018/06/70-Stan.-L.-Rev.-1343.pdf

SUZOR, Nicolas. Digital constitutionalism: using the rule of law to evaluate the legitimacy of governance by platforms https://journals.sagepub.com/doi/10.1177/2056305118787812

2
LIBERDADE DE EXPRESSÃO

Anna Maria da Trindade dos Reis

Dos direitos e garantias fundamentais

A liberdade de ser, pensar e se expressar, entre outros direitos, está entre as garantias fundamentais asseguradas pela Constituição Federal no *caput* do art. 5º e seus incisos, sendo essência da democracia.

A separação dos poderes fortalece a atuação do Judiciário como garantidor dos direitos fundamentais e do correto cumprimento de políticas públicas, na limitação do poder político e econômico, em razão do alto índice de desigualdade social reinante no Brasil.

O Judiciário tem se mantido como guardião da Constituição e garantidor da democracia e dos direitos fundamentais, donde se destaca a liberdade de expressão e de informação[1] em face das divulgações de *fake news* utilizadas para gerar ódio, violência e desinformação, objetivando minar instituições e a dignidade da pessoa (aí incluídas a orientação sexual e a identidade de gênero), disseminar informações contrárias aos fatos e às bases científicas, em desrespeito aos valores éticos e sociais das pessoas[2].

A liberdade de expressão não aceita censura prévia, mas não afasta eventual responsabilidade ulterior se configurar atos como calúnia, injúria e difamação, sendo passíveis as penas previstas, respectivamente, nos arts. 138, 140 e 139 do Código Penal, bem como indenização por dano moral e/ou material e eventual direito de resposta.

1 Incisos IV, V, IX, XIII, XIV e XXXIII do art. 5º.

2 Arts. 220 e 221/CF

Da proteção à liberdade de expressão

Num amplo estudo que perpassa os arts. 5º, IV e XIV, e 220 da Constituição Federal, a Declaração Universal dos Direitos da Pessoal Humana, a Convenção Americana de Direitos Humanos de 1969 ("Pacto de San José da Costa Rica"), estudos de doutrinadores, cientistas políticos e filósofos brasileiros, alemães e americanos, bem como avaliações de precedentes das Cortes Constitucionais alemã, americana e brasileira, o Min. Gilmar Mendes afirma que *"A preservação da liberdade de expressão, para além de consagrar direito subjetivo oponível à atuação do Estado, constitui pilar do sistema democrático"*, ressaltando que *"a garantia da liberdade de expressão abrange* ***'toda opinião, convicção, comentário, avaliação ou julgamento sobre qualquer assunto ou sobre qualquer pessoa, envolvendo tema de interesse público, ou não, de importância e de valor, ou não'****, desde que não esteja em conflito com outro direito ou valor constitucionalmente protegido"* (BRANCO, Paulo Gonet; MENDES, Gilmar Ferreira. Curso de Direito Constitucional. São Paulo: Saraiva, 2015, p. 264).[3]

Por ter a ADPF 130 estabelecido "***balizas para o adensamento do debate sobre liberdade de expressão quando se está diante de atos do poder público tendentes à obliteração dessas garantias***"[4], é pacífico cabimento de reclamação constitucional para garantir a sua autoridade.

Assim, em face do já decidido nas ADPS 130 e ADI 2404 e por não encontrar "***fundamento em uma sociedade democrática e pluralista como a brasileira***", foi mantida a circulação da obra Especial de Natal Porta dos Fundos: A Primeira Tentação de Cristo". Na oportunidade, o relator, Min. Gilmar Mendes, confirmando a liminar deferida pelo então Presidente, Min. Dias Toffoli, destacou – após perpassar pela interpretação dos arts. 5º, VI, VIII e IX, 19, I, 150, VI, *b*, 210, § 1º, e 220 da Constituição Federal, e art. 18 da Declaração Universal dos Direitos Humanos da jurisprudência do STF, do Tribunal Constitucional Federal alemão e da Suprema Corte americana, o art. 18 da Declaração Universal dos Direitos Humanos,bem como a doutrina dos alemães Bodo Pieroth, Bernhard Schlink, Karl Loewenstein e Peter Häberle e dos portugueses Jorge Miranda, J.J. Gomes Canotilho e Jônatas Machado, além do brasileiro André Rufino do Vale – que:

[3] Voto proferido na **ADPF 722 MC/DF**, Rel. Min. Cármen Lúcia, DJe 22.10.2020, grifos originais

[4] **Rcl 38782/RJ**, Rel. Min. Gilmar Mendes, grifos originais – DJe 24.2.2021, grifos originais

"[...] nesse aspecto, a importância da liberdade de circulação de ideias e o fato de que deve ser assegurada à sociedade brasileira, na medida do possível, o livre debate sobre todas as temáticas, permitindo-se que cada indivíduo forme suas próprias convicções, a partir de informações que escolha obter."[5]

O STF, igualmente garantindo a liberdade de expressão, vedou que o Município do Rio de Janeiro exercesse qualquer tipo de fiscalização de conteúdo sobre os livros expostos na Bienal do Livro em 2019, por ser vedada ato de censura prévia de conteúdo, como já consagrado na ADPF 130.[6]

Em razão de um dossiê elaborado por uma secretaria ligada ao Ministério da Justiça elencando, sigilosamente, informações de servidores públicos ligados a movimentos antifascistas e opositores ao governo, a Min. Cármen Lúcia imprimiu urgência na apuração, posto que, se comprovado, o grave fato indicado "*escancara comportamento incompatível com os mais basilares princípios democráticos do Estado de Direito e põe em risco a rigorosa e intransponível observância dos preceitos fundamentais da Constituição da República.*"[7].

O Plenário do STF, sob a relatoria do Min. Alexandre de Moraes, julgou procedente a ADPF 457/GO[8] e declarou a inconstitucionalidade formal e material da Lei 1.516/2015, do Município de Novo Gama – GO, que proibia a divulgação de material com referência à ideologia de gênero nas escolas municipais, bem como a imposição de prévia censura antes da distribuição de materiais didáticos.

A par da inconstitucionalidade formal e ante a "*necessidade de proteger a efetividade dos direitos e garantias fundamentais, em especial das minorias*", foram apontadas as violações dos "*princípios atinentes à liberdade de aprender, ensinar, pesquisar e divulgar o pensamento, a arte e o saber (art. 206, II, CF) e ao pluralismo de ideias e de concepções pedagógicas (art. 206, III, CF), regentes da ministração do ensino no País, amplamente reconduzíveis à proibição da censura em atividades culturais em geral e, consequentemente, à liberdade de expressão (art. 5º, IX, da CF)*", destacando, ainda, que:

[5] **Rcl 38782/RJ**, Rel. Min. Gilmar Mendes, Segunda Turma, DJe 24.2.2021 – grifos originais

[6] **Rcl 36742/MC**, Rel Min Gilmar Mendes (DJe 12.9.2019), **SL 1248/MC**, Rel. Min. Toffolli (DJe 11.09.2019) e **Rcl 39093/MC**, Rel. Min. Ricardo Lewandowski (DJe 26.2.2020) – em razão da apreensão da publicação "Vingadores: A Cruzada das Crianças" porque havia um desenho de um beijo gay. **ADPF 130-MC/DF**, Rel. Min. Ayres Britto (DJ 27/2/2008), acerca da Lei de Imprensa do Regime Militar (Lei nº 5.250/67)

[7] **ADPF 722 MC**, proposta por Rede Sustentabilidade – DJe 6.8.2020

[8] **ADPF 457/GO**, Rel. Min. Alexandre de Moraes – Plenário 27.4.2020

> "O funcionamento eficaz da democracia representativa, que pressupõe a concretização do sistema de educação plural e igualmente democrático, assegurado pela Constituição Federal, exige absoluto respeito à ampla liberdade de expressão, possibilitando as liberdades de aprender, ensinar, pesquisar e divulgar o pensamento, a arte e o saber, de opinião, de criação artística, de proliferação de informações, de circulação de ideias; garantindo-se, portanto, os diversos e antagônicos discursos e intepretações – moralistas e obscenos, conservadores e progressistas, científicos, literários, jornalísticos ou humorísticos."

Na mesma toada, o Min. Gilmar Mendes, relator da ADPF 467/MG[9], pontuou:

> "Conforme destacado pelo Ministro Roberto Barroso, no julgamento da ADI 5.577, 'Para que a educação seja um instrumento de emancipação, é preciso ampliar o universo informacional e cultural do aluno, e não reduzi-lo, com a supressão de conteúdos políticos ou filosóficos, a pretexto de ser o estudante um ser 'vulnerável'. O excesso de proteção não emancipa o excesso de proteção infantiliza'.
>
> Seguindo essa linha de raciocínio, é importante acentuar que as restrições às liberdades de expressão e de ensino são características típicas de Estados totalitários ou autoritários."

Da garantia preferencial à liberdade de expressão

Os direitos e garantias constitucionais, aparentemente absolutos se analisados separadamente, a despeito de hierarquicamente equivalentes, devem ser sopesados e relativizados se apresentados em colisão com outros, de modo a ser verificada a intensidade de sua proteção em face do outro, de acordo com a moldura que se apresenta, de maneira harmônica e nos limites da própria Constituição Federal, em atenção ao princípio da proporcionalidade.

Como ensina o Min. Gilmar Mendes: "*Os problemas de concordância prática surgem, sobretudo, em casos de colisão de princípios, especialmente de direitos fundamentais, em que o intérprete se vê desafiado a encontrar um desfecho de harmonização máxima entre os direitos em atrito, buscando sempre que a medida de sacrifício de um deles, para uma solução justa e proporcional do caso concreto, não exceda o estritamente necessário*".[10]

[9] **ADPF 467/MG**, DJe 07.07.2020 – Plenário

[10] MENDES, Gilmar Ferreira, Curso de Direito Constitucional, 12ª ed. São Paulo: Saraiva, 2017, pág 94/95.

Em prol dos direitos fundamentais de garantia ao direito de reunião e à livre expressão do pensamento, como reveladora de participação dos cidadãos no processo político e democrático, o Plenário do STF, sob a relatoria do Min. Celso de Mello, julgou procedente a ADPF 187/DF para dar ao art. 287 do Código Penal interpretação conforme à Constituição Federal "*de forma a excluir qualquer exegese que possa ensejar a criminalização da defesa da legalização das drogas, ou de qualquer substância entorpecente específica, inclusive através de manifestações e eventos públicos*" para entender legítimo o movimento conhecido como "Marcha da Maconha", que não manifesta incitação à pratica de delito, nem sequer com apologia de fato criminoso.[11]

Recentemente, o STF destacou que, se por um lado há proteção da liberdade de expressão (direito de informar, opinar e criticar) e da impossibilidade de censura prévia, cabe a responsabilização civil e penal posterior em razão de *fake news* disseminadas especialmente pelas mídias sociais sob pena de revelar uso abusivo à democracia, sendo vedados ataques racistas, de ódio e supressores de direitos constitucionais, tais como a defesa da ditatura e o fechamento de instituições.[12]

Por ocasião do julgamento do RE 685493/SP[13] e traçando paralelos com o entendimento igualmente consagrado pela Suprema Corte dos Estados Unidos, Corte Constitucional da Alemanha e Corte Europeia de Direitos Humanos, o Min. Marco Aurélio de Mello destacou que "*A liberdade de expressão é uma garantia preferencial em razão da estreita relação com outros princípios e valores constitucionais fundantes, como a democracia, a dignidade da pessoa humana e a igualdade.*", restando assentada a seguinte tese: "*Ante conflito entre a liberdade de expressão de agente político, na defesa da coisa pública, e honra de terceiro, há de prevalecer o interesse coletivo*".

Acompanhando a relatoria, o Min. Luiz Fux destaca que a liberdade de expressão "*assume uma **posição preferencial**, devendo receber as menores restrições possíveis, ante à determinação constitucional de que a **livre manifestação de ideias seja a regra e sua restrição, a exceção***"[14].

[11] **ADPF 187/DF**, Rel. Min. Celso de Mello, Tribunal Pleno, julgado em 15.6.2011, DJe 29.5.2014

[12] **ADPF 572/MC**, relator Min. Edson Fachin em julgamento iniciado em 10 e finalizado em 18.6.2020 pelo Plenário do STF: é constitucional a Portaria GP n. 69/2019 e o art. 43/RISTF, que viabiliza o **Inq 4781,** de relatoria do Min. Alexandre de Moraes, que apura incitamento ao fechamento do STF, de ameaça de morte ou de prisão de seus membros, de apregoada desobediência a decisões judiciais.

[13] **Tema 552** de repercussão geral – acórdão DJe 17.8.2020

[14] Negrito original

Na linha defendida pela Min. Cármen Lúcia[15], que assegurou a liberdade de expressão em contraponto à inviolabilidade do direito à intimidade, à privacidade, à honra e à imagem, igualmente garantida constitucionalmente, o Min. Alexandre Moraes cassou decisão que havia suspendido publicação, divulgação e comercialização de obra literária que não tinha prévia autorização da biografada, visto que legalmente previstas reparação de danos e direito de resposta.[16]

No mesmo sentido, foram considerados inconstitucionais dispositivos da Lei das Eleições que objetivavam o caráter preventivo e abstrato da censura prévia, restringindo e limitando, ao final, a crítica e a liberdade de opinião e de expressões artística e humorística, típicas do pluralismo democrático, tendo a Suprema Corte assentado que *"a livre discussão, a ampla participação política e o princípio democrático estão interligados com a liberdade de expressão, tendo por objeto não somente a proteção de pensamentos e ideias, mas também opiniões, crenças, realização de juízo de valor e críticas a agentes públicos, no sentido de garantir a real participação dos cidadãos na vida coletiva"*.[17]

Das limitações à liberdade de expressão

A despeito de a liberdade de expressão ser amplamente consagrada e protegida, e, exatamente por ser base da democracia, deve ser contida e impostos limites se carregada de discursos antidemocráticos, de ódio ou de incitação ao crime.

Karl Popper consagrou no Paradoxo da Tolerância a sua avaliação quanto ao risco da liberdade irrestrita quando avança sobre liberdade e direitos alheios:

> "O chamado paradoxo da liberdade é o argumento de que a liberdade, no sentido da ausência de qualquer controle restritivo, deve levar à maior restrição, pois torna os violentos livres para escravizarem os fracos"[18]

[15] **ADI 4815/DF**, Rel. Min. Carmen Lucia – interpretação conforme aos arts. 20 e 21 do CC para afastar a censura prévia particular.

[16] **Rcl 38201/SP**, Rel. Alexandre de Moraes, DJe 3.2.2020 (segredo de justiça)

[17] **ADI 4451/DF**, Rel. Min. Alexandre de Morais (Pleno, DJe 6/3/2019): declarada a inconstitucionalidade do inc. II do art. 45 da Lei n. 9.504/1997 e, por arrastamento, dos §§ 4º e 5º desse mesmo dispositivo, e assentar também a inconstitucionalidade da expressão "ou difundir opinião favorável ou contrária a candidato, partido, coligação, a seus órgãos ou representantes", constante do inc. III do art. 45 da Lei n. 9.504/1997.

[18] Popper, Karl Raimund, 1902 – 1994, "A Sociedade Aberta e os Seus Inimigos"; tradução de Milton Amado. Belo Horizonte, Ed. Itatiaia, 1974. p.288

Como salientou o Min. Luis Roberto Barroso, é necessária a imposição de limites àqueles que, apoiando-se nesse valoroso bem, utilizam-se de ódio e violência para destruir instituições e pessoas:

> "A democracia tem lugar para conservadores, para liberais e para progressistas. Tem lugar para todo mundo. Só não tem lugar para a intolerância, para a violência e para a tentativa de destruição das instituições. Quando isso acontece, as democracias e as pessoas de bem têm que agir em legítima defesa. É preciso estabelecer os limites que uma democracia convive com as pessoas que pretendem destruí-la."[19]
>
> "A imunidade parlamentar, em especial a inviolabilidade contra palavras, opiniões e votos, é uma garantia imprescindível ao livre exercício do mandato. Não pode, contudo, servir de blindagem ao cometimento de crimes. O Supremo Tribunal Federal tem ressaltado, cada vez mais veementemente, que o direito à livre expressão política dos parlamentares, ainda que vigoroso, deve se manter nos limites da civilidade[8]. A liberdade de expressão é um direito fundamental, e a liberdade de expressão dos parlamentares relacionadas às suas funções é ainda mais extensa. O Parlamento é o local por excelência para o livre mercado de ideias, mas não para o livre mercado de ofensas. É dever de todos combater a intolerância, os discursos de ódio e de exclusão, e qualificar o debate público. Ninguém pode se escudar na imunidade material parlamentar para agredir a dignidade alheia ou difundir discursos de ódio, violência e discriminação.[20]

O histórico julgamento do HC 82.424/RS – Caso Ellwanger –, sob a relatoria do Min. Maurício Corrêa, registrou que a liberdade de expressão não constitui garantia constitucional absoluta e incondicional, mas que deve ser exercida harmonicamente com os demais princípios e garantias constitucionais.

No caso, em razão da incitação ao racismo com a edição e divulgação de livros com apologia preconceituosa e discriminatória contra a comunidade judaica, destacou-se que "*o direito à livre expressão não pode abrigar, em*

[19] Conferência Magna do Min. Luís Roberto Barroso no 1º Congresso Internacional de Direito Partidário – https://www.youtube.com/watch?v=Xh3gkcpUs6A em 24.7.2020 e na "A Defesa da Democracia", Seminário do Instituto dos Advogados Brasileiros e do Instituto Victor Nunes Leal em homenagem ao dia do advogado, 11.8.2020 – https://www.youtube.com/watch?v=lHyGOuk_Ths&feature=youtu.be

[20] MS 37721 MC/DF, Rel. Min. Luis Roberto Barroso – DJe

sua abrangência, manifestações de conteúdo imoral que implicam ilicitude penal" em contraponto aos princípios da dignidade da pessoa humana e da igualdade jurídica.

No viés penal, restou caracterizado o crime de racismo sujeito às cláusulas de inafiançabilidade e imprescritibilidade (art. 5º, XLII) "*como alerta grave para as gerações de hoje e de amanhã, para que se impeça a reinstaurarão de velhos e ultrapassados conceitos que a consciência jurídica e histórica não mais admitem*".[21]

Pontuando que, "*Como todo direito fundamental, não se afirma ser a liberdade de expressão direito dotado de caráter absoluto nem constitui escudo para imunizar autor de prática delituosa, como, por exemplo, ameaça, incitação a crimes ou infrações contra a honra*", a Min. Cármen Lúcia apresentou seu voto pelo deferimento da medida cautelar na referida ADPF 722/DF[22], destacando que a prática remete à ameaça de retorno à triste história do Brasil e adverte que "a *República não admite catacumbas. A democracia não se compadece com segredos. Direitos fundamentais não são concessões estatais, são garantias humanas conquistadas antes e para além do Estado. Seu objeto é possibilitar o sossego pessoal e a dignidade individual*".[23]

Liberdade de expressão x Direito ao esquecimento

O Plenário do STF, sob a relatoria do Min. Dias Toffoli, reconheceu a repercussão geral no ARE 833248/RJ[24] para se debruçar sobre a harmonização dos princípios constitucionais de liberdade de expressão e do direito à informação, consagrados na já referida ADPF 130, em contraposição ao direito ao esquecimento, intrinsicamente ligado à dignidade da pessoa humana, e inviolabilidade da personalidade, da honra e da intimidade.

Não se tratando de censura prévia aplicada a um programa televisivo, o processo discute a repercussão de veiculação de programa que revive tra-

[21] **HC 82.424**, Rel. Min. Moreira Alves e Rel.para acórdão Min. Maurício Correa, Tribunal Pleno, julgado em 17.9.2003, DJ 19.3.2004.

[22] Foi suspenso "**todo e qualquer ato do Ministério da Justiça e Segurança Pública de produção ou compartilhamento de informações sobre a vida pessoal, as escolhas pessoais e políticas, as práticas cívicas de cidadãos, servidores públicos federais, estaduais e municipais identificados como integrantes de movimento político antifascista, professores universitários e quaisquer outros que, atuando nos limites da legalidade, exerçam seus direitos de livremente expressar-se, reunir-se e associar-se**" (grifos originais) – Plenário

[23] Medida cautelar deferida por maioria pelo Plenário do STF – sessões de 20 e 21 de agosto de 2020, DJe 22.10.2020.

[24] **Tema 786** – Julgado em 12.12.2014, acórdão publicado no DJe de 20.2.2015

gédia ocorrida nos anos 1950 e se tal fato implica danos materiais e morais à família da vítima ou se foi revestida apenas do direito de informação.

O feito foi reautuado como RE 1010606 e realizada, em 12.6.2017, audiência pública para debater a aplicabilidade do direito ao esquecimento na esfera civil, em especial quando esse for invocado pela própria vítima ou por seus familiares.

Na mesma linha do parecer ofertado pela então Procuradora-Geral da República, Dra. Raquel Elias Ferreira Dodge, o julgamento foi iniciado em 3.2.2021, com a manifestação de inúmeras entidades admitidas como *amicus curiae*, tendo o Plenário do STF[25] decidido, por maioria, nos termos do voto do Min. Dias Toffoli, relator, pelo desprovimento do recurso extraordinário, e sendo fixada a seguinte tese no Tema 786:

> "É incompatível com a Constituição a ideia de um direito ao esquecimento, assim entendido como o poder de obstar, em razão da passagem do tempo, a divulgação de fatos ou dados verídicos e licitamente obtidos e publicados em meios de comunicação social analógicos ou digitais. Eventuais excessos ou abusos no exercício da liberdade de expressão e de informação devem ser analisados caso a caso, a partir dos parâmetros constitucionais – especialmente os relativos à proteção da honra, da imagem, da privacidade e da personalidade em geral – e as expressas e específicas previsões legais nos âmbitos penal e cível".

Os votos que compuseram a maioria entenderam que o sistema jurídico brasileiro não alberga de forma genérica, plena e abstrata o direito ao esquecimento apto a fixar uma tese de repercussão geral em face da garantia da liberdade de expressão que se revela, mediante conflito de normas constitucionais equivalentes, o mais democrático.

Eventuais excessos ou abusos no exercício da liberdade de expressão e de informação devem ser analisados caso a caso, com base em parâmetros constitucionais e na legislação penal e civil, mas não via tese fixada em repercussão geral.

O Min. Nunes Marques apresentou seu voto divergindo parcialmente do relator apenas para reconhecer o direito à indenização por dano moral aos autores, a ser fixado na instância de origem. Na mesma linha, apre-

[25] 4 sessões realizadas nos dias 3, 4, 10 e 11 de fevereiro de 2021, pendem de publicação o acórdão

sentou-se a divergência do Min. Gilmar Mendes, entendendo pertinente a indenização a ser avaliada pelas instâncias ordinárias.

O Min. Edson Fachin julgou parcialmente procedente a ação para reconhecer a existência de um direito ao esquecimento no ordenamento constitucional brasileiro, e negar, no caso concreto, que a pretensão dos requerentes triunfe sobre a posição de preferência da liberdade de expressão e do direito à informação.

Processos com repercussão geral – julgamentos pendentes

Sobre o tema, ainda são vários os processos que, tendo sido reconhecida a repercussão geral, pendem de julgamento.

É o caso do ARE 905149/RJ[26], que avaliará a constitucionalidade da Lei Estadual do Rio de Janeiro nº 6.528/2013, cujo art. 2º veda o uso de máscaras em manifestações públicas sob pena de descaracterizar a sua natureza pacífica e encobrir manifestações com prática de atos de violência e condutas ilícitas, e serão sopesadas as liberdades de reunião e de expressão do pensamento com o direito ao anonimato e do dever de segurança pública.

Deverão ter julgamentos conjuntos o RE 1037396/SP[27] e o RE 1057258/MG[28], de relatoria dos Ministros Dias Toffoli e Luiz Fux, respectivamente, ocasião em que, em face do dever de fiscalização e de exclusão de conteúdo pelo provedor de internet, websites e gestores de aplicativos de redes sociais, avaliando a (in)constitucionalidade do art. 19 do Marco Civil da Internet (Lei nº 12.965/14)[29] e se há necessidade de prévia decisão judicial para a retirada de perfil falso ou tornar indisponível o conteúdo apontado como infringente, serão contrapostos o direito da dignidade da pessoa humana e a proteção aos direitos da personalidade com os da liberdade de expressão,de manifestação do pensamento, ao livre acesso à informação e à reserva de jurisdição.

[26] Reconhecida a repercussão geral DJe 28.4.2016 – **Tema 912** – Rel. Min. Luis Roberto Barroso

[27] Reconhecida a repercussão geral DJe 4.4.2018 – **Tema 987** – Rel. Min. Dias Toffoli

[28] Reconhecida a repercussão geral no ARE 660861/MG (posteriormente substituído pelo RE 1057258) DJe 7.11.2012 – **Tema 533** – Rel. Min. Luiz Fux

[29] O **RE 1057258/MG** avaliará os casos anteriores à vigência do Marco Legal.

Certamente seguiremos vendo o STF se manifestar de forma veemente como garantidor da liberdade de expressão e o Min. Luis Roberto Barroso revela o motivo pelo qual o STF tem tido "*um papel didático, um papel propedêutico, na superação de uma cultura autoritária*"[30] e se manifestado de forma veemente como garantidor da liberdade de expressão:

> "A liberdade de expressão no Brasil viveu uma história acidentada. Apesar de prevista expressamente em todas as Constituições, desde 1824, ela é marcada pelo desencontro entre o discurso oficial e o comportamento do Poder Público, pela distância entre intenção e gesto. Em nome da religião, da segurança pública, do anticomunismo, da moral, da família, dos bons costumes e outros pretextos, a história brasileira na matéria tem sido assinalada pela intolerância, pela perseguição e pelo cerceamento da liberdade. Entre nós, como em quase todo o mundo, a censura oscila entre o arbítrio, o capricho, o preconceito e o ridículo. Assim é porque sempre foi."[31]

[30] **Rcl 28747AgR/PR**, Rel. para acórdão Min. Luiz Fux, Primeira Turma, DJe 12.11.2018

[31] **Rcl 22328/RJ**, DJe 10.05.2018

3
APONTAMENTOS SOBRE A TUTELA PENAL DAS CRIPTOMOEDAS

Dimas Antônio Gonçalves Fagundes Reis
Mariana Madera Nunes
Victor Garcia

1. Introdução

A invenção de tecnologias utilizadas na realidade econômica, alterando hábitos e revolucionando as formas como ocorrem as transações financeiras, gera a necessidade de regulação estatal da atividade inventada, para garantir previsibilidade nas relações privadas e coesão social, assim como propiciar que a norma jurídica esteja atualizada para acompanhar a evolução dos fatos da vida.

Com inovações tecnológicas cada vez mais significativas, aumenta o desafio do Estado.Nesse contexto, é de se destacar o fenômeno tecnológico das criptomoedas, em especial a mais conhecida delas, o *bitcoin*, sob o enfoque da tutela penal.

Considerada por muitos como uma das invenções mais revolucionárias desde a criação da internet, o *bitcoin*, ferramenta virtual de alcance global, é negociado a partir do emprego da tecnologia *blockchain* e tem desafiado conceitos históricos da ordem econômica mundial, caracterizada pela existência de moedas oficiais (*fiat money*) soberanas e regulação estatal da economia por meio da autoridade monetária.

O *blockchain*, como se depreende da própria tradução do termo, é um sistema de cadeia de blocos conectados por criptografia, que propicia a validação e o registro das transações realizadas. Trata-se de uma tecnologia que proporciona o acompanhamento transparente de todas as operações, tornando-as imutáveis, ou seja, não passíveis de alteração ou edição.

A plataforma virtual do *blockchain*, por onde o *bitcoin* circula, possibilita o acompanhamento de todas as transações dessa modalidade, ou seja, garante a completa rastreabilidade.

Outra característica relevante do *blockchain* e das criptomoedas é a descentralização. Não há uma autoridade central responsável pelo armazenamento dos dados, mas uma ordenação em que diversos atores interligados por uma rede detém cópias das informações registradas no sistema.

Ademais, as criptomoedas não seguem qualquer noção de territorialidade, ao contrário das moedas fiduciárias, e é o próprio mercado de criptomoedas que faz a cotação do valor de cada uma delas, não tendo qualquer tipo de impulso do Estado.

Elas inegavelmente contribuem para um maior dinamismo das interações econômicas, ao propiciarem operações financeiras em todo o mundo e em pouco tempo. É possível negociar *bitcoins* diretamente entre comprador e vendedor, modalidade conhecida como *peer to peer* (também denominada como P2P), ou através de casas de câmbio especializadas, as *Exchanges*, que também permitem a conversão da criptomoeda em moedas oficiais.

Apesar da tecnologia *blockchain* propiciar a rastreabilidade das transações, há o anonimato do titular do *bitcoin*, em virtude da utilização da criptografia, sendo cada um deles identificados somente por códigos digitais.

Dessa forma, há um pseudoanonimato que envolve as criptomoedas, uma vez que as transações são imutáveis e completamente rastreáveis, mas os agentes propriamente ditos têm suas identidades protegidas por codificação, já que não necessitam fornecer dados pessoais para a criação de uma conta digital na plataforma.

Naturalmente, diante dessa conjuntura e da relevância e alcance das criptomoedas, além do debate da regulação econômica desses novos instrumentos, deve-se verificar como as criptomoedas podem ser empregadas para práticas criminosas.

Dessa forma, este ensaio, após debater a (in)existência de enquadramento jurídico das criptomoedas, pretende trazer aspectos sobre as possíveis tipificações penais a partir da sua utilização, com foco nos delitos de evasão de divisas e lavagem de capitais.

2. O problemático enquadramento jurídico das criptomoedas

Antes de examinar a tutela penal das criptomoedas propriamente dita, é necessária uma reflexão acerca da natureza jurídica desses ativos.

Há, nesse contexto, a natural incidência de discussões regularmente enfrentadas pela regulação econômica, que dizem respeito ao objetivo da intervenção do Estado nas atividades privadas.

Ocorre que as criptomoedas possuem um efeito catalizador desse embate. É que a razão da criação desses mecanismos é justamente a descentralização da economia. Esse é, sem dúvidas, o seu traço distintivo. Portanto, a incidência de normas regulamentares em um sistema que se originou a partir do anseio da ausência de controle estatal, seguindo-se somente o protocolo estabelecido pela plataforma, revela uma contradição que aumenta a sensibilidade da atividade regulatória estatal.

A regulamentação das criptomoedas no Brasil, assim como no mundo, é bastante incipiente. A necessidade de os criptoativos serem regulamentados, todavia, parte da insegurança jurídica de detentores e investidores, bem como, principalmente, da possibilidade de utilização desses meios virtuais para a prática de crimes.

A pulverização das criptomoedas na vida cotidiana torna fundamental que o tema seja enfrentado de forma vertical, sob pena de, ante a ausência de qualquer iniciativa normativa, um ambiente que é majoritariamente ocupado por práticas lícitas, torne-se um segmento imune ao alcance da jurisdição, especialmente a penal.

Nesse sentido, em relatório[1] divulgado pela Chainalysis[2] em 2022, é possível extrair dados interessantes. Eles dialogam com as afirmações de que i) a prática de crimes é residual em relação ao volume total negociado; ii) o volume de negociações que trataram de ilicitudes atingiram o pico histórico em volume no ano de 2021; e iii) a quantidade de ativos negociados é cada vez mais expressiva.

O primeiro desses dados é que no ano de 2021, transações envolvendo endereços ilícitos representaram apenas 0,15% das operações com cripto-

[1] Chainalysis. The 2022 Crypto Crime Report. 2022. Disponível em: https://go.chainalysis.com/rs/503-FAP-074/images/Crypto-Crime-Report-2022.pdf.

[2] Chainalysis é uma plataforma de dados que fornece soluções e serviços para entes públicos e privados com o objetivo de solucionar questões envolvendo crimes praticados no contexto dos criptoativos e fornecer segurança para as transações envolvendo criptomoedas.

moedas. Confirma-se, portanto, que a regulamentação da utilização das criptomoedas deve ser extremamente eficaz e direcionada, no que se inclui as disposições em matéria criminal.

O segundo é que, mesmo que constatado o baixo percentual de transações ilícitas em relação às lícitas, o volume bruto atingiu o patamar mais alto em termos de transações ilícitas, apresentando que endereços receberam 14 bilhões de dólares em ativos ilícitos, ao passo que no ano de 2020 foram 7.8 bilhões de dólares.

O terceiro, que justifica o aumento em valores nominais das operações ilícitas, denota que o total transacionado, entre todas as moedas digitais analisadas pelo estudo, atingiu o patamar de 15.8 trilhões de dólares em 2021, representando um aumento de 567% em relação aos apurados em 2020.

Em matéria de ilícitos, é possível cogitar, em uma primeira análise, da remessa de valores irregularmente para o exterior por meio das criptomoedas; da aquisição, em *exchanges*, de criptomoedas a partir de recursos oriundos da prática de crimes ou até mesmo da remuneração de uma atividade ilegal por meio desses ativos digitais.

Qualquer dessas situações deixa clara a necessidade de que se regulamente o universo das criptomoedas.

Com essa finalidade, uma observação de fundamental importância reside na definição de sua natureza jurídica. Isso porque não há legislação específica tratando do tema e nem mesmo a doutrina chega a um consenso na matéria.

Primeiramente, pode-se cogitar, até mesmo pela denominação do ativo, de classificá-lo como moeda. As características de uma moeda são unidade de conta, reserva de valor e meio de troca[3].

A qualificação como meio de troca diz respeito à própria função original da moeda, ou seja, permitir com que a circulação de bens não dependa de um paralelismo estrito de interesses entre os detentores, funcionando como um intermediário para uma dada operação. Servir como unidade de conta, ademais, significa expressar um padrão para o preço dos bens

[3] Binnie, Ricardo; Martins, Alessandra Carolina Rossi. Criptomoeda: considerações acerca de sua tutela jurídica no direito internacional e brasileiro. Revista de Direito Empresarial vol. 11, set./ out. 2015, p. 195-221.

e serviços, por exemplo. Reserva de valor, por sua vez, é a capacidade de manutenção do poder de compra com o passar do tempo[4].

A possibilidade de utilização dos criptoativos como forma de pagamento é cada vez uma maior realidade. Nada impede que o detentor de um bem o comercialize exigindo ou permitindo que a contraprestação seja realizada por meio de criptomoedas.

Destaca-se também a opção de El Salvador pela utilização do *bitcoin* (BTC) como moeda de curso legal naquele país, tendo esta sido adotada oficialmente como moeda.

Ainda que se vislumbre certa incompatibilidade em se considerar as criptomoedas como unidade de conta, por depender de conversão para a moeda local, e como reserva de valor, pela flutuação constante e agressiva de valor, os criptoativos não são intrinsicamente destoantes dessas características, ou seja, possuem certa aptidão para serem moedas. A variação de valor, por exemplo, não é capaz de, por si só, descaracterizar o ativo como moeda, sob pena de se deixar de considerar como tal moedas fiat em países sujeitos à inflação severa.

Na verdade, o traço fundamental de que não dispõem as criptomoedas é o fato de não serem moedas oficiais, de curso legal e forçado. É por isso, por exemplo, que dependem de conversão para o *fiat money*. Não se pode exigir que o pagamento com criptomoedas seja amplamente aceito a não ser que esta seja regulamentada como moeda oficial, por Lei.

O artigo 5º, inciso I, da Instrução Normativa nº 1.888/2019 da Receita Federal do Brasil expressamente ressalta que os criptoativos não se constituem enquanto moedas de curso legal. O próprio Banco Central do Brasil (Bacen), por meio do Comunicado nº 31.379/2017, expõe que as chamadas moedas virtuais não se cofundem com a moeda eletrônico tratada no âmbito da Lei 12.865/2013, uma vez que estas são a representação virtual de recursos expressos em reais.

Logo, as criptomoedas não são moedas tradicionais porque não são assim entendidas pelas autoridades estatais, não possuindo curso legal, forçado e aceitação obrigatória.

É possível cogitar também de tratar as criptomoedas como valores mobiliários. A questão ganha relevância diante do aumento do interesse

[4] TOMÉ, Matheus Parchen Dreon. A natureza jurídica do bitcoin. Porto Alegre: Elegantia Juris, 2019.

de investidores pessoa física e institucionais, incluindo grandes fundos, na utilização das criptomoedas como forma de investimento financeiro.

Para além disso, a crescente utilização de ICO's (*Initial Coin Offering*)[5/6] por empreendedores do ramo e empresas em formação, faz com que, em algumas ocasiões, os ativos ofertados possam ser considerados valores mobiliários pela Comissão de Valores Mobiliários, após a realização do *Howey Test*[7], já que podem ser emitidos ativos virtuais que representam categoriais reguladas pela CVM.

No plano legal, como se extrai do rol do artigo 2º, da Lei 6.835/1976, as criptomoedas em si também não encontram qualificação de valores mobiliários como já se manifestou a própria Comissão.

A respeito desse debate, no âmbito do Conflito de Competência nº 161.123/SP o Superior Tribunal de Justiça, instado a definir se competente a Justiça Federal ou Estadual na hipótese de crime praticado utilizando-se de criptomoedas, também não findou o tema da natureza jurídica.

No caso, diante dos posicionamentos do Bacen e da CVM, o STJ compreendeu que não havia questão federal envolvida, uma vez que as criptomoedas não seriam instrumentos regulados pelo Sistema Financeiro Nacional, sem firmar, contudo, a natureza jurídica, apenas se utilizando da competência estadual residual como fundamento para fixação da competência.

Diversos[8] Projetos de Lei também tratam do tema. Cada uma dessas tentativas de regulamentação ou fixação de conceito merece uma reflexão específica, que extrapola o objetivo do trabalho. Ainda assim, o ponto comum parece ser a tentativa de vinculação da natureza jurídica desses criptoativos exclusivamente a uma categoria já posta no ordenamento, quando a complexidade das criptomoedas deriva justamente de sua ambivalência, porque estas funcionam de forma diversa em diferentes contextos.

[5] A *initial coin offering* é uma iniciativa em que empresas arrecadam investimentos por meio do lançamento de tokens e/ou criptomoedas no mercado, em um movimento que pode ser comparado a um IPO.

[6] Fisch, Christian. *Initial coin offerings (ICOs) to finance new ventures. Journal of Business Venturing*, Volume 34, 1, 2019, páginas 1-22.

[7] Trata-se de uma metodologia, utilizada pela *Securities and Exchange Commission (SEC)* – americana – e pela CVM, para identificar a substância de valor mobiliário (*investment contract*) ou não de um determinado ativo.

[8] Tome-se como exemplo: PL 4401/2021, PL 2060/2019 (Câmara dos Deputados) e PL 3825/2019, PL 3949/2019 e PL 4207/2020 (Senado Federal).

O debate acerca da natureza jurídica, portanto, está longe do fim. Apesar disso, algumas características são ínsitas às criptomoedas e não devem ser alteradas, sob pena de desnaturá-las. É o caso da ausência de autoridade central emissora, inexistência de lastro e garantia e descentralização sistêmica. Nesses termos, a tentativa de enquadrar totalmente as criptomoedas em uma categorização pré-existente pode não ser a melhor opção, uma vez que esses ativos operam efeitos diferentes a depender do interesse a eles relacionados.

Essa indefinição, que tem a aptidão para alterar os paradigmas e as espécies existentes no Direito dificulta ainda mais o tratamento jurídico a ser dispensado, notadamente no âmbito penal. Como um ramo do Direito, cuja maior diretriz é a rigidez normativa, deve lidar com a fluidez conceitual das criptomoedas é o grande desafio a ser enfrentado.

3. Impactos do bitcoin na tipificação penal

Conforme visto no tópico anterior, há muitos questionamentos sobre a existência de um enquadramento jurídico das criptomoedas. Essa insegurança, por certo, reflete na tutela penal, em virtude dos seus princípios reitores, como a legalidade e a taxatividade, que geram a necessidade de se fazer uma interpretação restritiva.

Desse modo, diante do quadro de insegurança normativa, é mais natural, para a tutela penal, tratar as transações de criptomoedas como um possível instrumento da prática delitiva, assim como qualquer outra ferramenta, e não como uma tipificação ínsita à simples utilização da tecnologia.

Assim, diante das características transformadoras das criptomoedas (ausência de territorialidade e regulação; anonimato do titular; operações diretas ou através de *Exchanges* etc.), com foco no *bitcoin*, serão apresentados desafios para a tipificação dos delitos de evasão de divisas e lavagem de dinheiro.

a) Evasão de divisas (art. 22 da Lei nº 7.492/1986).

O delito em comento ingressou no ordenamento no ano de 1986, em um contexto de dificuldade econômica do país, no qual houve a celebração de empréstimos com bancos internacionais, levando à necessidade de se proteger as reservas cambiais brasileiras.

O tipo penal apresenta três modalidades de configuração, as quais se passa a analisar no contexto de criptomoedas. A primeira delas é veiculada no *caput*, ao criminalizar a realização de operação de câmbio não autorizada com o objetivo de promover evasão de divisas do país.

Para a tipificação objetiva da conduta do *caput* é necessário demonstrar a desconformidade da operação com a regulação do mercado de câmbio no Brasil, essencialmente prevista no art. 65 da Lei 9.069/1995 e no Regulamento do Mercado de Câmbio e de Capitais do Banco Central. Para levar ao enquadramento, além da demonstração da desconformidade, deve-se comprovar o elemento subjetivo do tipo, que é o especial fim de agir da promoção de evasão de divisas do país.

Sobre a possibilidade da caracterização do *caput* do art. 22 pela realização de transações de criptomoedas é necessário tecer os seguintes comentários. A simples aquisição de bitcoin, por si só, não configura o delito do aludido tipo penal, uma vez que ele não é considerado moeda no sentido jurídico, sendo também extraterritorial, não tendo qualquer vinculação com algum Estado, o que não seria considerado como operação de câmbio, ou seja, não seria a troca da moeda nacional por uma estrangeira, nos termos do art. 65 da Lei 9.069/1995.[9]

Diferente é a situação de quando o *bitcoin* é utilizado como meio para uma operação de câmbio, que não é autorizada até então. Isso se dá na situação em que se adquire o *bitcoin* utilizando a moeda nacional e o revende em moeda estrangeira.[10] Para a configuração do tipo, além da necessária demonstração de que o ativo digital foi utilizado para realizar operação de câmbio não autorizada, é imprescindível a comprovação de que o ato se dirigia a enviar o recurso convertido ao exterior.[11]

[9] Em caso concreto, o STJ decidiu que "A operação envolvendo compra ou venda de criptomoedas não encontra regulação no ordenamento jurídico pátrio, pois as moedas virtuais não são tidas pelo Banco Central do Brasil (BCB) como moeda, nem são consideradas como valor mobiliário pela Comissão de Valores Mobiliários (CVM), não caracterizando sua negociação, por si só, os crimes tipificados nos arts. 7º, II, e 11, ambos da Lei n. 7.492/1986, nem mesmo o delito previsto no art. 27-E da Lei n. 6.385/1976" (CC 161.123/SP, Rel. Ministro Sebastião Reis Júnior, TERCEIRA SEÇÃO, DJe 5/12/2018)

[10] Sobre isso: Stoco, Isabela Maria; Nunes, Pedro Henrique. Criptomoedas e a evasão de divisas: (a)tipicidade. In: Revista de Direito Penal Econômico e Compliance. São Paulo: Revista dos Tribunais v. 5, 2021. P.112.

[11] No mesmo sentido: "(...)3. Em relação ao crime de evasão, é possível, em tese, que a negociação de criptomoeda seja utilizada como meio para a prática desse ilícito, desde que o agente adquira a moeda virtual como forma de efetivar operação de câmbio (conversão de real em moeda estrangeira), não autorizada, com o fim de promover a evasão de divisas do

Para respaldar a tipificação no *caput* do art. 22 quando a criptomoeda é utilizada como meio de operação de câmbio irregular, a doutrina compara a situação com o caso de operações Blue Chip Swaps (BCS), que ocorre quando "uma pessoa deseja criar disponibilidade em moeda estrangeira no exterior sem que haja um contrato de câmbio e, para isso, compra algo (com moeda fiduciária nacional) que tenha valor estável e seja imediatamente liquidável no exterior."[12]

Cogita-se, também, a possibilidade de caracterização do *caput* quando há uma remessa de dinheiro para o exterior, através da criptomoeda, para quitar uma obrigação contratual, ou seja, a parte devedora envia o ativo digital para um terceiro no exterior, que pode converter o recurso em moeda estrangeira. [13]

O parágrafo único do art. 22 da Lei 7.492/1986, por sua vez, estabelece outras duas modalidades de configuração do crime de evasão de divisas. A primeira delas consiste em promover, a qualquer título, sem autorização legal, a saída de moeda ou divisa para o exterior. Diferentemente do *caput*, aqui o foco não é a ilegalidade da operação de câmbio, por isso a expressão "a qualquer título", mas sim a disponibilização financeira no exterior sem que o recurso tenha saído fisicamente do território nacional.

Sobre essa previsão da primeira parte do parágrafo único, em uma avaliação inicial, conforme as razões já apresentadas, verifica-se a dificuldade de enquadrar o *bitcoin* como sendo uma moeda ou divisa (títulos ou ativos financeiros), o que impossibilitaria a tipificação penal em tal modalidade, sob pena de se fazer uma interpretação extensiva em prejuízo do acusado.

No entanto, é necessário chamar a atenção para os casos em que a criptomoeda for empregada nos moldes das operações dólar-cabo, o que poderia levar à incidência da primeira parte do parágrafo único. Isso significaria o seguinte: uma operação que não acarretasse a saída de moedas do Brasil,

país. No caso, os elementos dos autos, por ora, não indicam tal circunstância, sendo inviável concluir pela prática desse crime apenas com base em uma suposta inclusão de pessoa jurídica estrangeira no quadro societário da empresa investigada. (...) CC 161.123/SP, Rel. Ministro Sebastião Reis Júnior, TERCEIRA SEÇÃO, DJe 5/12/2018).

[12] Estelita, Heloísa *et al.* Evadindo divisas com *bitcoins*? In: Temas atuais de Direito Penal Econômico. São Paulo: Saraiva, 2022. Série IDP. P. 252 (versão e-book).

[13] Estelita, Heloísa; Prado, Viviane Muller (Orgs.). Regulando Criptoativos. FGV Direito SP. P. 117-118. Disponível em: https://www.gdpee.com.br/_files/ugd/f9bd0e_a373db4c924d43de9fab4d91a8baed8f.pdf

podendo ser trocas de bitcoins por moeda fiduciária no exterior, o que geraria disponibilidade financeira no estrangeiro. [14]

Por fim, a parte do final do parágrafo único tipifica como evasão de divisas a conduta de manter depósitos no exterior não declarados à repartição federal competente. Verificam-se as seguintes dificuldades para a sua caracterização: a) a discutida impossibilidade de qualificação dos *bitcoins* como moeda ou divisas, uma vez que não há regulação; b) o fato de o ativo digital não adotar o conceito de territorialidade, tendo em vista que "o *blockchain* é uma rede, sem local de custódia definido, de forma que, em geral, não há como se definir se os *bitcoins* estão no exterior ou não."[15]

Além de todas as considerações sobre as modalidades de imputação do delito de divisas praticadas por meio de criptomoedas, cumpre dizer que as investigações sobre todas elas terá o desafio, para fins de autoria, de superar a anonimidade do titular *bitcoin*.

b) Lavagem de dinheiro

O delito de lavagem de dinheiro, por sua vez, envolve um conjunto complexo de operações, formado pelas fases de conversão, dissimulação e integração de bens, direitos e valores, dirigido para a legitimação – inserção no sistema financeiro – de haveres originários da prática de infrações penais.[16]

[14] "Na 1 hipótese, esse valor, sob a forma de criptomoeda, é então liquidado numa troca no estrangeiro, recebendo-se a quantia em outra moeda (dólares, por exemplo), que também nunca deixou o seu país." ESTELITA, Heloísa; PÉRICO, Augusto; GIURANNO, Caio; TAKEHARA, Felipe; OLIVEIRA, João Pedro Rocha; SOUZA, Matheus Faria de; RAMALHO, Victor Coutinho. Evadindo divisas com bitcoins? In: Temas atuais de Direito Penal Econômico. São Paulo: Saraiva, 2022. Série IDP. P. 256 (versão e-book).

[15] Sobre isso: STOCO, Isabela Maria; NUNES, Pedro Henrique. Criptomoedas e a evasão de divisas: (a)tipicidade. In: Revista de Direito Penal Econômico e Compliance. São Paulo: Revista dos Tribunais v. 5, 2021. P.116.

[16] Nesse sentido: BONFIM, Marcia Monassi M. BONFIM, Edilson Mougenot. Lavagem de dinheiro. 2. ed. São Paulo: Malheiros Editores LTDA, 2008, p. 28 e MARTINS, Patrick Salgado. Lavagem de dinheiro transnacional e obrigatoriedade da ação penal. Belo Horizonte, Arraes Editores, 2011, p. 68; BALTAZAR JUNIOR, José Paulo. Aspectos gerais sobre o crime de lavagem de dinheiro. In: BALTAZAR JUNIOR, José Paulo.; BARROS, Marco Antônio de. Lavagem de capitais e obrigações civis correlatas: com comentários, artigo por artigo, à Lei 9.613/98. São Paulo: Editora Revista dos Tribunais, 2004, p. 93; COSTA, Elder Lisboa Ferreira da. Os delitos econômicos na atualidade. O crime de colarinho branco e lavagem de dinheiro. In: D'AVILA, Fabio Roberto. SOUZA, Paulo Vinicius Sporleder de. (coord.). Direito penal secundário: estudos sobre crimes econômicos, ambientais, informáticos e outras questões. São Paulo: Editora Revista dos Tribunais, 2006, p. 354.

A intenção do lavador é restar impune à atuação sancionadora do Poder Judiciário perante o encobrimento de ganhos logrados ilicitamente.[17]

Os componentes substanciais da lavagem de dinheiro são, por conseguinte, o exercício de lucrativa atividade delituosa e o propósito de distanciar os ganhos da sua procedência ilícita por meio de operações sucessivas[18]. Após a "reciclagem", o dinheiro pode ser utilizado como fomento à própria atividade criminosa ou até mesmo aplicado em ofício idôneo, como o comércio e a indústria.[19]

São características usuais ao processo de lavagem a dificuldade de reconhecer o término do procedimento, visto que novas manobras podem ser feitas com o fim de distanciar os bens ou valores da procedência ilícita; e a intenção de, para além de camuflar a proveniência criminosa de bens, direitos e valores, inseri-los na economia legal.[20] Não há como se definir, com efeito, um único processo de lavagem de dinheiro, vez que há um contínuo aprimoramento dos métodos de reciclagem para além das alternativas de consecução do delito já existentes.[21]

A lavagem de capitais envolve um intrincado procedimento que se desenrola, conforme modelo apresentado pelo Grupo de Ação Financeira Internacional (GAFI), através de três fases autônomas e, no mais das vezes, concomitantes[22]. Estas etapas não representam períodos estagnados e desligados entre si, mas adstritos e dinâmicos, subsistindo razão unicamente didática na separação dos ciclos[23].

[17] Maia, Carlos Rodolfo Fonseca Tigre. Lavagem de dinheiro (lavagem de ativos provenientes de crime): anotações às disposições criminais da Lei n. 9613/98. São Paulo: Malheiros Editores LTDA, 1999, p. 53.

[18] Costa, Elder Lisboa Ferreira da, op. cit., p. 354

[19] Mendroni, Marcelo Batlouni. Crime de lavagem de dinheiro. São Paulo: Atlas, 2006, p. 23.

[20] Cordero, Isidoro Blanco. El delito de blanqueo de capitales. Arazandi, 1997, p. 71-72 apud Callegari, André Luís. Direito penal econômico e lavagem de dinheiro: aspectos criminológicos. Porto Alegre: Livraria do Advogado Editora, 2003, p. 40

[21] Barros, Marco Antônio de. Conte, Christiany Pegorari. Antilavagem de dinheiro: ensaio sobre uma cultura em formação. In: Prado, Luiz Regis. Dotti, René Ariel (org.). Doutrinas essenciais: direito penal econômico e da empresa. vol. 4. São Paulo: Editora Revista dos Tribunais, 2011, p. 703.

[22] CONSELHO DE CONTROLE DE ATIVIDADES FINANCEIRAS. *Sobre a lavagem de dinheiro: o que é.* Brasília, 2013. Disponível em: <https://www.coaf.fazenda.gov.br/conteudo/sobre-lavagem-de-dinheiro-1>. Acesso em: 16/06/2012.

[23] Maia, Carlos Rodolfo Fonseca Tigre. *Lavagem de dinheiro (lavagem de ativos provenientes de crime): anotações às disposições criminais da Lei n. 9613/98.* São Paulo: Malheiros Editores LTDA, 1999, p. 37.

A primeira fase é a colocação do dinheiro gerado pelo crime antecedente no sistema econômico com o objetivo de ocultar a sua origem, o que pode ser feito por meio de depósitos bancários em instituições financeiras idôneas; de intercâmbio por moeda de maior valor, para reduzir a quantidade física do dinheiro; da compra de moeda estrangeira através de "doleiros"; ou até com a aquisição fictícia de mercadorias importadas fabricadas por empresas inexistentes, apenas para justificar a remessa de valores para o exterior[24]. É corrente, nesta fase primeira fase, a colocação dos ativos financeiros em paraísos fiscais e centros *offshore*.

A segunda etapa equivale à lavagem propriamente dita, conhecida como dissimulação ou circulação (*layering*). Nesta fase, são realizadas diversas operações com o dinheiro inserido no primeiro momento da lavagem, de tal forma que encubra o controle à trilha do papel (*paper trail*), com o fito de disfarçar a ilicitude da fonte dos bens e valores dando-lhes feição legítima[25]. Convém realçar que a evolução dos sistemas de telecomunicações e cibernéticos contribuiu decisivamente para a complexidade da circulação dos recursos face à rapidez com que os numerários se movimentam em escala mundial[26].

Os métodos mais comuns de dissimulação do dinheiro são os fracionamentos através de variadas transações financeiras que implicam na eliminação do chamado "rastro do dinheiro"[27]. A pulverização do dinheiro é feita, também, por meio da aquisição de bens móveis e imóveis, mesmo que de pequena monta, para serem revendidos, dando licitude ao dinheiro obtido, e de maneira a obstaculizar a reunião dos bens angariados com as rentáveis atividades criminosas[28].

[24] Maia, Carlos Rodolfo Fonseca Tigre. *Lavagem de dinheiro (lavagem de ativos provenientes de crime): anotações às disposições criminais da Lei n. 9613/98*. São Paulo: Malheiros Editores LTDA, 1999, p. 37.

[25] Baltazar Junior, José Paulo. *Aspectos gerais sobre o crime de lavagem de dinheiro. In*: Baltazar Junior, José Paulo. Moro, Sergio Fernando (org.). *Lavagem de Dinheiro: comentários à lei pelos juízes das varas especializadas em homenagem ao Ministro Gilson Dipp*. Porto Alegre: Livraria do Advogado Editora, 2007, p. 22.

[26] Maia, Carlos Rodolfo Fonseca Tigre, *op. cit.*, p. 39.

[27] Callegari, André Luís, *Direito penal econômico e lavagem de dinheiro: aspectos criminológicos*. Porto Alegre: Livraria do Advogado Editora, 2003, p. 48.

[28] Passos, Thaís Bandeira Oliveira. *Lavagem de capitais: (dis)funções político-criminais no seu combate*. Salvador: Editora JusPodivum, 2011, p. 78.

A integração ou *integration* é a fase final do processo de lavagem de ativos, em que pôr às claras a ilicitude dos bens e valores é mais difícil[29]. Isso porque, o dinheiro aparentemente legítimo é utilizado em operações regulares, como negócios e aquisição de bens[30]. A melhor designação para este momento da lavagem de capitais é a reciclagem, pois o dinheiro, aqui, já foi lavado, traduzindo na assertiva de que o procedimento da lavagem "é um custo operacional que se convola em investimento"[31].

Os expedientes de integração de dinheiro originário de conduta criminosa na economia se dão, por exemplo, com a compra de participações em bancos, seguradoras, sociedades empresárias, ou, igualmente, com investimentos imobiliários, concessão de empréstimos e compra e venda de pedras preciosas, levantando expressivas quantidades de dinheiro[32].

À primeira vista, pode-se dizer que os *bitcoins* oferecem atrativos para a prática da lavagem de dinheiro, por conta da sua descentralização, que pode ser mitigada caso a transação seja realizada por meio das *exchanges*; globalidade e ausência de identificação do titular.

As criptomoedas podem ser utilizadas para a ocultação ou a dissimulação do produto do crime, sendo instrumentos, portanto, para a prática do delito previso no art. 1º da Lei 9.613/1998. Deve-se lembrar, mais uma vez que a simples transação de criptomoeda não preenche qualquer elemento do tipo penal em comento, sendo necessária a demonstração do nexo com o crime antecedente e a sua finalidade de ocultação ou dissimulação.

Vejamos algumas de suas utilizações instrumentais para lavagem. Primeiro que o dinheiro proveniente do crime antecedente pode ser utilizado para a aquisição de *bitcoin,* contribuindo para a sua colocação e a ocultação da sua origem.

Além da dificuldade de identificação do titular do *bitcoin,* uma única pessoa pode criar várias chaves de acesso, contribuindo por pulverizar o

[29] CALLEGARI, André Luís, *op. cit.*, p. 50.

[30] BALTAZAR JUNIOR, José Paulo, *Aspectos gerais sobre o crime de lavagem de dinheiro. In*: BALTAZAR JUNIOR, José Paulo. MORO, Sergio Fernando (org.). *Lavagem de Dinheiro: comentários à lei pelos juízes das varas especializadas em homenagem ao Ministro Gilson Dipp.* Porto Alegre: Livraria do Advogado Editora, 2007, p. 22.

[31] MAIA, Carlos Rodolfo Fonseca Tigre. *Lavagem de dinheiro (lavagem de ativos provenientes de crime): anotações às disposições criminais da Lei n. 9613/98.* São Paulo: Malheiros Editores LTDA, 1999, p. 40.

[32] ZANCHETTI, Mário. *Il reciclaggio di denaro proveniente da reato.* Milaro, Guiffre Editora: 1997, p. 14.

ativo que pode ter origem ilícita, acarretando a dissimulação. O sistema *blockchain* também permite a existência dos emissores de *bitcoin*, sem qualquer ingerência de autoridade monetária ou reguladora, acarretando a sua "mineração" do ativo digital, o que pode contribuir para a ocultação e dissimulação do produto do crime antecedente.

As *exchanges*, embora aparentemente possam contribuir para uma maior centralização das operações, podem possuir filiais em várias partes do mundo, o que leva ao efeito prático da pulverização do ativo, sendo possível instrumento de dissimulação ou ocultação da lavagem. Como elas podem ser chamadas para a conversão da criptomoeda em moeda fiduciária, as *exchanges* atuam na integração do possível produto do crime no sistema econômico.[33]

Conclusões

Os breves apontamentos aqui traçados objetivaram, em um primeiro momento, delinear conceitos básicos da ordem tecnológica aplicável às criptomoedas, tornando-as compreensíveis à seara penal.

Conceitos como a descentralização, imutabilidade e pseudoanonimidade são fundamentais para que seja entendida a complexidade da incidência da tutela penal no âmbito desses criptoativos.

Objetivou-se demonstrar também a magnitude da discussão a respeito da natureza jurídica das criptomoedas, que, apesar da denominação usual, não se enquadram como moedas de curso legal e forçado. Da mesma sorte, mesmo envolvendo fundos de investimento regulados pela CVM e promovendo a *tokenização* de ativos classificados como valores mobiliários, as criptomoedas não gozam de tal qualidade.

A dificuldade se localiza na tentativa de encaixe perfeito em categorias jurídicas já existentes, especialmente diante da multivalência das criptomoedas, que se comportam de formas diferentes em vários contextos.

Nesse sentido, para o Direito penal positivado, que possui como cânone insuperável a legalidade, o enquadramento de práticas de evasão de divisas na utilização de criptomoedas é complexo, especialmente diante de essas não serem tecnicamente moedas.

[33] Heloisa Estellita, Bitcoin e lavagem de dinheiro: uma aproximação. Desafios indicam a necessidade de uma intensa e eficaz cooperação internacional em matéria financeira e penal, Revista Jota, 2019, Disponível em: https://www.jota.info/opiniao-e-analise/colunas/penal-em-foco/bitcoin-e-lavagem-de-dinheiro-uma-aproximacao-07102019.

O fato de as transações serem anônimas também é o ponto central na perspectiva do crime de lavagem de capitais. A ocultação de um valor proveniente de prática ilícita, ante a anonimidade aparente da plataforma, pode tornar insolucionável a questão da origem dos recursos.

A título de conclusão, duas questões parecem ser de fundamental importância nesse contexto.

A primeira delas é a necessidade de auxílio e cooperação das tecnologias do setor privado aplicadas na seara penal. A tecnologia titularizada por plataformas privadas de *data research*, a partir da rastreabilidade completa e da infindável capacidade de processar movimentações até o ponto final da cadeia de dados, podem relativizar o caráter anônimo das operações, possibilitando a conclusão acerca da ilicitude ou não do recurso original em moeda fiduciária. A cooperação e transferência de tecnologia do setor privado têm a estrutura de uma grande revolução no âmbito da seara criminal típica.

A segunda, por fim, é a necessidade de regulamentação específica das *Exchanges*, enquanto unidade centralizadoras. A regulação aqui há de ser ainda mais cuidadosa, por envolver valores provenientes de diversas origens lícitas. Apesar disso, não se anula o fato de que o mercado, ao criar essa centralização, gerou a possibilidade de maior controle dos ilícitos ocorridos, amortecendo os efeitos da descentralização propugnada pelas criptomoedas e pelo protocolo *blockchain*.

Referências

BALTAZAR JUNIOR, José Paulo. *Aspectos gerais sobre o crime de lavagem de dinheiro. In*: BALTAZAR JUNIOR, José Paulo. MORO, Sergio Fernando (org.). *Lavagem de Dinheiro: comentários à lei pelos juízes das varas especializadas em homenagem ao Ministro Gilson Dipp*. Porto Alegre: Livraria do Advogado Editora, 2007.

BARROS, Marco Antônio de. CONTE, Christiany Pegorari. Antilavagem de dinheiro: ensaio sobre uma cultura em formação. In: PRADO, Luiz Regis. DOTTI, René Ariel (org.). Doutrinas essenciais: direito penal econômico e da empresa. vol. 4. São Paulo: Editora Revista dos Tribunais, 2011.

BINNIE, Ricardo; MARTINS, Alessandra Carolina Rossi. Criptomoeda: considerações acerca de sua tutela jurídica no direito internacional e brasileiro. Revista de Direito Empresarial vol. 11, set./ out. 2015.

BONFIM, Marcia Monassi M. BONFIM, Edilson Mougenot. Lavagem de dinheiro. 2. ed. São Paulo: Malheiros Editores LTDA, 2008. In: BALTAZAR JUNIOR, José Paulo.; BARROS, Marco Antônio de. Lavagem de capitais e obrigações civis correlatas: com comentários, artigo por artigo, à Lei 9.613/98. São Paulo: Editora Revista dos Tribunais, 2004.

CALLEGARI, André Luís. *Direito penal econômico e lavagem de dinheiro: aspectos criminológicos.* Porto Alegre: Livraria do Advogado Editora, 2003.

CORDERO, Isidoro Blanco. *El delito de blanqueo de capitales.* Arazandi, 1997, p. 71-72 apud CALLEGARI, André Luís. Direito penal econômico e lavagem de dinheiro: aspectos criminológicos. Porto Alegre: Livraria do Advogado Editora, 2003.

COSTA, Elder Lisboa Ferreira da. Os delitos econômicos na atualidade. O crime de colarinho branco e lavagem de dinheiro. In: D'AVILA, Fabio Roberto. SOUZA, Paulo Vinicius Sporleder de. (cord.). Direito penal secundário: estudos sobre crimes econômicos, ambientais, informáticos e outras questões. São Paulo: Editora Revista dos Tribunais, 2006.

ESTELITA, Heloísa; PÉRICO, Augusto; GIURANNO, Caio; TAKEHARA, Felipe; OLIVEIRA, João Pedro Rocha; SOUZA, Matheus Faria de; RAMALHO, Victor Coutinho. Evadindo divisas com *bitcoins*? In: Temas atuais de Direito Penal Econômico. São Paulo: Saraiva, 2022.Série IDP. P. 252 (versão e-book).

ESTELITA, Heloísa; PRADO, Viviane Muller (Orgs.). Regulando Criptoativos. FGV Direito SP. P. 117-118.

ESTELITA, Heloísa; PÉRICO, Augusto; GIURANNO, Caio; TAKEHARA, Felipe; OLIVEIRA, João Pedro Rocha; SOUZA, Matheus Faria de; RAMALHO, Victor Coutinho. Evadindo divisas com bitcoins? In: Temas atuais de Direito Penal Econômico. São Paulo: Saraiva, 2022.Série IDP. P. 256 (versão e-book).

MAIA, Carlos Rodolfo Fonseca Tigre. *Lavagem de dinheiro (lavagem de ativos provenientes de crime): anotações às disposições criminais da Lei n. 9613/98.* São Paulo: Malheiros Editores LTDA, 1999.

MARTINS, Patrick Salgado. Lavagem de dinheiro transnacional e obrigatoriedade da ação penal. Belo Horizonte, Arraes Editores, 2011, p. 68; BALTAZAR JUNIOR, José Paulo. Aspectos gerais sobre o crime de lavagem de dinheiro. In: BALTAZAR JUNIOR, José Paulo.; BARROS, Marco Antônio de. Lavagem de capitais e obrigações civis correlatas: com comentários, artigo por artigo, à Lei 9.613/98. São Paulo: Editora Revista dos Tribunais, 2004,

PASSOS, Thaís Bandeira Oliveira. *Lavagem de capitais: (dis)funções político-criminais no seu combate.* Salvador: Editora JusPodivum, 2011.

STOCO, Isabela Maria; NUNES, Pedro Henrique. Criptomoedas e a evasão de divisas: (a) tipicidade. In: Revista de Direito Penal Econômico e Compliance. São Paulo: Revista dos Tribunais v. 5, 2021.

TOMÉ, Matheus Parchen Dreon. A natureza jurídica do bitcoin. Porto Alegre: Elegantia Juris, 2019.

ZANCHETTI, Mário. *Il reciclaggio di denaro proveniente da reato.* Milaro, Guiffre Editora: 1997.

4
A PROBLEMÁTICA DAS *FAKE NEWS* NO ESTADO DE DIREITO: *UMA ANÁLISE DO JULGAMENTO DA ADPF 572*

Gilmar Ferreira Mendes

Introdução

Em um cenário de intensa dinamização política e constante inovação digital, as *Fake News* ganharam relevância preocupante e digna de estudo. Nesse sentido, inevitavelmente, no âmbito do Estado Democrático de Direito, as notícias falsas possuem grande influência na formação da opinião pública, de modo a prejudicar o exercício pleno da democracia.

De antemão, destaca-se: o combate à deflagração de tais notícias envolve uma minuciosa análise de suas motivações e origens. Assim, como se sabe, as diversas redes sociais ocupam, no contexto social contemporâneo, o protagonismo na comunicação de massa promovida pela internet.

Dessa forma, a propagação da informação ocorre de maneira extremamente facilitada, pois uma mensagem remetida por um único indivíduo consegue alcançar uma gama ampla e indefinida de destinatários. Disso decorre, inevitavelmente, a ausência de um controle efetivo acerca do método de difusão das informações e, tampouco, sobre o seu conteúdo.

Diante desse contexto, é crescente o número de notícias falsas travestidas de contornos verídicos. Partindo dessa possível tradução das *Fake News*, sua capacidade de influenciar o pensamento de diversas pessoas é incontestável, seja a formarem opinião sobre determinado assunto ou a votarem a favor de um candidato em detrimento de outro.

À vista disso, esse tema faz emergir debates sobre a responsabilização civil e penal dos agentes responsáveis pela disseminação de *Fake News*. Um exemplo emblemático dessa discussão foi o julgamento da Arguição de Descumprimento de Preceito Fundamental (ADPF) nº 572 pelo Supremo Tribunal Federal (STF), que trouxe relevantes considerações para essa controvérsia. No caso, discutia-se a legalidade e a constitucionalidade do Inquérito (INQ) nº 4.781, instaurado com o objetivo de investigar a existência de *Fake News*, denunciações caluniosas e ameaças contra o STF e seus membros.

O objetivo do presente trabalho consiste em identificar a maneira pela qual as *Fake News* podem entravar tanto o exercício da cidadania quanto o próprio Estado Democrático de Direito. Dessa forma, verifica-se como os direitos fundamentais relativos à liberdade de expressão e de imprensa devem ser interpretados com a finalidade de preservar seus próprios e respectivos núcleos essenciais. Em seguida, é feita a contextualização dessa problemática a partir da análise do julgamento da mencionada ADPF nº 572. Em conclusão, é abordada a necessidade de se estabelecer os parâmetros interpretativos sobre a liberdade de imprensa, a fim de identificar se tal garantia consegue tutelar as notícias falsas para, logo em seguida, examinar as formas de repressão das *Fake News*.

1. A verdade como limitação à liberdade de expressão e à liberdade de imprensa

A liberdade de expressão é direito fundamental consagrado pela Constituição Federal, que afirma, no art. 5º, IV, ser "livre a manifestação do pensamento, sendo vedado o anonimato", bem como no inciso XIV do mesmo artigo, no qual define que "é assegurado a todos o acesso à informação e resguardado o sigilo da fonte, quando necessário ao exercício profissional".

Além do referido dispositivo, o art. 220 da Lei Maior também tutela a liberdade de expressão, ao prever que "a manifestação do pensamento, a criação, a expressão e a informação, sob qualquer forma, processo ou veículo não sofrerão qualquer restrição, observado o disposto nesta Constituição". Nos §§ 1º e 2º do mesmo artigo, a Constituição determina que "nenhuma lei conterá dispositivo que possa constituir embaraço à plena liberdade de informação jornalística em qualquer veículo de comunicação social, observado o disposto no art. 5º, IV, V, X, XIII e XIV", e que "é vedada toda e qualquer censura de natureza política, ideológica e artística".

É possível, portanto, perceber que a garantia constitucional da liberdade de expressão protege a emissão de opiniões, convicções, comentários, avaliações ou julgamentos sobre qualquer assunto, envolvendo, inclusive, temas de interesse público.

Ao comentar o art. 5º, alínea 1, da Lei Fundamental da República da Alemanha, Konrad Hesse consigna o caráter duplo da liberdade de expressão, traduzido no fato de tal garantia constituir tanto direito subjetivo de defesa do indivíduo contra a censura estatal, bem como elemento constitutivo da própria democrática de um povo[1].

Segundo Hesse, a liberdade de expressão e de imprensa revelam-se instrumentos de suma importância para a formação saudável da vontade política de um povo, que decidirá sobre a forma pela qual será governado. Nesse sentido, ensina o doutrinador que a "liberdade de opinião é, para a ordem democrática da Lei Fundamental, 'simplesmente constitutiva'", pois sem ela não nasceria a opinião pública, não seriam desenvolvidas as iniciativas e alternativas pluralistas, não seria assegurada, com eficácia, a oportunidade igualitária das minorias e não se desenvolveria a "vida política em um processo livre e aberto"[2].

No entanto, a proteção de cada um dos direitos fundamentais, como cediço, não pode se dar de maneira absoluta. Tornou-se voz corrente admitir que os direitos fundamentais podem ser objeto de limitações, não sendo, pois, absolutos. É pacífico que os direitos fundamentais podem sofrer limitações, quando enfrentam outros valores de ordem constitucional, inclusive outros direitos fundamentais. Prieto Sanchis noticia que a afirmação de que "não existem direitos ilimitados se converteu quase em cláusula de estilo na jurisprudência de todos os tribunais competentes em matéria de direitos humanos"[3].

Desse modo, tal qual todos os outros direitos fundamentais resguardados pela Constituição Federal, a garantia da liberdade de expressão pode vir a sofrer restrições em sua aplicação, a depender da circunstância, na hipótese de colisão com outros direitos fundamentais ou com outros valores constitucionalmente assegurados.

[1] HESSE, Konrad. **Elementos de Direito Constitucional da República Federal da Alemanha**, 20ª ed. Sérgio Antonio Fabris Editor: Porto Alegre, 1988, p. 302.

[2] HESSE, Konrad. **Elementos de Direito Constitucional da República Federal da Alemanha**, 20ª ed: Sérgio Antonio Fabris Editor: Porto Alegre, 1988, p. 303.

[3] SANCHIS, Luis Prieto, **Estudios sobre derechos fundamentales**. Madrid: Debate, 1994. p. 86.

Essa hipótese de restrição das garantias em decorrência de colisões é definida por Robert Alexy como teoria externa de restrição a direitos fundamentais, cuja denominação tem origem no fato de que "a relação é criada somente a partir da exigência, externa ao direito em si, de conciliar os direitos de diversos indivíduos, bem como direitos individuais e interesses coletivos"[4].

Por outro lado, a concepção desenvolvida pela teoria interna afirma que os direitos fundamentais não se restringem a partir da colisão com outros direitos, mas acabam por ser limitados pelo seu próprio conteúdo[5]. De acordo com a teoria interna, portanto, as limitações constitucionais à garantia da liberdade de expressão poderiam ser compreendidas como limitações imanentes, ou seja, oriundas do próprio conteúdo daquela garantia.

Nesse âmbito, tem importância fundamental para o presente artigo a reflexão sobre os limites intrínsecos à liberdade de expressão, especialmente no que se refere a liberdade de imprensa.

É recorrente a indagação que perquire se a garantia à liberdade de imprensa permite a publicação de qualquer tipo de informação – inclusive inverídica – pelos veículos de comunicação social, ou se, ao revés, a referida garantia resguardaria apenas o direito de publicar informações verdadeiras.

Prevalece, atualmente, posicionamento no sentido de que o direito à liberdade de imprensa não assegura aos veículos de comunicação a possibilidade de publicação de informações falsas.

Uma das razões disso consiste no fato de que o acesso à informação também diz respeito a garantia fundamental assegurada a todos pela Constituição Federal. A aplicação dessa garantia, por sua vez, só faz sentido ao se reconhecer que o que se pretende proteger a partir dela é o acesso pelos cidadãos às informações verdadeiras, para que possam realizar suas escolhas pessoais, sociais ou políticas de forma bem alicerçada.

Quando se envolve a divulgação de informações de natureza público-estatal, a questão assume traços ainda mais delicados. Isso porque as opiniões políticas dos cidadãos, em grande medida, constituem reflexo das informações que chegam até eles. A publicidade institucional, por exemplo,

[4] ALEXY, Robert. **Teoria dos Direitos Fundamentais**, 2ª ed. São Paulo: Malheiros, 2015, p. 277.

[5] ALEXY, Robert. **Teoria dos Direitos Fundamentais**, 2ª ed. São Paulo: Malheiros, 2015, p. 278.

tem o fim precípuo de que os governados possam acompanhar seus governantes e fiscalizar suas ações. O raciocínio apenas faz sentido se as informações divulgadas forem reais, sob pena de absoluta deturpação da formação das opiniões políticas de uma população.

Portanto, o próprio direito ao acesso à informação, a que faz jus o cidadão, pode servir como limite a própria liberdade de imprensa, na medida em que estabelece que os indivíduos recebam apenas as informações verídicas, de modo a evitar eventuais ludíbrios decorrentes da difusão de informações falsas.

É de se salientar, ademais, o entendimento pacífico dos Tribunais Superiores que caminha no sentido de que a publicação de fato irreal pela imprensa, que prejudica a imagem ou a honra de outrem, gera dever de indenização por danos morais e materiais eventualmente sofridos[6].

Diante desses aspectos, pode-se compreender que as garantias à liberdade de expressão e à liberdade de imprensa não têm o condão de legitimar que os veículos de comunicação publiquem quaisquer informações, independentemente da veracidade delas.

Assim, não existe direito à publicação de informações inverídicas, pois, caso existisse, redundar-se-ia na violação do próprio direito de acesso à informação, previsto na Constituição Federal, uma vez que a situação acabaria conduzindo a quadro de deturpação da formação da opinião pública, o que não coaduna com o Estado Democrático de Direito[7].

Percebe-se, portanto, que a verdade deve ser enxergada como elemento essencial para o exercício da liberdade de expressão e da liberdade de imprensa, sob pena de que reste obstaculizado o direito de acesso à informação, a que todos devem fazer jus em um Estado de Direito.

[6] Assentou-se, na jurisprudência, que a liberdade de imprensa não cria imunidade para o jornalista. Caso interessante foi julgado pelo STJ, sob a relatoria do Ministro Ruy Rosado de Aguiar (REsp 164.421/RJ, RSTJ, 128/372). No precedente, confirmou-se decisão do Tribunal de Justiça do Rio de Janeiro que condenara certo jornalista a pagar indenização por uma nota tida como ofensiva à honra da Federação Equatoriana de Futebol; reiterou-se que pessoa jurídica tem honra objetiva a defender (entendimento também constante do REsp 129.428, RSTJ, 131/19, e REsp 60.033, DJ de 27111995).

[7] Nesse sentido, cf. COSTA JUNIOR, Paulo José da. **O direito de estar só**. São Paulo: Revista dos Tribunais, 1995. p. 67.

2. As consequências da propagação das notícias falsas na sociedade

Diante dessa dogmática constitucional, surge, atualmente, a problemática das *Fake News*. Tais manifestações consistem em histórias falsas com aparência de notícias jornalísticas, compartilhadas em grandes mídias sociais, com o objetivo de influenciar posições políticas ou prejudicar a imagem e a honra de determinado indivíduo[8].

Nesse sentido, percebe-se que a finalidade almejada pela divulgação de notícias falsas é sempre relacionada a algum objetivo espúrio e relativo a vantagem econômica ou política de determinada pessoa, em detrimento da sociedade ou de um indivíduo específico.

Esse fenômeno se deve ao grande impacto atribuído às notícias falsas, em razão do contexto social contemporâneo, predominantemente marcado pela revolução tecnológica. Neste ambiente, a estrutura da sociedade é voltada para a comunicação e a conexão de ideias de maneira global, mediante a utilização das redes sociais na internet.

Com efeito, as inovações tecnológicas e as redes sociais diminuíram a distância entre os indivíduos ao possibilitarem a comunicação de maneira mais simples, o que transforma a sociedade em um sistema interativo de comunicação constante[9].

Dessa forma, a comunicação torna-se um poder social apto a influenciar as práticas individuais, vez que uma simples mensagem pode alcançar um amplo número de destinatários em curto período.

Por esse motivo, a doutrina norte americana – representada por Castells – estabelece o conceito de autocomunicação de massa, segundo o qual, ao compartilhar uma informação, o emissor escolhe o destinatário da informação, ciente do potencial de atingir o maior número de pessoas possível.

Assim, Castells define que essa autocomunicação surge em meio às redes horizontais e "incrementa a forma decisiva da autonomia dos sujeitos comunicantes a respeito das empresas de comunicação na medida em que os usuários se convertem em emissores e receptores de mensagens"[10].

[8] "Fakenews. 'false Stories that apear to be news, spread on the internet or using other media, usually created to influence political views or as a joke'". Cambridge Dictionary. Disponível em: <https://dictionary.cambridge.org/pt/dicionario/ingles/fake-news>.

[9] Cf. Thompson, J. B. (2011). **A mídia e a modernidade**: uma teoria social da mídia (12ª ed.). Rio de Janeiro: Ed. Vozes, 2011, p. 197.

[10] Castells, M. Communication Power. New York: **Oxford University Press**, 2009, p. 25. Tradução livre do autor.

Nessa perspectiva, os direitos fundamentais de acesso à informação e de liberdade de expressão devem ser interpretados da melhor forma possível, a fim de garantir a preservação de seus núcleos essenciais. Isso porque as informações falsas podem fragilizar esses direitos – tão caros à construção do Estado Democrático de Direito –, na medida em que são divulgadas sem qualquer análise da veracidade do seu conteúdo.

Por essa razão, as notícias falsas influenciam a formação da opinião pública, de modo a prejudicar a formação do Estado Democrático de Direito, porquanto retiram a capacidade de o cidadão acompanhar os atos da vida pública de maneira íntegra e coerente.

Aliás, ressalta-se a crescente a utilização das notícias falsas em diversas sociedades. De acordo com a análise feita pela MIT (Instituto de Tecnologia de Massachusetts), as notícias falsas se espalham 70% mais rápido do que as informações verdadeiras, bem como alcançam um maior número de usuários. Além disso, a pesquisa também concluiu que cada informação verdadeira veiculada via redes sociais atinge, em média, mil pessoas, enquanto as informações falsas, por outro lado, chegam a alcançar 100 mil destinatários[11].

Em outro estudo sobre o tema, a Folha de São Paulo analisou 21 sites com ampla divulgação da internet e 51 jornais profissionais durante o último trimestre de 2017 até o início de 2018[12]. Nessa pesquisa, a Folha concluiu que as notícias falsas engajam e chamam mais a atenção das pessoas do que as informações verdadeiras. Isso porque as notícias verdadeiras são limitadas pelos fatos, enquanto as notícias falsas encontram limites apenas e tão somente na criatividade de quem as criou.

Diante desse contexto, é possível perceber os riscos atuais da comunicação em massa promovida pelas redes sociais, na medida em que podem influenciar, negativamente, a formação da opinião pública e o próprio senso crítico de diversos cidadãos.

Ressalta-se que as repercussões das *Fake News* sobre o modelo representativo podem ser severas. Isso porque a opinião pública, atualmente, é condicionada aos meios de comunicação social, o que pode facilitar a

[11] MIT Initiave on the digital economy reserch brief. **The Spread of true and false News online**, by Soroush Vosoughi, Deb Roy, and Sinan Aral.

[12] Disponível em: <https://www1.folha.uol.com.br/poder/2018/02/fake-news-ganha-espaco-no-facebook-e-jornalismo-profissional-perde.shtml>.

manipulação do cidadão a votar ou a acompanhar determinado posicionamento político em detrimento de outro, prejudicando, consequentemente, a representatividade democrática[13].

É evidente que a preocupação é com a democracia, pois a informação falsa repercute na própria cidadania, retirando do indivíduo a capacidade de acompanhar os atos do Estado de melhor maneira possível e inviabilizando o exercício pleno dos direitos civis de acordo com a realidade do país no qual se encontra.

Aliás, não é por acaso que se costuma relacionar a origem das *Fake News* à eleição norte americana para Presidente. Afinal, até hoje são debatidas as implicações das notícias falsas no processo eleitoral de 2016.

Havia, naquelas eleições, uma preocupação, por parte da sociedade, com a distribuição de propagandas e histórias falsas, as quais eram espalhadas por indivíduos, organizações e exércitos de *bots* através de mídias sociais como Facebook e Twitter, o que ocasionou confusão e desinformação sobre os candidatos.

Naquele pleito, as notícias mais compartilhadas favoreciam o então candidato à Presidência da República, Donald Trump, em prejuízo da candidata concorrente, Hilary Clinton. As principais notícias veiculavam um suposto apoio do Papa Francisco a Trump e sugeriam o assassinato do agente do FBI responsável pela investigação dos e-mails de Hilary.

Após o processo eleitoral, descobriu-se a atuação da empresa de publicidade "Cambridge Analytica", a qual utilizou os dados de eleitores e consumidores para analisar a personalidade e a forma de pensar dessas pessoas, no afã de elaborar propagandas que estimulassem os mais diversos perfis propícios a aderir a uma determinada proposta política.

Assim, em 17 de março de 2018, jornais de grande reputação como "The Guardian" e "The New York Times" revelaram a utilização de dados de mais de 50 milhões de usuários do Facebook pela Cambridge Analytica, sem o consentimento dos próprios usuários. Posteriormente, o próprio Facebook estimou que o vazamento de informações atingiu, na verdade, cerca de 87 milhões de usuário[14]s.

[13] Cf. ZIPPELIUS, Reinhold. **Teoria Geral do Estado**: Ciência Política. São Paulo: Saraiva, 2016, p. 290.

[14] Disponível em: <https://www.theguardian.com/news/2018/mar/17/cambridge-analytica-facebook-influence-us-election>.

Ocorre, contudo, que tais informações não eram apenas utilizadas para direcionar propagandas eleitorais, mas também facilitavam a propagação de *Fake News* em favor de um candidato e em detrimento de outro.

Portanto, num contexto de comunicação de massa, a utilização das redes sociais assume riscos relativos à possibilidade de disseminação de notícias falsas por um único indivíduo com a potencialidade de atingir um número colossal e indefinido de usuários. Desse modo, questiona-se a maneira de limitar ou impedir, juridicamente, a repercussão das notícias falsas sobre a opinião política e democrática.

3. O julgamento da ADPF nº 572

Feitas essas considerações doutrinárias, passa-se a discorrer sobre relevante julgado do Supremo Tribunal Federal, no qual a Corte definiu alguns dos limites à liberdade de expressão para a hipótese de o princípio ser utilizado como pretexto para a disseminação de notícias falsas.

Em junho de 2020, o Supremo apreciou Arguição de Descumprimento de Preceito Fundamental ajuizada pelo Rede Sustentabilidade, em face da Portaria GP 69, de 14 de março de 2019, que determinou a abertura do Inquérito Policial nº 4.781.

No Inquérito, eram investigadas *Fake News*, falsas comunicações de crimes, denunciações caluniosas, ameaças e demais infrações revestidas de intuito de caluniar, difamar ou injuriar que atingiriam a honorabilidade e a segurança do Supremo Tribunal Federal, de seus membros, bem como de seus familiares.

Também se discutia o vazamento de informações e documentos sigilosos, com o intuito de atribuir e/ou insinuar a prática de atos ilícitos por membros da Corte, por parte daqueles que teriam o dever legal de preservar o sigilo. Além disso, examinava-se a existência de esquemas de financiamento e divulgação em massa nas redes sociais, com a finalidade de lesar ou expor a perigo de lesão a independência do Poder Judiciário e o Estado de Direito.

Dentre alguns dos fatos submetidos à análise, no âmbito do Inquérito, merecem destaque, para os fins da presente pesquisa, a divulgação de notícias falsas que vinculariam oito dos onze ministros do STF ao narcotráfico internacional, o que teria ensejado, inclusive, apresentação de denúncia na Organização das Nações Unidas (ONU). Essas informações falsas foram divulgadas por meio de textos e vídeos que circularam em aplicativos de comunicação. Demais disso, outras desinformações passaram a envolver a vinculação de ministro da Corte a conhecida organização criminosa nacional, inclusive com a divulgação de uma inexistente conversa na qual se combinava a realização de um atentado em Brasília, com o uso de um atirador *sniper*.

4. As *Fake News* e os ataques institucionais ao STF

Passando-se para o exame dos meios utilizados para a prática dos referidos crimes, que estariam ocorrendo mediante divulgação sistemática de notícias inverídicas contra o STF, é importante destacar que a divulgação massiva e sistemática de notícias falsas não é uma questão enfrentada apenas pelo Estado brasileiro. Em todo o mundo, diversos países têm debatido e adotado medidas distintas para lidar com esse problema comum.

Nesse sentido, uma pesquisa realizada pela *Pew Research Center*, nos Estados Unidos, no período de 14 de fevereiro a 9 de março de 2019, identificou que a existência de notícias falsas foi considerada, pelos americanos, como um problema maior que o terrorismo, a imigração ilegal, o racismo e o sexismo[15].

Existem diversos outros exemplos do uso pernicioso de instrumentos de comunicação em massa que causam fortes impactos sobre o processo democrático e as instituições republicanas, como o escândalo envolvendo a influência de pessoas localizadas na Rússia na criação de anúncios falsos sobre a candidata democrata Hillary Clinton, nas eleições presidenciais dos Estados Unidos. De acordo com as informações reveladas, essas notícias falsas eram direcionadas a usuários do *Facebook* cujos dados demonstravam vulnerabilidade política a essa espécie de propaganda, sendo impulsionados em locais acessados por essa audiência específica e pré-delimitada, razão pela qual foram designados como "*dark posts*"[16].

A Europa também tem discutido estratégias para enfrentar esse problema, como a adoção de leis específicas sobre o assunto e de instrumentos como o bloqueio de conteúdo, a derrubada de sites ou a criação de filtros que possibilitem a identificação das notícias falsas[17]. Essa situação

[15] GOLDMAN, Alvin I; BAKER, Daniel. Free Speach, Fake News and Democracy. **First Amendment Law Review**, v. 18, 2019, p. 69.

[16] GOLDMAN, Alvin I; BAKER, Daniel. Free Speach, Fake News and Democracy. **First Amendment Law Review**, v. 18, 2019, p. 69.

[17] COUNCIL OF EUROPE. **Comparative Study on Blocking, Filtering and Take Down of Illegal Internet Content**. 2017. Disponível em: <www.coe.int/freedomofexpression>;

tem levado analistas a concluírem que estamos no meio de "um ataque mundial, com bases na internet, sobre as democracias", no qual a primeira baixa é "a confiança no regime democrático"[18].

No Brasil, a situação não é diferente, mas conta com algumas peculiaridades. Tem-se, por exemplo, o processo relativo aos disparos em massa de notícias falsas durante o processo eleitoral de 2018, que tramita no TSE e que gerou, inclusive, a divulgação de ameaças, injúrias e calúnias à então Presidente daquela Corte, Ministra Rosa Weber. Nas mesmas eleições, foram divulgadas notícias falsas sobre a suposta manipulação dos votos computados nas urnas eletrônicas, mediante o uso de ferramentas de edição e montagem de vídeos.

Esse tipo de conduta, ao ser utilizada de forma sistemática, busca minar a legitimidade do processo eleitoral e possibilitar, até mesmo, a eventual recusa do resultado das urnas, o que caracteriza, segundo Steven Levitsky e Daniel Ziblatt, um dos fatores indicativos de movimentos autoritários que levam a regressões democráticas[19].

Conforme destacado por Benkler, Faris e Roberts, o desenvolvimento de processos tecnológicos relacionados a convergência das mídias sociais, curadoria algorítmica de notícias, *bots*, inteligência artificial e grandes análises de dados tem criado verdadeiras câmaras de eco, que removem os indícios de confiabilidade sobre a informação e colocam em dúvida a capacidade de governar a nós mesmos como democracias razoáveis[20].

Essas transformações, ao ressignificarem o conceito de esfera pública, passam a desafiar os limites estatais consagrados nas legislações que tangenciam a liberdade de expressão. Como bem destacado por Thomas Vesting, o que se observa é a verdadeira reconfiguração do espaço e do discurso público, que passa a ser algo totalmente diferente do que antes conhecíamos[21].

Wardle, Claire; Derakshan, Hossein. **Information Disorder**: Toward an interdisciplinary framework for research and policy making. Council of Europe Report DGI(2017)09.2017.

18 Vaidhyanathan, Siva. **Facebook Wins, Democracy Loses**. N.Y. TIMES, 2017.

19 Levitsky, Steven; Ziblatt, Daniel. **How Democracies Die**. New York: Broadway Books, 2018, p. 30.

20 Benkler, Y.; Faris, R.; Roberts, H. Network Propaganda: manipulation, desinformation and radicalization in American politics. New York: **Oxford University Press**, 2018, p. 5.

21 Vesting, T. **A mudança na esfera pública pela inteligência artificial**. In: Abboud, G.; Nery Jr., N.; Campos, R. **Fake News e Regulação.** São Paulo: Revista dos Tribunais, 2020, p. 298.

Do que se verifica sobre o tema, é importante ressaltar que não se trata de liberdade de expressão. O uso orquestrado de robôs, recursos e pessoas para divulgar, de forma sistemática, ataques ao STF, ameaças pessoais aos Ministros e a seus familiares, não pode ser confundido com uma mera crítica ou manifestação de opinião. Trata-se, na verdade, de movimento organizado e orquestrado, que busca atacar um dos poderes responsáveis pela garantia dos direitos fundamentais (art. 102 da CF/88) e das regras do jogo democrático.

Não se deve esquecer que, conforme esclarecem Alvin Goldman e Daniel Baker, "a liberdade de expressão envolve trocas e balanceamentos entre o valor deste direito e os prejuízos que o discurso pode causar, de modo que nenhum país pode resolver essas trocas apenas a partir da proteção integral da liberdade"[22]. Isso não significa dizer que opiniões, ainda que impopulares, devam ser censuradas, mas que cada ordenamento jurídico deve estabelecer o limite entre o livre exercício do direito de expressão e manifestação e os casos de polícia.

A título de exemplo, a Alemanha é caracterizada, por muitos autores, como uma democracia militante. Nesse sentido, de acordo com Ronald Krotoszynski, "qualquer discurso que tenha por objetivo a destruição do governo democrático não possui qualquer proteção de acordo com a Lei Fundamental". Foi com base nessa ideia que o Tribunal Constitucional Federal alemão decretou, por exemplo, o banimento dos Partidos Socialista e Comunista alemães, que foram considerados como plataformas para a atuação do Partido Nazista e para a adoção de projetos políticos e ações contra a ordem constitucional estabelecida[23].

Mesmo nos Estados Unidos, de onde se origina a doutrina do livre mercado de ideias (*Free Marketplace of Ideas*), introduzida pela Suprema Corte daquele país, no voto dissidente do Justice Oliver Wendell Holmes no caso *Abrams v. United States*, de 1919, e incorporada pelo STF no julgamento da ADPF nº 187, que tratava da denominada "marcha da maconha", verifica-se a existência de certos limites[24].

[22] Goldman, Alvin I; Baker, Daniel. Free Speech, Fake News, and Democracy. **First Amendment Law Review**, v. 18, 2019, p. 68.

[23] Krotoszynski Jr., Ronald. A Comparative Perspective of The First Amendement: Free Speech, Militant Democracy, and the Primacy of Dignity as a Preferred Constitutional Value in Germany. **Tulane Law Review**, v. 78, n. 5, 2004, pp. 1590-1591.

[24] Cf.: Kommers, Donald P. The Jurisprudence of Free Speech in the United States and the Federal Republic of Germany. **Sourther California Law Review**, v. 53, n. 2, jan., 1980, p. 665.

Nesse sentido, entende-se que a liberdade de expressão não abrange a eventual criminalização da pedofilia, da pornografia, de discursos que incitem a violência (*fighting words*) ou de difamações dolosas (denominada de *actual malice* pela jurisprudência norte-americana).

Não se pode ignorar, ainda, que a metáfora do livre mercado de ideias permite vislumbrar a ocorrência de desequilíbrios que podem exigir a intervenção estatal. Na economia, tem-se os monopólios e os cartéis, e na política tem-se o desafio das *Fake News* e da desinformação.

Tratando sobre o assunto, Cass Sunstein afirma que qualquer mercado exige critérios e regras claras e não opera inteiramente livre. Nessa linha, conclui o autor não ser tão óbvio que o atual sistema regulatório para a liberdade de expressão seria aquele que nós queríamos ou deveríamos escolher para a era da Internet[25]. Dessa forma, não se pode esquecer que a divulgação sistemática de notícias inverídicas é capaz de violar o direito dos indivíduos e da sociedade de ser corretamente informada, inclusive para que possa tomar suas próprias decisões de maneira livre e consciente.

Corroborando essa afirmação, Claire Wardle e Hossein Derakhshan elaboraram um relatório sobre desordem informacional para o Conselho da Europa, no qual afirmam, com base em registros colhidos em Comissões instaladas no Reino Unido, que, na democracia, a informação é "tão vital para o saudável funcionamento das comunidades como a qualidade do ar, a segurança nas ruas, boas escolas e saúde pública"[26].

Não se está a defender que cabe ao Estado ou ao Poder Judiciário decidir qual informação é boa ou ruim, qual deve ser veiculada ou não. A liberdade continua sendo um direito ou princípio preferencial. Contudo, da análise das limitações impostas à liberdade de expressão, é possível verificar que os casos de atuação organizada que objetivam minar as instituições e cometer crimes não se encontram abrangidos pelo âmbito de alcance desse direito fundamental.

Foi nesse sentido que o Plenário do STF a concluiu, por dez votos a um, que seria legal e constitucional a instauração do Inquérito nº 4.781.

[25] SUNSTEIN, Cass R. **Falsehoods and the First Amendment**. Disponível em: <https://papers.ssrn.com/sol3/papers.cfm?abstract_id=3426765>. p. 17.

[26] WARDLE, Claire; DERAKSHAN, Hossein. **Information Disorder**: Toward an interdisciplinary framework for research and policy making. Council of Europe Report DGI(2017), 2017, p. 51.

Conclusões

Em síntese, o presente estudo demonstrou a melhor forma de interpretar a garantia constitucional da liberdade de expressão, de modo a levar em consideração o elemento da verdade da informação. Isso porque a própria Constituição e toda a sistemática jurídica vedam o compartilhamento de conteúdos falsos para outros destinatários. Nesse sentido, nenhum indivíduo que venha a fornecer eventual informação irreal estará assegurado pelo texto constitucional, tampouco pela legislação brasileira.

Assim, embora se reconheça o contexto social contemporâneo relativo à comunicação de massa, a divulgação de conteúdos falsos na internet repele qualquer tutela ou justificativa legal, porquanto promove a pseudoformação política do povo, interferindo na consolidação do Estado Democrático de Direito.

No bojo da ADPF nº 572, analisada no presente trabalho, não se defende que o Estado ou ao Poder Judiciário devam decidir sobre a qualidade de uma informação, ou mesmo sobre qual deveria ser veiculada ou não. Ainda se deve tratar a liberdade como direito ou princípio preferencial. Todavia, os casos como o da ADPF nº 572, em que se verifica a atuação organizada com o objetivo de minar as instituições e cometer crimes, não estão dentro do âmbito de alcance desse direito fundamental.

O objeto e os fatos do Inquérito nº 4.718 foram bem delimitados e buscavam apurar ataques ao STF e aos seus ministros por intermédio de uma estrutura organizada de divulgação de *Fake News*. Tais fatos podem configurar, em tese, os crimes de ameaça, calúnia, difamação e injúria, organização criminosa e delitos constantes da lei de segurança nacional. Portanto, não se poderia invocar o direito à liberdade de expressão como subterfúgio para a prática de crimes.

A notícia falsa atinge todo o ambiente social, na medida em que retira a capacidade de o cidadão acompanhar os atos estatais de maneira coerente e verídica. Por esse motivo, em nome das garantias constitucionais e do Estado de Direito, as *Fake News* devem ser reprimidas e evitadas, o que demandas a criação políticas públicas de conscientização, bem como de medidas regulatórias eficientes.

Referências

ALEXY, Robert. **Teoria dos Direitos Fundamentais**, 2ª ed. São Paulo: Malheiros, 2015.

BENKLER, Y.; FARIS, R.; ROBERTS, H. Network Propaganda: manipulation, desinformation and radicalization in American politics. New York: **Oxford University Press**, 2018.

CARNEIRO, Leandro. **Fake News**: Definições, Consequências e Algumas Iniciativas para a Mitigação de Impacto. Consultoria Legislativa, Estudo Técnico, maio de 2018.

CASTELLS, M. Communication Power. New York: **Oxford University Press**, 2009.

COUNCIL OF EUROPE. **Comparative Study on Blocking, Filtering and Take Down of Illegal Internet Content**. 2017. Disponível em: <www.coe.int/freedomofexpression>.

COSTA JUNIOR, Paulo José da. O direito de estar só. São Paulo: **Revista dos Tribunais**, 1995.

GOLDMAN, Alvin I; BAKER, Daniel. Free Speach, Fake News and Democracy. **First Amendment Law Review**, v. 18, 2019.

HESSE, Konrad. **Elementos de Direito Constitucional da República Federal da Alemanha**. 20ª ed: Sérgio Antonio Fabris Editor: Porto Alegre, 1988.

KOMMERS, Donald P. The Jurisprudence of Free Speech in the United States and the Federal Republic of Germany. **Sourther California Law Review**, v. 53, n. 2, jan., 1980.

KROTOSZYNSKI JR., Ronald. A Comparative Perspective of The First Amendement: Free Speech, Militant Democracy, and the Primacy of Dignity as a Preferred Constitutional Value in Germany. **Tulane Law Review**, v. 78, n. 5, 2004.

LEVITSKY, Steven; ZIBLATT, Daniel. **How Democracies Die**. New York: Broadway Books, 2018.

MIT Initiave on the digital economy reserch brief. **The Spread of true and false News online**, by Soroush Vosoughi, Deb Roy, and Sinan Aral.

SANCHIS, Luis Prieto. **Estudios sobre derechos fundamentales**. Madrid: Debate, 1994.

SUNSTEIN, Cass R. **Falsehoods and the First Amendment**. Disponível em: <https://papers.ssrn.com/sol3/papers.cfm?abstract_id=3426765>.

THOMPSON, J. B. **A mídia e a modernidade**: uma teoria social da mídia (12ª ed.). Rio de Janeiro: Ed. Vozes, 2011.

VAIDHYANATHAN, Siva. **Facebook Wins, Democracy Loses**. N.Y. TIMES, 2017.

VESTING, T. **A mudança na esfera pública pela inteligência artificial**. In: ABBOUD, G.; NERY JR., N.; CAMPOS, R. **Fake News e Regulação**. São Paulo: Revista dos Tribunais, 2020.

WARDLE, Claire; DERAKSHAN, Hossein. **Information Disorder**: Toward an interdisciplinary framework for research and policy making. Council of Europe Report DGI(2017), 2017.

ZIPPELIUS, Reinhold. **Teoria Geral do Estado**: Ciência Política. São Paulo: Saraiva, 2016.

5
A UTILIZAÇÃO DE TECNOLOGIAS DE RECONHECIMENTO FACIAL PARA FINS DE SEGURANÇA PÚBLICA E PERSECUÇÃO PENAL NO BRASIL: MAPEANDO DISCUSSÕES E POSSÍVEIS CAMINHOS REGULATÓRIOS

GIOVANNA MILANEZ

1. Introdução

Atualmente, caminha-se para uma sociedade da classificação,[1] na qual perfis tornam-se representações virtuais fidedignas dos seus respectivos titulares,[2] em que simples "curtidas" em uma rede social – aparentemente "triviais" – podem criar um retrato fiel do comportamento de um usuário e facilitar a extração de informações precisas que permitem, muitas vezes, que o algoritmo saiba mais sobre ele que ele próprio.

Diante disso, o dado pessoal torna-se, cada dia mais, um importante e estratégico ativo para as empresas privadas e para o Estado.[3] Mesmo que não seja possível, ainda, compreender a extensão exata do poder econômico, político e social decorrente da sua utilização, é bastante visível o quão grande ele pode ser, especialmente diante das novas possibilidades de sua utilização, que surgiram a partir do crescimento exponencial do *Big Data* e do *Big Analytics*.[4]

[1] RODOTÀ, Stefano. *A vida na sociedade da vigilância. A privacidade hoje*. Trad. Danilo Doneda e Laura Cabral Doneda. Rio de Janeiro: Renovar, 2008, pp. 111-139.

[2] DONEDA, Danilo. *Da privacidade à proteção de dados pessoais*. Rio de Janeiro: Renovar, 2006, pp. 174-175.

[3] Ao longo do presente trabalho, "Estado" e "Poder Público" foram utilizados de maneira intercambiável.

[4] FRAZÃO, Ana. Fundamentos da proteção dos dados pessoais – Noções Introdutórias para a compreensão da importância da Lei Geral de Proteção de Dados. *In:* TEPEDINO, Gustavo (coord.); FRAZÃO, Ana (coord.); DONATO, Milena (coord.). *Lei Geral de Proteção de Dados Pessoais e suas repercussões no Direito Brasileiro*. 2ª ed. São Paulo: Thomson Reuters, 2020, pp. 24-25.

Exatamente por isso, inclusive, foi cunhada a expressão *data-driven economy*, isto é, economia movida a dados, que representa, no final das contas, a própria forma de organização econômica, social e política das sociedades contemporâneas, centradas no processamento massivo de dados pessoais e na extração de informações estratégicas e relevantes deles.

Somado a isso, há que se destacar também o crescimento (em termos de variedade) e a modernização (em termos de funcionalidades) das tecnologias e técnicas de processamento, cruzamento e refinamento de dados pessoais. É possível afirmar, inclusive, que tais tecnologias são cada vez mais sofisticadas e permitem análises ainda mais completas e pormenorizadas do titular a que se referem, possibilitando a estruturação de uma complexa estratégia de análise de dados para fortalecer e expandir suas redes de relacionamento.[5]

Assim, torna-se evidente que o intenso e apurado processamento de dados pessoais tem permitido a extração de informações cada vez mais precisas dos indivíduos, fornecendo informações valiosas e estratégicas tanto para empresas privadas, quanto para o Estado.

Tais conclusões não são diferentes quando o assunto são as tecnologias de Reconhecimento Facial (TRFs). Diante das vantagens que referidas tecnologias prometem, especialmente de custos mais baixos, maior número de resultados e a realocação de recursos humanos, percebe-se um aumento na sua utilização no Brasil, especialmente para identificar pessoas desaparecidas ou procuradas pela polícia.[6] Até maio de 2019, foram 48 casos de implementação de TRFs por autoridades públicas. Destes, 13 tinham como objetivo a garantia da segurança pública.[7]

[5] Tavares, Giovanna Milanez. *O tratamento de dados pessoais disponíveis publicamente e os limites impostos pela LGPD.* Rio de Janeiro: Editora Processo, 2022, p. 165.

[6] "O uso de instrumentos tecnológicos para auxiliar a segurança pública tem aplicações concretas já praticadas pelas autoridades estatais, como as escutas telefônicas, o uso de câmeras de vigilância CCTV e o estudo estatístico para atuação policial mais eficiente em áreas e horários específicos. Além dessas ferramentas, também está em debate o uso da tecnologia de RF e se ela é um instrumento válido para complementação da atividade policial". Almeida, Eduarda Costa. Os grandes irmãos: o uso de tecnologias de reconhecimento facial para persecução penal. *Revista Brasileira de Segurança Pública*, São Paulo, v. 16, n. 2, fev./mar. 2022, p. 266.

[7] INSTITUTO IGARAPÉ. *Infográfico Reconhecimento Facial no Brasil.* 2019. Disponível em: https://igarape.org.br/infografico-reconhecimento-facial-no-brasil/. Acesso em: 24 abr. 2022.

No entanto, sua implementação ocorre num vazio normativo,[8] sem a devida transparência em relação a critérios de uso, medidas de segurança e indicadores de resultado.[9] Como fator adicional de risco, há que se destacar ainda que uma das hipóteses de não aplicação da Lei Geral de Proteção de Dados Pessoais (Lei nº 13.709/2018 ou LGPD) é justamente o tratamento realizado para fins exclusivos de segurança pública e de atividades de investigação e repressão de infrações penais, conforme art. 4º, III, "a" e "d", da LGPD.

Exatamente por isso, o crescimento da utilização de TRFs pelo Estado tem despertado, ao mesmo tempo, grandes expectativas de eficiência e praticidade de um lado e preocupações quanto a possíveis violações de direitos fundamentais dos cidadãos de outro.

Isso porque, ainda que o emprego de tal tecnologia tenha aumentado nos últimos anos, há ainda pouca clareza acerca da melhor forma de regular o seu uso a nível nacional, de maneira que a tecnologia, de um lado, seja útil ao Estado para fins de segurança pública e persecução penal e,

[8] "Dentre as poucas iniciativas de regulação existentes sobre o tema no Brasil, é possível destacar que há a preocupação em regulá-las para garantir a proteção de dados contra atos de discriminação e deturpação de seus usos, além do destaque à proteção da privacidade e a defesa das liberdades dos cidadãos. Porém, existe a percepção de que os interesses do Estado precisam ser levados em consideração. Além disso, algumas iniciativas também tratam de desenvolvimento tecnológico, fundamentando-se no desenvolvimento econômico e social sustentável e inclusivo". INSTITUTO IGARAPÉ; DATA PRIVACY BRASIL RESEARCH. *Regulação do Reconhecimento Facial no Setor Público: avaliação de experiências internacionais.* 2020, p. 16.

[9] REIS, Carolina. *Nota Técnica Lei 6.712/20. 10 recomendações para o uso de reconhecimento facial para segurança pública no DF.* Brasília: Laboratório de Políticas Públicas e Internet, 2020, pp. 8-9. Também nesse sentido: "Através do uso de câmeras equipadas com reconhecimento facial nas ruas são coletadas as imagens de muitas pessoas que não estão sendo investigadas por crimes, em desfavor das quais não há um mandado de prisão expedido e que não estão prestes a cometer crimes. Assim, a delimitação do que é relevante no tratamento de dados pessoais para fins de segurança pública deveria ser expressamente previsto na lei, pois, a contrário senso, permanecem questionamentos como: não havendo correspondência exata com os dados dos indivíduos e a base de dados já existente, todas as imagens gravadas devem ser excluídas? As imagens coletadas devem ser gravadas e guardadas por algum tempo para se verificar se houve a prática de crimes? Por quanto tempo? Qual o limite da relevância dos dados pessoais coletados?". LEMOS, Alessandra; FERNANDES, Elora; MEDEIROS, Juliana; GUEDES, Paula; SILVA, Priscilla. *Comentários ao Anteprojeto de Lei de Proteção de Dados para a Segurança Pública: Tecnologia de Reconhecimento Facial.* Rio de Janeiro: Instituto de Tecnologia & Sociedade do Rio (ITS Rio), 2021, pp. 8-9.

de outro, proteja os titulares de dados (tenham eles cometido crimes ou não),[10] especialmente em contextos de vigilância.[11]

Dessa forma, as TRFs têm despertado diversos questionamentos sobre possíveis impactos nos espaços públicos e na vida cotidiana dos cidadãos brasileiros, especialmente diante dos possíveis riscos aos direitos humanos e às liberdades civis advindos de eventuais violações a direitos fundamentais, como a privacidade (art. 5º, X, da CF), a liberdade de locomoção (art. 5º, XV, da CF) e a proteção de dados pessoais (art. 5º, LXXIX, da CF).[12]

Tudo isso aponta para a necessidade, cada vez mais urgente, de regulação própria e específica dessas tecnologias,[13] a fim de que sejam estabelecidos parâmetros balizadores para sua utilização que considerem, ao mesmo tempo, benefícios e possíveis riscos. Contudo, tal regulação deve ser precedida de um amplo debate público, que priorize a acessibilidade, a transparência e a participação da sociedade civil e acadêmica, sempre que possível.

[10] ALMEIDA, Op. Cit., p. 265.

[11] "Alguns clichês são frequentemente evocados ao se falar de vigilância e controle, dentre eles, a famosa sociedade distópica de Orwell, radicada na ideia do Big Brother, um modelo em que os cidadãos vivem sob vigilância constante por parte do Estado autoritário. (...) Neste contexto, o princípio do panóptico (...) ganha um paralelo contemporâneo no conceito de Pasquale (2015) de *one-way mirror*: agentes públicos e privados passam a acumular toda sorte de dados de indivíduos, enquanto estes nada sabem daqueles". OLIVEIRA, Loryne Viana de; CRIPPA, Margarete Esteves Nunes; LAURENTE, Ítala; HOLANDA, Tamires. Aspectos ético-jurídicos e tecnológicos do emprego de reconhecimento facial na segurança pública no Brasil. *Revista Tecnologia e Sociedade*, Curitiba, v. 18, n. 50, jan./mar. 2022, p. 115.

[12] "Numa conjuntura em que se passa a monitorar dados sobre todos os aspectos das vidas das pessoas, fica claro que a hipervigilância pode vir a constituir uma ameaça a direitos e liberdades fundamentais como à privacidade, liberdade de expressão, igualdade, liberdade de associação, dentre outros. Desta forma, essa enorme expansão da vigilância constitui, em última análise, uma ameaça ao próprio Estado Democrático de Direito". LEMOS; FERNANDES; MEDEIROS; GUEDES; SILVA, Op. Cit., p. 8.

[13] "A necessidade de regulação desta atividade se baseia sobretudo na atividade prática de órgãos responsáveis por atividades de segurança pública e de investigação/repressão criminais, que atualmente não detêm segurança jurídica para utilizar TRFs, de modo a respeitar garantias processuais e os direitos fundamentais dos titulares d os dados envolvidos. A falta de parâmetros claros e transparentes acaba por reforçar disparidades e assimetrias de poder entre o cidadão e o Estado em questões de persecução criminal, visto que o crescimento acentuado das novas técnicas de vigilância e investigação viabilizam o estabelecimento de um altíssimo grau de monitoramento e vigilância". OLIVEIRA; CRIPPA; LAURENTE; HOLANDA, Op. cit., p. 125.

Nessa lógica, o presente capítulo busca mapear os possíveis riscos advindos do uso das TRFs para fins de segurança pública e persecução penal no Brasil, bem como identificar questões relevantes que devem ser consideradas em futura legislação específica sobre o tema, apresentando possíveis caminhos regulatórios para o uso legítimo da tecnologia.[14] Para tanto, utilizou-se metodologia de revisão bibliográfica nacional e internacional.

2. Aspectos técnicos da tecnologia de reconhecimento facial

O reconhecimento facial é uma tecnologia de identificação biométrica automatizada, isto é, trata informações relacionadas ao rosto/à face de indivíduos (e.g. rosto, nariz, olhos, boca, etc.). A tecnologia utiliza algoritmos baseados em visão computacional (*computer vision*) e aprendizado de máquinas (*machine learning*),[15] cujo processo perpassa o reconhecimento do rosto humano e a identificação do indivíduo propriamente.[16]

[14] "Assim como qualquer outra tecnologia emergente (...), o reconhecimento facial representa uma novidade radical com crescimento relativamente rápido, capaz de causar impactos proeminentes de forma incerta e ambígua. Regular o uso de uma tecnologia emergente é complexo e deve preservar direitos civis sem privar a sociedade de eventuais benefícios da inovação, sem que se tenha exata clareza dos possíveis impactos daquela tecnologia". Oliveira; Crippa; Laurente; Holanda. Op. cit., 2022, p. 126.

[15] GOOGLE CLOUD TECH. *How Computer Vision Works.* Canal do YouTube, 19 abr. 2018 Disponível em: https://www.youtube.com/watch?v=OcycT1Jwsns&t=32s. Acesso em: 24 abr. 2022. Também nesse sentido: MOBIDEV. *Face Detection & Recognition Software based on Machine Learning.* Canal do YouTube, 22 maio 2019. Disponível em: https://www.youtube.com/watch?v=X7_ojlEXnWc. Acesso em: 24 abr. 2022.

[16] "O RF é um método de identificação de pessoas por meio de rostos capturados em vídeos, fotos ou imagens coletadas em tempo real. Majoritariamente, os sistemas de RF capturam e tratam dados considerados relevantes e únicos, como a distância entre os olhos ou o formato do queixo. Assim, à medida que as pessoas se movimentam por espaços públicos que possuem câmeras de vigilância com RF, a tecnologia isola imagens faciais e extrai dados contidos nelas. Esses dados são tratados e convertidos em representações matemáticas conhecidas como *face template*, uma assinatura facial. Essa assinatura, resultante de tratamento de uma imagem capturada em tempo real, é comparada com outras assinaturas disponíveis em uma base de dados de assinaturas faciais (EFF, 2017). Essa base de dados é uma lista de *templates* de pessoas que podem ser identificadas. No contexto da segurança pública, esse banco de dados é preenchido com assinaturas faciais de sujeitos de interesse". Almeida, Op. Cit., pp. 267-268. Ver também: "Em primeiro lugar, coletada a imagem de um rosto, o sistema identifica métricas específicas da pessoa, como a distância entre os olhos, largura do queixo e o comprimento da boca. Com essas informações, o software calcula uma espécie de fórmula que consiste na assinatura facial, que vai ser a chave para identificação dessa pessoa. Essa assinatura é comparada com outras já armazenadas em um banco de dados com imagens

A partir disso, em linhas gerais, pode-se dividir o funcionamento da tecnologia de reconhecimento facial em seis etapas, conforme tabela abaixo.[17]

Etapa	Descrição
Captura da Imagem	Realiza-se a obtenção da imagem por meio de câmeras com softwares de reconhecimento facial. Neste momento, o tratamento realizado é de dados pessoais.
Detecção Facial	Identifica-se o que *é* ou *não é* relevante na imagem para a análise posterior. Ou seja, verifica-se se há rostos humanos na imagem capturada. Caso exista, a imagem ou partes específicas dela são categorizadas e segmentadas de outras partes não relevantes, que contenham, por exemplo, objetos, animais e paisagem.
Normalização	Alteram-se algumas características da imagem relacionadas à cor, rotação, iluminação, entre outros, para que as diferenças entre as imagens sejam minimizadas e a análise delas seja feita da forma mais uniforme possível. Isso é necessário porque tais fatores podem alterar completamente a percepção dos atributos do rosto humano.
Extração de Atributos	Analisam-se possíveis pontos de referência dos quais possam ser extraídas características pessoais daquele rosto em específico, como forma, localização, distância dos componentes faciais (sobrancelha, boca, orelha, olhos, nariz), etc. Neste momento, o tratamento realizado é de dados sensíveis.
Registro	Registram-se todos os atributos identificados na etapa anterior para que seja feita a comparação entre o banco de dados preexistente e a imagem capturada.
Análise	Realiza-se a confirmação de eventuais similaridades entre a imagem capturada e o banco de dados preexistente.

A análise da imagem capturada pode ser realizada para alcançar três finalidades distintas, de forma isolada ou cumulativa, conforme tabela abaixo.[18]

de indivíduos que se pretende encontrar e, quando as assinaturas faciais são compatíveis, é possível identificar um sujeito de forma automatizada". Reis, Carolina; Almeida, Eduarda; Da Silva, Felipe; Dourado, Fernando. *Relatório sobre o uso de tecnologias de reconhecimento facial e câmeras de vigilância pela administração pública no Brasil*. Brasília: Laboratório de Políticas Públicas e Internet, 2021, p. 5.

[17] Simão; Fragoso; Roberto, Op. Cit., p. 25.

[18] Simão; Fragoso; Roberto, Op. Cit., pp. 30-35. Ver também: ARTICLE 29 DATA PROTECTION WORKING PARTY. *Opinion 02/2012 on facial recognition in online and mobile services*. 2012, p. 3. Também nesse sentido: Lemos; Fernandes; Medeiros; Guedes; Silva, Op. Cit., p. 5.

Categorização[19]	**Verificação/Autenticação**	**Identificação**
O que é possível afirmar sobre esse indivíduo?	*Esse indivíduo é quem ele afirma ser?*	*Quem é esse indivíduo?* *Onde esse indivíduo está?*
O indivíduo é categorizado a partir de estados psicológicos (emoções, orientação da cabeça e dos olhos), atributos sociodemográficos (idade, raça, gênero e etnia) e/ou expressões faciais (quantidade de tempo olhando um produto).	O sistema verifica, a partir de um banco de dados preexistente, se o indivíduo realmente é quem diz ser (pareamento "um para um").	O indivíduo desconhecido é identificado entre vários outros a partir de um banco de dados preexistente (análise de "um para muitos").[20]
• *Digital Signage*[21]	• Aplicativo *Gov.br* • *Face ID* do *Iphone*	• Câmeras de vigilância para monitoramento de ambientes e identificação de transeuntes • Sistema de agrupamento por pessoas do *Google Fotos*

[19] A maioria dos casos brasileiros que ganharam destaque até o momento estão relacionados à finalidade de categorização. Como exemplo, pode-se mencionar o caso da Linha 4 (Amarela) do Metrô de São Paulo (Processo nº 1090663-42.2018.8.26.0100 no âmbito do Tribunal de Justiça de São Paulo, atualmente em grau de recurso) e o caso da loja Hering do Morumbi Shopping/SP (multada pela Secretaria Nacional do Consumidor em 2020).

[20] "A principal diferença em relação à autenticação é que a base de dados a partir da qual a pessoa será identificada é mais ampla: a tentativa de identificar uma pessoa desconhecida, que não necessariamente tem seu rosto armazenado previamente pelo sistema, pode envolver a detecção de suas características pessoais (local onde se encontra, raça, gênero etc.) e o cruzamento de sua imagem, uma vez analisada, com uma grande quantidade de dados (por exemplo, novamente, geolocalização, raça, gênero etc.), com o intuito de desvendar sua identidade". Simão; Fragoso; Roberto, Op. Cit., pp. 34-35.

[21] "Um exemplo desse mercado é o do Digital Signage, um sistema de exibição automatizada de anúncios utilizado por empresas para fins de marketing e análise do público-alvo de publicidade. Neste caso, o software de reconhecimento facial é acoplado ao sistema, que dispõe de câmeras instaladas junto às telas de exibição dos anúncios publicitários. Quando indivíduos passam em frente ou interagem com as telas, o sistema faz a análise de sua reação, identificando também o tempo de exposição à tela e suas características demográficas. Assim, há a geração de estatísticas precisas sobre os consumidores de determinado local. A depender das características da pessoa que passe em frente à tela e de suas preferências pessoais, um anúncio personalizado pode também ser exibido em poucos segundos". Simão; Fragoso; Roberto, Op. Cit., p. 31.

Nota-se que a maior parte das tecnologias de reconhecimento facial utilizadas para fins de segurança pública e persecução penal busca realizar a identificação de indivíduos.[22] Diante disso, o resultado do tratamento de dados realizado pelas TRFs é a indicação de um percentual de semelhança ou grau de correspondência entre a assinatura facial da imagem capturada (cujos atributos já foram extraídos) e o banco de imagens preexistente, para confirmar se existe algum *match*. Ou seja, o resultado não é binário, mas baseado em probabilidade e representado a partir de uma porcentagem (*score*).[23]

No entanto, existe a possibilidade de que as TRFs sejam imprecisas. Isso porque elas enfrentam algumas limitações, tais como: (i) condições ambientes e de instalação (luz natural, chuva, distância para o solo, infraestrutura de rede, *hardware*, etc.), que afetam o funcionamento e o grau de acurácia da tecnologia; (ii) propensão a erros em comparação com sistemas de reconhecimento de íris ou impressões digitais; (iii) enviesamento ou desatualização dos bancos de dados, que reduzem a precisão da tecnologia; e (iv) baixa resolução das imagens, mudanças na posição dos rostos e

[22] "Como terceira possibilidade de aplicação em segurança pública, há TRFs híbridas, que agregam características de vigilância e identificação. O rastreamento facial (tradução livre de *face tracking*) se caracteriza como o uso policial de imagens de vídeo em tempo real ou gravações para rastrear um suspeito. A principal diferença entre as modalidades é a possibilidade de o rastreamento facial envolver informação de localização sobre determinado suspeito". Oliveira; Crippa; Laurente; Holanda, Op. cit., p. 120.

[23] "Por isso, o resultado do tratamento de dados pela tecnologia de RF não é binário, isto é, não responde: sim, o rosto capturado corresponde ao template existente no banco de dados; ou não, o template do rosto capturado pela câmera não é similar a nenhuma das assinaturas faciais contidas no banco de dados". Almeida, Op. Cit., p. 268. Ainda nesse sentido: "A performance de um algoritmo de reconhecimento facial é medida pela margem de acertos realizados a partir de testes com bancos de imagens e em ambientes controlados. (...) Nesse sentido, um algoritmo não vai afirmar categoricamente que o indivíduo detectado na imagem analisada é o mesmo registrado no banco de imagens. Na verdade, os algoritmos realizam uma avaliação estatística, ou seja, apontam a probabilidade de o indivíduo detectado ser o indivíduo registrado no banco de dados. Isso quer dizer que as TRFs, de um modo geral, são baseadas em previsões estatísticas. Em síntese, o algoritmo identifica a presença de um rosto e realiza o seu reconhecimento por meio de comparação probabilística com rostos já guardados em um banco de dados". Santana, Paulo Ricardo da Silva. *Racismo algorítmico: análise dos desafios da regulação das tecnologias de reconhecimento facial no Brasil.* Monografia (Bacharelado em Direito). Faculdade de Direito, Universidade de Brasília, 2022, p. 30.

expressões faciais específicas, que afetam significativamente o funcionamento da tecnologia.[24]

Quando as imagens que estão sendo comparadas possuem diferenças significativas (iluminação, sombra, plano de fundo, expressões faciais, etc.), as taxas de erro são ainda maiores.[25] Por conta disso, é possível que o resultado de identificação apresentado seja incorreto, isto é, um falso negativo (*false mismatch*) ou um falso positivo (*false match*).

Um falso negativo ocorre quando o sistema não consegue realizar o *match* entre um rosto e uma assinatura facial constante em um banco de imagens preexistente, apesar de tal rosto já estar em referida base. Ou seja, o sistema não apresenta resultados ainda que exista uma assinatura facial correspondente (i.e., um resultado válido), causando, por exemplo, a não identificação de indivíduos criminosos.

Já o falso positivo verifica-se quando o sistema associa um rosto à uma assinatura facial de uma base de imagens preexistente de forma errônea. Isto é, apesar de o rosto não possuir uma correspondência no banco de imagens, o sistema acusa equivocadamente que sim, causando, por exemplo, a detenção de indivíduos inocentes.[26]

[24] INSTITUTO IGARAPÉ. *Videomonitoramento.* 2019. Disponível em: https://igarape.org.br/videomonitorame
nto-webreport/. Acesso em: 22 abr. 2022.

[25] LYNCH, Jennifer. *Face Off: Law Enforcement Use of Face Recognition Technology.* Electronic Frontier Foundation, 2018.

[26] Sobre o tema: "Ainda, é necessário refletir que temas relacionados à segurança pública, inegavelmente, remetem às questões sobre as políticas criminais adotadas pelo governo brasileiro e ao sistema penal seletivo que vigora no país. (...) Logo, a aplicação da tecnologia de RF, vista como prioridade para muitas autoridades brasileiras, possui mais uma peculiaridade diante de um sistema criminal falho e segregacionista que passa a lidar com dados delicados dos cidadãos". ALMEIDA, Op. Cit., p. 267. Ver também: "Um relatório recente do Laboratório de Tecnologia da Informação da agência de administração de tecnologia dos Estados Unidos, o *National Institute of Standards and Technologys* (NIST), avaliou uma amostra bastante representativa de 189 algoritmos de reconhecimento facial de 99 desenvolvedores, buscando quantificar a precisão de algoritmos de reconhecimento facial por grupos demográficos (definidos pelo sexo, idade, e etnia/país de nascimento) nascimento). (...) Mais especificamente, o relatório mostrou que, no contexto dos diferenciais demográficos, falsos positivos são os erros mais frequentes, chegando a variar de 10 a mais de 100 vezes mais entre grupos demográficos O relatório enfoca algoritmos individuais, portanto, conclui que diferentes algoritmos funcionam de maneira diferente, obtendo, portanto, resultados diferentes. Entretanto, há uma tendência de que algoritmos de identificação tenham performances pronunciadamente

2.1. Natureza jurídica dos dados tratados pelas TRFs

Considerando que as TRFs conseguem identificar aspectos específicos de um rosto humano, extraindo atributos únicos do indivíduo (e.g. origem racial ou étnica, gênero, etc.), pode-se afirmar que as tecnologias de reconhecimento facial realizam o tratamento de dados sensíveis. Isso porque as informações faciais são personalíssimas e únicas de cada indivíduo, assim como a íris do olho, o DNA e as impressões digitais.[27] Diante disso, há que se considerar ainda o regime da LGPD, que classifica os dados biométricos vinculados a pessoas naturais como sensíveis, nos termos do art. 5º, II, da LGPD.[28]

Em outras palavras, considerando que os dados utilizados para compor uma assinatura facial estão relacionados a características físicas únicas de um indivíduo (e.g. distância entre os olhos, nariz, boca e orelhas; traços do rosto; formato da face; cor da pele) e são processados por sistemas automatizados (TRFs) que permitem a identificação inequívoca do indivíduo (ainda que sujeita a erros),[29] eles podem ser classificados como dados biométricos.

Deve-se considerar ainda que a análise dos atributos identificados permite também a inferência de diversas outras informações sensíveis sobre o indivíduo da mais alta importância, a exemplo da sua origem racial ou étnica, bem como convicção religiosa e orientação sexual.

Referida classificação (enquanto dado sensível) é coerente na medida em que a preocupação da LGPD é justamente proteger o titular de even-

piores para identificar mulheres, sobretudo as de ascendência africana, bem como pessoas asiáticas". Oliveira; Crippa; Laurente; Holanda, Op. cit., p. 119.

27 "Soma-se a isso o fato de que o objeto do reconhecimento facial é a face humana e, ao contrário de outros dados sensíveis e biométricos, como a íris ocular e a digital, ela está exposta a todo tempo, o que torna ainda mais complexo a delimitação de seu uso". Lemos; Fernandes; Medeiros; Guedes; Silva, Op. Cit., p. 8.

28 O Regulamento Geral de Proteção de Dados europeu (RGPD) apresenta uma definição específica para dados biométricos em seu art. 4º, 14, qual seja "dados pessoais resultantes de um tratamento técnico específico relativo às características físicas, fisiológicas ou comportamentais de uma pessoa singular que permitam ou confirmem a identificação única dessa pessoa singular, nomeadamente imagens faciais ou dados dactiloscópicos".

29 O RGPD, em seu Considerando 51, ressalva que "[o] tratamento de fotografias não deverá ser considerado sistematicamente um tratamento de categorias especiais de dados pessoais, uma vez que são apenas abrangidas pela definição de dados biométricos quando forem processadas por meios técnicos específicos que permitam a identificação inequívoca ou a autenticação de uma pessoa singular".

tual distinção ou diferenciação por conta de aspectos específicos da sua personalidade, já que dados sensíveis são particularmente suscetíveis de utilização para fins discriminatórios, como exclusão, segregação e estigmatização, de forma que seu tratamento pode atingir negativamente o titular dos dados, lesionando sua identidade pessoal e, muitas vezes, sua privacidade e intimidade.[30]

3. Os riscos da utilização de tecnologias de reconhecimento facial

Considerando que as TRFs permitem a identificação e inferência de informações sensíveis sobre os indivíduos, há que se pontuar os riscos relacionados ao uso de tais tecnologias, a fim de, em seguida, mapear mecanismos de mitigação efetivos.

Nesse sentido, o Guia "Reconhecimento Facial e o Setor Privado", elaborado pelo Instituto Brasileiro de Defesa do Consumidor (IDEC) em parceria com o InternetLab, apresenta diversos riscos relacionados à má utilização das TRFs (seja pela má intenção do detentor dos dados, seja pela negligência em relação à mitigação de riscos),[31] que se somam a tantos outros destacados em produções acadêmicas e pesquisas independentes, conforme tabela a seguir.

[30] TAVARES, Giovanna Milanez. *O tratamento de dados pessoais disponíveis publicamente e os limites impostos pela LGPD.* Rio de Janeiro: Editora Processo, 2022, pp. 55-56.

[31] SIMÃO; FRAGOSO; ROBERTO, Op. Cit., pp. 44-50.

Risco	Impacto
Violação ou restrição de direitos fundamentais	Caso as TRFs sejam mal utilizadas, deliberadamente ou por negligência, práticas abusivas, discriminatórias e invasivas podem se tornar comuns. Além disso, se os dados biométricos não forem tratados dentro dos limites legais e com o cuidado necessário, eles podem se tornar ferramentas de vigilância. Dessa forma, há o risco de possíveis violações a direitos fundamentais,[32] como o direito à proteção de dados pessoais, à privacidade, à liberdade de locomoção (direito de ir e vir),[33] à inviolabilidade da honra e da imagem, à igualdade, à não discriminação, à presunção de inocência e à liberdade de associação e de expressão,[34] bem como de reunião pacífica.[35]

[32] "Frente ao mau uso das TRFs, podemos verificar dois tipos de riscos ao exercício de liberdades individuais e garantias fundamentais. O primeiro é um risco geral, que afeta a todos e decorre do simples uso das TRFs. É um risco geral, pois direitos fundamentais como a dignidade da pessoa humana, liberdade, privacidade e proteção de dados estão ameaçados em algum grau para todos". Santana, Op. Cit., p. 41. Ver também: "O uso indiscriminado de tecnologias de RF afronta a privacidade, a liberdade de ir e vir, e a inviolabilidade da honra e da imagem das pessoas, já que permite o monitoramento e identificação das pessoas quando ocupam espaços públicos. O uso desse tipo de tecnologia também ameaça o princípio da presunção de inocência, já que trata todo indivíduo como potencial suspeito a ser monitorado e identificado pelo Estado. Trata-se, ainda, de violação ao direito de proteção de dados pessoais, reconhecido como direito fundamental autônomo pelo STF em maio de 2020". Reis; Almeida; Da Silva; Dourado, Op. Cit., p. 8.

[33] "A instalação de sistemas de reconhecimento facial para vigilância de espaços públicos, portanto, implica necessariamente restrições ao direito à livre circulação, uma vez que quem não quiser que o sistema recolha os seus dados biométricos terá que procurar caminhos ou meios de transporte alternativos. Por outro lado, o grau de intrusão típico deste tipo de tecnologia implica uma violação do direito à privacidade e, de forma associada, do direito à proteção dos dados pessoais". AL SUR, Op. Cit., p. 21.

[34] "A possibilidade de estar sob vigilância constante também incentiva o silenciamento e a autocensura e representa um risco gravíssimo para as sociedades democráticas. As implicações da vigilância individualizada de pessoas em tempo real não afetam apenas as pessoas envolvidas na defesa dos direitos humanos ou em diferentes formas de ativismo". AL SUR, Op. Cit., p. 21.

[35] "Além disso, as capacidades de monitoramento e previsão de comportamentos comprometem o exercício do direito à liberdade de associação, expressão e reunião pacífica, pois permitem traçar perfis de participantes em movimentos que contradizem interesses políticos ou econômicos estabelecidos, violando seu anonimato e facilitando a criminalização ou perseguição de expressões legítimas de caráter distinto". AL SUR, Op. Cit., p. 21.

Discriminação e existência de viés no algoritmo	Há também o risco relacionado à reprodução de padrões e comportamentos discriminatórios no uso das TRFs ou nos resultados apresentados por elas (viés algorítmico), que está diretamente relacionado à não concretização do princípio da transparência. O risco é ainda maior caso as assinaturas faciais constantes na base de imagens preexistente não for suficientemente representativa.[36] Nesse sentido, diversos estudos mostram que os erros de acurácia das TRFs prejudicam especialmente grupos vulneráveis, com destaque para as mulheres negras,[37] o que pode reforçar a seletividade do sistema penal brasileiro,[38] bem como a perpetuação de políticas criminais enviesadas e a imposição de critérios sociais binários.[39]

[36] "Frente ao mau uso das TRFs, podemos verificar dois tipos de riscos ao exercício de liberdades individuais e garantias fundamentais. (...) O segundo é um risco específico, pois incide primordialmente sobre grupos mais vulneráveis, em razão do preconceito e discriminação institucionalizados, e decorre, em parte, da falta de representatividade. A concretização desses riscos gera várias formas de violência, singularmente contra os negros". Santana, Op. Cit., p. 41. Ver também: "O ICO (2019, p. 33) pontua que o sistema pode possuir viés se as faces que foram utilizadas no treinamento do algoritmo não tiverem uma representatividade equilibrada da população, ou seja, se as variações de cor e etnia não forem observadas. Logo, a taxa de precisão e acurácia será diferente para rostos que o sistema não foi treinado e, por isso, não está familiarizado. (...) A principal explicação para a atuação diferente do RF em relação à cor de pele está no processo de treinamento do algoritmo de RF. Será mais fácil de reconhecer alguém do grupo de faces em que um algoritmo é treinado, pois ele possui familiaridade com os atributos faciais daquele grupo. Porém, quando esses grupos de rostos representam uma etnia de forma desproporcional, um algoritmo otimiza sua precisão para esse grupo em detrimento de outros (Garvie; Bedoya; Frankle, 2016). Portanto, as pesquisas evidenciam menor acurácia quando o RF é usado para identificar uma diversidade maior de pessoas, especificamente mulheres negras, visto que possuem atributos faciais distintos de homens brancos". Almeida, Op. Cit., pp. 276-277.

[37] "Por exemplo, no caso de uma ferramenta de reconhecimento facial treinada com referência a um banco de dados constituído majoritariamente por pessoas de pele branca, sua acurácia será reduzida quando usada para identificar pessoas de pele negra, gerando resultados discriminatórios. Estudos vêm mostrando que a taxa de erro dessas ferramentas é sistematicamente maior para mulheres negras em comparação a outros grupos, por exemplo". Simão; Fragoso; Roberto, Op. Cit., pp. 45-46. Ainda nesse sentido: "No atual estágio de desenvolvimento da tecnologia, o seu potencial danoso é ainda maior para grupos vulneráveis, como negros, mulheres e a comunidade LGBTQIA+, principalmente quando olhamos por meio de lentes de interseccionalidade. (...) Ademais, os critérios utilizados para criar e utilizar o reconhecimento facial partem de uma lógica cisgênera e binária de classificação. Consequentemente, a implementação de TRF tem o potencial de intensificar a atual realidade de exclusão e estigmatização já sofridas por pessoas transexuais e não binárias, que constantemente se veem em situações de constrangimentos e negação de seus direitos fundamentais, em especial o direito à identidade". Guedes, Paula. *7 recomendações para a regulação do reconhecimento facial. Conheça os principais documentos com propostas de regulação*

Riscos à Privacidade	Como o uso de TRFs exige o tratamento de pessoais de indivíduos, permitindo inclusive inferências sobre outras informações sensíveis a seu respeito, há o risco de eventuais desvios de finalidade ou tratamento em excesso ou em desconformidade com a LGPD, o que representaria, no final das contas, uma violação à privacidade e à personalidade dos indivíduos. Somado a isso, deve-se considerar a possibilidade de que as câmeras de reconhecimento facial, ainda que instaladas em ambientes públicos, capturem momentos privados e até mesmo íntimos dos indivíduos. Paralelamente, repisa-se que as TRFs permitem, além da identificação individualizada de qualquer indivíduo, o acompanhamento de trajetos, rotas, viagens e até hábitos pessoais, tudo em tempo real. Com isso, há o risco de que a agregação de tais dados permita a inferência de diversas outras informações e comportamentos a seu respeito.[40] Por fim, destaca-se que, no caso específico do uso de bases de dados de assinaturas faciais de procurados pela justiça e pessoas desaparecidas, o risco principal decorre da falta de atualização das informações, que pode ocasionar prisões e/ou detenções injustas e a perpetuação de práticas discriminatórias.[41]

da tecnologia. 2021. Disponível em: https://itsrio.org/pt/artigos/7-recomendacoes-para-a-regulacao-do-reconhecimento-facial/. Acesso em 24 abr. 2022.

[38] "Considerando os vieses que as TRFs podem incorporar, há uma notória preocupação entre cientistas sociais e juristas de que o emprego de reconhecimento facial possa reforçar a seletividade do sistema penal brasileiro (Silva; Silva, 2019). (...) Para os autores quanto mais consistente um preconceito na sociedade, mais acentuado será sua influência nos dados sobre aquela sociedade, tornando mais provável que um algoritmo científico o extraia e replique (Kelleher; Tierney, 2018). Este fato torna se ainda mais problemático no caso do uso de algoritmos para policiamento e segurança pública". Oliveira; Crippa; Laurente; Holanda, Op. cit., p. 122-123.

[39] "Em razão de diferenças significativas quanto à acurácia de sistemas de reconhecimento facial na avaliação de rostos de pessoas não brancas, importa destacar que soluções em tecnologias de RF não são neutras e refletem o racismo pré-existente na sociedade. Assim, pensando na sua aplicação em contextos de segurança que remetem ao seletivismo penal e ao aprimoramento de políticas criminais com efeitos nocivamente racializados, trata-se de um risco grave e já observado em diversas situações que representam segurança para algumas pessoas e repressão para outras. A imposição de critérios binários na sociedade, ou seja, de classificação entre homem e mulher, promove classificações que reforçam a exclusão e o estigma de pessoas transgênero sexuais e não-binárias". Reis; Almeida; Da Silva; Dourado, Op. Cit., p. 8.

[40] AL SUR, Op. Cit., p. 20.

Incidentes de segurança	Como o uso de TRFs envolve o tratamento de dados biométricos, que são sensíveis, deve-se dar especial atenção à adoção de medidas de segurança, técnicas e administrativas aptas a proteger os dados pessoais de acessos não autorizados e de situações acidentais ou ilícitas de destruição, perda, alteração, comunicação ou qualquer forma de tratamento inadequado ou ilícito. Diferentemente de outros dados pessoais, como e-mail e senha, não é possível alterar significativamente dados biométricos, já que eles são praticamente imutáveis, especialmente a íris do olho, o DNA e a impressão digital. Ainda que expressões faciais e a distância entre olhos, boca e nariz possam ser alterados por meio de cirurgias plásticas e procedimentos estéticos, referidas mudanças são bastante difíceis, já que dependem de tais procedimentos ou até da passagem do tempo, por meio do envelhecimento.[42] Portanto, eventuais vazamentos podem acarretar riscos e danos relevantes e elevados, sujeitando os indivíduos a possíveis fraudes ou exposições públicas indesejadas.

[41] "Imagine ser indiciado pelo crime de roubo nove vezes ao longo de cinco anos e ser inocentado em todas as ocasiões. Este é o caso de Tiago Vianna Gomes, que teve sua foto mantida no álbum de suspeitos da 57ª Delegacia de Polícia Civil de Nilópolis no Estado do Rio de Janeiro, uma compilação de fotos com rostos que, de alguma maneira, foram considerados potenciais criminosos pela repartição policial. O caso de Tiago é um exemplo de como essa prática viola os direitos constitucionais à intimidade (art. 5º, X) e presunção de inocência (art. 5º, LVII): foi denunciado pelo Ministério Público pelo crime de roubo por 9 vezes, sendo 8 delas na Comarca de Nilópolis, e inocentado em todos os processos. Em momento algum a vítima soube o motivo pelo qual sua foto foi elencada no álbum, apenas reiteradamente investigado por crimes que não cometeu. (...) Em desacordo com o art. 226 do Código de Processo Penal, os álbuns de suspeitos são mantidos sem a autorização do acusado e de acordo com o juiz que determinou a exclusão do rosto de Tiago no álbum da 57ª Delegacia do RJ, a foto de qualquer pessoa tirada em sede policial somente pode ser utilizada em álbum de suspeitos mediante a autorização do fotografado, que tem, pela Constituição, o direito de não se auto incriminar". MESQUITA, Hana; SALIBA, Pedro. *Álbuns de suspeitos e a regulação do ciclo de vida dos dados. Prática de reconhecimento de possíveis criminosos utilizada em delegacias brasileiras viola o direito constitucional à intimidade.* 2022. Disponível em: https://www.dataprivacybr.org/albuns-de-suspeitos-e-a-regulacao-do-ciclo-de-vida-dos-dados/. Acesso em: 25 abr. 2022.

[42] "Por isso, se a assinatura facial de um indivíduo está cadastrada na base de dados de um sistema, essa pessoa não teria mais a opção de não ser reconhecida salvo pelo apagamento do dado. Além disso, não é necessária a ciência da pessoa a ser reconhecida para que esta tecnologia identifique alguém, diferente da identificação por digital, em que o titular sabe que está sendo submetido a este procedimento". REIS; ALMEIDA; DA SILVA; DOURADO, Op. Cit., p. 5.

Vigilância em massa	Normalmente, as TRFs são utilizadas para fins de vigilância irrestrita, ininterrupta e em larga escala (seja para segurança pública, seja para persecução penal). Além disso, nem sempre há um alvo específico pré-definido.[43] Dessa forma, quando instaladas em locais públicos, as TRFs atingem todas os indivíduos que circulam em tal espaço (transeuntes), incluindo até mesmo indivíduos em situação de vulnerabilidade, como crianças, adolescentes, idosos, e pessoas com deficiência, que gozam de proteção singular e que podem ser especialmente afetadas em caso de usos ilícitos ou inadequados das TRFs ou dos dados biométricos ou de incidentes de segurança em geral.[44] Portanto, evidente que este risco está diretamente relacionado à não concretização dos princípios da necessidade e finalidade. Há que se destacar ainda que, por meio do uso de TRFs para fins de segurança público, o Estado consegue acompanhar os locais onde os indivíduos frequentam, o tempo que eles passam em cada um deles, bem como com quem se relacionam e de que forma, a partir da captura de reações e expressões faciais. Tal risco é ainda maior quando se considera o fato de que as TRFs permitem a identificação dos indivíduos sem contato físico ou consentimento prévio.[45] Em casos extremos, as TRFs permitem que a polícia identifique qualquer indivíduo que transite em um local público, tanto por força da rotina, como em eventos religiosos, reuniões políticas, protestos, marchas ou manifestações públicas. O risco aqui é justamente o tratamento posterior de tais informações, que podem ser agregadas a outras (como aquelas disponíveis publicamente em redes sociais, registros de saúde, informações de crédito, etc.) a ponto de permitir a inferência de outras informações sensíveis sobre o indivíduo.[46]

[43] Reis; Almeida; Da Silva; Dourado, Op. Cit., p. 8.

[44] AL SUR, Op. Cit., p. 20.

[45] "Além disso, a vigilância exercida pelo uso da RF é potencializada, visto que é possível identificar uma pessoa independente de contato físico ou autorização prévia. Anteriormente, a pessoa identificada tinha conhecimento de estar sendo identificada e da finalidade à qual aquele dado estava sendo usado, como em pontos de fiscalização no trânsito ou na migração em um país. Porém, com o RF, é possível saber onde a pessoa se encontra sem ela saber que está sendo observada. Dessa forma, cada vez mais as pessoas estão sujeitas ao tratamento de dados biométricos e às verificações de identidade sem nem sequer estarem cientes disso. A falta de regulação e de determinação de uma finalidade específica para uso da tecnologia e o uso indevido de câmeras criam um estado de vigilância massiva". Almeida, Op. Cit., p. 274.

[46] Almeida, Op. Cit., p. 274.

Tratamento de alto risco	O art. 4º da Resolução nº 2/2022 da Autoridade Nacional de Proteção de Dados (ANPD) esclarece que será considerado tratamento de dados de alto risco aquela atividade que atender cumulativamente a pelo menos um critério geral (tratamento de dados pessoais em larga escala;[47] ou tratamento de dados pessoais que possa afetar significativamente interesses e direitos fundamentais dos titulares)[48] e um critério específico (uso de tecnologias emergentes ou inovadoras; vigilância ou controle de zonas acessíveis ao público; decisões tomadas unicamente com base em tratamento automatizado de dados pessoais, inclusive aquelas destinadas a definir o perfil pessoal, profissional, de saúde, de consumo e de crédito ou os aspectos da personalidade do titular; ou utilização de dados pessoais sensíveis ou de dados pessoais de crianças, de adolescentes e de idosos). Ainda que tais regras sejam destinadas aos agentes de tratamento de pequeno porte, é possível tê-las enquanto parâmetros gerais de tratamento de alto risco que podem vir a ser considerados pela ANPD em outras circunstâncias. Nesse sentido, em uma análise mais apurada, nota-se que o uso de TRFs cumpre com literalmente todos os requisitos gerais e específicos, exigindo a adoção de medidas à altura que possam efetivamente mitigar tais riscos.
Erros de acurácia	Este risco está diretamente relacionado aos erros de resultado, a partir de falsos positivos e falsos negativos, que podem causar situações de discriminação ou de restrição de direitos, a exemplo da não identificação de indivíduos criminosos ou da detenção de indivíduos inocentes. Quando as TRFs identificam uma pessoa de forma errada ou não identificam pessoas já constantes na base de imagens preexistentes, nota-se um baixo nível de acurácia, ou seja, uma alta propensão a falhas, o que pode ser extremamente nocivo à população.[49]

[47] Segundo o § 1º do art. 4º da Resolução CD/ANPD nº 2/2022, o tratamento de larga escala "será caracterizado quando abranger número significativo de titulares, considerando-se, ainda, o volume de dados envolvidos, bem como a duração, a frequência e a extensão geográfica do tratamento realizado".

[48] Segundo o § 2º do art. 4º da Resolução CD/ANPD nº 2/2022, o tratamento que possa afetar significativamente interesses e direitos fundamentais "será caracterizado, dentre outras situações, naquelas em que a atividade de tratamento puder impedir o exercício de direitos ou a utilização de um serviço, assim como ocasionar danos materiais ou morais aos titulares, tais como discriminação, violação à integridade física, ao direito à imagem e à reputação, fraudes financeiras ou roubo de identidade".

[49] "A controvérsia aumenta ainda mais quando se discute taxas de acerto em situações reais, como é o caso da aplicação da tecnologia no ramo da segurança pública. Se testes controlados analisam o desempenho de algoritmos atuando sobre bases de dados/galerias em condições

4. A necessidade de regulamentação específica: possíveis parâmetros e limites

Conforme visto acima, o uso indevido de tecnologias de reconhecimento facial pode acarretar sérios riscos de violação de direitos e liberdades fundamentais dos indivíduos.[50]

Por isso, é fundamental que a legislação específica a ser editada por força do art. 4º, § 1º, da LGPD, além de prever medidas proporcionais e necessárias ao atendimento do interesse público, observar o devido processo legal, os princípios gerais de proteção e os direitos do titular, disponha sobre parâmetros mínimos e salvaguardas específicas para a utilização de TRFs e para o tratamento de dados biométricos que lhe é intrínseco.

Para tanto, é importante mapear boas práticas e possíveis procedimentos, medidas, critérios e salvaguardas que já tenham sido ou estejam sendo discutidas por atores relevantes, a fim de que as TRFs sejam utilizadas de forma legítima e menos arriscada possível.

ideais (amostras de igual luminosidade, pose, resolução etc.) as taxas de acerto podem variar amplamente considerando aplicações em situações reais. É o que relatórios recentes da organização britânica *Big Brother Watch* apontam: uma maioria das correspondências obtidas utilizando dados de reconhecimento facial automatizado foram incorretas (BIG BROTHER WATCH, 2018). Em média 93% das correspondências obtidas pelo sistema de vigilância em tempo real da Polícia Metropolitana de Londres foram imprecisas (BIG BROTHER WATCH, 2020)". Oliveira; Crippa; Laurente; Holanda, Op. cit., p. 120.

[50] Quanto a isso, na Europa, o *European Data Protection Board* (EDPB) e o *European Data Protection Supervisor* (EDPS) emitiram parecer conjunto (*EDPB-EDPS Joint Opinion 5/2021*) sobre a proposta de Regulamento de Inteligência que busca estabelecer regras para sistemas de IA, de identificação biométrica e de reconhecimento de emoções, entre outras disposições, na União Europeia. No referido parecer, tais autoridades "apelam à proibição geral de qualquer utilização de IA para o reconhecimento automatizado de características humanas em espaços acessíveis ao público (tal como de rostos, mas também do andar, de impressões digitais, do ADN, da voz, da digitação e de outros sinais comportamentais ou biométricos) em qualquer contexto. (...) Assim, por uma questão de coerência, os sistemas de IA para a identificação à distância em grande escala em espaços em linha devem ser proibidos nos termos do artigo 5º da proposta. (...) Além disso, o CEPD e a AEPD recomendam a proibição, aplicável tanto a autoridades públicas como a entidades privadas, dos sistemas de IA que categorizem, com base na biometria (por exemplo, reconhecimento do rosto), as pessoas singulares em grupos de acordo com a origem étnica, o gênero, bem como a orientação sexual ou política, ou outras razões de discriminação proibidas (...)". EUROPEAN DATA PROTECTION BOARD; EUROPEAN DATA PROTECTION SUPERVISOR. *Parecer conjunto 5/2021 do CEPD e da AEPD sobre a proposta de regulamento do Parlamento Europeu e do Conselho que estabelece regras harmonizadas em matéria de inteligência artificial (Regulamento Inteligência Artificial)*. 2021, pp. 13-14.

4.1. LGPD Penal: o Anteprojeto de Lei de Proteção de Dados para segurança pública e persecução penal

O inciso III do art. 4º da LGPD descreve atividades de tratamento de dados de competência exclusiva do Poder Público que são de *interesse público*, quais sejam aquelas realizadas para fins exclusivos de segurança pública (alínea "a"), defesa nacional (alínea "b"), segurança do Estado (alínea "c") ou atividades de investigação e repressão de infrações penais (alínea "d"). Nessas hipóteses, por conseguinte, a LGPD não é aplicável.

Como exemplo, pode-se mencionar os casos de investigação de suspeita de fraude financeira, de investigação de ilícitos criminais, de monitoramento de organizações criminosas por vídeo, sensores e áudio e de combate às infrações penais, ao crime organizado, à fraude digital e ao terrorismo. Para todas essas atividades, a LGPD não se aplica.

Trata-se, assim, de situações nas quais, por imperativo de proteção de ordem pública e da aplicação da lei, notadamente em investigações criminais, afasta-se a aplicação da LGPD pelo simples fato de que se faz necessário acessar e eventualmente tratar determinados dados pessoais para que se atinja os objetivos últimos das aludidas investigações.[51]

No entanto, importa notar que se trata ainda de disposições bastante gerais sobre a matéria, que tem sido objeto de discussões específicas para a criação de uma lei de proteção de dados especificamente relacionada à segurança pública[52] e a investigações criminais[53] (alíneas "a" e "d" do inc. III do art. 4º da LGPD), cujo anteprojeto foi apelidado de "LGPD Penal".

Referido anteprojeto, elaborado por uma Comissão de Juristas instituída pela Câmara dos Deputados e apresentado em 2020, busca "harmonizar, de um lado, os deveres do Estado[54] na prevenção e na repressão

[51] Frazão, Ana; Carvalho, Angelo Prata de; Milanez, Giovanna. Curso de Proteção de Dados Pessoais: Fundamentos da LGPD. *No prelo.*

[52] O anteprojeto de LGPD Penal conceitua atividade de segurança pública como "toda e qualquer atividade exercida para a preservação da ordem pública e para prevenção e detecção de infrações penais, inclusive aquelas de inteligência institucional, policial e financeira, realizada por autoridades competentes para a finalidade de segurança pública" (art. 5º, XXI).

[53] O anteprojeto de LGPD Penal conceitua atividade de persecução penal como "toda e qualquer atividade exercida para a investigação, apuração, persecução e repressão de infrações penais e execução de penas, por autoridades competentes, inclusive aquelas de inteligência policial, institucional e financeira realizada por autoridades competentes para a finalidade de persecução penal" (art. 5º, XXII).

[54] O anteprojeto de LGPD Penal conceitua autoridade competente como "autoridade pública, órgão ou entidade do Poder Público responsável pela prevenção, detecção, investigação ou

de ilícitos criminais, protegendo a ordem pública; de outro, assegurar a observâncias das garantias processuais e as prerrogativas fundamentais dos cidadãos brasileiros no que tange ao tratamento de dados pessoais para tais fins".[55]

Trata-se, portanto, de um dos temas mais preocupantes da atualidade, uma vez que está conectado com os próprios pressupostos da cidadania e preservação de regimes democráticos.[56] Não é sem razão que a própria LGPD dispõe sobre parâmetros a serem observados nessas hipóteses, acenando para a necessidade de legislação específica que regule as "medidas proporcionais e estritamente necessárias ao atendimento do interesse público, observados o devido processo legal, os princípios gerais de proteção e os direitos do titular previstos nesta Lei" (art. 4º, § 1º, da LGPD).

Destaca-se ainda que os parágrafos do art. 4º da LGPD estabelecem diversas limitações às hipóteses dispostas no inciso III, a fim de conciliar as peculiaridades do interesse público relacionado aos assuntos ali contidos e a necessidade de observância da Lei. Por essa razão, não parece ter sido a intenção da LGPD criar propriamente uma exceção absoluta à incidência de suas normas, mas tão somente reconhecer que, em face das peculiaridades de tais hipóteses, é necessária legislação específica para apenas ajustar e adaptar a proteção da LGPD.[57]

repressão de atos infracionais e infrações penais ou execução de sanções penais, incluindo a salvaguarda e a prevenção de ameaças à segurança pública, ou qualquer outro órgão ou entidade que, nos termos da lei, exerça autoridade ou execute políticas públicas para os referidos efeitos, total ou parcialmente" (art. 5º, XX).

[55] COMISSÃO DE JURISTAS. Anteprojeto de Lei de Proteção de Dados para segurança pública e persecução penal. Nov. 2020. Disponível em: https://static.poder360.com.br/2020/11/DADOS-Anteprojeto-comissao-protecao-dados-seguranca-persecucao-FINAL.pdf. Acesso em: 22 abr. 2022.

[56] Frazão, Ana; Carvalho, Angelo Prata de; Milanez, Giovanna. Curso de Proteção de Dados Pessoais: Fundamentos da LGPD. *No prelo.*

[57] "Trata-se de um mandamento legal para legislar sobre a matéria, a partir da constatação de que está sujeita a ponderações específicas sobre o uso de dados pessoais e que expressa reivindicação da sociedade e das autoridades competentes para regulação do tema, surgida no processo de debate da própria LGPD. Nesse contexto, a elaboração de uma legislação específica fundamenta-se na necessidade prática de que os órgãos responsáveis por atividades de segurança pública e de investigação/repressão criminais detenham segurança jurídica para exercer suas funções com maior eficiência e eficácia – como pela participação em mecanismos de cooperação internacional –, porém sempre de forma compatível com as garantias processuais e os direitos fundamentais dos titulares de dados envolvidos. Trata-se, portanto, de projeto que

Enquanto não for editada a legislação específica, não há que se cogitar, entretanto, da ampla e irrestrita possibilidade do Estado de tratar dados dos cidadãos para fins de segurança pública ou persecução penal sem qualquer limite, até porque, mesmo em relação a tais assuntos, a atividade estatal continua subordinada ao regime administrativo próprio, baseado em importantes princípios, tais como a legalidade, a moralidade e a motivação.[58]

Não obstante, a própria LGPD oferece igualmente critérios gerais a serem observados nessas hipóteses, tanto de ordem material (devido processo legal, princípios gerais de proteção e direitos do titular, nos termos do art. 4º, § 1º) como de ordem procedimental (relatório de impacto à proteção de dados pessoais, nos termos do art. 4º, § 3º).

Também em razão da aplicação direta de garantias constitucionais a casos assim – de que é exemplo o princípio da proporcionalidade, que exige que atuação estatal seja necessária, adequada e proporcional – e do próprio direito fundamental à proteção de dados, tal como já reconhecido pelo Poder Legislativo e também pelo Supremo Tribunal Federal (STF), que exige propósito legítimo e salvaguardas proporcionais aos riscos de tratamento de dados, é fundamental que o Estado possa pautar sua política de defesa e segurança nacional a partir de tais parâmetros.[59]

oferece balizas e parâmetros para operações de tratamento de dados pessoais no âmbito de atividades de segurança pública e de persecução criminal, equilibrando tanto a proteção do titular contra mau uso e abusos como acesso de autoridades a todo potencial de ferramentas e plataformas modernas para segurança pública e investigações". COMISSÃO DE JURISTAS. Anteprojeto de Lei de Proteção de Dados para segurança pública e persecução penal. Nov. 2020. p. 1. Disponível em: https://static.poder360.com.br/2020/11/DADOS-Anteprojeto-comissao-protecao-dados-seguranca-persecucao-FINAL.pdf. Acesso em: 22 abr. 2022.

[58] Frazão, Ana; Carvalho, Angelo Prata de; Milanez, Giovanna. Curso de Proteção de Dados Pessoais: Fundamentos da LGPD. *No prelo.* Também nesse sentido: "Mesmo que a lei não se aplique totalmente para os tratamentos de dados pessoais com fins de segurança pública, defesa nacional e segurança do Estado, ela deixa claro que os princípios da proteção de dados deverão ser observados em absolutamente todos os casos. Assim, qualquer legislador ou gestor público interessado na regulação dos sistemas de reconhecimento facial no Brasil tem nos princípios gerais da LGPD o ponto de partida para pensar em instrumentos eficazes e observantes das garantias individuais". INSTITUTO IGARAPÉ; DATA PRIVACY BRASIL RESEARCH. *Regulação do Reconhecimento Facial no Setor Público: avaliação de experiências internacionais.* 2020, p. 19.

[59] Frazão, Ana; Carvalho, Angelo Prata de; Milanez, Giovanna. Curso de Proteção de Dados Pessoais: Fundamentos da LGPD. *No prelo.*

Entretanto, não se pode ignorar que o caráter sigiloso de várias dessas iniciativas estatais compromete consideravelmente a fiscalização e o controle social. É por essa razão que deve ser prioridade absoluta a edição da lei específica prevista no § 1º do art. 4º da LGPD, a fim de conciliar a atuação do Estado com a proteção mínima que deve ser assegurada aos titulares de dados e com a preservação do ambiente democrático.[60]

Nesse aspecto, o anteprojeto de LGPD Penal, tal como apresentado pela Comissão de Justiça, já oferece diversos parâmetros gerais sobre o uso de tecnologias de monitoramento e o tratamento de dados de elevado risco, mais especificamente no Capítulo II, o que reforça a importância da discussão sobre novas tecnologias, como a TRF, para fins de segurança pública e persecução penal.[61]

O artigo 5º, inciso XXIII, do anteprojeto define tecnologia de monitoramento como "equipamento, programa de computador ou sistema informático que possa ser usado ou implementado para tratamento de dados pessoais captados ou analisados, entre outros, em vídeo, imagem ou áudio".

À luz de tal definição, o anteprojeto prevê duas limitações específicas a fim de coibir a vigilância estatal e resguardar a proteção de dados pessoais na seara da segurança pública: (i) *condiciona* a utilização dessa tecnologia à existência de autorização legal específica prévia, que deve ser precedida de relatório de impacto regulatório (de vigilância) e deve estabelecer garantias aos direitos dos titulares (art. 42, *caput* e §§ 2º e 3º) e (ii) *veda* a utilização dessa tecnologia "acrescida de técnicas de identificação de pessoas

[60] "Por todas as razões aqui expostas, é fundamental que as decisões associadas à implementação de sistemas de reconhecimento facial estejam sujeitas a rígidos controles democráticos – que incluem critérios de legalidade, necessidade e proporcionalidade – e de fiscalização pública". AL SUR. *Reconhecimento facial na América Latina: tendências na implementação de uma tecnologia perversa*. 2021, p. 22.

[61] "Importante ressaltar que, segundo o princípio da legalidade, os órgãos estatais só podem fazer aquilo que está autorizado ou previsto em lei. Na seara penal, este princípio assume uma especial importância face aos direitos em jogo (e.g. presunção de inocência e direito de ir e vir) e a natureza das sanções (penas privativas de liberdade e penas restritivas de direitos). A gravidade de uma atuação policial ilegal ou abusiva pode ter consequências terríveis e, por isso, ela deve estar regulamentada de forma precisa, evitando ambiguidades ou obscuridades. O grande desafio do anteprojeto de 'LGPD Penal' é estabelecer um equilíbrio entre a proteção de direitos individuais – como o direito de ir e vir, direito à proteção de dados, privacidade e liberdade de expressão – e direitos coletivos, como o direito à segurança pública". Lemos; Fernandes; Medeiros; Guedes; Silva, Op. Cit., p. 7.

indeterminadas em tempo real e de forma contínua" quando não houver relação com a atividade de persecução penal individualizada e nem autorização por lei e decisão judicial (art. 43).

Ainda que o anteprojeto não fale especificamente de tecnologias de reconhecimento facial, ao dispor sobre tecnologias acrescidas de técnicas de identificação, parece estar se referindo à utilização de biometria, o que remete invariavelmente ao uso de TRF nas atividades de segurança pública.

O objetivo aqui é mitigar possíveis riscos relacionados à violação de direitos fundamentais dos titulares.[62] Dessa forma, o anteprojeto cria três níveis de proteção para a implementação de tecnologia de RF, quais sejam (i) a exigência de legislação específica precedida de uma análise de impacto regulatório, (ii) a previsão de uma série de direitos e garantias de uso da tecnologia na legislação a ser criada e (iii) a elaboração de relatório de impacto de uso após aprovação de tal legislação. No entanto, ainda assim, é necessária maior conceituação dos termos e dos procedimentos.[63]

O art. 43, por exemplo, apesar de limitar o uso de tecnologia de RF para a atividade de identificação, não deixa claro quais situações realmente estão proibidas. Nesse sentido, não se sabe se a busca contínua e simultânea de várias pessoas com mandados de prisão em aberto expedidos individualmente contra cada uma poderia ser considerada "atividade de persecução penal individualizada" ou a busca simultânea afastaria tal caráter individual. Além disso, não se sabe também a exata definição de "uso de forma contínua". Portanto, a indefinição quanto a alguns termos pode implicar

[62] "Assim, muito embora o anteprojeto tenha optado por relegar a outro processo legislativo a autorização ou proibição de tecnologias de monitoramento, optou por, desde já, trazer restrições contextuais ao seu uso no artigo 43. Ainda que neste dispositivo não tenham sido mencionadas especificamente as tecnologias de reconhecimento facial, ele parece ser direcionado particularmente para a utilização de biometria, uma vez que faz referência a tecnologias acrescidas de técnicas de identificação. (...) Ao limitar os cenários em que a tecnologia de reconhecimento facial pode ser usada para realizar tarefas de identificação, o anteprojeto de lei acerta e mitiga os riscos de violação de diversos direitos como a privacidade, a liberdade de expressão e a liberdade de associação". LEMOS; FERNANDES; MEDEIROS; GUEDES; SILVA, Op. Cit., pp. 4-5.

[63] DORA, Daniela; ABREU, Jacqueline; MENDES, Laura Schertel. *Live DPBR – LGPD Penal: proteção de dados pessoais, segurança pública e investigações*, 2020. Disponível: https://www.youtube.com/watch?v=ZCnv
MtPtDho&t=3271s. Acesso em: 22 abr. 2022.

na falta de harmonização normativa sobre o tema a nível nacional, implicando em possíveis incongruências legislativas.[64]

A despeito disso, o texto do anteprojeto de LGPD Penal é um bom ponto de partida para o debate, já que estabelece diversos requisitos, parâmetros, critérios e limitações para o tratamento de dados pessoais pelas autoridades, além de criar obrigações específicas para os controladores, como o dever de transparência (arts. 40 e 42, § 3º), e exigir a elaboração de relatórios de impacto (art. 42, § 5º).[65] Prevê ainda a necessidade de que os sistemas de decisões automatizadas utilizados sejam auditáveis, não discriminatórios e passíveis de comprovação acerca da sua precisão e grau de acurácia (art. 25), o que é bastante relevante.[66]

4.2. O arcabouço principiológico da Diretiva 2016/680 da União Europeia

No contexto europeu, tem-se como parâmetro principal a Diretiva 2016/680,[67] relativa à proteção dos indivíduos no que se refere ao tratamento de dados pessoais pelas autoridades competentes para efeitos de prevenção, investigação, detecção ou repressão de infrações penais ou execução de sanções penais. Dentre as diversas regras apresentadas pela Diretiva, três princípios específicos merecem destaque, quais sejam: os princípios da finalidade, da necessidade e da transparência (similares àqueles previstos no art. 6º, I, III e VI, da LGPD).

O princípio da finalidade (art. 4º, 1, "b", da Diretiva 2016/680) exige que os dados pessoais sejam coletados apenas para finalidades determinadas, explícitas e legítimas, e não sejam tratados de uma forma incompatível com tais finalidades. A Diretiva autoriza o tratamento de dados pelas autoridades competentes para fins prevenção, investigação, detecção ou repressão de infrações penais ou execução de sanções penais, incluindo

[64] Lemos; Alessandra; Fernandes, Elora; Medeiros, Juliana; Guedes, Paula; Silva, Priscilla. *Comentários ao Anteprojeto de Lei de Proteção de Dados para a Segurança Pública: Tecnologia de Reconhecimento Facial.* Rio de Janeiro: Instituto de Tecnologia & Sociedade do Rio (ITS Rio), 2021, pp. 6-7.

[65] Ibidem, p. 8.

[66] Ibidem, p. 9.

[67] UNIÃO EUROPEIA. *Diretiva (UE) 2016/680 do Parlamento Europeu e do Conselho, de 27 de abril de 2016.* Jornal Oficial da União Europeia, 4 maio 2016. Disponível em: https://eur-lex.europa.eu/legal-content/PT/TXT/PDF/?uri=CELEX:32016L0680&from=EN. Acesso em: 23 abr. 2022.

a salvaguarda e a prevenção de ameaças à segurança pública (art. 1º, 1, da Diretiva 2016/680). Dessa forma, os dados coletados por câmeras de vigilância para fins de segurança pública devem ser tratados tão somente para tais finalidades.[68]

Já o princípio da necessidade exige que os dados pessoais sejam "limitados ao mínimo necessário relativamente às finalidades para as quais são tratados" (art. 4º, 1, "c", da Diretiva 2016/680). Diante disso, quando tais dados não forem mais necessários (e.g. após o cumprimento da sanção penal aplicada),[69] eles devem obrigatoriamente ser excluídos.

Por fim, tem-se o princípio da transparência, que é um dos melhores instrumentos para combater o uso abusivo e excessivo de informações e permitir a prestação de contas (*accountability*) aos titulares dos dados. Para tanto, é fundamental delimitar três questões principais: (i) o banco de dados que será utilizado pelas autoridades policiais;[70] (ii) a extensão

[68] "Ou seja, se a motivação para o uso da tecnologia é segurança pública, o instrumento ou os dados coletados por ele não poderão ser utilizados para outra finalidade. Alguns exemplos do uso de câmeras em espaços públicos que não visam a segurança são: o mapeamento de regiões populosas, a análise de horários em que o trânsito está sobrecarregado ou o rastreamento de ônibus para informar aos passageiros que a linha está atrasada. A coleta de dados para os fins anteriormente citados não estão em conformidade com a segurança pública, com isso, não é possível processar essas informações, ainda mais em caso de dados sensíveis no contexto de RF autonomizado e em tempo real. Além disso, o caminho inverso também é verdadeiro, os dados coletados para fins de segurança não podem ser tratados para outras finalidades. (...) Por fim, nota-se que nem todo uso de RF é autorizado para atender a qualquer finalidade específica que vise alcançar a segurança pública. Por exemplo, o fim de preservar a segurança não é alcançado quando o RF é usado para determinar a dosimetria de pena a um indivíduo no sistema de justiça criminal". ALMEIDA, Op. Cit., p. 270.

[69] "Como consequência, compreende-se que manter o *template* do rosto de uma pessoa que cometeu crime só é relevante para fins de reconhecimento facial até o momento em que essa pessoa está cumprindo sanção penal, já que após esse período, armazenar o template não é mais útil ou necessário e o risco de vazamento, compartilhamento ou uso indevido do dado é alto". ALMEIDA, Op. Cit., p. 271.

[70] "Questiona-se se o banco de dados adequado é o formado por todos os procurados pela polícia ou apenas por sujeitos que cometeram crimes mais graves, ainda questiona-se se os não condenados deveriam compor esse banco para RF. (...) Por isso, a regulação brasileira para uso de tecnologias na segurança pública deve se atentar a dois pontos. Primeiro, deve ser determinado um procedimento para que a pessoa que suspeita ter sua imagem mantida ilegalmente no banco de dados da polícia possa solicitar a exclusão da imagem ou do template. Segundo, deve haver mecanismos que possibilitem a exclusão automática dos dados pessoais quando a pessoa que teve seus dados tratados não for acusada ou condenada por nenhum crime". ALMEIDA, Op. Cit., pp. 271-272.

do dever de informação do responsável pelo tratamento, que deve observar as exigências do art. 13 da Diretiva 2016/680;[71] e (iii) a necessidade de elaboração de um relatório de impacto – o *Data Protection Impact Assessment* (DPIA) – para viabilizar o uso de TRFs.[72]

Dessa forma, há que se considerar, na legislação específica a ser regulada, a importância de tais princípios enquanto instrumentos balizadores ao uso de tecnologias de reconhecimento facial, especialmente quanto ao tratamento de dados sensíveis (biométricos).

Assim, deve-se (i) delinear as motivações legítimas de uso das tecnologias de reconhecimento facial e minimizar a quantidade de dados tratados pelo Estado (princípio da finalidade); (ii) exigir que somente os dados estritamente necessários sejam utilizados (princípio da necessidade); e (iii) garantir os direitos dos titulares de dados, a atuação das forças policiais dentro dos limites estabelecidos em lei e a possibilidade de supervisão das tecnologias de reconhecimento facial pela própria sociedade (princípio da transparência).

4.3. Parâmetros legais da LGPD e boas práticas setoriais como referência

Por fim, destaca-se que o Guia "Reconhecimento Facial e o Setor Privado", elaborado pelo Instituto Brasileiro de Defesa do Consumidor (IDEC) em parceria com o InternetLab, também traz diversas recomendações para mitigar os riscos relacionados à utilização de tecnologias de reconheci-

[71] "O sujeito de dados deve saber sobre a finalidade do tratamento a que os dados pessoais se destinam e sobre o direito de solicitar a retificação de um dado pessoal que esteja incorreto. Ainda, para que haja transparência no processamento de dados, cabe ao responsável informar o fundamento jurídico do tratamento e o prazo de conservação dos dados ou, no mínimo, os critérios para definição desse período e os possíveis destinatários desses dados (art. 13º, nº 2). Logo, busca-se nitidez na relação entre o titular e o responsável pelo tratamento". Almeida, Op. Cit., p. 273.

[72] "Além disso, o princípio da transparência é efetivado também por meio do desenvolvimento de um relatório de impacto do uso da tecnologia no âmbito da segurança pública. A diretiva europeia prevê essa avaliação, o *Data Protection Impact Assessment*. Ela indica que deve-se descrever as operações no tratamento dos dados pessoais e apresentar (i) os riscos para os direitos e para as liberdades dos titulares dos dados; (ii) as medidas previstas para fazer face a esses riscos; (iii) as garantias dos sujeitos previstas em lei; (iv) as medidas de segurança; e (v) os mecanismos para assegurar a proteção dos dados pessoais (art. 27º). Esse relatório é fundamental para que se avalie o impacto que qualquer processamento de alto risco terá sobre indivíduos e, mais importante, como especificamente buscar-se-á minimizar esses riscos". Almeida, Op. Cit., p. 271.

mento facial no Brasil, que se somam a tantas outras destacadas em produções acadêmicas e pesquisas independentes, conforme tabela a seguir.[73]

Referidas recomendações não se limitam às exigências legais existentes, mas propõem parâmetros baseados nas melhores práticas internacionais.[74] Por fim, destaca-se que, mesmo que tais recomendações tenham sido elaboradas prioritariamente para o setor privado, diversas delas podem ser utilizadas como parâmetro para implementação das TRFs pelo Estado para fins de segurança pública e persecução penal.

Recomendação	**Boas Práticas**
Análise prévia de necessidade e proporcionalidade	Sugere-se a avaliação prévia acerca da necessidade de utilização da tecnologia de reconhecimento facial. Isto é, deve-se avaliar se a única forma de atingir o objetivo em questão é por meio do uso de tal tecnologia ou se existem sistemas e mecanismos menos invasivos e menos arriscados que permitem o alcance do mesmo objetivo. Diante disso, sugere-se ainda que as TRFs sejam utilizadas apenas em casos excepcionais, envolvendo investigações específicas e para localização de indivíduos já identificados, evitando assim a vigilância contínua e em larga escala.[75]
Observância da legislação aplicável e dos princípios da LGPD	Sugere-se a avaliação acerca da conformidade da tecnologia de reconhecimento facial com os princípios da legislação aplicável, em especial a LGPD, a fim de que as finalidades da coleta dos dados sejam estritamente respeitadas (nos limites permitidos pelo ordenamento jurídico brasileiro), a menor quantidade de informações seja coletada para atingir tais finalidades e medidas de responsabilização e prestação de contas efetivas sejam adotadas.

[73] Simão; Fragoso; Roberto, Op. Cit., pp. 51-52.

[74] "Tais práticas são inspiradas, mas não se limitam, em propostas consubstanciadas em relatórios e documentos elaborados por órgãos como a *Federal Trade Comission* (FTC), a *National Telecommunications and Information Administration* (NTIA), o *Future of Privacy Forum, European Union Agency for Fundamental Rights* (FRA), e a Autoridade Holandesa de Proteção de Dados". Simão; Fragoso; Roberto, Op. Cit., pp. 51-52.

[75] Reis, Op. Cit., p. 25.

Transparência aos titulares	Sugere-se a prestação de informações completas, claras e precisas aos titulares, principalmente sobre "a utilização de dispositivos de coleta de imagens; os dados coletados, sua forma de tratamento e as finalidades para as quais este é realizado; o prazo, as condições de armazenamento e as medidas de segurança adotadas para a sua proteção; as hipóteses de compartilhamento com terceiros; os direitos dos titulares sobre seus dados e os riscos envolvidos neste tratamento de dados".[76]
Mitigação dos riscos relacionados aos erros de acurácia	Sugere-se o treinamento contínuo dos policiais que realizam a verificação da correspondência entre a imagem capturada e o banco de assinaturas faciais preexistente, a fim de que consigam prever pelo menos os erros grosseiros da tecnologia.[77] Sugere-se ainda a revisão de políticas de privacidade, práticas de governança, procedimentos vinculados à atuação policial,[25] bem como a implementação de avaliações prévias de risco, por se tratar de uso de tecnologia emergente e inovadora focada na vigilância de zonas acessíveis ao público e baseada em tratamento automatizado de dados, cujas decisões destinam-se a definir o perfil facial de indivíduos.

[76] Simão; Fragoso; Roberto, Op. Cit., p. 54.
[77] Almeida, Op. Cit., p. 276.

Transparência pública	Sugere-se a adoção de medidas de controle público, responsabilização (*accountability*) e auditoria. Para tanto, é importante que todas as práticas relacionadas ao uso das TRFs sejam documentadas no Relatório de Impacto à Proteção de Dados (RIPD) e disponibilizadas ao público em geral de forma periódica.[78] Quanto a isso, destaca-se ainda que a LGPD, em seu art. 4º, § 3º, dispõe expressamente sobre a possibilidade de a ANPD solicitar a elaboração do RIPD quando o tratamento for realizado para fins exclusivos de segurança pública ou atividades de investigação e repressão de infrações penais, ainda que a LGPD não seja aplicável nesses casos.[79] Além disso, sugere-se disponibilizar publicamente informações periódicas sobre a utilização das TRFs, como o fato de tais tecnologias estarem ou não sendo utilizadas, suas finalidades, os locais de uso e possíveis indivíduos afetados, além dos riscos advindos de sua utilização e medidas adotadas para mitigação de tais riscos. Por fim, sugere-se a criação de órgãos internos independentes que possam acompanhar continuamente e auditar o uso das TRFs, além de prestar contas às autoridades públicas e à sociedade, elaborar políticas internas de uso dos dados, etc.

[78] "Tais relatórios devem conter informações como: quando, onde e por que a tecnologia foi utilizada; bases de dados utilizadas como fonte para pareamento; quantidade de dados coletados e armazenados; medidas adotadas para cibersegurança; indicadores de resultado que incluam, por exemplo, investigações criminais levadas a cabo com auxílio da tecnologia, inquéritos e processos penais baseados nos dados decorrentes de TRF, bem como crimes solucionados; e informações a respeito de compartilhamentos". Reis, Op. Cit., pp. 30-31.

[79] Inclusive, segundo a autoridade de proteção de dados inglesa, a elaboração do *Data Protection Impact Assessment* (DPIA) e obrigatória no caso de tratamento de dados biométricos, como em sistemas de reconhecimento facial, sistemas de acesso ao local de trabalho e verificação de identidade, controle de acesso e verificação de identidade para aplicativos (incluindo reconhecimento de voz, impressão digital e reconhecimento facial). INFORMATION COMMISSIONER'S OFFICE. *Data protection impact assessments.* Disponível em: https://ico.org.uk/for-organisations/guide-to-data-protection/guide-to-the-general-data-protection-regulation-gdpr/accountability-and-governance/data-protection-impact-assessments/. Acesso em: 24 abr. 2022.

Medidas antidiscriminatórias	No desenvolvimento e no uso dos TRFs, categorias de dados como raça, gênero, etnia, orientação sexual e outras sensíveis não podem ser utilizadas de forma discriminatória. Diante disso, sugere-se adotar medidas de controle, teste e correção dos algoritmos para verificar se tais informações influenciam de alguma forma os resultados das TRFs. Além disso, sugere-se o treinamento de todos os envolvidos na cadeia de desenvolvimento e utilização das TRFs.[80] Por fim, sugere-se a definição prévia de espaços e equipamentos públicos específicos para utilização das TRFs, a fim de restringir seu uso em áreas próximas a organizações religiosas, políticas, de tratamento de saúde ou similares, evitando ao máximo a coleta de informações sensíveis.[81]
Armazenamento de dados biométricos	Sugere-se que, após a análise das imagens e obtenção do resultado final, as imagens sejam excluídas e, caso armazenadas, sejam ao menos anonimizadas (por exemplo, a partir da manutenção apenas de dados volumétricos, gráficos e similares). Além disso, sugere-se também que o armazenamento das imagens seja realizada em ambientes seguros, criptografados e separados logicamente. Por fim, sugere-se a definição de prazos de armazenamento distintos de acordo com a categoria do dado pessoal e de diretrizes para o compartilhamento de dados.[82]

[80] "Na prática, isso implica que: O uso de informações, que, por exemplo, infiram condições socioeconômicas ou outras características a partir de dados sensíveis ou potencialmente discriminatórios, deve ser evitado ou controlado (...); Para evitar discriminação, o treinamento dos algoritmos de reconhecimento facial deve utilizar uma base de dados com diversidade racial, de gênero e etária, isto é, deve envolver homens, mulheres, pessoas negras, indígenas e asiáticas, idosos, pessoas transexuais e gênero não binário; Uma vez criado determinado sistema, seus resultados e sua acurácia devem ser testados antes de sua implementação real, com o intuito de aferir se características potencialmente discriminatórias (gênero, raça, condições socioeconômicas etc.) têm influência sobre tais resultados ou acurácia (...); Deve existir um esforço e treinamento ativo dos operadores finais da tecnologia (...); A equipe de operadores finais da tecnologia e seus desenvolvedores deve ser multidisciplinar e diversa (...); As tecnologias empregadas devem ser testadas regularmente após sua implementação, para verificar se análises discriminatórias estão sendo realizadas pelos algoritmos". Simão; Fragoso; Roberto, Op. Cit., pp. 59-60.

[81] Reis, Op. Cit., p. 25.

[82] Ibidem, p. 28.

Prevenção e notificação de incidentes de segurança	Sugere-se a instituição de protocolos que limitem o acesso aos dados apenas para pessoas autorizadas e que realmente precisem acessá-los, prevenindo a ocorrência de incidentes de segurança. Tais acessos devem ser registrados para fins de auditoria.[83] Além disso, por se tratar de atividade sensível e de alto risco, todo incidente de segurança deve ser informado imediatamente às autoridades públicas, à sociedade civil e aos titulares dos dados, especialmente se acarretar risco ou dano relevante.
Critérios específicos para utilização	Sugere-se a definição de requisitos específicos para utilização das TRFs, como delimitar o uso exclusivamente para fins de investigação de crimes de natureza grave, acompanhado da adoção de mecanismos para minimizar o número de pessoas sujeitas à análise e determinar o período máximo de aplicação.[84]

Conclusões

Apesar de poucas serem as respostas ainda, por ora, o que se sabe é que o uso de tecnologias de reconhecimento facial pelo Estado para fins de segurança pública e persecução penal no Brasil é permitido. Isso porque, diante da ausência de uma regulação ou orientação legal de alcance nacional, nota-se uma espécie de autorização tácita geral para o uso de tais tecnologias.[85]

Por conta disso, alguns Estados inclusive vêm regulando o uso das TRFs, o que permite maior grau de experimentação e adaptação a realidades singulares. Por outro lado, a ausência de uma legislação única geral ou de um órgão fiscalizatório central torna ainda mais difícil a observância de princípios legais, facilitando violações a direitos e garantias fundamentais dos cidadãos. Portanto, atualmente, há um vazio normativo, já que não há legislação específica sobre o tema a nível federal.[86]

83 Ibidem, p. 27.

84 Ibidem, p. 26.

85 INSTITUTO IGARAPÉ; DATA PRIVACY BRASIL RESEARCH, Op. Cit., pp. 17-18.

86 Há também debates sobre tecnologias de reconhecimento de pessoas no âmbito penal, mais especificamente sobre a legalidade do reconhecimento de pessoas através do "reconhecimento fotográfico" previsto no art. 226 do Código de Processo Penal (Decreto-Lei nº 3.689/41 ou CPP). Há, inclusive, decisões recentes da 5ª e 6ª Turmas do Superior Tribunal de Justiça (STJ) que determinaram a observância das garantias mínimas previstas no art. 226 do CPP para a realização do reconhecimento de pessoas, a fim de evitar a condenação de inocentes,

Diante disso, por ora, a LGPD permanece como a única referência em âmbito nacional para o uso de TRFs, especialmente no que se refere ao tratamento automatizado de dados biométricos (sensíveis).

Isso é relevante porque as pesquisas mostram que as TRFs não tem utilizadas de forma transparente, o que coloca em risco os direitos e liberdades fundamentais dos indivíduos cujos dados são tratados por tais tecnologias.[87] Nessa lógica, pode-se calibrar os princípios e as exigências da LGPD para o cenário específico de utilização de tecnologias de reconhecimento facial pelo Estado, inclusive e especialmente em contextos de segurança pública e persecução penal. Ou seja, qualquer gestor público interessado ou legislador tem na LGPD o ponto de partida para construir mecanismos e instrumentos eficazes para o uso legítimo das TRFs.

Paralelamente, qualquer regulação específica a ser editada sobre o tema deve ser precedida de amplo debate público, de caráter multissetorial, organizado de forma transparente e acessível, a fim de contemplar a perspectiva de especialistas sobre o tema e contar com a participação da sociedade civil, especialmente daqueles grupos potencialmente mais afetados pela tecnologia. Com isso, será possível proteger os direitos e garantias fundamentais dos indivíduos, garantir o uso legítimo das TRFs e elaborar estratégias para mensurar e mitigar os riscos e impactos do seu uso.[88]

Referências

AJUDA DO GOOGLE FOTOS. *Pesquisar pessoas, coisas e lugares nas suas fotos.* Disponível em: https://support.google.com/photos/answer/6128838?hl=pt-BR&co=GENIE.Platform%3DAndroid. Acesso em: 24 abr. 2022.

ALMEIDA, Eduarda Costa. Os grandes irmãos: o uso de tecnologias de reconhecimento facial para persecução penal. *Revista Brasileira de Segurança Pública,* São Paulo, v. 16, n. 2, pp. 264-283, fev./mar. 2022. Disponível em: https://revista.forumseguranca.org.br/index.php/rbsp/article/view/1377. Acesso em: 22 abr. 2022.

a exemplo do entendimento firmado nos seguintes processos: Habeas Corpus nº 652.284/SC, de relatoria do Ministro Reynaldo Soares da Fonseca, e Habeas Corpus nº 598.886/SC, de relatoria do Ministro Rogério Schietti.

[87] REIS, Carolina; ALMEIDA, Eduarda; DA SILVA, Felipe; DOURADO, Fernando. *Relatório sobre o uso de tecnologias de reconhecimento facial e câmeras de vigilância pela administração pública no Brasil.* Brasília: Laboratório de Políticas Públicas e Internet, 2021.

[88] INSTITUTO IGARAPÉ; DATA PRIVACY BRASIL RESEARCH. *Regulação do Reconhecimento Facial no Setor Público: avaliação de experiências internacionais.* 2020, p. 1.

ALMEIDA, Eduarda Costa. Reconhecimento facial e segurança pública: como garantir a proteção de dados pessoais e evitar os riscos da tecnologia. *In:* ARAS, Vladmir Barros; MENDONÇA, Andrey Borges de; CAMPANEMA, Walter Aranha; SILVA, Carlos Bruno Ferreira da; COSTA, Marcos Antônio da Silva. *Proteção de Dados Pessoais e Investigação Criminal.* Brasília: Associação Nacional dos Procuradores da República (ANPR), 2020. pp. 265-298. Disponível em: http://www.anpr.org.br/images/2020/Livros/protecao_dados_pessoais_versao_eletronica.pdf. Acesso em: 23 abr. 2022.

AL SUR. *Reconhecimento facial na América Latina: tendências na implementação de uma tecnologia perversa.* 2021. Disponível em: https://www.alsur.lat/sites/default/files/2021-10/ALSUR_Reconocimiento%20facial%20en%20Latam_PR_Final.pdf. Acesso em: 22 abr. 2022.

ARAÚJO, Romulo de Aguiar; CARDOSO, Naiara Deperon; PAULA, Amanda Marcélia de. Regulação e uso de reconhecimento facial na segurança pública do Brasil. *Revista de Doutrina Jurídica*, Brasília, v. 112, 2021. Disponível em: https://revistajuridica.tjdft.jus.br/index.php/rdj/article/view/734. Acesso em: 22 abr. 2022.

ARTICLE 29 DATA PROTECTION WORKING PARTY. *Opinion 02/2012 on facial recognition in online and mobile services.* 2012. Disponível em: https://ec.europa.eu/justice/article-29/documentation/opinion-recommendation/files/2012/wp192_en.pdf. Acesso em: 23 abr. 2022.

ARTICLE 29. *Parecer sobre algumas questões importantes da Diretiva relativa à proteção de dados na aplicação da lei (Diretiva [UE] 2016/680).* WP 258. 2017. Disponível em: https://ec.europa.eu/newsroom/article29/item-detail.cfm?item_id=610178. Acesso em: 23 abr. 2022.

BIG BROTHER WATCH. *Face Off: the lawless growth of facial recognition in UK policing.* 2018. Disponível em: https://bigbrotherwatch.org.uk/wp-content/uploads/2018/05/Face-Off-final-digital-1.pdf. Acesso em: 23 abr. 2022.

BIG BROTHER WATCH. Big Brother Watch Briefing on facial recognition surveillance. 2020. Disponível em: https://bigbrotherwatch.org.uk/wp-content/uploads/2020/06/Big-Brother-Watch-briefing-on-Facial-recognition-surveillance-June-2020.pdf. Acesso em: 24 abr. 2022.

BRAGA, Luiz Filipe Zenicola. *Sistema de reconhecimento facial.* São Carlos, SP. 2013. Trabalho de Conclusão de Curso (Graduação em Engenharia Elétrica). Escola de Engenharia de São Carlos, universidade de São Paulo, 2013.

BUOLAMWINI, Joy; ORDÓÑEZ, Vicente; MORGENSTERN, Jamie; LEARNED-MILLER, Erik. *Facial Recognition Technologies: A Primer.* Algorithmic Justice League, 2020. Disponível em: https://www.ajl.org/federal-office-call. Acesso em: 23 abr. 2022.

COMISSÃO DE JURISTAS. Anteprojeto de Lei de Proteção de Dados para segurança pública e persecução penal. Nov. 2020. Disponível em: https://static.poder360.com.br/2020/11/DADOS-Anteprojeto-comissao-protecao-dados-seguranca-persecucao-FINAL.pdf. Acesso em: 22 abr. 2022.

DORA, Daniela; ABREU, Jacqueline; MENDES, Laura Schertel. *Live DPBR – LGPD Penal: proteção de dados pessoais, segurança pública e investigações*, 2020. Disponível: https://www.youtube.com/watch?v=ZCnvMtPtDho&t=3271s. Acesso em: 22 abr. 2022.

CONSELHO EUROPEU DE PROTEÇÃO DE DADOS; PARLAMENTO EUROPEU. *Parecer conjunto nº 5/2021 sobre a proposta de regulamento do Parlamento Europeu e do Conselho que estabelece regras harmonizadas em matéria de inteligência artificial (Regulamento Inteligên-*

cia Artificial). Jun. 2021. Disponível em: https://edpb.europa.eu/system/files/2021-10/edpb-edps_joint_opinion_ai_regulation_pt.pdf. Acesso em: 23 abr. 2022.

EUROPEAN DATA PROTECTION BOARD; EUROPEAN DATA PROTECTION SUPERVISOR. *Parecer conjunto 5/2021 do CEPD e da AEPD sobre a proposta de regulamento do Parlamento Europeu e do Conselho que estabelece regras harmonizadas em matéria de inteligência artificial (Regulamento Inteligência Artificial).* 2021, pp. 13-14. Disponível em: https://edpb.europa.eu/system/files/2021-10/edpb-edps_joint_opinion_ai_regulation_pt.pdf. Acesso em: 25 abr. 2022.

EUROPEAN UNION AGENCY FOR FUNDAMENTAL RIGHTS. *Under watchful eyes: biometrics, EU IT systems and fundamental rights.* União Europeia. Luxemburgo. 2018. Disponível em: https://fra.europa.eu/en/publication/2018/under-watchful-eyes-biometrics-eu-it-systems-and-fundamental-rights. Acesso em: 23 abr. 2022.

ELECTRONIC FRONTIER FOUNDATION (EFF). *Face Recognition.* 2017. Disponível em: https://www.eff.org/pt-br/pages/face-recognition. Acesso em: 22 abr. 2022.

FEDERAL TRADE COMMISSION. *Facing Facts: Best Practices for Common Uses of Facial Recognition Technologies.* Federal Trade Comission. Out. 2012. Disponível em: https://www.ftc.gov/reports/facing-facts-best-practices-common-uses-facial-recognition-technologies. Acesso em: 23 abr. 2022.

FRAZÃO, Ana; CARVALHO, Angelo Prata de; MILANEZ, Giovanna. Curso de Proteção de Dados Pessoais: Fundamentos da LGPD. *No prelo.*

GOOGLE CLOUD TECH. *How Computer Vision Works.* Canal do YouTube, 19 abr. 2018 Disponível em: https://www.youtube.com/watch?v=OcycT1Jwsns&t=32s. Acesso em: 24 abr. 2022.

GUEDES, Paula. *7 recomendações para a regulação do reconhecimento facial. Conheça os principais documentos com propostas de regulação da tecnologia.* 2021. Disponível em: https://itsrio.org/pt/artigos/7-recomendacoes-para-a-regulacao-do-reconhecimento-facial/. Acesso em 24 abr. 2022.

GROTHER, Patrick; NGAN, Mei; HANAOKA, Kayee. *Face Recognition Vendor Test (FRVT) Part 3: Demographic Effects.* National Institute of Standards and Technology (NIST). Dez. 2019. Disponível em: https://nvlpubs.nist.gov/nistpubs/ir/2019/NIST.IR.8280.pdf. Acesso em: 23 abr. 2022.

HORA, Nina da. O que é reconhecimento facial? Uma introdução técnica. 2021. Disponível em: https://www.ninadahora.dev/post/reconhecimento-facial-introdu%C3%A7%C3%A3o. Acesso em: 24 abr. 2022.

INFORMATION COMMISSIONER'S OFFICE. *Data protection impact assessments.* Disponível em: https://ico.org.uk/for-organisations/guide-to-data-protection/guide-to-the-general-data-protection-regulation-gdpr/accountability-and-governance/data-protection-impact-assessments/. Acesso em: 24 abr. 2022.

INFORMATION COMMISSIONER'S OFFICE. *ICO investigation into how the police use facial recognition technology in public places.* 2019. Disponível em: https://ico.org.uk/media/about-the-ico/documents/2616185/live-frt-law-enforcement-report-20191031.pdf. Acesso em: 24 abr. 2022.

INFORMATION COMMISSIONER'S OFFICE. *The use of live facial recognition technology by law enforcement in public places.* Disponível em: https://ico.org.uk/media/about-the-

-ico/documents/2616184/live-frt-law-enforcement-opinion-20191031.pdf. Acesso em: 24 abr. 2022.

INFORMATION COMMISSIONER'S OFFICE. *The use of live facial recognition technology in public places.* Disponível em: https://ico.org.uk/media/about-the-ico/documents/2616184/live-frt-law-enforcement-opinion-20191031.pdf. Acesso em: 24 abr. 2022.

INSTITUTO IGARAPÉ; DATA PRIVACY BRASIL RESEARCH. *Regulação do Reconhecimento Facial no Setor Público: avaliação de experiências internacionais.* 2020. Disponível em: https://www.dataprivacybr.org/wp-content/uploads/2021/11/regulacao-do-reconhecimento-facial-no-setor-publico.pdf. Acesso em: 22 abr. 2022.

INSTITUTO IGARAPÉ. *Infográfico Reconhecimento Facial no Brasil.* 2019. Disponível em: https://igarape.org.br/infografico-reconhecimento-facial-no-brasil/. Acesso em: 24 abr. 2022.

INSTITUTO IGARAPÉ. *Videomonitoramento.* 2019. Disponível em: https://igarape.org.br/videomonitoramento-webreport/. Acesso em: 22 abr. 2022.

Jain, Anil K.; Li, Stan Z. *Handbook of face recognition.* New York: Springer, 2011.

Learned-Miller, Erik; Ordóñez, Vicente; Morgenstern, Jamie; Buolamwini, Joy. *Facial Recognition Technologies in the Wild: A Call for a Federal Office.* Algorithmic Justice League, 2020. Disponível em: https://www.ajl.org/federal-office-call. Acesso em: 23 abr. 2022.

Lemos, Alessandra; Fernandes, Elora; Medeiros, Juliana; Guedes, Paula; Silva, Priscilla. *Comentários ao Anteprojeto de Lei de Proteção de Dados para a Segurança Pública: Tecnologia de Reconhecimento Facial.* Rio de Janeiro: Instituto de Tecnologia & Sociedade do Rio (ITS Rio), 2021. Disponível em: https://itsrio.org/wp-content/uploads/2021/04/UK-Comentarios_LGPDPenal.pdf. Acesso em: 22 abr. 2022.

Lynch, Jennifer. *Face Off: Law Enforcement Use of Face Recognition Technology.* Electronic Frontier Foundation, 2018. Disponível em: https://www.eff.org/pt-br/wp/law-enforcement-use-face-recognition. Acesso em: 23 abr. 2022.

Magalhães, Alice Azevedo; GOMES, Técio Spínola Gomes. Regulação de sistemas de reconhecimento facial para fins de segurança pública no Brasil: riscos e desafios. Dossiê temático Inovação, Novas Tecnologias e o Futuro do Direito, v. 1.*Revista Humanidades e Inovação,* Tocantins, v. 8, n. 47, pp. 168-182, jun. 2021. Disponível em: https://revista.unitins.br/index.php/humanidadeseinovacao/article/view/5639. Acesso em: 22 abr. 2022.

Mendes, Laura Schertel; Mattiuzzo, Marcela; Fujimoto, Mônica Tiemy. Discriminação Algorítmica à luz da Lei Geral de Proteção de Dados. In: Doneda, Danilo (coord.); Sarlet, Ingo Wolfgang (coord.); Mendes, Laura Schertel (coord.); Rodrigues Junior, Otavio Luiz (coord.) BIONI, Bruno Ricardo (coord.). *Tratado de Proteção de Dados Pessoais.* Rio de Janeiro: Forense, 2021.

MOBIDEV. *Face Detection & Recognition Software based on Machine Learning.* Canal do YouTube, 22 maio 2019. Disponível em: https://www.youtube.com/watch?v=X7_ojlE-XnWc. Acesso em: 24 abr. 2022.

Oliveira, Loryne Viana de; Crippa, Margarete Esteves Nunes; Laurente, Ítala; Holanda, Tamires. Aspectos ético-jurídicos e tecnológicos do emprego de reconhecimento facial na segurança pública no Brasil. *Revista Tecnologia e Sociedade,* Curitiba, v. 18, n. 50, pp. 114-135, jan./mar. 2022. Disponível em: https://periodicos.utfpr.edu.br/rts/article/view/12968. Acesso em: 22 abr. 2022.

PEREIRA, Débora Freitas Mendes. O uso de câmeras de reconhecimento facial em contexto de pós democracia: uma ferramenta contra o inimigo do Direito Penal? 2020. Disponível em: http://www.adpeb.com.br/v18/wp/wp-content/uploads/2021/02/O-USO-DE-C%C3%82MERAS-DE-RECONHECIMENTO-FACIAL-EM-CONTEXTO-DE-P%C3%93S-DEMOCRACIA-%E2%80%93-UMA-FERRAMENTA-CONTRA-O-INIMIGO-NO-DIREITO-PENAL.pdf Acesso em: 22 abr. 2022.

REIS, Carolina. *Nota Técnica Lei 6.712/20. 10 recomendações para o uso de reconhecimento facial para segurança pública no DF.* Brasília: Laboratório de Políticas Públicas e Internet, 2020. Disponível em: https://lapin.org.br/wp-content/uploads/2021/02/NT_LD_67122020_reconhecimento_facial_DF_LAPIN-1.pdf. Acesso em: 22 abr. 2022.

REIS, Carolina; ALMEIDA, Eduarda; DA SILVA, Felipe; DOURADO, Fernando. *Relatório sobre o uso de tecnologias de reconhecimento facial e câmeras de vigilância pela administração pública no Brasil.* Brasília: Laboratório de Políticas Públicas e Internet, 2021. Disponível em: https://lapin.org.br/2021/07/07/vigilancia-automatizada-uso-de-reconhecimento-facial-pela-administracao-publica-no-brasil/. Acesso em: 22 abr. 2022.

SANTANA, Paulo Ricardo da Silva. *Racismo algorítmico: análise dos desafios da regulação das tecnologias de reconhecimento facial no Brasil.* Monografia (Bacharelado em Direito). Faculdade de Direito, Universidade de Brasília, 2022.

SILVA, Rosane Leal da; SILVA, Fernanda dos Santos Rodrigues da. Reconhecimento facial e segurança pública: os perigos do uso da tecnologia no sistema penal seletivo brasileiro. *Anais do 5º Congresso Internacional de Direito e Contemporaneidade: mídias e direitos da sociedade em rede.* 2019. Disponível em: https://www.ufsm.br/app/uploads/sites/563/2019/09/5.23.pdf. Acesso em: 22 abr. 2022.

SIMÃO, Bárbara; FRAGOSO, Nathalie; ROBERTO, Enrico.*Reconhecimento Facial e o Setor Privado: Guia para a adoção de boas práticas.* InternetLab e Instituto Brasileiro de Defesa do Consumidor (IDEC). São Paulo, 2020. Disponível em: https://idec.org.br/sites/default/files/reconhecimento_facial_diagramacao_digital_2.pdf. Acesso em: 23 abr. 2022.

TAVARES, Giovanna Milanez. *O tratamento de dados pessoais disponíveis publicamente e os limites impostos pela LGPD.* Rio de Janeiro: Editora Processo, 2022.

THALES. *Biometrics: authentication & identification (definition, trends, use cases, laws and latest news).* 2022 review. Disponível em: https://www.thalesgroup.com/en/markets/digital-identity-and-security/government/inspired/biometrics. Acesso em: 23 abr. 2022.

UNIÃO EUROPEIA. *Diretiva (UE) 2016/680 do Parlamento Europeu e do Conselho, de 27 de abril de 2016.* Jornal Oficial da União Europeia, 4 maio 2016. Disponível em: https://eur-lex.europa.eu/legal-content/PT/TXT/PDF/?uri=CELEX:32016L0680&from=EN. Acesso em: 23 abr. 2022.

6
GRAVAÇÕES AMBIENTAIS, INTERPCEPTAÇÕES TELEFÔNICAS E ESCUTAS NO PROCESSO PENAL

José Antonio Dias Toffoli

1. A proteção dos direitos fundamentais.

A Constituição da República de 1988 estabelece, em seu art. 5º, inciso XII, que é inviolável o sigilo da correspondência, das comunicações telegráficas, dos dados e das comunicações telefônicas.

Preocupou-se o constituinte originário em preservar o direito à intimidade, o qual tem estado presente em nosso ordenamento jurídico desde a primeira Constituição do Brasil Império, datada de 1824[1].

Previa o art. 179, inciso XXVII, da Constituição imperial que o segrego das cartas era inviolável, sendo ao Administração do Correio rigorosamente responsável por qualquer infração desse dispositivo.

A Constituição Republicana de 1891, a Constituição de 1934, a Constituição, de 1937, que instalou no país o Estado Novo, e a Constituição de 1946 também previam a inviolabilidade das correspondências de uma forma geral.

Já as Cartas de 1967 e 1969 agregaram à inviolabilidade das correspondências o sigilo das comunicações telegráficas e telefônicas, como reflexo da evolução e das inovações que afetavam a realidade social da época.

Percebe-se, pois, que, desde a primeira Constituição, o legislador tem zelado pela intangibilidade do sigilo das comunicações, de modo a preservar a intimidade, a vida privada, a honra e a imagem das pessoas, cuja inviolabilidade foi erigida na Constituição de 1988 a cláusula pétrea.

[1] (Fonte: https://www12.senado.leg.br/noticias/glossario-legislativo/constituicoes-brasileiras) <Acessado em: 3/3/21>.

Então, é estreme de dúvidas que a Constituição Federal assegurou o direito à intimidade. Entretanto, já tive a oportunidade de consignar, sob a óptica da concepção constitucional moderna, que inexistem garantias individuais de ordem absoluta, mormente no que tange a *práticas ilícitas*.

Como certa vez disse o Ministro **Celso de Mello**, as franquias constitucionais individuais constituem "um dos núcleos básicos em que se desenvolve, em nosso País, o regime das liberdades públicas". Porém essas franquias ostentam caráter meramente relativo. Não assumem nem se revestem de natureza absoluta. "Cede[m], por isso mesmo, às exigências impostas pela preponderância axiológica e jurídico-social do interesse público" (Pet nº 577/DF -QO, Tribunal Pleno, DJ de 23/4/93).

Não obstante, muito se discute sobre a legalidade das provas obtidas com violação da intimidade.

Para uma melhor compreensão do assunto, convém esclarecer o papel da **interceptação telefônica, da escuta e da gravação ambiental no processo penal.**

2. A gravação ambiental, a interceptação telefônica e a escuta telefônica no processo penal.

Segundo a doutrina e a jurisprudência, há distinções entre as gravações ambientais, de um lado, e as interceptações telefônicas e escutas, de outro.

A gravação ambiental consiste na captação de conversa por um dos interlocutores, sem a interferência de terceiros. Ela não possui regramento normativo, não carecendo, em tese, de prévia ordem judicial.

Como anota **Gustavo Badaró**[2],

> [n]o caso em que não há a intervenção de um terceiro na conversa alheia, mas apenas um dos interlocutores grava a própria conversa, sem o conhecimento do outro interlocutor (gravação telefônica), o registro da conversação é lícito e independe de prévia autorização judicial.

Por sua vez, **Luiz Francisco Torquato Avolio**[3], ao discorrer sobre as gravações clandestinas e ambientais no processo penal, esclarece que "as legislações, em geral, e também a brasileira, não preveem normas especí-

[2] **Processo Penal**. 4. ed. São Paulo: RT, 2016. p. 505.

[3] **Provas ilícitas: interceptações telefônicas, ambientais e gravações clandestinas**. 4. ed. São Paulo: RT, 2010. p. 126 e 261.

ficas sobre a matéria (...). Mas, do ponto de vista da sua licitude, também não estabelece[,] com relação à gravação clandestina[,] qualquer vedação probatória".

Em arremate destaca esse autor que

> [...] a gravação clandestina não encontra óbice legal à sua admissibilidade no processo penal, em quanto meio atípico de prova, assim como outros meios não previstos em lei, a exemplo das perícias com base no DNA, hoje disseminadas no âmbito da moderna polícia científica como eficiente instrumento para o esclarecimento dos crimes[4].

A conclusão a que se chega, portanto, é que a interceptação e a escuta telefônica, às quais se aplica a regra do art. 5º, inciso XII, da Constituição Federal, **não se confundem com a gravação ambiental**.

A esse respeito, transcrevo voto do Ministro Sepúlveda Pertence no célebre julgamento da AP nº 307/DF:

> Volta à Mesa uma questão que tem sido aventada diversas vezes no Plenário e nas Turmas: o da compreensão, ou não, no art. 5º, XII, da Constituição Federal, relativo ao sigilo de correspondência e, por extensão, ao sigilo das comunicações telefônicas, das gravações de conversa telefônica por um dos interlocutores.
>
> De minha parte, diversas vezes, entre elas na Ação Penal 307, deixei claro que, com todas as vênias dos que pensam em contrário, a gravação por um dos interlocutores da conversa mantida com outrem nada tem a ver com o art. 5º, XII, que protege o sigilo de comunicações telefônicas, assim como protege o sigilo de correspondência escrita na troca de cartas.
>
> (...)
>
> art. 5º, XII – creio desnecessário demonstrá-lo e já o fez, aliás, há pouco, o Ministro Carlos Velloso -, protege os interlocutores da ciência, por terceiro, "à sorrelfa", mediante a chamada interceptação telefônica, do que entre os dois se conversou. Nada mais do que isso. Ali não se contém proibição de que um dos interlocutores faça a prova da conversa de que participou.[5]

Deve-se ressaltar, ademais, que o Supremo Tribunal Federal endossa, no que tange às provas, no processo criminal, a validade das gravações

[4] *Op cit.* p. 263.

[5] Tribunal Pleno, DJ de 1º/7/1993

ambientais efetuadas por um dos interlocutores sem o conhecimento do outro quando não há causa legal de sigilo. Confira-se:

> Como longamente já sustentei alhures, não há ilicitude alguma no uso de gravação de conversação telefônica feita por um dos interlocutores, sem conhecimento do outro, com a intenção de produzir prova do intercurso, sobretudo para defesa própria em procedimento criminal, se não pese, contra tal divulgação, alguma específica razão jurídica de sigilo nem de reserva, como a que, por exemplo, decorra de relações profissionais ou ministeriais, de particular tutela da intimidade, ou doutro valor jurídico superior. A gravação aí é clandestina, mas não ilícita, nem ilícito é seu uso, em particular como meio de prova.
>
> A matéria em nada se entende com o disposto no art. 5º, XII, da Constituição da República, o qual apenas protege o sigilo de comunicações telefônicas, na medida em que as põe a salvo da ciência não autorizada de terceiro, em relação ao qual se configura, por definição mesma, a interceptação ilícita.
>
> Esta, na acepção jurídica, vizinha à etimológica, na qual há idéia de subtração (<*interceptus*<*intercipere*<*inter+capere*), está no ato de quem, furtivamente, toma conhecimento do teor de comunicação privada da qual não é partícipe ou interlocutor[6].

A questão foi submetida ao instituto da repercussão geral, tendo se reafirmado, no caso, a validade da prova obtida mediante gravação ambiental no processo penal. *Vide:*

> AÇÃO PENAL. Prova. Gravação ambiental. Realização por um dos interlocutores sem conhecimento do outro. Validade. Jurisprudência reafirmada. Repercussão geral reconhecida. Recurso extraordinário provido. Aplicação do art. 543-B, § 3º, do CPC. É lícita a prova consistente em gravação ambiental realizada por um dos interlocutores sem conhecimento do outro[7].

A partir desse entendimento firmado em sede de repercussão geral no Supremo Tribunal Federal formou-se o consenso jurisprudencial de que é válida a gravação ambiental como prova no processo judicial penal, ainda que efetuada por um dos interlocutores sem o conhecimento do outro, desde que não esteja presente causa legal de sigilo.

[6] RE nº 402.717, Segunda Turma, Relator o Ministro **Cezar Peluso**, DJe de 13/2/2009.

[7] RE nº 583.937-QO-RG, Tribunal Pleno, Relator o Ministro **Cezar Peluso**, DJe de 18/12/2009.

Na esteira desse entendimento, tem-se pronunciado também o Superior Tribunal de Justiça:

> PENAL. PROCESSUAL PENAL. AÇÃO PENAL ORIGINÁRIA.DENÚNCIA POR CORRUPÇÃO PASSIVA, LAVAGEM DE DINHEIRO E ORGANIZAÇÃO CRIMINOSA IMPUTADA A MEMBRO DO TRIBUNAL DE CONTAS DO ESPÍRITO SANTO. ESCUTA AMBIENTAL REALIZADA POR UM DOS INTERLOCUTORES SEM CONHECIMENTO DO OUTRO. ADMISSIBILIDADE.LICITUDE DA PROVA. PRECEDENTES DO STJ E DO STF.
>
> (...)
>
> 2.A escuta ambiental realizada por um dos interlocutores sem o conhecimento do outro não torna a prova ilícita, tampouco pode ser confundida com a quebra do sigilo de comunicação, que depende de prévia autorização judicial. Precedentes do STF e do STJ.
>
> (...)
>
> 13. Denúncia recebida[8].

Assim, já que inexistente causa legal de sigilo ou qualquer outro imperativo de reserva para a gravação ambiental, não se verificaria a violação de nenhum bem jurídico. Sendo esse o entendimento, não cabe invocar-se a cláusula de reserva de jurisdição prevista no art. 5º, inciso XII[9], da Constituição Federal, a qual se aplicaria somente às interceptações de comunicações telefônicas, hipótese diversa da gravação ambiental.

Logo, não há dúvidas quanto à validade, no processo penal, da prova obtida mediante gravação ambiental feita por um dos interlocutores sem o conhecimento do outro.

A interceptação telefônica consiste na captação, por um terceiro, de conversa telefônica entre duas pessoas, sem que nenhuma delas tenha ciência de que há uma terceira pessoa escutando. Na escuta, por sua vez,

[8] APn nº 869, Corte Especial, Relator o Ministro **Luís Felipe Salomão**, DJe de 1º/3/2018.

[9] Art. 5º Todos são iguais perante a lei, sem distinção de qualquer natureza, garantindo-se aos brasileiros e aos estrangeiros residentes no País a inviolabilidade do direito à vida, à liberdade, à igualdade, à segurança e à propriedade, nos termos seguintes:

[...]

XII – é inviolável o sigilo da correspondência e das comunicações telegráficas, de dados e das comunicações telefônicas, salvo, no último caso, por ordem judicial, nas hipóteses e na forma que a lei estabelecer para fins de investigação criminal ou instrução processual penal;

ao menos um dos comunicadores tem ciência de que um terceiro está monitorando a conversa.

Segundo **Renato Brasileiro de Lima**[10],

> [a] interceptação ocorre sem o conhecimento dos interlocutores, ou seja, nenhum deles tem consciência de que o conteúdo da comunicação está sendo captado por um terceiro; na escuta telefônica, um dos interlocutores tem conhecimento da ingerência de um terceiro na comunicação (2019, p. 429)

Com efeito, esse meio de obtenção de prova conflita com a garantia basilar da privacidade das pessoas. Nada obstante, como não existe direito absoluto no ordenamento jurídico, a norma inserta no art. 5º, inciso XII, da Constituição mitiga o aludido direito fundamental ao permitir a interceptação e a escuta das comunicações telefônicas na investigação criminal e na instrução processual penal, desde que seja mediante autorização judicial.

Nesse sentido, destaco:

> A derrogação desse princípio tutelar do sigilo telefônico somente legitimar-se-á, desde que a interceptação, sempre precedida de ordem judicial, venha a realizar-se no campo exclusivo da persecução penal e nas hipóteses a serem ainda definidas em *numerus clausus* pelo legislador, a quem incumbe prescrever, de outro lado, o modo e a forma de sua execução (HC nº 69.912, Tribunal Pleno, Redator do acórdão o Ministro **Carlos Velloso**, DJ de 26/11/1993).

Nos termos do art. 5º, XII, da Constituição Federal,

> é inviolável o sigilo da correspondência e das comunicações telegráficas, de dados e das comunicações telefônicas, salvo, no último caso, por ordem judicial, nas hipóteses e na forma que a lei estabelecer para fins de investigação criminal ou instrução processual penal.

Como se infere do preceito constitucional em questão, a proibição nele contida refere-se à interceptação e à consequente captação de conversa por terceiro sem o conhecimento de pelo menos um (escuta telefônica) ou de todos os interlocutores (interceptação telefônica) da conversa telefônica.

[10] **Legislação criminal especial comentada**: 7. Ed. Salvador: JusPODIVM, 2019. p. 429.

Segundo o magistério da saudosa professora **Ada Pellegrini Grinover**[11],

> [e]mbora etimologicamente, interceptar (de '**inter**' e '**capio**') tenha o sentido de deter na passagem e, consequentemente, de impedir que alguma coisa chegue a seu destino, entende a doutrina, por interceptação telefônica, a escuta direta e secreta das mensagens, captando-se a conversa no momento mesmo em que se desenvolve, sem o conhecimento de pelo menos um dos interlocutores.

A nominada interceptação telefônica tem natureza jurídica de uma medida cautelar e visa a assegurar as provas pela fixação dos fatos assim como se apresentam no momento da conversa[12].

Consiste em um meio de obtenção de prova, também denominado meio de investigação ou de pesquisa de provas. É, portanto, um instrumento para colheita de fontes ou elementos de prova[13].

Ela somente se justifica quando "comprovada a indispensabilidade do meio de prova" (art. 5º, *in fine*, Lei nº 9.296/96) e não houver possibilidade de obtenção da prova por outros meios disponíveis (art. 2º, inciso II, da lei de regência).

A demonstração da *imprescindibilidade da medida, ressalte-se, é* condição *sine qua non* para sua validade, conforme inúmeros julgados do Supremo Tribunal Federal:

> Agravo regimental em habeas corpus. Processual Penal. Crimes ambientais. *Interceptação telefônica*. Ausência de demonstração da *imprescindibilidade* da medida extrema. Não ocorrência. Recurso não provido.
>
> 1. A *imprescindibilidade* da medida para as investigações foi devidamente motivada na representação formulada pela autoridade policial e encampada pelo juízo de primeiro grau.
>
> 2. Agravo regimental ao qual se nega provimento (HC nº 142.576-AgR, Segunda Turma, de **minha relatoria**, DJe de 24/8/2018)

[11] GRINOVER, Ada Pellegrini. **Novas Tendências do Direito Processual**. 2. ed. Rio de Janeiro: Forense, 1990. p. 63.

[12] GOMES FILHO, Antônio Magalhães; GRINOVER, Ada Pellegrini; SCARANCE, Antônio Fernandes. **As nulidades no Processo Penal**. 12. ed. São Paulo: RT, 2011. p. 167.

[13] BADARÓ, Gustavo. **Processo Penal**. Rio de Janeiro: Campus: Elsevier, 2012. p. 272 e 353/354.

> HABEAS CORPUS. PROCESSO PENAL. DILIGÊNCIA DE *INTERCEPTAÇÃO TELEFÔNICA* DEFERIDA PELO JUÍZO PROCESSANTE. DOCUMENTAÇÃO QUE EVIDENCIA A NECESSIDADE E *IMPRESCINDIBILIDADE* DA MEDIDA. ALEGAÇÃO DE AUSÊNCIA DE CITAÇÃO PESSOAL DO PACIENTE. CITAÇÃO PESSOAL DEVIDAMENTE REALIZADA E CERTIFICADA NOS AUTOS DA AÇÃO PENAL. ORDEM DENEGADA. 1. O uso da *interceptação telefônica* para a produção de provas está condicionado à pertinência e à necessidade da diligência. Diligência a ser motivadamente autorizada por Juízo competente e delimitada temporalmente. 2. A citação pessoal é direito de todo acusado. Direito que materializa a garantia constitucional da ampla defesa, notadamente porque a notícia da formalização de uma acusação criminal é, lógico, o ponto de partida de qualquer possibilidade de defesa. 3. No caso, os autos revelam que o paciente foi pessoalmente citado e interrogado na presença de profissional da advocacia. 4. Ordem denegada. (HC nº 98.184, Segunda Turma, Rel. Min. **Ayres Britto**, DJe de 4/10/2011)

Não se pode perder de vista o debate sobre a constitucionalidade da mitigação do sigilo de formas de comunicação ligadas a novas tecnologias (e-mails, mensagens instantâneas etc.), tendo em vista que, para alguns intérpretes da Constituição, apenas o sigilo das comunicações telefônicas seria mitigável.

Contudo, consoante ensina **Guilherme de Souza Nucci**[14]

> a comunicação estabelecida por meios ligados à informática (computador) e à telemática (misto de computador com meios de comunicação), **não deixa de ser uma forma atualizada e moderna de comunicação telefônica**. Por isso, **se houver finalidade de apuração de crime, com autorização judicial, pensamos ser válida a interceptação de comunicação efetuada por esses meios** (ex.: conversação captada através de modem ou em determinados sites próprios para isso – grifos nossos).

Para o saudoso jurista **Luiz Flávio Gomes**[15],

> o texto legal é legítimo, integralmente legítimo, e vale pelo que nele está escrito. Como vimos no número anterior (26), a Lei 9.296/96 tem incidência

[14] **Leis penais e processuais penais comentadas**. 6. ed. São Paulo: RT, 2012. p. 372

[15] **Interceptação telefônica: lei 9.296, de 24.07.96**. São Paulo: RT, 1997. p. 173-174

em qualquer forma de comunicação telefônica, assim como nas comunicações telemáticas (independentes do uso da telefonia). A CF só exigiu (explicitamente) lei regulamentadora no que concerne às comunicações telefônicas, é verdade, mas isso não exprimia impedimento para que o legislador disciplinasse outras formas de comunicação. Cuidando-se de direito fundamental (sigilo das comunicações, intimidade), aliás, somente o legislador é que podia (e pode) restringi-lo. Bastante oportuna, a propósito, é a seguinte lição de Celso Bastos: "O sigilo da correspondência está hoje estendido, como vimos, às comunicações telegráficas, de dados e telefônicas. A despeito deste caráter analítico da enunciação, é forçoso reconhecer que outras modalidades de comunicação estarão também incluídas, como por exemplo aquele que se verificar por meio de telex (...) uma inovação da Constituição foi estender a inviolabilidade aos 'dados' (...)". Mas pela inserção da palavra no inciso vê-se que não se trata propriamente do objeto da comunicação, mas sim de uma modalidade tecnológica recente que consiste na possibilidade das empresas, sobretudo financeiras, fazerem uso de satélites artificiais para comunicação de dados contábeis.

A questão central, segundo o constitucionalismo moderno, não é se o legislador pode ou não restringir direitos, senão se sua intervenção se dá dentro de limites excepcionais e proporcionais.

Algumas normas constitucionais prevêem expressamente a possibilidade de limites a direitos fundamentais (caso típico é o inc. XII em pauta). Outras normas não contam com a previsão de restrição. Nem por isso foi restabelecida a doutrina dos direitos absolutos. Não existem direitos absolutos. Nem sequer o direito à vida, que é o mais relevante, é totalmente intangível.

Raquel Denize Stumm, em feliz síntese, explica: "A estrutura das normas que contém limites imanentes não possui expressamente a restrição a direitos fundamentais, contudo, estes podem ser identificados na chamada 'cláusula da comunidade' ou dos limites originários ou primitivos' e na teoria das 'limitações horizontais'. **Em suma, quando a norma constitucional não possui autorização expressa de limites, a doutrina sustenta a existência de 'limites imanentes'". E a convivência dos direitos fundamentais leva mesmo ao reconhecimento desses limites implícitos ou imanentes. Não vale, em suma, o argumento de que a CF só permitiu a restrição da comunicação telefônica. Quanto a ela, na verdade, existe autorização restritiva expressa. Quanto às comunicações telemáticas (independentes da telefonia), essa permissão é implícita ou imanente. Logo, podia o legislador discipliná-las. A rigor, devia mesmo discipliná-las.**

> Comunicações telefônicas, hoje, não podem significar só "conversação" ou comunicação de voz. Isso valia para o tempo em que Graham Bell inventou o telefone (1876) ou para o tempo em que foi elaborado o Código Brasileiro de Telecomunicações (art. 4º), em 1962. Não tem sentido nos dias atuais (v. supra itens 8 e 13).
>
> O sigilo de dados, de outro lado, não é absoluto (v. supra item 9, especialmente no que toca ao sigilo de dados telefônicos). Urge reiterar: conforme o constitucionalismo moderno, não existe direito absoluto e o fundamental não é saber se o legislador pode ou não restringir um direito, senão se o faz de maneira excepcional e proporcional, para resolver problemas concretos difíceis e ocorrentes na colisão de direitos fundamentais (grifos nossos).

Nessa linha de raciocínio, destaco **Fernando Capez**[16], ao invocar o saudoso **Damásio de Jesus**, *in verbis*:

> Inclino-me pela constitucionalidade do referido parágrafo único. **A Carta Magna, quando excepciona o princípio do sigilo na hipótese de "comunicações telefônicas", não cometeria o descuido de permitir a interceptação somente no caso de conversação verbal por esse meio, isto é, quando usados dois aparelhos telefônicos, proibindo-a, quando pretendida com finalidade de investigação criminal e prova em processo penal, nas hipóteses mais modernas**. A exceção, quando menciona "comunicações telefônicas", estende-se a qualquer forma de comunicação que empregue a via telefônica como meio, ainda que haja transferência de "dados". É o caso do uso do modem. **Se assim não fosse, bastaria, para burlar a permissão constitucional, "digitar" e não "falar". (...) A circunstância de a CF expressamente só abrir exceção no caso da comunicação telefônica não significa que o legislador ordinário não possa permitir a interceptação na hipótese de transmissão de dados. Não há garantias constitucionais absolutas**. Se assim não fosse, o CP não poderia admitir a prática de homicídio em legítima defesa (arts. 23, II, e 25), uma vez que a Carta Magna garante a "inviolabilidade do direito à vida" sem ressalva (art. 5º, caput) (...) (grifos nossos).

[16] **Curso de direito penal: legislação penal especial**. 9. ed. São Paulo: Saraiva, 2014. v. p. 471-472

Vide, a propósito, o que diz **Lenio Streck**[17]:

> **[N]ão vislumbro inconstitucionalidade no dispositivo sob comento. O parágrafo único, ao estender a possibilidade de interceptação também ao fluxo de comunicações em sistemas de informática e telemática, apenas especificou que a lei também atingirá toda e qualquer variante de informações que utilizem a modalidade 'comunicações telefônicas'. Ou seja, objetivou a Lei estender a aplicação das hipóteses de interceptação de comunicações telefônicas a qualquer espécie de comunicação, ainda que realizada mediante sistemas de informática, existentes ou que venham a ser criados**, desde que tal comunicação utilize a modalidade "comunicações telefônicas". Isto porque o constituinte, ao utilizar a expressão "comunicações telefônicas", deixou patente que abarcava a possibilidade de o Estado interceptar "informes em tráfego", conforme muito bem lembra o Juiz Federal Ivan de Lira Carvalho. Quisesse o constituinte limitar à interceptação simplesmente aos telefonemas entre pessoas, não teria usado "comunicações" *lato sensu*. Sabe-se que, com o avanço da informática, permite-se a prática de comunicações via computador, por exemplo, a Internet, cujo veículo é o telefone. Já a telemática vem a ser a ciência que trata da manipulação e utilização da informação através do uso combinado do computador e meios de telecomunicação. Citando a obra de Sérgio Charlab – Você e a Internet no Brasil – Lira Carvalho esclarece que as comunicações implementadas por meio de fax modem, sendo este um dispositivo que permite a transmissão e a recepção de informações digitais de um computador para outro, através de linha telefônica, podem ser encartadas na previsão de telemática, prevista no parágrafo único do art. 1º da Lei 9.296. Por isso, com acerto, assinala Parizatto: "**qualquer, pois, que seja o meio utilizado para a comunicação, será possível a interceptação para prova em investigação criminal e em instrução processual penal, sendo o caso". Não se discute se a expressão contida no inciso XII "no último caso" se refere somente às comunicações telefônicas ou também aos "dados"**.
>
> (...)
>
> Como argutamente observa Scarance Fernandes, as interceptações do fluxo de comunicações em sistemas de informática e telemática somente serão

[17] **As Interceptações Telefônicas e os Direitos Fundamentais: Constituição, Cidadania, Violência: Lei 9.296/96 e seus reflexos penais e processuais**. Porto Alegre: Livraria do Advogado, 1997. p. 42-44.

admitidas quando feitas por telefone, para transmissão de mensagens entre dois usuários, como no sistema modem. Não contudo, a entrada em computador alheio, para acesso aos dados nele registrados, os quais, conforme dispõe o art. 5º XII, são invioláveis. Não se pode confundir dados estáticos com dados em tráfego. Uma coisa são os bancos de dados, protegidos pelo sigilo. **Outra coisa são tais dados – cujo conteúdo se relacionem a crimes – passados, via informática, de um banco ou uma empresa para outra (empresa ou pessoa). Assim, se houver suspeita de que alguns destes dados guardam relação com crimes, ou quando o objeto da transmissão forem os próprios dados violados, não há dúvida de que poderão ser objetos de interceptação, com base no parágrafo único do art. 1º**. Se assim não fosse, chegaríamos ao absurdo de que, tendo alguém violado um banco de dados – protegido pelo sigilo – e, telematicamente, os envia a outra pessoa, não se poderia interceptá-los e, tampouco, descobrir o criminoso e, o mais importante, colher a prova da violação. Dito de outro modo, é razoável afirmar que, neste caso, a interceptação será a proteção que o lesado tem para a descoberta e punição do violador. Entra aí exatamente a eficácia máxima que se deve dar aos direitos fundamentais de sigilo. Por tudo isso, entendo que o parágrafo único do art. 1º da Lei 9.296 não é inconstitucional (grifos nossos).

Assim como a lei brasileira, a legislação italiana também admite a interceptação de outras formas de telecomunicação, como o fluxo de comunicações referentes a sistemas informáticos, telemáticos ou intercorrentes entre mais sistemas, à luz da garantia constitucional daquele País, que tutela o segredo de correspondência e de qualquer outra forma de comunicação (art. 15 da Constituição Italiana[18]).

Como anota o jurista italiano **Paolo Tonini**[19], na clássica obra A Prova no Processo Penal Italiano,

> por interceptação entende-se, normalmente, a captação, mediante o emprego de instrumentos mecânicos ou eletrônicos, de uma comunicação ou conversação reservada (...). A interceptação pode ter como objeto conversações ou comunicações telefônicas e outras formas de telecomunicação

[18] ART. 15. La libertà e la segretezza della corrispondenza e di ogni altra forma di comunicazione sono inviolabili. La loro limitazione può avvenire soltanto per atto motivato dell'autorità giudiziaria con le garanzie stabilite dalla legge.

[19] **A Prova no Processo Penal Italiano**: tradução de Alexandra Martins, Daniela Mróz. São Paulo: TR, 2002. p. 248-249.

(art. 266 do CPP), bem como o fluxo de comunicações referentes a sistemas informáticos, telemáticos ou intercorrentes entre mais sistemas (art. 266-bis do CPP, introduzido pela Lei 547, de 23 de dezembro de 1993).

Aliás, o Supremo Tribunal, sob a égide o ordenamento constitucional vigente, já conferiu validade à interceptação de e-mails e mensagens instantâneas, por exemplo.

Refiro-me ao julgamento do RHC nº 132.115/PR, cuja ementa foi assim redigida:

> Recurso ordinário em habeas corpus. Constitucional. Processual penal. Associação criminosa. Falsidade ideológica. Fraude a licitações. Crimes praticados contra a administração pública e o sistema financeiro. Condenação. Interceptação telefônica alegadamente baseada em suposta denúncia anônima. Ausência de investigação preliminar. Não ocorrência. Demonstração nos autos de que a autoridade policial procedeu a diligências prévias para colher subsídios sobre eventual ocorrência de crimes. Impropriedade do *habeas corpus* para analisar a suficiência ou não das diligências para tanto. Procedimento devidamente fundamentado e em consonância com a jurisprudência da Suprema Corte. Precedentes. Afirmada inexistência de indícios razoáveis da autoria e participação nas supostas infrações penais. Aventada possibilidade de apuração de condutas ilícitas por meios diversos (art. 2º, incisos I e II, da Lei nº 9.296/96). Matéria que exige aprofundado revolvimento fático-probatório, o qual a via estreita do *habeas corpus* não admite. Precedentes. Excesso de prazo e ilegalidade das prorrogações da interceptação telefônica além do lapso temporal previsto na lei de regência. Não ocorrência. Possibilidade de se prorrogar o prazo de autorização para essa medida por períodos sucessivos quando a intensidade e a complexidade das condutas delitivas investigadas assim o demandarem. Precedentes. Interceptação telemática e prorrogações. Mencionada incompatibilidade do parágrafo único do art. 1º da Lei nº 9.296/96 com o art. 5º, inciso XII, da Constituição Federal. Inconstitucionalidade não verificada. Inexistência no ordenamento jurídico constitucional vigente de garantias individuais de ordem absoluta. Doutrina e precedentes. Exceção constitucional ao sigilo que alcança as comunicações de dados telemáticos, visto que cláusula tutelar da inviolabilidade não pode constituir instrumento de salvaguarda de práticas ilícitas (HC nº 70.814/SP, Primeira Turma, Relator o Ministro Celso de Mello, DJ de 24/6/94). Recurso ordinário não provido. (Segunda Turma, Rel. Min. Dias Toffoli, DJe de 19/10/2018).

Surge, também, nesse cenário das interceptações telefônicas, a discussão relativa à licitude de prorrogações sucessivas de interceptação telefônica para além do lapso temporal previsto na lei de regência, já que a redação original do art. 5º da Lei nº 9.296/96 estabelecia o prazo máximo de quinze dias, prorrogável por outros quinze, quando demonstrada a indispensabilidade da medida.

O magistério jurisprudencial do Supremo Tribunal Federal legitimou a possibilidade de se prorrogar o prazo de autorização para essa medida por períodos sucessivos quando a intensidade e a complexidade das condutas delitivas investigadas assim o demandarem, sendo igualmente dispensável prévia instauração de inquérito para tanto (RHC nº 118.055, Primeira Turma, de **minha relatoria**, DJe de 3/11/2011).

Consoante pertinentemente observou o Ministro **Luiz Fux** no voto condutor do acórdão proferido no HC nº 106.225/SP,

> [a] renovação da medida ou a prorrogação do prazo das interceptações telefônicas pressupõem a complexidade dos fatos sob investigação e o número de pessoas envolvidas, por isso que nesses casos maior é a necessidade da quebra do sigilo telefônico, com vista à apuração da verdade que interessa ao processo penal, sendo, *a fortiori*, "lícita a prorrogação do prazo legal de autorização para interceptação telefônica, ainda que de modo sucessivo, quando o fato seja complexo e exija investigação diferenciada e contínua" (Inq. Nº 2424/RJ, Relator o Ministro Cezar Peluso, DJe de 25/3/2010) (Primeira Turma, DJe de 22/2/2012).

O eminente Ministro **Nelson Jobim** destacou, com maestria, que as prorrogações de prazo de autorização para interceptação telefônica, mesmo que sucessivas, especialmente quando os fatos são complexos, exigem investigação diferenciada e contínua. (*v.g.* HC nº 83.515, Tribunal Pleno, DJ de 4/3/2005).

Esse entendimento encontra lastro em doutrina de grande prestígio. *Vide*:

> Embora o art. 5º da Lei nº 9.296/96 estabeleça o prazo máximo de quinze dias (prorrogável por outros quinze, se for indispensável) para a interceptação telefônica, com autorização judicial, realizar-se, não tem o menor sentido esse limite. Constituindo meio de prova lícito, pois autorizado por magistrado, no âmbito de investigação criminal ou processo crime, é mais do que

lógico não poder haver limitação em dias, sob pena de frustrar a busca da verdade real, além de se frear a atividade persecutória lícita por uma mera questão temporal.[20]

Ainda sobre o tema, leciona Nucci que a jurisprudência praticamente sepultou essa limitação. Intercepta-se a comunicação telefônica enquanto for útil à colheita de prova (Leis penais e processuais penais comentadas. 5. ed. São Paulo: RT, 2010. p. 802).

Porém, a constitucionalidade das sucessivas renovações da interceptação telefônica, à luz da complexidade da investigação, encontra-se com repercussão geral reconhecida – Tema 661 (RE nº 625.263-RG/PR, Plenário Virtual, Relator o Ministro **Gilmar Mendes**).

Confira-se:

> Processo penal. Interceptação telefônica. Alegação de violação aos artigos 5º; 93, inciso IX; e 136, § 2º da CF. Artigo 5º da Lei n. 9.296/96. Discussão sobre a constitucionalidade de sucessivas renovações da medida. Alegação de complexidade da investigação. Princípio da razoabilidade. Relevância social, econômica e jurídica da matéria. Repercussão geral reconhecida.

Todavia, penso que a discussão do paradigma em questão deve adquirir novos contornos a partir da entrada em vigor da Lei nº 13.964/19 (Pacote Anticrime), que acrescentou o art. 8-A à Lei nº 9.296/96, passando-se a admitir a captação ambiental de sinais eletromagnéticos, ópticos ou acústicos na investigação ou na instrução criminal, com a estipulação do prazo de 15 (quinze) dias para tanto, o qual é renovável por decisão judicial **por iguais períodos** se comprovada a indispensabilidade do meio de prova e presente atividade criminal permanente, habitual ou continuada.

Conclusões

O Brasil, sob a égide da Constituição de 1988, vive o mais longo período de estabilidade democrática de sua história republicana. No entanto, os últimos anos foram marcados por turbulências e por crescente contestação social do sistema político, realidade compartilhada com outras nações do globo.

[20] NUCCI, Guilherme de Souza. **Código de Processo Penal comentado**. 10. ed. São Paulo: RT, 2011. p. 378.

No contexto brasileiro, essa contestação teve como ponto de partida a indignação provocada por revelações vinculadas ao esforço de combate à corrupção no país e à macrocriminalidade.

Foram aprovadas leis que modernizaram a legislação penal e processual penal e que buscaram conferir maior efetividade e agilidade à atuação do Estado.

Nesse cenário, as gravações ambientais, as interceptações e as escutas telefônicas se mostraram relevantes e profícuos meios de obtenção de prova na busca pela elucidação dos fatos criminosos, os quais não eliminam, porém, a necessidade de se preservar o princípio constitucional da inviolabilidade da intimidade.

Leis como as relativas à interceptação telefônica ou às organizações criminosas trazem inovações benéficas à apuração de práticas delituosas e à justa sanção penal. Representam um avanço em termos processuais penais e são instrumentos contundentes de obtenção de provas que não seriam descobertas por outros meios.

O assunto é da mais alta relevância e da maior grandeza merecendo toda atenção do legislador positivo e do Poder Judiciário, pois estão em jogo os direitos à privacidade e ao sigilo das comunicações, tendo como pano de fundo o princípio basilar da legalidade.

Referências

AVOLIO, Luiz Francisco Torquato. **Provas Ilícitas: interceptações telefônicas, ambientais e gravações clandestinas**. 4. ed. São Paulo; RT, 2010.

BADARÓ, Gustavo. **Processo Penal**. Rio de Janeiro: Campus: Elsevier, 2012.

BADARÓ, Gustavo. **Processo penal**. 4. ed. São Paulo: RT, 2016.

CAPEZ, Fernando. **Curso de direito penal: legislação penal especial**. 9. ed. São Paulo: Saraiva, 2014.

GOMES FILHO, Antônio Magalhães; GRINOVER, Ada Pellegrini; SCARANCE, Antônio Fernandes. **As Nulidades no Processo Penal**. 12. ed. São Paulo: RT, 2011.

GOMES, Luís Flávio. **Interceptação telefônica: Lei 9.296, de 24.07.96**. São Paulo: RT, 1997.

GRINOVER, Ada Pellegrini. **Novas Tendências do Direito Processual**. 2. ed. Rio de Janeiro: Forense, 1990.

DE LIMA, Renato Brasileiro. **Legislação criminal especial comentada**: 7. Ed. Salvador: JusPODIVM, 2019.

NUCCI, Guilherme de Souza. **Leis penais e processuais penais comentadas**. 6. ed. São Paulo: RT, 2012.

__________ Código **de Processo Penal comentado**. 10. ed. São Paulo: RT, 2011. p. 378.

TONINI, Paulo. **A Prova no Processo Penal Italiano**: tradução de Alexandra Martins, Daniela Mróz. São Paulo: TR, 2002.

7
ALGORITMOS E CÁLCULO DE PERICULOSIDADE – O CURIOSO SISTEMA DE PONTOS DE WISCONSIN

Lenio Luiz Streck

Primeiro ato: a inteligênica artifical

Cada vez mais incontestável a presença da Inteligência Artificial no cotidiano da humanidade. Desde a sua utilização e modernização em escala privada, como no que se refere aos aparelhos de telefone, que hoje carregam dados sobre a vida das pessoas, até mesmo seu emprego por órgãos públicos para o seu melhor funcionamento. Não demorou muito até que esta evolução alcançasse o Direito. Este é o assunto do momento e é inevitável não o ignorarmos.

Agora estamos vivendo a "Revolução da Inteligência Artificial", em que o homem, como um ser pensante, não exercerá mais a sua função de mão de obra braçal. Isso porque a IA, pelo emprego da lógica matemática, consegue criar algoritmos que substituem o homem. O engenheiro observa enquanto o computador faz os cálculos, o político decide com base em prognoses oferecidas pelos computadores e, agora, existem perspectivas de juízes robôs ou, na melhor da hipótese, os juristas poderão se basear nas estatísticas oferecidas pelos programas.

Não se nega que o judiciário está abarrotado de processos atrasados e que não existe mão de obra para suprir tamanha demanda. Muito menos as consequências que tal morosidade gera na vida de muitas pessoas. Mas, qual o argumento para legitimarmos a (re)assunção do empirismo no Direito? Sim, porque acreditar que algoritmos aprendem de forma a criarem predições é uma face do realismo jurídico. Tratarei disso adiante. Vamos ao caso em questão.

Segundo ato: o caso

Os EUA resolveram melhorar sua eficiência no sistema judiciário criminal com o emprego de algoritmos, desenvolvendo um programa que tenta prever o comportamento do réu, que é chamado COMPAS – Correctional Offender Management Profiling for Alternative Sanctions. Criado em 1998, o algoritmo do programa é secreto, ou seja, não podemos compreender totalmente a forma como ele decide em cada caso. E isso já é um problema. O máximo de informação que se tem é que ele determina o padrão comportamental por uma série de perguntas. Após a aplicação de um questionário, o programa atribui uma nota de 1 a 10 e, dependendo dessa nota, sentenciará o juiz.

Questão de tempo até que isso gerasse mobilização no debate jurídico estadunidense. Em 2016 houve o primeiro caso: Wisconsin v. Loomis. Loomis foi indiciado pelas acusações de direção perigosa (como cúmplice), fuga de um oficial da lei, condução de um veículo roubado (como cúmplice), posse de arma de fogo para uso em crime (como cúmplice) e posse de uma espingarda de cano curto (como cúmplice). Loomis respondeu ao temível questionário e foi sentenciado, em fevereiro de 2013, por 6 anos de prisão, por causa da sua nota.

O réu, então, apelou da decisão, arguindo que a utilização de ferramentas de cálculo de risco podem afetar a neutralidade do juiz, ferindo o seu direito ao *due process*, previsto na Quinta Emenda. Um dos argumentos e, talvez, o que mais me seja caro, foi a alegação de que não se pode acessar os dados que o levaram a tal "acuracidade". Ainda assim, a Suprema Corte de Wisconsin manteve a condenação afirmando que ele teria a mesma sentença se fosse levado em consideração somente os atos delituosos e o seu histórico. Com isso, manteve a possibilidade do emprego do COMPAS na formação da decisão dos magistrados sob o argumento de que o COMPAS serve como uma ferramenta de informação a ser utilizada ou não pelo juiz em sua decisão. Ou seja, o *due process* estaria intacto.

Segundo ato: a fragilidade epistêmica dos "novos" debates

E a partir daí surgiu um massivo debate sobre questões transversais de raça e gênero. Isso porque foi feita uma análise que mostrou o seguinte resultado: se um negro e outro branco com a mesma idade, sexo e ficha criminal – e levando em conta que depois de serem avaliados os dois cometeram quatro, dois ou nenhum crime -, o negro tem 45% mais chances do que o branco de receber uma pontuação alta no COMPAS[1]. Mas por que mesmo não tendo uma pergunta sobre raça, os afrodescendentes têm uma pior classificação? Motivo?

Muitos podem ser os motivos para essa descaracterização da igualdade de raça na aplicação do algoritmo. Não pretendo entrar nessa discussão pois penso que, antes mesmo de todas essas questões de minorias vulneráveis – sobre as quais declaro: não sou contrário –, existe um elemento constitutivo do Direito que deve ser considerado: o interpretativismo. Esta deve ser a luta contra os voluntarismos e decisionismo com que nos deparamos. O fato de a Suprema Corte de Wisconsin evitar o assunto de transparência do programa é um problema enorme. Eis, precisamente, o ponto pelo qual denuncio a "algoritmização do direito" como uma repristinação do realismo jurídico: apenas substituímos a aplicação mecânica, acrítica e descontextualizada de "precedentes", "súmulas" etc. por uma aplicação, igualmente irrefletida, do produto do tratamento de informações por um algoritmo, o qual sequer sabe-se como funciona. Esse bastaria para que o Direito exsurgisse.

Prova disso é exatamente o argumento da Suprema Corte do Wisconsin acima relatado: ora, no final do dia, qual foi realmente o fundamento da decisão? Os atos delituosos e o histórico criminal, ou a cartilha do algoritmo? Não se sabe! Chega a ser patético.

E não sabemos a resposta porque aquilo que eu e autores como Ronald Dworkin defendemos nunca foi levado a sério: o grau mínimo de autonomia do Direito. Aliás, nunca se soube a resposta (aqui está o realismo)! O realismo sempre defendeu a necessidade (ou possibilidade) de observamos o comportamento das Cortes para capturarmos o que é o Direito, sem que fosse necessária uma interpretação profunda (integra e coerente) dos princípios e regras que atravessam o fenômeno jurídico prático. Agora, nem mesmo a prática jurídica superficialmente considerada é o Norte para a decisão judicial, mas um algoritmo (o que, me parece, é mil vezes pior, embora seja, no fundo, o mesmo inimigo de sempre).

Consigo, inclusive, imaginar esses dois rios (realismo jurídico clássico e o realismo algoritmizado) se cruzando: uma decisão tomada em 2021 por

[1] LARSON, Jeff; MATTU, Surya, KIRCHNER, Lauren; ANGWIN, Julia. How We Analyzed the COMPAS Recidivism Algorithm. In: **Propublica**, 23 de maio de 2016. Disponível em: <https://www.propublica.org/article/how-we-analyzed-the-compas-recidivism-algorithm>

uma Corte do Wisconsin fundamentada em uma pontuação do COMPAS e, que, após sedimentada enquanto precedente, servirá de fundamento para uma outra decisão da mesma Corte em 2050. O paradoxo: o fundamento da decisão de 2021 foi a cartilha de um algoritmo (ou teria sido os maus antecedentes do réu? Não lembro bem e já antecipo minhas condolências ao advogado de 2050). Não teremos reis, só mensageiros de reis. Mas, sem reis, não haverá mais mensagens. Haverá (já há) mais um predador do Direito no mercado. Agora é o de número 4. Moral, política e economia...e agora a algoritmização.

E é por isso que uma teoria da decisão como a Crítica Hermenêutica do Direito existe e é contra isso que ela luta, afinal vivemos numa democracia, e democracias tendem a buscar a suprema transparência.Se um programa desses for incorporado no Brasil, terá de ser transparente, isso vai ser algo inevitável. Ou não. Até agora não sabemos os critérios pelos quais embargos de declaração são negados. Ou concedidos. Afinal, se ainda se decide com base em livre convencimento, de que modo conseguiremos saber o que se passa na consciência de um juiz?Assim,como vamos averiguar a acuracidade de um programa que é uma caixa preta?

A transparência é algo fundamental para a aplicação desses programas. Todavia, mesmo assim jamais saberemos ou teremos condições de compreender problemas sistemáticos e estruturais do Direito e de sua faticidade. Como analisar a complexidade social a partir de algoritmos? O mundo desde os gregos antigos é descrito de forma alfabética, sempre vimos o mundo de uma forma lógica, e nunca pelo viés matemático. É claro, isso se alterou totalmente hoje em dia, Russel e Whitehead tentaram demonstrar que as regras da lógica não seriam reduzidas àquelas da matemática. Ambos buscaram manipular matematicamente o pensamento lógico, e perceberam essa dura irredutibilidade.

De fato, percebemos pela tela do nosso celular que a matemática foi transcodificada em cores, tons, formatos; as equações matemáticas podem ser sentidas por nós. Existe uma beleza e uma profundidade matemática nessas equações, é poético compreender equações como a de Hawking, porém é um absurdo um programa ser tão básico e ainda trancafiar uma pessoa a mais tempo do que o necessário. Na verdade, o absurdo é colocar "nas mãos" de uma máquina o destino de uma pessoa. Além disso, é impossível para um programa de computador diferenciar pessoas com pouco ou nenhuma experiência criminal, prevendo reincidências, conforme um artigo publicado na SienceAdvances[2].

O mesmo ato: final

Tenho falado disso e alertado para o paradoxo: se a extrema tecnologização der certo, dará errado. É como as pesquisas que buscam objetificar ou matematizar o cérebro e as emoções, com eletrodos e quejandos: se der certo, dará errado, porque acaba com a filosofia. Mais de dois mil anos de filosofia postos fora. Se os algoritmos vencerem, então, paradoxalmente, fracassaremos. Por isso, a filosofia tem de resistir contra o seu maior predador.

Assim é a tecnologização *Deus ex machina* no Direito. O sucesso acaba com o próprio objeto. É a bomba atômica. Eficiente. Usada, destrói tudo por gerações. Daí a minha pergunta a quem defende o uso de algoritmos, robôs e coisas desse jaez no Direito: a que se deve essa paixão pela destruição?

O *busílis* desse problema todo é a qualidade das informações que você recolhe, o quanto essas informações trarão como resultado acurado e qual o objetivo daqueles que trabalham com a programação. Nós sabemos que o ser humano não é perfeito, porém o algoritmo deveria buscar resolver isso, e não demonstrar que literalmente não somos perfeitos, até no próprio algoritmo. Pois, se for para manter algoritmos mal programados é preferível deixarmos o velho sistema. Aliás não vamos nos olvidar, quem programa uma máquina ou um programa é um ser humano. Faça uma experiência: forneça um robô para exercer a mesma função, e peça para um militar, um professor e um advogado fazerem a programação. Com certeza, serão respostas diferentes. Então o ponto principal para qualquer programa é o básico da democracia: igualdade e transparência. E, por enquanto, só humanos conseguem fazer isso.

Recorro ao filósofo John Gray. Nem concordo com todo seu pessimismo, que, a meu ver, chega perto de um perigoso relativismo. Mas, na ques-

[2] DRESSEL, Julia; FARID, Hany. The accuracy, fairness, and limits of predicting recidivism. In: **Science Advances.** Washington, 2018. Disponível em: <https://advances.sciencemag.org/content/4/1/eaao5580?__cf_chl_jschl_tk__=4768a69ec9900e0fe7349241c4c30b902d880a0a-1601670825-0-Ad5uyVf2Gx5VXYRi5g-Fr3FXO2yoHWa7ZXeOD7_kr_-eq_VgwlKiZ7uc_PlSzMmYn2INw9It9p0PtfUPViMGe6UJfN2HUZVkbes1zY1uS605EOYX2s0KivaqflXL7reZvtJ0daaiu3Pyw_vOZ6PeiHhXoytfsFvJShHUGaRlsDbKsuwjplzyr8oO_f571zU56zPvtKHTRMio2yMAhVvY-DXOmCUedSQdKvbMsoxYIjuv7kYWB-iTjjZCRX3i8NMwj13HQlJDJglU8Bjwk9IdmQX5UysQIAunNRko5JXCgXRw>

tão da técnica, ele vai no cerne: *"Lutando por escapar do mundo que a ciência revelou, a humanidade se refugiou na ilusão de que a ciência permite-lhe refazer o mundo à sua imagem"*.

É isso. A técnica é a religião secular pós-moderna. Às favas com coisas como "transparência", "igualdade" e mesmo a boa e velha "segurança jurídica" (afinal, pensava eu, a possibilidade de acesso à uma fundamentação racionalmente construída contribuía com coisas como "previsibilidade" e "estabilidade"; talvez tenha sido ingênuo demais).

Vejam: nestes nossos tempos de obscurantismo, de anti-intelectualismo, de negacionismo, tempos em que é bonito ser idiota, necessito fazer uma ressalva óbvia: eu não sou contra a ciência. O que vier para ajudar o Direito, tanto melhor. Não quero a volta do ábaco e nem da lousa.

Todavia, o que me incomoda nessa cientificização, que coloca a técnica como visão de mundo, é que, pretendendo ter todas as respostas, ela, a cientificização, desarticula todo o saber (e as condições de possibilidade para a articulação de uma teoria da decisão judicial).

Não haverá mais juristas; haverá mais especialistas. Especialistas raso-mecânicos e/ou mecanicizados que sabem traçar todo o histórico decisório desse juiz do Winsconsin. O problema é que o neotecnoespecialista ignora a raiz de todo o resto, até porque, se não ignorasse, veria que não há raiz alguma, veria que, se há raiz, essa não é feita de princípios densos de moralidade política, tal como deveria ser. Veria, em verdade, que o que observa sequer poderia ser chamado de "Direito", pois que esse não apenas deveria ser *principle based*, mas já o é. O problema é que, a todo momento, sofre com a predação de fatores endógenos e exógenos (a consciência do juiz ou algoritmos) que ocultam abaixo de entulho essa sua natureza. Diziam ontem os realistas "Direito é o que os Tribunais dizem que é". Dizem hoje os neo-especialistas: "Direito é aquilo que os algoritmos dizem que é". Pergunto eu: "e o que dizem os algoritmos?". Resposta: "Não sabemos". Não é esse um verdadeiro primitivismo? "A ciência", afinal – dirá Heidegger – "não pensa".

Vou além: tanto assim é que essa tecnologicização do e no Direito é incapaz de perceber as próprias contradições internas. Explico. O ensino jurídico é atrasado? Parece correto dizer que boa parte da comunidade jurídica pensa que sim. Mas, pergunto eu, o que a tecnologicização está a dizer? Aqui está a surpresa. A resposta nova apenas repristina uma coisa muitíssimo velha.

Isto é, a resposta do empirismo tecnicizante – e é disso que se trata – não é nada diferente do que diziam os realistas jurídicos do século passado (e que estão bem vivos no Brasil, naquilo que chamo de "realismo retrô brasileiro").

E o que diziam os realistas? Simples: Direito é o que os tribunais dizem que é. Tudo "novo", não? Para os realistas, nossa tarefa é prever como os juízes decidem, já que "Direito" é uma ficção e o processo decisório é eminentemente irracional. Sim. Isso já estava em Jerome Frank. Antecipou em um século o robô Victor e as startups, que chegam com ares de novidade. Onde está a novidade das startups? Qual é a utilidade de uma coisa chamada legal design? Serei convencido quando a tecnologicização conseguir ajudar a compreender uma obra complexa como a Teria Pura do Direito. E coisas desse tipo. Serei convencido quando essa "nova forma" de algoritmização conseguir fazer epistemologia.

Não adianta acusar aos outros de oitocentismo com respostas novencentistas. Por que digo isso? Porque, ao não perceber que repristina o velho realismo (que é empirista), tanto mais longe a algoritmização do Direito está de perceber os problemas do velho realismo que ela repristina. Claro: a ciência só traz soluções para os problemas. Sem a filosofia, não seremos capazes de perceber os problemas das soluções.

Talvez isso explique a lógica de uma política que pretende aniquilar os cursos de "humanas". Não é útil ter gente por aí identificando os problemas das soluções, especialmente quando essas soluções são carentes de prognose e epistemologia.

Uma historinha final: Houve um torneio de caça ao pato. Um caçador (Dr. Estar Tapas) deu dois tiros, errando à direita e à esquerda do bicho. Como ninguém havia acertado o alvo, o causídico reivindicou o prêmio, com o seguinte raciocínio: dei um tiro e errei um metro à esquerda do pato; depois, dei outro, errando um metro à direita. Na média, acertei o pato. E citou, a seu favor, uma estatística a partir de fórmulas e algoritmos. A comissão organizadora lhe deu razão, mas com uma condição: que o mesmo cálculo estatístico valesse contra ele. Dito isto, colocou o Dr. Estar Tapas com um pé nas brasas e outro pé no gelo. O doutor berrava contra a injustiça, ao que o Presidente da comissão lhe respondeu: pelos algoritmos, a sua temperatura é ótima!

Pois por meio dos algoritmos, o pobre Loomis foi condenado em Wisconsin. E, no Brasil, os robôs praticam tiro ao alvo, acertando "na cabeça" dos recursos interpostos junto aos Tribunais. A ponto de os causídicos já evitarem o uso de determinadas palavras que servem como alvos para a mira dos robôs algoritmados.

8
SOB LENTES INDISCRETAS: ASPECTOS CIVIS E CRIMINAIS DO USO DE CÂMERAS NOS IMÓVEIS EM PLATAFORMAS VIRTUAIS

Luis Felipe Salomão
Caroline Somesom Tauk

1. Introdução

Em 2017, na Flórida, nos Estados Unidos, um casal alugou um apartamento usando a plataforma do Airbnb para descansar alguns dias. O homem percebe, na suíte do apartamento, um pequeno círculo na placa do detector de fumaça em cima da cama. Sobre o círculo, havia uma proteção superficial escondendo uma câmera, que armazenava as gravações em um cartão de memória[1].

Em 2018, no Brasil, usando a mesma plataforma para reservar um *studio* para o final de semana no litoral paulista, um casal encontrou uma câmera escondida que gravava todo o ambiente, inclusive a área do quarto. Após deligar a câmera, o casal recebeu uma ligação do proprietário perguntando o que tinha acontecido, o que leva a crer que havia transmissão das imagens em tempo real[2].

Duas histórias em dois países. Em comum, a utilização de bens e serviços prestados no ambiente da chamada economia de compartilhamento, em que se insere o modelo negocial da plataforma do Airbnb, e questões

[1] Casal descobre câmera escondida em apartamento alugado pelo Airbnb. *Estadão.* 14 jul. 2017. Disponível: [https://emais.estadao.com.br/noticias/comportamento]. Acesso: 17.03.2021.

[2] FUTEMA, Fabiana. Casal descobre câmera em hospedagem do Airbnb em São Vicente. *Veja.* 29 jan. 2018. Disponível: [https://veja.abril.com.br/economia/casal-descobre-camera-em-hospedagem-do-airbnb-em-sao-vicente/]. Acesso: 17.03.2021.

relacionadas à privacidade. Situações como estas vêm se repetindo ao redor do mundo[3] e poderiam acontecer em quaisquer dos mais de 190 países em que a plataforma está disponível.

O que ocorre, em verdade? Apenas de experiências negativas? Ou há graves ilícitos civis e criminais?

O objetivo deste texto é responder a estas perguntas. Para compreender a moldura da discussão, inicia-se abordando o fenômeno da economia de compartilhamento em que se inserem plataformas como aquela mencionada e similares, em que há a produção e consumo de bens e serviços por meio de sites que instrumentalizam o negócio. No tópico 2, explica-se a natureza jurídica desta modalidade contratual, aproximando-se ora do modelo comercial de hospedagem, em nítida atividade empresarial, ora do modelo de locação para temporada, celebrada por pessoas físicas que buscam conferir destinação econômica ao imóvel. No tópico 3, narra-se a mudança do que vem se entendendo por direito à privacidade ao longo dos anos, assim como os avanços da tecnologia da informação deixaram este conceito ainda mais dinâmico. No tópico 4, apreciam-se os aspectos civis do registro de imagens por câmeras de vídeos (escondidas e aparentes) no interior das acomodações das plataformas de intermediação e as repercussões em relação à privacidade dos ocupantes e à segurança dos proprietários. Por fim, no tópico 5, analisam-se os aspectos criminais da instalação de câmeras escondidas ou em espaços de intimidade nas acomodações. Destaca-se a criação do tipo penal do art. 216-B dentro dos crimes contra a dignidade sexual no Código Penal, vindo a preencher a lacuna que havia em relação à conduta de filmar a prática de atos sexuais entre terceiros.

2. A economia de compartilhamento, a criatividade empresarial e os "novos serviços"

O modelo de negócio praticado por essas plataformas se insere na chamada economia colaborativa, economia da confiança ou economia de compartilhamento (*sharing economy,* na literatura estrangeira).

A convergência de crises econômicas, da revolução da tecnologia da informação e de crescentes preocupações com recursos ambientais, impul-

[3] Situação similar ocorrida na Irlanda: SILVA, Victor Hugo. Família descobre que estava sendo filmada em Airbnb (e isso é permitido). *Tecnoblog.* 08 abr 2019. Disponível: [https://tecnoblog.net/285045/familia-camera-escondida-airbnb/]. Acesso: 17.03.2021.

sionou atividades baseadas em novas formas de acesso e utilização de bens e serviços, coordenadas por meio de plataformas online[4]. Nestas plataformas, há a produção e consumo de bens e serviços por meio de sites que instrumentalizam o negócio, com ou sem finalidade lucrativa.

A medida de sucesso empresarial passa a não depender mais de antigos marcos de riqueza econômica, como possuir bens móveis e imóveis. Na economia de compartilhamento, o consumo se distancia das noções de aquisição e acúmulo e passa a se basear na reutilização e no amplo acesso. Nesse rumo, para que isso possa ocorrer, as tecnologias digitais assumem um papel crucial[5], ao possibilitarem a interação entre estranhos interessados em prestar o serviço ou fornecer o bem, e aqueles que desejam contratá-lo, assim como ao permitir o acesso a uma enorme quantidade de informações em rede.

Na Segunda Revolução Industrial, que se estende por todo o século XX, a concentração de recursos de forma hierarquizada era vista como um sinal de eficiência econômica.

No século XXI, a internet e o avanço da inteligência artificial abrem espaço para um processo cooperativo e descentralizado de gestão e oferta de bens e serviços comuns, dando origem a um modelo econômico que vem se mostrando mais eficiente que o anterior[6].

Não é difícil perceber o motivo.

Primeiro, o compartilhamento de informações por meio da Internet não se sujeita a limites de espaço e tempo, além do mais é acessível a todos, em qualquer lugar do mundo, de forma assíncrona, o que tornou, pela primeira vez, o custo marginal da informação a quase zero. A internet e a tecnologia

[4] MCAFEE, Andrew; BRYNJOLFSSON, Erik. Race against the machine: how the digital revolution is accelerating innovation, driving productivity, and irreversibly transforming employment and the economy. *MIT Sloan School of Management*, Jan. 2012. Disponível: [http://digital.mit.edu/research/briefs/brynjolfsson_McAfee_Race_Against_the_Machine.pdf]. Acesso: 17.03.2021.

[5] SOUZA, Carlos Affonso Pereira de; LEMOS, Ronaldo. Aspectos jurídicos da economia do compartilhamento: função social e tutela da confiança. *In*: *Revista de Direito da Cidade*, vol. 8, n. 4, 2016, pp. 1757-1758. Disponível: [https://www.e-publicacoes.uerj.br/index.php/rdc/article/view/25740]. Acesso: 17.03.2021.

[6] ABRAMOVAY, Ricardo. A Economia Híbrida do Século XXI, in COSTA, Eliane; AGUSTINI, Gabriela (orgs) De Baixo para Cima. Rio de Janeiro: Aeroplano, 2014, p. 12. Disponível: [http://ricardoabramovay.com/wp-content/uploads/2015/02/A-Economia-H%C3%ADbrida_do-S%C3%A9culo-XXI_De-Baixo-para-Cima_Abramovay_12_2014.pdf]. Acesso: 17.03.2021.

digital facilitaram antigas formas de compartilhamento de informações e introduziram novas formas, criando uma mudança profunda no comportamento das pessoas e na dinâmica de mercado, pavimentando o caminho para a chamada Revolução Digital[7]. Um exemplo simples desta mudança, porém importante, foi o Napster, um serviço de *streaming* de música criado em 1999 que permitia o compartilhamento de arquivos em rede, por meio do download, pelos usuários, de um determinado arquivo diretamente do computador de outros usuários de maneira descentralizada[8]. Após diversos processos judiciais, a empresa encerrou suas atividades em 2001, perdendo a batalha judicial travada com a indústria fonográfica dos Estados Unidos[9]. O padrão de consumo de música por meio de CDs, no entanto, nunca mais foi o mesmo.

Segundo, a inovação tecnológica iniciada no ambiente da música e da cultura em geral logo se espalha para a atividade comercial e industrial, gerando, então, uma reestruturação na organização econômica e social. Novas estruturas colaborativas e modelos de negócios incorporam consumidores como co-produtores ativos no processo de criação de valor no mercado[10]. Exemplo desta cooperação social unida à tecnologia digital ocorre no fornecimento de bens e serviços usando seus próprios carros e casas. Em vez de ficar em um quarto de hotel, um viajante pode ficar na casa de um desconhecido, que a disponibiliza de forma onerosa em plataformas virtuais, como a do Airbnb, que não possui nenhum imóvel. Considerando que comprar um carro é um investimento alto e pode ficar ocioso uma boa parte do tempo, passageiros e motoristas se conectam em tempo real por meio de aplicativos que promovem o acesso ao transporte, sem possuir nenhum automóvel.

Terceiro, para que estas relações entre estranhos produzam bons resultados, é preciso que estejam baseadas na confiança. Por isso, o uso constante da classificação do cliente feita nas plataformas digitais desempenha

[7] Mcknight, Lee W; Bailey, Joseph P. An introduction to internet economics. MIT Press Cambridge, MA, v.1, issue 1&2, Jan. 1995. Disponível: [https://quod.lib.umich.edu/cgi/t/text/idx/j/jep/3336451.0001.123/--introduction-to-interneteconomics?rgn=main;view=fulltext]. Acesso: 17.03.2021.

[8] Disponível: [https://br.napster.com/]. Acesso: 17.03.2021.

[9] Lamont, Tom. Napster: the day the music was set free. *The Guardian*, 23 fev. 2013. Disponível: [https://www.theguardian.com/music/2013/feb/24/napster-music-free-file-sharing]. Acesso: 17.03.2021.

[10] Souza, Carlos Affonso Pereira de; Lemos, Ronaldo, *op. cit.*, p. 1760.

um papel fundamental nas transações feitas por meio da Internet. É que *pegar uma carona* ou *dormir na residência de um desconhecido* exige uma cooperação social diversa da existente em situações em que é utilizado um taxi ou um hotel. Além disso, as tecnologias digitais permitem sejam identificadas mais rapidamente e de forma mais específica as necessidades e desejos dos usuários, com base nas informações disponibilizadas por estes[11]. O uso coletivo de dados do consumidor tem papel crucial na inovação digital. Mesmo consumidores passivos, que não prestam serviço nem fornecem bens no mercado, geram dados valiosos que podem ser usados como entradas para as empresas fornecerem recomendações para outros consumidores. Exemplos conhecidos são o Netflix e o Spotify, que se baseiam no perfil de comportamento dos consumidores em relação a filmes, séries, músicas e podcasts para fornecer melhores recomendações a outros consumidores.

As mudanças descritas acima são resumidas por Ricardo Abramovay ao identificar três transformações teóricas que marcam a sociedade contemporânea, decorrentes da atuação em conjunto da colaboração social com as tecnologias digitais: a oferta descentralizada de bens e serviços, os menores custos de transação e o surgimento de uma economia baseada na confiança existente nas relações interpessoais[12].

O breve histórico traçado demonstra como veio florescendo a criatividade empresarial na economia de compartilhamento, dando origem a novas formas de ofertas de bens e serviços propiciadas pela tecnologia. Entretanto, ainda que apresentem algumas peculiaridades e diferenças – afinal, se não apresentassem, não teriam o caráter de inovação –, muitas vezes estes "novos serviços" guardam considerável proximidade com os serviços tradicionais e se destinam a atender a mesma finalidade, apresentando apenas uma roupagem ou um formato novos.

É comum, contudo, que as plataformas virtuais defendam o total distanciamento e o caráter único das novas formas de ofertas de bens e serviços, como estratégia para afastar a regulação existente para os serviços tradicionais, como alerta Ana Frazão[13].

[11] Whelan, Glen. Trust in Surveillance: A Response to Etzioni. *Journal of Business Ethics*. Jan, 2018, p. 6. Disponível: [https://ssrn.com/abstract=3098908]. Acesso: 17.03.2021.

[12] Abramovay, Ricardo. *Op. cit*, p. 4.

[13] Frazão, Ana. Tecnologia e regulação dos "novos serviços". Jota. 06.10.2016. Disponível: [https://www.jota.info/opiniao-e-analise/colunas/constituicao-empresa-e-mercado/tecnologia-e-regulacao-dos-novos-servicos-06102016]. Acesso: 17.03.2021.

No caso de plataformas de cessão onerosa de imóveis, busca-se enfatizar sua função de intermediário entre proprietários de imóveis ociosos e interessados em alugá-los por curto prazo. Como destaca a mesma jurista, a questão assume relevância sobretudo em razão da pressão competitiva que os novos serviços podem exercer sobre a economia tradicional e da necessidade de definição da regulação que deve incidir sobre os "novos serviços" – deve ser ela igual, híbrida ou totalmente distinta em relação à regulação já existente?

Destarte, para a atividade de cessão de imóvel intermediada por plataformas digitais, argumenta-se, no próximo tópico, que a inovação tecnológica não altera a natureza da contratação – que tem como objeto um imóvel para um curto período de tempo -, ainda que não seja possível enquadrar, com exatidão, essa modalidade contratual nas previsões existentes no ordenamento jurídico.

2. A natureza jurídica da cessão temporária de imóveis por meio das plataformas digitais

É bem de ver que há um processo de transformação contínua de práticas sociais e negociais que cria desafios para se encontrar soluções jurídicas para hipóteses do mundo real, impossíveis de serem antevistas pelo legislador.

Na hipótese, considerando os casos de cessão de imóveis intermediada por plataformas virtuais, o debate envolve a natureza jurídica da relação estabelecida entre o proprietário que cede onerosamente o seu imóvel, ou parte dele, por prazo determinado, e o respectivo cessionário, a quem caberá o seu uso.

Note-se que é muito comum a referência a plataformas de "locação" ou "hospedagem" por curto prazo, no entanto, para evitar confusão em relação à natureza jurídica do instituto, pensamos deva ser utilizado o termo "cessão".

Ademais, o debate interessa, para este texto, porque nos tópicos seguintes serão analisados os aspectos civis e criminais do monitoramento por câmeras nas acomodações e é importante verificar se a natureza jurídica da relação tem algum impacto nesta análise.

O imóvel disponibilizado nas plataformas virtuais, em geral, é uma casa ou integra um condomínio residencial edilício. É em relação aos condomínios residenciais que a discussão gera mais controvérsia. O tema, aliás, é objeto de discussão em diversas instâncias do Judiciário e aguarda definição pelo Superior Tribunal de Justiça[14]. No âmbito legislativo, é objeto de regulação pelo Projeto de Lei n. 2.474/2019[15].

De um lado, defende-se que a cessão temporária do imóvel que integra condomínio residencial não se enquadraria como locação para temporada, pois possui destinação comercial por meio da celebração de contratos atípicos de hospedagem, os quais, como regra, são vedados em convenção de condomínio residencial. Para corroborar esta conclusão, afirma-se que os contratos celebrados por intermédio da plataforma compreendem a prestação de múltiplos serviços, como portaria, segurança, limpeza e arrumação dos cômodos, elementos inerentes à configuração dos meios de hospedagem, conforme previsto no art. 23 da Lei nº 11.771/2008[16], que estabelece normas sobre a Política Nacional de Turismo.

De outro lado, argumenta-se que a disponibilização do imóvel, nesses termos, não constitui atividade de empresário, mantendo-se, ao revés, sua destinação residencial, razão pela qual possui a natureza de locação para temporada, prevista nos arts. 48 a 50 da Lei nº 8.245/91[17], que trata de locações de imóveis urbanos. Ainda que alguns serviços sejam prestados no âmbito do imóvel, cuida-se de atividade circunstancial, e não essen-

[14] STJ, REsp n. 1.819.075/RS.

[15] Projeto de Lei de autoria do Senador Angelo Coronel, que propõe a alteração da Lei n. 8.245, de 1991, "para disciplinar a locação de imóveis residenciais por temporada por meio de plataformas de intermediação ou no âmbito da economia compartilhada", fazendo inserir o art. 50-A à lei, nos seguintes termos: "Art. 50-A. É vedada a locação para temporada contratada por meio de aplicativos ou plataformas de intermediação em condomínios edilícios de uso exclusivamente residencial, salvo se houver expressa previsão na convenção de condomínio prevista no art. 1.333 da Lei n. 10.406, de 10 de janeiro de 2002 (Código Civil)."

[16] Lei nº 11.771/2008, Art. 23. Art. 23. Consideram-se meios de hospedagem os empreendimentos ou estabelecimentos, independentemente de sua forma de constituição, destinados a prestar serviços de alojamento temporário, ofertados em unidades de freqüência individual e de uso exclusivo do hóspede, bem como outros serviços necessários aos usuários, denominados de serviços de hospedagem, mediante adoção de instrumento contratual, tácito ou expresso, e cobrança de diária.

[17] Lei nº 8.245/91, Art. 48. Considera-se locação para temporada aquela destinada à residência temporária do locatário, para prática de lazer, realização de cursos, tratamento de saúde, feitura de obras em seu imóvel, e outros fatos que decorrem tão-somente de determinado tempo, e contratada por prazo não superior a noventa dias, esteja ou não mobiliado o imóvel. Parágrafo único. No caso de a locação envolver imóvel mobiliado, constará do contrato, obrigatoriamente, a descrição dos móveis e utensílios que o guarnecem, bem como o estado em que se encontram.

cial, diversamente do conjunto de serviços exigidos à caracterização da hospedagem.

A observação da realidade demonstra que as plataformas oferecem diferentes modalidades de disponibilização de imóveis por curto prazo. Acreditamos, por isso, que o debate não deve se pautar por soluções que seguem a lógica do "tudo ou nada": ou todas as cessões de imóveis por intermédio das plataformas são consideradas atividade de hotelaria e, portanto, vedadas em condomínios residenciais; ou todas são consideradas locação para temporada e, em geral, autorizadas.

É que a natureza jurídica desta modalidade contratual depende da análise específica da situação em cada caso, aproximando-se ora do modelo comercial de hospedagem, em nítida atividade empresarial, ora do modelo de locação para temporada, celebrada por pessoas físicas que buscam conferir destinação econômica ao imóvel. Como regra, na maior parte dos contratos que envolvem proprietários no âmbito de condomínios residenciais edilícios, não há qualquer destinação comercial[18]. Em razão disso, vale pontuar que as restrições impostas pelas convenções condominiais "*devem voltar-se à segurança e ao bom convívio social, visando dar concretude aos direitos e deveres dos condôminos, sem, contudo, retirar do proprietário a sua legítima prerrogativa de conferir destinação econômica ao imóvel*"[19], nos termos do art. 1.228 do Código Civil.[20]

3. A noção dinâmica do direito à privacidade

O direito à privacidade é uma expressão da dignidade da pessoa humana e a Constituição de 1988 o contempla ao dispor sobre o direito à intimidade e à vida privada como direitos fundamentais em seu art. 5º, inc. X: "são invioláveis a intimidade, a vida privada, a honra e a imagem das

[18] SALOMÃO, Luis Felipe; GRAÇA, Renata. A cessão temporária de imóveis por meio das plataformas digitais. *In:* NEVES, José Roberto de Castro; MELO, Marco Aurélio Bezerra de; ANDRADE, André Gustavo Andrade e GAULIA, Cristina Tereza (Orgs). *Lições de Direito Imobiliário. Homenagem a Sylvio Capanema de Souza.* Salvador: Juspodvim, 2021, p. 297-298.

[19] SALOMÃO, Luis Felipe; GRAÇA, Renata. *Op. cit*, p. 299.

[20] Art. 1.228 do Código Civil. O proprietário tem a faculdade de usar, gozar e dispor da coisa, e o direito de reavê-la do poder de quem quer que injustamente a possua ou detenha. § 1º O direito de propriedade deve ser exercido em consonância com as suas finalidades econômicas e sociais e de modo que sejam preservados, de conformidade com o estabelecido em lei especial, a flora, a fauna, as belezas naturais, o equilíbrio ecológico e o patrimônio histórico e artístico, bem como evitada a poluição do ar e das águas.

pessoas, assegurado o direito à indenização pelo dano material ou moral decorrente de sua violação". No mesmo sentido é a proteção consagrada no âmbito infraconstitucional, por meio da cláusula geral do art. 21 do Código Civil[21]. Outros aspectos relacionados ao direito à privacidade são tutelados pela Constituição, como a inviolabilidade de domicílio (art. 5º, inc. XI), a inviolabilidade do sigilo de correspondência, das comunicações telegráficas, de dados e das comunicações telefônicas (art. 5º, inc. XII) e a restrição à publicidade dos atos processuais (art. 5º, inc. LX).

Vida privada, intimidade e segredo não são sinônimos. Considerando todos como círculos concêntricos, a vida privada tem âmbito maior, que contém a intimidade, e o segredo é o círculo menor, inserido no círculo da intimidade. Por isso, o acesso aos círculos maiores (como a vida privada), não autorizam automaticamente o acesso aos círculos menores do mesmo titular (como a intimidade)[22].

Como narra-se a seguir, o conceito de privacidade é marcado por um dinamismo ao longo dos anos e, mais recentemente, a mudança do que se entende por direito à privacidade é decorrência, em boa medida, dos avanços tecnológicos que vêm impondo desafios à proteção da esfera individual das pessoas, sobretudo em razão do desenvolvimento das tecnologias da informação.

Na sua origem, como fica claro na publicação de Warren e Brandeis, norte-americanos que, em 1890, defenderam a construção jurídica do "direito de ser deixado só" (*right to be alone*)[23], o conceito de privacidade apresentava dimensão individualista, vista como o direito ao isolamento individual, de ter a sua vida íntima resguardada em relação à esfera pública. Esta concepção se explica, na lição do italiano Stefano Rodotá, pelas circunstâncias do nascimento da privacidade, associada à desagregação da sociedade feudal e ao desenvolvimento da sociedade burguesa na segunda metade do século XIX.

[21] Código Civil Brasileiro: "Art. 21. A vida privada da pessoa natural é inviolável, e o juiz, a requerimento do interessado, adotará as providências necessárias para impedir ou fazer cessar ato contrário a esta norma."

[22] Chinellato, Silmara Juny (coord.); Costa, Machado (org.). *Código Civil Interpretado: artigo por artigo, parágrafo por parágrafo*. Manole: São Paulo, 2018 (versão Kindle).

[23] Warren, Samuel D; Brandeis, Louis D. The Right to Privacy. *Harvard Law Review*, vol. 4, no. 5, dec. 1890, pp. 193-220. Disponível: [https://www.cs.cornell.edu/~shmat/courses/cs5436/warren-brandeis.pdf]. Acesso: 17.03.2021.

É que no regime feudal da Idade Média, o isolamento era privilégio de pouquíssimos, até mesmo pelas formas de construção das habitações, que não isolava o local de trabalho daquele da moradia. Esta possibilidade, no entanto, foi se ampliando na Idade Moderna para a classe burguesa, que reunia condições materiais que lhe permitia satisfazer o desejo de separação da vida privada da vida em comunidade, mantendo excluída a classe operária neste primeiro momento. A tutela da privacidade, não por acaso, passou a ser moldada "com base naquele característico do direito burguês por excelência, a propriedade"[24].

As transformações na sociedade impostas pelas tecnologias da informação e a importância que ganhou a discussão sobre a circulação e o controle de informações pessoais implicaram em uma redefinição do conceito. A compreensão do direito de privacidade, além de se referir ao "direito de estar só" –que tem um aspecto essencial e continua sendo aplicado para impedir o acesso a informações que refletem a clássica necessidade de sigilo, como as relacionadas à saúde ou a hábitos sexuais – , passa a incluir também o "*direito de manter o controle sobre as próprias informações*", nas palavras de Rodotá[25].

É que a tecnologia faz a esfera privada exposta a contínuas ameaças, o que tornou necessária uma ampliação da definição de privacidade, para que outras categorias de informações recebessem proteção jurídica, em especial aquelas que têm o potencial de serem usadas para finalidades discriminatórias.

É o caso dos dados relacionados a origem racial ou étnica, convicção religiosa e opinião política, os quais, embora sejam manifestados pelos indivíduos na esfera pública, em eventos religiosos ou políticos comunitários, passam a receber, também, proteção como dados integrantes da sua esfera privada, diminuindo a fronteira entre estas duas esferas. Não por acaso, as legislações de proteção de dados, a exemplo da Lei Geral de Proteção de Dados brasileira (Lei 13.709/2018, art. 5º, inc. II), conferem proteção reforçada a tais informações ao considerá-las dados pessoais sensíveis.

Esta ampliação da tutela da privacidade exigiu uma maior transparência das ações praticadas pelos órgãos públicos e entidades privadas que coletam e utilizam as informações pessoais,justamente para conferir

[24] RODOTÁ, Stefano. *A vida na sociedade da vigilância – a privacidade hoje*. Organização, apresentação e seleção de Maria Celina Bodin de Moraes. Trad: Danilo Doneda e Luciana Cabral Doneda. Rio de Janeiro: Renovar, 2008, p. 27.

[25] RODOTÁ, Stefano. *Op. cit*, p. 92-93.

efetividade ao poder de controle do indivíduo. O direito deste ter *acesso* às informações disponibilizadas passou a assumir especial relevância. É que as tecnologias digitais permitem a vendedores e fornecedores de serviços, assim como a órgãos públicos, a aquisição de uma diversidade de informações pessoais, desde hábitos de consumo a orientações políticas, criando uma estrutura que permite a *vigilância* sobre os usuários e cidadãos[26], com todos os riscos inerentes a isto, em especial os relacionados à violação de privacidade.

A chamada "sociedade da vigilância" apresenta diversos aspectos complexos para serem tratados neste texto. Interessa-nos, para o objeto de estudo, a associação entre a vigilância e a segurança[27]. A vigilância por meio de câmeras de vídeo, disseminadas em espaços públicos e privados, aparece como expressão do controle sobre comportamentos inadequados ou ilícitos. Seu uso deve ser avaliado, portanto, à luz dos riscos que oferece à privacidade.

4. Segurança, vigilância e câmeras no interior das acomodações

As plataformas de locações digitais estabelecem padrões para ajudar a direcionar o comportamento de anfitriões e hóspedes/locatários.

Estabelece o Airbnb que *"câmeras não são permitidas na sua acomodação, a não ser que sua presença tenha sido informada previamente e que elas estejam visíveis; a presença de câmeras é proibida em espaços privados (como banheiros ou quartos de dormir)"*[28].

Impende, de saída, uma observação com relação à finalidade do monitoramento.

As câmeras de vídeo utilizadas nos imóveis disponíveis nas plataformas virtuais, ao captarem as imagens e as transmitirem para o sistema de controle, têm a função de vigilância e de segurança. Desta forma, é preciso distinguir duas situações: (i) quando voltadas para a área *externa* do imóvel, o monitoramento por câmeras fundamenta-se no receio de ocorrência de roubos ou outros prejuízos ao patrimônio, razão pela qual a medida funciona como segurança tanto para o proprietário quanto para os ocu-

[26] RODOTÁ, Stefano. *Op. cit*, p. 194-195.

[27] FILHO, Eduardo Tomasevicius. Em direção a um novo 1984? A tutela da vida privada entre a invasão de privacidade e a privacidade renunciada. *R. Fac. Dir. Univ. São Paulo*, v. 109, jan./dez. 2014, p. 129 – 169, aqui, p. 149.

[28] Disponível: [https://www.airbnb.com.br/trust/home-safety]. Acesso: 17.03.2021.

pantes. Nestes casos, se atos dos ocupantes ocorrem nestes locais acessíveis ao público, eles próprios estão expondo a sua intimidade, motivo pelo qual o registro das imagens pelos proprietários não configura ilícito; (ii) quando instaladas no *interior* da acomodação, podem servir igualmente para a proteção patrimonial contra danos praticados pelos próprios ocupantes ou para controlar a quantidade máxima de pessoas autorizada no local, conforme pactuado; no entanto, nestas situações, as câmeras funcionam também como vigilância constante dos ocupantes, gerando inegável desconforto. Em poucas palavras: o proprietário se faz onipresente.

É a segunda situação acima que merece análise cuidadosa de suas repercussões civis, pois é preciso estabelecer medidas para preservar a inafastável importância do direito à privacidade dos ocupantes do imóvel, como realização da dignidade da pessoa humana. No entanto, é bem verdade que, se devem ser garantidos os direitos fundamentais dos hóspedes/locatários, não é menos relevante que o proprietário tem alicerçado na Constituição Federal seu direito de propriedade e os instrumentos para sua defesa, lembrando que referido direito deve ser exercido de modo a cumprir sua função social (art. 5º, incs. XXII e XXIII).

Partindo das medidas propostas pelas plataformas virtuais de intermediação, citadas acima, será testado, na sequência, se são elas constitucionalmente adequadas.

Utilizamos a premissa de que, para que o proprietário possa usar as câmeras sem violar a privacidade dos ocupantes do imóvel, é indispensável que observe alguns requisitos: (i) deixar as câmeras visíveis, (ii) dar ciência prévia aos ocupantes de que estão sendo filmados e (iii) não as utilizar em cômodos destinados à intimidade (quartos de dormir e banheiros).

Violados estes requisitos, há ilícito civil, sujeito à reparação do dano.

O primeiro aspecto a ser observado no caso em análise é que se trata de uma relação entre particulares. Não se cuida, assim, da aplicação tradicional de direitos fundamentais nas relações entre o Poder Público e o indivíduo, em que apenas este é titular de direitos fundamentais. Nas relações entre particulares, como são as contratações envolvendo plataformas de intermediação de imóveis, os direitos fundamentais individuais aplicam-se de forma direta para ambas as partes[29].

[29] Alexy, Robert. Teoria dos direitos fundamentais. Trad: Virgílio Afonso da Silva. São Paulo: Malheiros, 2008, p. 532.

O segundo aspecto que merece atenção é que há um conflito entre o direito à privacidade dos ocupantes do imóvel e o direito à propriedade e à segurança do proprietário. Há uma aparente colisão de direitos fundamentais, havendo a necessidade de se fazer a ponderação para se chegar a um resultado constitucionalmente adequado. Como ensina Luís Roberto Barroso, esta técnica de decisão judicial aplica-se em casos difíceis, em que há normas de igual hierarquia conduzindo a resultados diversos, razão pela qual a subsunção é insuficiente para a resposta judicial[30]. Por meio da atribuição geral de pesos às normas em conflito, busca-se a solução moldada às peculiaridades do caso, resultando esta, de forma ideal, no "*não-sacrifício completo de um dos direitos fundamentais, bem como pela preservação, na medida do possível, da essência de cada um*"[31], por meio da utilização do princípio da proporcionalidade. Caso não seja viável a compatibilização dos direitos fundamentais em colisão, a decisão judicial determina qual deles deve prevalecer.

No caso das plataformas de intermediação, as medidas de defesa do patrimônio, por meio da instalação de câmeras, serão consideradas lícitas se forem indispensáveis e adequadas para a finalidade pretendida e se sua adoção se fizer pelo meio menos gravoso possível para os direitos de terceiros. É dizer, devem observar o princípio proporcionalidade.

Considerando os interesses em conflito, a privacidade dos ocupantes, de um lado, e o direito de propriedade e segurança do proprietário do outro, a instalação de (i) câmeras visíveis, (ii) com consentimento prévio dos ocupantes e (iii) fora de áreas de intimidade da acomodação, causa uma interferência aceitável no direito à privacidade, em razão do modo como é exercida a vigilância, e possui maior peso relativo do que os interesses dos ocupantes do imóvel.

Relembre-se, neste ponto, a natureza jurídica das modalidades contratuais celebradas por intermédio das plataformas virtuais, conforme visto no tópico 2 deste texto.

As conclusões acima se aplicariam igualmente às contratações que se aproximam do modelo de locação para temporada (celebrada por pessoas

[30] Barroso, Luís Roberto. Curso de Direito Constitucional Contemporâneo. 5ª ed. Rio de Janeiro: Saraiva, 2015, p. 374-377. Uma análise detalhada sobre ponderação é feita em: Barcellos, Ana Paula de. *Ponderação, Racionalidade e Atividade Jurisdicional.* Rio de Janeiro: Renovar, 2005.

[31] Sarlet, Ingo Wofgang. A eficácia dos direitos fundamentais. 7 ed. rev. Porto Alegre: Livraria do advogado, 2007, p. 407.

físicas que buscam conferir destinação econômica ao imóvel) e às que seguem o modelo comercial de hospedagem, em nítida atividade empresarial? Poder-se-ia alegar, em relação ao modelo de hospedagem, que o risco inerente à atividade empresarial, assumido pelo proprietário, o impediria de instalar câmeras de monitoramento no interior da acomodação. Não se deve esquecer, no entanto, que além do direito de propriedade do titular, possui ele liberdade para o exercício de sua atividade empresarial. Portanto, a princípio, ainda que se trate de contratação que se aproxima do modelo comercial de hospedagem, podem ser instaladas câmeras, com observância dos mesmos requisitos previstos para as demais contratações.

É indispensável, frise-se, em quaisquer contratações, informar previamente aos ocupantes que há câmeras na acomodação, com demonstração cabal posterior quanto a ciência das partes; do contrário, há desrespeito ao critério da confiança recíproca e da boa-fé objetiva que deve pautar as relações contratuais celebradas por intermédio das plataformas virtuais.

Diversa é a situação quando a utilização das câmeras de vídeo foge aos padrões e requisitos previstos nos itens (i), (ii) e (iii) acima: referimo-nos às câmeras escondidas, em qualquer cômodo do imóvel, ainda que em áreas de não intimidade, assim como às câmeras visíveis, cuja presença não é informada aos ocupantes ou instalada nos locais reservados à intimidade.

Nestes casos, possui maior peso o direito à privacidade dos ocupantes do imóvel, já que merece preferência os valores existenciais em detrimento dos meramente patrimoniais.

As conclusões acima vêm sendo aplicadas a outros tipos de relações jurídicas.

Os empregados conhecem bem as situações de monitoramento nos locais de trabalho. Na esfera trabalhista, a adoção de câmeras pelos empregadores vem sendo considerada uma medida lícita de controle e fiscalização da prestação de serviços, expressão do poder diretivo sobre a atividade econômica, desde que não afete o núcleo essencial do direito à privacidade do empregado. Afeta, no entanto, este núcleo essencial e constitui ato ilícito, conforme reconhece a jurisprudência do Tribunal Superior do Trabalho, a "utilização de câmeras espiãs ou a instalação de câmeras em recintos que fossem destinados ao repouso dos funcionários ou que pudessem expor partes íntimas dos empregados, como banheiros ou vestiários"[32].

[32] Ver notícia em relação à decisão unânime da 1ª Turma do Tribunal Superior do Trabalho no processo RR-21162-51.2015.5.04.0014: TST. Fiscalização de empregados por meio de câmeras

O quadro acima desenhado chama a atenção para o constante uso de câmeras de monitoramento nas acomodações disponibilizadas em plataformas de intermediação. Esta constatação põe à prova um dos aspectos que enfatizamos no tópico 1 deste texto, quando tratamos da economia de compartilhamento. Uma das mudanças destacadas pela doutrina, decorrentes da junção da cooperação social com as tecnologias digitais, seria o surgimento de uma economia baseada na *confiança* existente nas relações interpessoais. Esta "confiança entre estranhos" poderia ser alcançada, por exemplo, por meio do uso constante da classificação do cliente.

Entretanto, a desconfortável presença de câmeras no interior de acomodações em que famílias ou amigos passam férias ou casais buscam um momento a sós, é um forte sinal de que o sucesso das contratações por meio das plataformas virtuais não está tão associado à confiança entre pessoas estranhas, mas, sim, verdadeiramente, a altos níveis de *vigilância* que marcam os modelos de negócio inseridos na economia de compartilhamento[33].

Além plataformas que prestam serviços para cessão de imóveis, esta lógica se observa, por exemplo, nas plataformas de serviços de compartilhamento de carona, em que diversos motoristas usam câmeras do painel para se proteger contra alegações inverídicas feitas por passageiros. Os usuários, por sua vez, podem monitorar a rota do motorista enviando tanto sua movimentação em tempo real quanto pedidos de ajuda para conhecidos ou serviços de emergência. O tema extrapola o objetivo deste texto, mas vale a reflexão.

5. A repercussão criminal da violação da privacidade

No caso narrado na introdução acima, em janeiro de 2018, no Brasil, usando a plataforma do Airbnb para reservar um *studio*, um casal encontrou uma câmera escondida que gravava todo o ambiente, inclusive a área do quarto. Logo após desligar o aparelho, o casal recebeu uma ligação do proprietário perguntando o que tinha acontecido, o que leva a crer que havia transmissão das imagens em tempo real. À época, a conduta de filmar o interior de um imóvel para captar imagens íntimas, sem o consentimento dos ocupantes,

em locais coletivos é considerada lícita. 11 Set 2020. Disponível: [https://www.tst.jus.br/-/fiscaliza%C3%A7%C3%A3o-de-empregados-por-meio-de-c%C3%A2meras-em-locais-coletivos-%C3%A9-considerada-l%C3%ADcita]. Acesso: 17.03.2021.

[33] Whelan, Glen. *Op, cit*, p. 9-10.

embora configurasse evidente ilícito civil, não tipificava ilícito penal, por ausência de previsão legal[34].

Situações como esta ensejaram a criação do tipo penal do art. 216-B, inserido nos crimes contra a dignidade sexual no Código Penal, vindo a preencher a lacuna que havia em relação à conduta de filmar a prática de atos sexuais entre terceiros.

Sob esse pano de fundo, selecionamos duas situações fáticas para análise, por serem mais recorrentes na prática: (i) filmagens por meio de câmeras *escondidas* no interior de quaisquer acomodações disponibilizadas nas plataformas e (ii) filmagens por meio de câmeras visíveis, *sem o consentimento* dos ocupantes, no interior das acomodações, em locais destinados ou não à intimidade (como quartos de dormir e banheiros).

Esclareça-se que as situações acima podem ocorrer em imóveis em que a pessoa física o aluga eventualmente para temporada assim como em imóveis vinculados a serviços de hospedagem, em nítida atividade empresarial, ambos disponibilizados pelas plataformas.

Se preenchidos os elementos do tipo penal, tais situações poderiam configurar o crime previsto no art. 216-B do Código Penal – CP (registro não autorizado da intimidade sexual), inserido no diploma penal pela Lei nº 13.772, de dezembro de 2018:

> Art. 216-B.Produzir, fotografar, filmar ou registrar, por qualquer meio, conteúdo com cena de nudez ou ato sexual ou libidinoso de caráter íntimo e privado sem autorização dos participantes:
>
> Pena – detenção, de 6 (seis) meses a 1 (um) ano, e multa.
>
> Parágrafo único.Na mesma pena incorre quem realiza montagem em fotografia, vídeo, áudio ou qualquer outro registro com o fim de incluir pessoa em cena de nudez ou ato sexual ou libidinoso de caráter íntimo.

Nesta figura típica, os bens jurídicos protegidos são a dignidade sexual de qualquer pessoa e a sua intimidade sexual, assim como, de forma ampla,

[34] CUNHA, Rogério Sanches. Breves comentários às Leis 13.769/18 (prisão domiciliar), 13.771/18 (Feminicídio) e 13.772/18 (registro não autorizado de nudez ou ato sexual). Disponível em: [https://meusitejuridico.editorajuspodivm.com.br/2018/12/20/breves-comentarios-leis-13-76918-prisao-domiciliar-13-77118-feminicidio-e-13-77218-registro-nao-autorizado-de-nudez-ou-ato-sexual/] Acesso: 17.03.2021.

a privacidade, valores de elevada importância a serem protegidos pelo direito penal.

O sujeito ativo de um crime é quem que pode praticar a conduta descrita no tipo e o sujeito passivo, além de ser sempre o Estado, que teve suas leis desobedecidas com o ilícito, é também "o titular do bem ou interesse juridicamente tutelado sobre o qual recai a conduta criminosa".[35] Em relação ao art. 216-B, suas condutas podem ser cometidas por qualquer pessoa, cuidando-se de um crime comum.

No caso antes referido, o sujeito ativo, em geral, será o proprietário ou quem detém a posse do imóvel e o disponibiliza na plataforma virtual. Em se tratando de imóveis vinculados essencialmente a serviços de hospedagem, o gerente, por vezes, poderá ser o sujeito ativo, a depender da sua ciência sobre a existência das gravações indevidas. Por sua vez, o sujeito passivo é o locatário ou o hóspede do imóvel, assim como todos aqueles que tiveram sua privacidade violada no ambiente filmado, ainda que não figurem no contrato celebrado por intermédio da plataforma. É o caso, por exemplo, de eventuais visitantes do locatário que tenham passado a noite na acomodação e suas cenas de intimidade filmadas.

A conduta punida inclui a de filmar imagens de alguém por meio de vídeo, bem como produzir, fotografar ou registrar, por qualquer meio, conteúdo com cena de nudez ou ato sexual ou libidinoso de caráter íntimo e privado, sem autorização dos participantes.

Obviamente, a concordância dos hóspedes/locatários com a presença de câmeras visíveis em espaços que não sejam de intimidade da acomodação, não exclui a ilicitude penal de filmagens que ocorram nos espaços privados, como banheiros ou quartos de dormir.

Note-se que, em atenção ao princípio da fragmentariedade, o legislador não incluiu no tipo penal do art. 216-B as situações em que não há cenas de nudez, ato sexual ou libidinoso de caráter íntimo e privado. Desta forma, se não forem captadas as referidas cenas, a conduta de filmar terceiros no interior do imóvel, ainda que usando câmeras escondidas ou sem o consentimento, não configura o tipo penal do art. 216-B, sob pena de violar o princípio da legalidade (art. 1º do CP), remanescendo apenas o ilícito civil.

[35] GRECO, Rogério. *Curso de direito penal: parte especial.* 7. Ed, v. 2. Rio de Janeiro: Impetus, 2010, p. 54-55.

Com relação aos elementos subjetivos, o tipo penal é doloso, exigindo a consciência e vontade do responsável pelo imóvel de praticar as condutas.

A consumação está condicionada ao evento naturalístico, ou seja, à ocorrência de uma das ações típicas, as quais admitem tentativa. Por exemplo, se o casal que citamos no início deste tópico tivesse percebido o uso da câmera escondida antes que fossem feitas as filmagens das cenas de intimidade e paralisassem a gravação, haveria tentativa.

Por fim, a divulgação das cenas é indiferente para a consumação, podendo configurar o crime do artigo 218-C, em concurso material.

Se a vítima das filmagens por câmera escondida ou não autorizada, nas duas situações acima descritas, for criança ou adolescente, deve-se verificar se o fato configura o crime previsto no Estatuto da Criança e do Adolescente – ECA (Lei 8.069/90). A Lei nº 11.829/2008 deu nova redação ao art. 240 do ECA:

> Art. 240.Produzir, reproduzir, dirigir, fotografar, filmar ou registrar, por qualquer meio, cena de sexo explícito ou pornográfica, envolvendo criança ou adolescente:
>
> Pena – reclusão, de 4 (quatro) a 8 (oito) anos, e multa.

O tipo penal do art. 240 do ECA protege a dignidade sexual, a liberdade sexual e a privacidade, além da integridade física, psíquica e moral do menor[36].

O legislador, pela redação alterada do art. 240, considerou ilícita a conduta daquele que pratica os verbos nucleares do tipo penal, tais como filmar ou registrar, por qualquer meio, cena de sexo explícito ou pornográfica, envolvendo criança ou adolescente, independentemente do consentimento destes ou de seus pais. As condutas podem ser cometidas por qualquer pessoa, cuidando-se de um crime comum. O tipo subjetivo é doloso e a consumação se dá com a ocorrência de uma das ações típicas, as quais admitem tentativa.

Portanto, para a configuração desta figura típica, é preciso demonstrar o dolo do proprietário da acomodação, ou do responsável por esta, de fazer as filmagens envolvendo criança ou adolescente.

[36] CONDACK, Cláudia Canto. Curso da Criança e do Adolescente – IBDFAM (Instituto Brasileiro de Direito de Família). Coord: MACIEL, Katia Regina F.L.A. 4.ed. Lumen Iuris: Rio de Janeiro, 2011, p. 920.

Conclusões

A admissão do monitoramento por câmeras de vídeo no interior de imóveis disponibilizados em plataformas virtuais afirma-se como uma estratégia constitucionalmente adequada para a acomodação de valores existenciais e patrimoniais, desde que sejam observados os requisitos listados no texto, quais sejam, a instalação de (i) câmeras visíveis, (ii) com consentimento prévio dos ocupantes e (iii) fora de áreas de intimidade da acomodação. Nestas circunstâncias, as câmeras causam uma interferência aceitável no direito à privacidade, em razão do modo como é exercida a vigilância, e possui maior peso relativo do que os interesses dos ocupantes do imóvel.

Além da responsabilidade civil, se a filmagem envolver cenas de nudez ou atos libidinosos de caráter íntimo, sem autorização dos participantes, a infração pode configurar o tipo penal do art. 216-B, do Código Penal.

A frequência com que ocorrem episódios envolvendo gravações por câmeras escondidas ou não autorizadas em acomodações, um dos motivos que ensejou, aliás, a criação da figura típica, demonstra como a vigilância está presente nos modelos de negócio inseridos na economia de compartilhamento.

Abusos na utilização do monitoramento interferem ilegalmente na esfera privada dos ocupantes do imóvel e podem causar danos irreparáveis, inclusive a sua integridade psíquica.

Curiosa e paradoxalmente, a chamada economia da confiança, que tem como uma de suas marcas a construção de relações entre estranhos baseadas na confiança interpessoal, parece ter seus bons resultados dependentes de um constante monitoramentoentre usuários e fornecedores. Reduzir a vigilância praticada por estes modelos de negócio aumentaria a privacidade, no entanto, poderia colocar em risco a eficiência e o sucesso que as plataformas vêm alcançando.

Vigiar as refeições, vigiar o sono, vigiar o lazer...os problemas relacionados à falta de privacidade que George Orwell apontava no livro "1984" podem ter pontos de contato com a realidade atual. "*The big brother is watching you*", diziam os letreiros e avisos espalhados pela cidade retratada no livro[37].

[37] ORWELL, George. 1984. Trad: Wilson Veloso. São Paulo: Companhia Editora Nacional, 1953.

Referências

ABRAMOVAY, Ricardo. A Economia Híbrida do Século XXI, in COSTA, Eliane; AGUSTINI, Gabriela (orgs) De Baixo para Cima. Rio de Janeiro: Aeroplano, 2014. Disponível: [http://ricardoabramovay.com/wp-content/uploads/2015/02/A-Economia-H%C3%ADbrida_do-S%C3%A9culo-XXI_De-Baixo-para-Cima_Abramovay_12_2014.pdf].

ALEXY, Robert. Teoria dos direitos fundamentais. Trad: Virgílio Afonso da Silva. São Paulo: Malheiros, 2008.

BARROSO, Luís Roberto. Curso de Direito Constitucional Contemporâneo. 5ª ed. Rio de Janeiro: Saraiva, 2015.

CHINELLATO, Silmara Juny (coord.); COSTA, Machado (org.). *Código Civil Interpretado: artigo por artigo, parágrafo por parágrafo*. Manole: São Paulo, 2018.

CONDACK, Cláudia Canto. Curso da Criança e do Adolescente – IBDFAM (Instituto Brasileiro de Direito de Família). Coord: MACIEL, Katia Regina F.L.A. 4.ed. Lumen Iuris: Rio de Janeiro, 2011.

CUNHA, Rogério Sanches. Breves comentários às Leis 13.769/18 (prisão domiciliar), 13.771/18 (Feminicídio) e 13.772/18 (registro não autorizado de nudez ou ato sexual). Disponível em: [https://meusitejuridico.editorajuspodivm.com.br/2018/12/20/breves-comentarios-leis-13-76918-prisao-domiciliar-13-77118-feminicidio-e-13-77218-registro-nao-autorizado-de-nudez-ou-ato-sexual/]

FILHO, Eduardo Tomasevicius. Em direção a um novo 1984? A tutela da vida privada entre a invasão de privacidade e a privacidade renunciada. R. Fac. Dir. Univ. São Paulo, v. 109, jan./dez. 2014, p. 129-169.

FRAZÃO, Ana. Tecnologia e regulação dos "novos serviços". Jota. 06.10.2016. Disponível: [https://www.jota.info/opiniao-e-analise/colunas/constituicao-empresa-e-mercado/tecnologia-e-regulacao-dos-novos-servicos-06102016].

GRECO, Rogério. Curso de direito penal: parte especial. 7. Ed, v. 2. Rio de Janeiro: Impetus, 2010.

MCAFEE, Andrew; BRYNJOLFSSON, Erik. Race against the machine: how the digital revolution is accelerating innovation, driving productivity, and irreversibly transforming employment and the economy. MIT Sloan School of Management, Jan. 2012. Disponível: [http://digital.mit.edu/research/briefs/brynjolfsson_McAfee_Race_Against_the_Machine.pdf].

MCKNIGHT, Lee W; BAILEY, Joseph P. An introduction to internet economics. MIT Press Cambridge, MA, v.1, issue 1&2, Jan. 1995. Disponível: [https://quod.lib.umich.edu/cgi/t/text/idx/j/jep/3336451.0001.123/--introduction-to-interneteconomics?rgn=main;view=fulltext].

ORWELL, George. 1984. Trad: Wilson Veloso. São Paulo: Companhia Editora Nacional, 1953.

RODOTÁ, Stefano. A vida na sociedade da vigilância – a privacidade hoje. Organização, apresentação e seleção de Maria Celina Bodin de Moraes. Trad: Danilo Doneda e Luciana Cabral Doneda. Rio de Janeiro: Renovar, 2008.

SALOMÃO, Luis Felipe; GRAÇA, Renata. A cessão temporária de imóveis por meio das plataformas digitais. In: NEVES, José Roberto de Castro; MELO, Marco Aurélio Bezerra de; ANDRADE, André Gustavo Andrade e GAULIA, Cristina Tereza (Orgs). *Lições de Direito Imobiliário. Homenagem a Sylvio Capanema de Souza.* Salvador: Juspodvim, 2021.

SARLET, Ingo Wofgang. A eficácia dos direitos fundamentais. 7 ed. Porto Alegre: Livraria do advogado, 2007.

SOUZA, Carlos Affonso Pereira de; LEMOS, Ronaldo. Aspectos jurídicos da economia do compartilhamento: função social e tutela da confiança. In: *Revista de Direito da Cidade,* vol. 8, n. 4, 2016. Disponível: [https://www.e-publicacoes.uerj.br/index.php/rdc/article/view/25740].

WARREN, Samuel D; BRANDEIS, Louis D. The Right to Privacy. Harvard Law Review, vol. 4, no. 5,dec. 1890, pp. 193-220. Disponível: [https://www.cs.cornell.edu/~shmat/courses/cs5436/warren-brandeis.pdf].

WHELAN, Glen. Trust in Surveillance: A Response to Etzioni. Journal of Business Ethics. Jan, 2018. Disponível: [https://ssrn.com/abstract=3098908].

9
TRATAMENTO DE DADOS EM MATÉRIA PENAL: O DESAFIO DE CONSOLIDAÇÃO DE UMA NOVA INSTITUCIONALIDADE INFORMACIONAL

Marcela Mattiuzzo
Nathalie Fragoso

1. Panorama regulatório e estado atual da discussão

A clareza do fundamento e dos limites da atuação de agentes do Estado – também na prevenção, identificação, processamento e responsabilização de crimes – está entre os componentes clássicos de um Estado de Direito. A histórica fragilidade desses limites soma-se à aceleração dos processos de datificação do sistema penal, com a incorporação de tecnologias à atuação de suas agências e consequências, que apenas começam a ser exploradas[1], no ensejo da aplicação setorial específica dos princípios de proteção de dados em âmbito criminal. O objetivo deste artigo é abordar, de maneira sintética, qual é hoje o regramento conferido no ordenamento jurídico brasileiro à proteção de dados pessoais em âmbito penal. A fim de levar a cabo esse objetivo, buscaremos, primeiramente, trazer um panorama do estado atual da discussão e das normas que dizem respeito ao tema.

Cabe, antes de mais nada, enfatizar que a Lei nº 13.709/2018, também conhecida como Lei Geral de Proteção de Dados Pessoais (ou LGPD) é a primeira lei brasileira que confere um tratamento amplo e sistemático à temática dos dados pessoais no país. Em matéria penal, porém, há uma especificidade de grande relevância nessa legislação: seu art. 4º, III, expli-

[1] Ver: **Lagesons, S.** (2021). "Digital Punishment." *In Direitos Fundamentais e Processo Penal na Era Digital*. São Paulo, Brasil: InternetLab.

cita que a lei não se aplica para tratamento de dados pessoais "realizado para fins exclusivos de (a) segurança pública, (b) defesa nacional, (c) segurança do Estado; ou (d) atividades de investigação ou repressão de infrações penais." Em outras palavras, a lei estabelece uma exceção que a torna inaplicável à seara penal típica. O mesmo art. 4º determina também, em seu §1º, que haverá processo legislativo específico para reger os tratamentos que se enquadrem nas hipóteses do inciso III.

Ou seja, apesar de existir hoje no Brasil uma legislação geral especificamente voltada ao tratamento de dados pessoais, que traz regras tanto para o setor privado quanto para o poder público, a seara penal encontra-se fora de sua esfera de aplicação. Poderíamos daí concluir que, consequentemente, sequer há que se falar em tratamento de dados pessoais em âmbito penal, pelo menos enquanto não houver a edição da lei referenciada no art. 4º da LGPD. Há dois fatores, no entanto, que tornam essa afirmação inverídica. Em primeiro lugar, o próprio §1º do art. 4º já afirma que a lei que vier a ser editada deverá observar "o devido processo legal, os princípios gerais de proteção e os direitos do titular" previstos na Lei 13.709/2018. Daí é possível concluir que, de alguma maneira, princípios e direitos previstos na legislação hoje existente seriam aplicáveis genericamente às atividades de tratamento para fins de segurança pública ou investigações, mesmo enquanto não há regra mais explícita sobre o tema.

Em segundo lugar, uma mudança constitucional recente[2] transformou o direito à proteção de dados pessoais em um direito fundamental previsto de maneira expressa no art. 5º, LXXIX, da Constituição Federal,[3] passando a obrigar todos os poderes do Estado em sua realização. Por conta do seu status constitucional, é evidente que esse direito se aplica mesmo na ausência da lei específica que regulamente o tema em detalhe.

Em outras palavras, há um consenso de que existe alguma obrigatoriedade de respeito a princípios e regras de proteção de dados pessoais na seara criminal, mas pouca clareza sobre como exatamente tais regras, princípios e direitos se aplicariam em concreto a este campo da ação estatal particularizado pela severidade das suas sanções. Nesse contexto, é de grande relevância debater o anteprojeto de lei que pretende concretizar os

[2] Levada a cabo por meio da PEC 17/2019. Para acesso completo à tramitação legislativa: https://www25.senado.leg.br/web/atividade/materias/-/materia/135594

[3] LXXIX – é assegurado, nos termos da lei, o direito à proteção dos dados pessoais, inclusive nos meios digitais.

ditames do art. 4º, §1º da LGPD, já que ele é uma proposta de sedimentação de tais regras e, ainda que não esteja em vigor – e na realidade sequer tenha ainda sido formalmente iniciado o processo legislativo – é fonte de reflexões importantes sobre a temática que aqui propomos debater.

1.1. A LGPD Penal: o anteprojeto

Em novembro de 2019, na Câmara dos Deputados, foi instituída uma comissão de juristas voltada a debater e efetivamente propor aquilo que viria a ser um anteprojeto para a assim chamada "LGPD penal". Presidida pelo ministro do Superior Tribunal de Justiça, Nefi Cordeiro, e composta por outros 13 membros,[4] a comissão apresentou um ano depois sua proposta. Como elencado na exposição de motivos do texto, o anteprojeto tem 12 capítulos e 68 artigos e está inspirado, principalmente, na própria LGPD e também na Diretiva 680/2016 da União Europeia.[5]

O capítulo I do anteprojeto é voltado a trazer regras gerais que serão retomadas e mobilizadas pela proposta, mais especificamente estabelecer fundamentos de aplicação (art. 2º), seu escopo de aplicação (restringindo-o às hipóteses de segurança pública e persecução penal, nos artigos 3º e 4º), definições (art. 5º), princípios (art. 6º) e critérios de definição de titulares de dados (art. 7º).

O capítulo II, por sua vez, parte para considerações mais específicas sobre o tratamento de dados pessoais. Em particular, define as bases legais aplicáveis (art. 9º), estipula como se dará a colaboração entre poder público e setor privado (arts. 10 e 11), prevê a necessidade de elaboração de relatórios de impacto (art. 12 e 13), cria regras particulares para dados pessoais sigilosos – aqueles protegidos por sigilo constitucional ou legal (art. 14) e traz definições sobre o ciclo do tratamento (arts. 15 a 17).

O capítulo III aborda os direitos do titular, enquanto o capítulo IV define quem serão os agentes de tratamento de dados pessoais. O capítulo V, por sua vez, fala dos critérios de segurança e do sigilo dos dados,

[4] Antonio Saldanha Palheiro (vice-presidente), Laura Schertel Mendes (relatora), Pedro Ivo Velloso (secretário), Danilo Doneda, Davi Tangerino, Eduardo Queiroz, Heloisa Estellita, Humberto Fabretti, Ingo Sarlet, Jacqueline Abreu, Jorge Octávio Lavocat Galvão, Juliana Abrusio, Tércio Sampaio Ferraz Júnior e Vladimir Aras.

[5] A íntegra da exposição e do anteprojeto pode ser encontrada em: https://static.poder360.com.br/2020/11/DADOS-Anteprojeto-comissao-protecao-dados-seguranca-persecucao-FINAL.pdf

na medida em que o capítulo VI aborda acesso à informação e transparência. O capítulo VII, que a própria comissão esclarece ter forte influência de normativas dos EUA, traz regras sobre tecnologias de monitoramento e tratamento de dados de elevado risco, ao passo que o capítulo VIII fala em compartilhamento de dados, o IX sobre transferência internacional de dados e cooperação internacional, e o X sobre a unidade especial de proteção de dados em matéria penal. O capítulo XI estabelece sanções, e o XII traz disposições finais e transitórias.

Uma forma interessante e útil de analisar o conteúdo do anteprojeto, proposta pelo Lapin, é pensando sua divisão não propriamente em capítulos, mas sim em oito eixos temáticos, quais sejam: (1) o âmbito de aplicação da lei, (2) as suas condições de aplicação, (3) a base principiológica que a sustenta, (4) os direitos e obrigações que estabelece, (5) a segurança da informação, (6) as tecnologias de monitoramento, (7) a transferência internacional de dados e (8) a autoridade de supervisão.[6]

Refletindo com base nesses eixos, cabe destacar que, no que diz respeito à segurança da informação, o anteprojeto traz um nível de detalhamento bastante superior àquele que consta na LGPD, ainda que adote a mesma sistemática geral – ou seja, não determine de antemão e de forma exaustiva padrões técnicos que devem ser adotados pelos agentes de tratamento. Mas há um maior nível de pormenorização das finalidades específicas às quais a segurança da informação deve servir.

No que tange às tecnologias de monitoramento, por sua vez, vale enfatizar que o anteprojeto estabelece uma lógica bastante protetiva do titular, ao determinar que o seu uso dependerá de previsão legal específica (art. 42), e que tal previsão deverá tanto esclarecer como serão preservados os direitos do titular, quanto ser precedida de relatório de impacto. Essa avaliação de impacto, conforme esclarece o §2º do mesmo artigo 42, deverá ocorrer no bojo do próprio processo legislativo, por meio de AIR, que por sua vez deverá ser submetida à consulta pública.

O tema da transferência internacional de dados, que já é alvo de muitas polêmicas na própria LGPD, não é menos complexo no anteprojeto. Como

[6] Costa, Eduarda et al. HISTÓRICO DA LGPD PENAL: O QUE FOI FEITO ATÉ AQUI E QUAIS SÃO OS PRÓXIMOS PASSOS?. Lapin: PRIVACIDADE E PROTEÇÃO DE DADOS PESSOAIS, [S. l.], p. 1, 16 abr. 2021. Disponível em: https://lapin.org.br/2021/04/16/lgpd-penal-o-que-foi-feito-ate-aqui-e-quais-sao-os-proximos-passos/ Acesso em: 3 maio 2022.

esclarece o ITS-Rio,[7] o texto (art. 53), inspirado pela regulação europeia, entende que há três mecanismos-chave para viabilizar as transferências: (i) a decisão de adequação (art. 54), que reconhece nível de proteção de dados adequado no país ou organismo internacional para o qual a transferência se dará; (ii) o oferecimento de garantias adequadas (art. 55), que precisa estar lastreado em instrumento jurídico vinculante ou em avaliação de todas as circunstâncias inerentes à transferência; e (iii) derrogações excepcionais (art. 56), seja para proteger interesses vitais do titular ou de outra pessoa, seja para proteger seus interesses legítimos, inclusive o exercício de direito em âmbito processual, seja ainda para prevenir ameaça imediata e grave contra a segurança pública (do Brasil ou outro país) ou para permitir a cooperação jurídica internacional.

Em relação à autoridade supervisora, importante observar que a intenção é que o Conselho Nacional de Justiça (CNJ) seja responsável pela implementação da lei, por meio de uma unidade especial – a Unidade Especial de Proteção de Dados em Matéria Penal (UPDP), que seria inclusive responsável pela aplicação das sanções previstas na lei.

Sem adentrar em todos os detalhes da proposta (que serão abordados em mais pormenor nos itens que seguem), cumpre ressaltar que, desde a sua apresentação, o tema não caminhou no Congresso Nacional. Nenhum deputado, senador ou comissão apresentou o anteprojeto, e portanto ele ainda não foi formalmente convertido em projeto de lei – condição necessária para que os debates legislativos avancem. Sendo assim, permanece o cenário de incerteza identificado anteriormente.

Na medida em que ele está, ao menos no presente momento, distante de uma aprovação concreta, mas que permanece a necessidade de entender como os temas de proteção de dados pessoais se concretizam na esfera criminal, cabe identificar os desafios e legados, em normas e políticas, que certamente influenciarão a eficácia prospectiva da LGPD penal.

[7] VIOLA, Mario; HERINGER, L.; CARVALHO, C. O anteprojeto da LGPD Penal e as regras sobre a transferência internacional de dados pessoais. Instituto de Tecnologia e Sociedade do Rio, [S. l.], p. 1-19, 1 ago. 2021. Disponível em: https://itsrio.org/wp-content/uploads/2021/07/Relatorio-Transferencia-de-dados-pessoais.pdf Acesso em: 2 maio 2022.

2. Um legado lacunoso e o desafio de adequação

O anteprojeto aborda matérias de algum modo já alcançadas por diplomas anteriores e incidirá, se aprovado, sobre práticas correntes do Poder Público.

Assim, é possível dizer que o tratamento de dados sensíveis (art. 13), de dados sigilosos (art. 14), as decisões tomadas com base em tratamento automatizado de dados (art. 24), o compartilhamento de dados pessoais entre autoridades competentes e destas com outros órgãos do Poder Público não competentes (art. 45) e o uso de tecnologias de monitoramento (art. 42 e 43) são práticas que já se encontram em execução e, em algum nível, regulamentadas em leis ou normas infralegais. Os indivíduos já têm dados biométricos tratados para fins de identificação criminal; diversas capitais do país têm sua malha urbana vídeo-monitorada, inclusive com reconhecimento facial, no âmbito das respectivas políticas de segurança pública; dados bancários são compartilhados pela Receita Federal com o Ministério Público, para fins de denúncia por crime tributário; usuários da internet têm registros de acesso e conexão armazenados, para fins de eventual necessidade de identificação pela prática de ilícitos, possivelmente penais.

Essa regulação, no entanto, é hoje dispersa e lacunosa. Além disso, é possível dizer que não constituem propriamente normas de proteção de dados[8]. Importam, ainda assim, pois constituem legados institucionais com possíveis efeitos políticos, econômicos e organizacionais sobre a forma como a proteção de dados se configurará nesse setor.

É o que ocorre com o Marco Civil da Internet, por exemplo, que hoje regula o acesso de autoridades competentes a dados pessoais controlados por pessoas de direito privado. A lei estabelece o regime legal de fornecimento de dados cadastrais, registros de acesso e conexão e outros dados armazenados. Dispõe também sobre a guarda obrigatória de registros de

[8] Tanto, porque não estão orientadas a esta finalidade, como porque é possível dizer que se trata de normas de privacidade. Hert e Gutwirth (2006), diferenciam privacidade da proteção de dados, associando as primeiras a "ferramentas de opacidade" (orientadas para o estabelecimento de limites normativos ao poder), e as normas de proteção de dados e o processo penal a "ferramentas de transparência" (ou ferramentas que regulam e canalizam o poder). A proteção de dados teria, assim, por objetivo, oferecer salvaguardas procedimentais e viabilizar a responsabilização dos agentes de tratamento públicos e privados. Elas teriam sido aprovadas, não para proibir, mas para conformar o poder, promovendo responsabilidade viabilizando aos sujeitos dos dados uma oportunidade de contestar práticas abusivas.

conexão e acesso, criando um regime geral de conservação de dados desvinculado da configuração ou suspeita de ato ilícito para garantir a disponibilidade de dados eventualmente necessários para a identificação e responsabilização de usuários.

No Código de Processo Penal, por sua vez, há uma previsão específica disciplinando o acesso a dados de geolocalização (art. 13-B do CPP), "se necessário à prevenção e à repressão dos crimes relacionados ao tráfico de pessoas".

Interessante notar a relação que se estabelece entre tais normas e aquelas do anteprojeto. As disposições afins no anteprojeto (art. 11) não visam substituir tais normas, antes acrescentam-lhes salvaguardas procedimentais, estabelecendo expressamente critérios, alguns dos quais já presentes na legislação específica, para o fornecimento legal e consequentemente para impugnação de pedidos abusivos. Por exemplo, o §2º do art. 11 explicita que pedidos genéricos de autoridades administrativas ou judiciais não serão admitidos, exigindo a apresentação de fundamento legal de competência e também de motivação concreta, que já incorpore a adequação do pedido, a sua efetiva necessidade e proporcionalidade com o caso concreto. Dá ainda um passo em direção à transparência e ao direito de defesa, especialmente em âmbito penal, ao tornar regra a permissão para a notificação do titular de dados que tem suas informações compartilhadas.

Quanto a dados sensíveis, a Lei nº 12.654/2012 alterou a Lei nº 12.037/2009, que dispõe sobre a identificação criminal, e a Lei de Execução Penal e autorizou a criação de bancos de dados de perfil genético e a extração obrigatória de DNA de pessoas condenadas por crimes dolosos, com violência grave contra pessoa ou hediondos ou mediante autorização judicial. Em seguida, foi regulamentada pelo Decreto nº 7.950/2013, que criou o Banco Nacional de Perfis Genéticos e a Rede Integrada de Bancos de Perfis Genéticos. A adesão à rede integrada, que permite o compartilhamento e comparação de perfis genéticos que estejam em bancos da União, dos Estados e do Distrito Federal, depende da celebração de acordos de cooperação técnica entre a unidade federativa e o Ministério da Justiça (e da Segurança Pública). Uma série de resoluções do Comitê Gestor da Rede Integrada de Bancos de Perfis Genéticos, por sua vez, regulamentam os procedimentos de coleta obrigatória de material genético (Resolução 10/2018); as auditorias dos bancos (Resolução 12/2019); e o Manual de Procedimentos Operacionais da RIBPG (Resolução 14/2019).

A Lei Anticrime (Lei nº 13.964/2019) alterou novamente a Lei nº 12.037/2009, para prever também a criação do Banco Nacional Multibiométrico e de Impressões Digitais (art. 7º-C). O Banco Multibiométrico visa a armazenar dados de registros biométricos, de impressões digitais e de íris, face e voz, para subsidiar investigações criminais (art. 7º-C, §2º). A lei permite a coleta de dados de presos provisórios e definitivos e a respectiva integração com "os dados de registros constantes em quaisquer bancos de dados geridos por órgãos dos Poderes Executivo, Legislativo e Judiciário das esferas federal, estadual e distrital, inclusive pelo Tribunal Superior Eleitoral e pelos Institutos de Identificação Civil" (§5º), bem como o compartilhamento com bancos de dados e natureza civil, administrativa e eleitoral, limitando-se, neste caso, a impressões digitais e "informações necessárias para identificação do seu titular" (§6º). Os dados constantes no referido banco multibiométrico são protegidos por sigilo (§8º).

Mais um banco com dados sensíveis foi criado pela Lei nº 14.069/2020, o Cadastro Nacional de Pessoas Condenadas por Crime de Estupro. O cadastro, segundo a lei, compreende características físicas e dados de identificação datiloscópica; perfil genético; fotos; endereço; e atividade laboral nos últimos três anos, em caso de concessão de livramento condicional. O acesso aos dados do banco de dados entre os entes federativos, também nesse caso, ocorrerá mediante celebração de instrumento de cooperação.

Nesses casos, a relação do anteprojeto com a legislação já aprovada implica novas obrigações decorrentes da natureza dos dados, como a elaboração de relatório de impacto à proteção de dados pessoais, e possíveis tensões. Por exemplo, os dispositivos que endereçam dados sensíveis no anteprojeto condicionam seu tratamento à previsão em lei (art. 13) e à observância das salvaguardas ali previstas. Atribuem ainda a obrigação da elaboração de relatório de impacto à proteção de dados pessoais (art. 14) ao responsável pelo tratamento de dados.

Uma das tensões antecipáveis, quando observamos o Banco Multibiométrico, por exemplo, diz respeito ao compartilhamento de dados com autoridades não competentes, já que lei permite a integração de registros constantes de quaisquer bancos de dados dos três poderes. |Adiciona-se complexidade a essa dinâmica na medida em que, no anteprojeto, a regra é que o tratamento deve ser compatível com a finalidade original da coleta, observadas as expectativas legítimas de titulares de dados e os objetivos de políticas públicas que ensejaram a coleta original.

Há diversos outros casos que podem ser citados nesse mesmo sentido. A sistemática hoje existente não está pautada numa lógica de coleta adstrita a finalidades específicas, pelo contrário, não é incomum que primeiro se coletem as informações para depois verificar para quais finalidades concretas elas podem ser empregadas. O anteprojeto – e de maneira geral qualquer norma que venha a regulamentar o tratamento de dados pessoais na seara criminal – força uma inversão desse padrão. Como ressalta o art. 15, é necessário não só ter procedimentos estabelecidos para evitar coletas excessivas, como também mecanismos de descarte de dados coletados que eventualmente fujam das finalidades pretendidas.

Ou seja, é patente observar que já existe hoje um sem número de dispositivos normativos que de alguma forma toca no tema de proteção de dados pessoais na esfera penal. O mesmo, inclusive, se observava em relação à proteção de dados pessoais em âmbito geral antes da LGPD – ou seja, já existia um conjunto de regras que de alguma forma abordava o tema, com maior ou menor intensidade. Da mesma maneira que o foco da LGPD foi a criação de um regime geral, com a atribuição de direitos aos titulares e a procedimentalização dos mecanismos de tratamento, a LGPD penal seguirá num caminho semelhante. Ela moldará a aplicação dessas leis e regulamentos já existentes, para que estejam de acordo com as salvaguardas gerais que virá a atribuir aos titulares, passando a constituir um anteparo de garantias penais.

2.1. Instrumentos e horizontes de sistematização

Como adiantado acima, os princípios de proteção de dados, por efeito do art. 4, §1º da Lei 13.709/2018 e do art. 5º, LXXIX, da Constituição Federal, já incidem sobre o tratamento de dados para fins de segurança pública e investigações criminais. Ainda assim, há em aberto um desafio normativo, após o qual haverá também um desafio transicional. Afinal, é possível já reconhecer tensões que a LGPD, em vigor desde setembro de 2020, e os atuais termos do anteprojeto estabelecem com algumas das leis e outras normas infralegais que hoje organizam o tratamento de dados nas agências penais em geral.

Nos termos do art. 2º, §§ 1º e 2º da Lei de Introdução às Normas do Direito Brasileiro, lei posterior não revoga lei anterior, a menos que assim declare expressamente, e uma lei nova, que estabeleça disposições gerais em relação àquelas já existentes, não revoga nem modifica lei anterior.

Noutra frente, é grande o número de ações constitucionais que levaram à apreciação do Supremo Tribunal Federal a violação à proteção de dados pessoais, mesmo antes da entrada em vigor da LGPD, como é o caso da ADI 6387 (ADI 6388, ADI 6389,ADI 6390 e ADI 6393) contra a MP nº 950/2020. Com a eventual aprovação do anteprojeto da LGPD Penal, mas mesmo antes dela, é possível antecipar litígios buscando promover certa congruência de expectativas normativas, hoje ameaçadas pela pendente adequação de práticas das agências penais à proteção de dados.

Especificamente quanto ao anteprojeto, cabe ainda indicar que, em suas disposições finais, o art. 68 estabelece que "a adequação do tratamento de dados às normas previstas nesta lei deverá ser implementada pelos agentes de tratamento até a sua entrada em vigor", sob pena de ser considerado ilícito, cabendo ao CNJ a supervisão de seu cumprimento, através de orientações e normas sobre a adequação progressiva de bancos de dados constituídos até a entrada em vigor da lei. Além disso, a Unidade Especial de Proteção de Dados em Matéria Penal é amparada por poderes normativos e prerrogativas instrutórias, fiscalizatórias e sancionatórias (art. 62 e incisos).

Não estamos, portanto, diante da ausência normas que orientem a transição para adequação à nova lei ou vias de conformação de práticas já consolidadas, já que se prevê instrumentos e sanções para a desconformidade. Ainda assim, pendem padrões e ferramentas de transição que permitam demonstrar a adequação dos tratamentos de dados hoje correntes.

Isso se torna especialmente relevante, por exemplo, diante do Capítulo VII, que trata sobre as tecnologias de monitoramento e tratamento de dados de elevado risco. O art. 42 prevê a necessidade de lei aprovada conforme um processo legislativo qualificado por uma prévia análise de impacto de vigilância (§2º) e cujo texto contemple certas balizas de proteção de dados (§3º). Há, no entanto, leis já sancionadas sobre o uso de tecnologias de vigilância e práticas já consolidadas pelas autoridades policiais e de persecução penal, cujo destino não fica claro.

No exemplo europeu, a Diretiva 680/2016 – que como destacado pela comissão de juristas foi inspiração explícita do anteprojeto da LGPD penal – traz uma previsão expressa, no item (96), sobre a transição entre os tratamentos em curso antes da vigência da lei, estabelecendo um período de até dois anos, após sua entrada em vigor, para a adequação do Estado-Membro à norma. E, no caso de os Estados-Membros adotarem um período maior para a transição – de até 7 anos a partir da entrada em vigor da Diretiva -, prevê-se a incumbência ao responsável pelo tratamento de dados de dispor de "métodos eficazes para demonstrar a licitude do tratamento dos dados, permitir o controle e garantir a integridade e a segurança dos dados, tais como registos cronológicos ou outros".

Em outras palavras, para além de resolver as possíveis tensões que surgirão da compatibilização das normas já existentes com a futura LGPD penal, será de extrema relevância sistematizar como se dará a transição de um regime para o outro, a fim de minimizar ou conter, tanto quanto possível, os conflitos e as incertezas.

3. Análise prospectiva: três preocupações estruturantes

Nessa toada, há três grupos de preocupações estruturantes que mereceriam atenção especial, seja no processo legislativo da LGPD penal, seja no seu processo de implementação, conforme será melhor detalhado abaixo.

3.1. Divisão informacional dos poderes e compartilhamento de dados pessoais

A separação informacional de poderes, expressão manejada na decisão sobre o censo populacional pelo Tribunal Constitucional Alemão (Bundesverfassungsgericht), manifesta uma escolha normativa, com importantes implicações tecnológicas, no sentido de que o Estado não é um ente de processamento de dados pessoais, mas um conjunto de entes que tratam e devem tratar somente os dados necessários para desempenhar suas atribuições específicas.[9] Embora seja relevante para todo tratamento de dados pelo poder público, o princípio ganha ênfase em matéria penal, pela severidade da consequência jurídica do cometimento de um crime, a privação de liberdade.

Nesse sentido, o art. 46 da minuta do anteprojeto estipula que o uso compartilhado de dados pessoais entre autoridades competentes e outras entidades públicas não competentes dependerá de "autorização legal específica, sendo vedadas hipóteses em que o tratamento posterior seja incompatível com a finalidade original da coleta". O dispositivo é claro,

[9] Hornung, G.; Schnabel, C. Data protection in Germany I: The population census decision and the right to informational self-determination. *Computer Law & Security Report*, v. 25, n. 1, 2009, p. 87.

traz salvaguardas importantes aos titulares, vedando o compartilhamento incompatível com a finalidade original da coleta, e limita de maneira acertada as hipóteses de compartilhamento de dados.

Como mencionado no tópico anterior, são antecipáveis tensões com iniciativas como o Banco Nacional Multibiométrico de Dados e de Impressões Digitais (Lei nº 12.037/2009, art. 7º-C, §5º) e práticas correntes de compartilhamento. Em 2017, por exemplo, a Polícia Federal (PF) e o TSE celebraram um acordo de cooperação técnica (nº 22/2017), para fornecimento à PF, por meio de WebService, de "dados biográficos e biométricos (impressões digitais e fotografias) de eleitores cadastrados que tenham protocolo de agendamento para fins de emissão de passaporte" e a "auxiliar a PF na identificação de pessoas por meio de impressões digitais e de fragmentos de impressões digitais, por comparação de posições relativas aos pontos de minúcias, no sistema automatizado de identificação biométrica em uso pelo TSE, recebidas por meio de WebService" (cláusula segunda, Ie II).

Esse tema se mostra particularmente pertinente também quando pensamos em colaboração entre poder público e entes privados para fins de atingimento de objetivos de segurança pública e persecução penal. O anteprojeto veda o tratamento para essas finalidades a pessoas de direito privado (art. 10), apesar de estabelecer algumas exceções (art. 11). Fato é que a questão se mostra sobremaneira relevante na medida em que há solicitações muito frequentes feitas por autoridades policiais a entidades privadas cujo objetivo é precisamente a persecução penal. Por exemplo, é evidentemente comum que autoridades solicitem a plataformas digitais informações sobre determinadas transações que tenham ocorrido em seus ambientes, para poder validar se estão ou não diante de uma fraude, e assim buscar identificar eventuais fraudadores. As empresas, no mais das vezes, ficam diante de uma sinuca de bico: não podem, por um lado, negar o pedido das autoridades brasileiras; mas também não devem, de outro, permitir o tratamento de dados em desconformidade com a LGPD. Se as autoridades não estão sujeitas ao cumprimento da Lei 13.709/2018 em todas as suas minúcias, o mesmo não é verdade para os agentes privados.

Viabilizar uma transição que dê conta desses desafios e estruture forma de superá-los será particularmente importante, não só para garantir os direitos dos titulares, mas também para assegurar que as atividades das autoridades sigam adiante e não percam sua efetividade.

3.2. O primeiro passo nas providências de accountability e transparência

O anteprojeto estipula, em certas hipóteses e mediante determinadas condições, a elaboração por parte do controlador de dados de relatórios de impacto, com a descrição dos processos de tratamento que podem gerar riscos às liberdades civis e aos direitos fundamentais e com medidas, salvaguardas e mecanismos de mitigação de risco. Nos termos do art. 29, a elaboração de relatórios de impacto à proteção de dados pessoais é obrigatória para o tratamento de dados pessoais sensíveis, sigilosos ou para operações que apresentem elevado risco aos direitos, liberdades e garantias dos titulares de dados. Nas demais hipóteses, caberá ao CNJ determinar a elaboração dos relatórios (art. 29, §1º). O Ministério Público e a Defensoria Pública também podem requisitar o RIPDP para o exercício das respectivas atribuições. A previsão é importante já que o Ministério Público é constitucionalmente incumbido do controle externo da atividade policial (Constituição Federal, art. 129, VII) e da "defesa da ordem jurídica, do regime democrático e dos interesses sociais e individuais indisponíveis" (Constituição Federal, art. 127, caput), e a Defensoria Pública tem por função a "promoção dos direitos humanos e a defesa, em todos os graus, judicial e extrajudicial, dos direitos individuais e coletivos, de forma integral e gratuita, aos necessitados" (Constituição Federal, art. 134, *caput*).

Cabe também ao CNJ, além disso, publicar relatório anual acerca do uso de tecnologias de monitoramento e, em caso de denúncia, realizar a auditoria para "verificação da base legal, da publicação de relatório de impacto e da implementação das medidas e garantias para preservação do direito dos titulares, sem prejuízo de outros mecanismos de controle e supervisão administrativo e judicial" (art. 44, §2º).

Embora sejam importantes instrumentos de promoção de *accountability*, os relatórios de impacto são uma obrigação proativa do controlador apenas em certas hipóteses e mediante determinadas condições. Assim, pode ser necessário certo esforço inventariante dos usos de dados pessoais por agências penais, tanto para fins regulação infralegal, como de controle. Um esforço desse tipo, certamente, precisaria contar não só com a participação da autoridade reguladora do tema, como com engajamento amplo das próprias autoridades policiais, mobilização que está longe de ser trivial.

Nesse sentido, cabe destacar que, como o exemplo de implementação da LGPD demonstra, contar com uma autoridade estabelecida antes da efetiva entrada em vigor da legislação auxilia de forma decisiva a transição e esse tipo de iniciativa. Não é segredo que a criação tardia da ANPD – que só veio a ser de fato estabelecida em novembro de 2020 – não permitiu que se concretizasse aquilo que a própria lei pretendia fosse a sua sistemática de *vacatio*: no período de dois anos pelo qual permaneceu aprovada, mas sem exarar efeitos, a autoridade construísse arcabouço normativo e orientativo sobre como melhor aplicar e incorporar as novas regras de proteção de dados pessoais. Tendo presenciado as dificuldades geradas nesse caso, seria de grande valia que o mesmo erro não se repetisse no caso da LGPD penal. Seja qual for o modelo de *enforcement* escolhido, se via CNJ como proposto no anteprojeto ou por meio de outra autoridade, constituir esse interlocutor desde logo, para auxiliar no processo de implementação, teria impactos positivos para todos – autoridades públicas, titulares, e setor privado.

3.3. Considerando violações sistemáticas: Controle público e sanções

O capítulo XI do anteprojeto dispõe sobre sanções aplicáveis, de forma isolada ou cumulativa, em caso de infração à lei. Prevê a advertência, a publicização da infração, o bloqueio ou eliminação dos dados pessoais, e a suspensão do funcionamento do banco de dados ou do exercício da atividade de tratamento. Prevê ainda sanções ao agente que facilitar ou der causa à infração.

Nesse sentido, é interessante notar na Diretiva Europeia 680/2016, em seus itens (88) e (89) das considerações iniciais, algumas diretrizes para a responsabilização do controlador dos dados e das autoridades competentes pelo tratamento de dados. Nos termos da diretiva, além do dever de ressarcimento por dano sofrido em virtude de tratamento ilegal dos dados, a violação pode resultar na aplicação de sanções às pessoas singulares e às pessoas coletivas – de direito privado ou público. Isto é, a Diretiva Europeia, sem o prejuízo das sanções aos agentes infratores, habilita ferramentas para controlar e sancionar também os órgãos violadores.

Exemplos notórios como o manejo inadequado de registros fotográficos que levaram a reconhecimentos indevidos e prisões injustas[10], e mesmo a recente atuação do Supremo Tribunal Federal no âmbito de ações que endereçam questões penais de maneira mais estrutural, como a Arguição

[10] Defensoria Pública do Rio de Janeiro. O reconhecimento fotográfico nos processos criminais no Rio de Janeiro. DPRJ: Rio de Janeiro, 2022. Disponível em: https://sistemas.rj.def.br/publico/sarova.ashx/Portal/sarova/imagem-dpge/public/arquivos/relat%C3%B3rio_sobre_reconhecimento_fotogr%C3%A1fico_nos_processos_criminais_05.05.22.pdf

de Descumprimento de Preceito Fundamental 347, indicam a possível sistematicidade da inadequação, pela reiteração de certas práticas e uma situação de desconformidade, e apontam para a provável insuficiência de respostas sancionatórias pontuais e individualizantes.

Uma situação de desconformidade pode demandar intervenção (re) estruturante. Cabe, assim, considerar o aprendizado peculiar de atores que lidam com violações específicas do sistema punitivo ou demandas estruturais.

No âmbito do combate a tortura, por exemplo, quando se compreende a tortura como um problema institucional, e não apenas um desvio pontual de agentes infratores, ganham importância medidas como o monitoramento externo das prisões. Segundo o Comitê Europeu para Prevenção de Tortura (CTP), o escrutínio externo e sem aviso prévio teria um efeito desencorajador.[11]

Dos litígios estruturais, pode-se ser profícuo observar a estrutura das decisões estruturais, cujo conteúdo programático se desdobra numa implementação que considera modo, tempo, regime de transição, compreendem o monitoramento ou avaliação permanente de medidas eventualmente determinadas, seja através de agentes ou da elaboração e entrega de relatórios periódicos, e podem ensejar novas decisões em cascata[12].

Conclusões

A tensão inerente e inevitável entre o sistema penal e os direitos humanos se manifesta, também, na dimensão informacional. Para desempenhar as respectivas atribuições constitucionais no âmbito da prevenção, identificação, processamento de delitos e execução de penas, as agências penais precisam de adequados e necessários poderes que interferem no direito de intimidade, privacidade, autodeterminação informativa e liberdade. No atual estado da arte das tecnologias de informação, comunicação e vigilância, é fundamental – para preservar o sentido e eficácia de garantias penais – que existam previsões específicas no ordenamento jurídico sobre

[11] CONOR FOLEY. Protegendo brasileiros contra a tortura:tortura: um manual para juízes, promotores, defensores públicos e advogados. Brasília: International Bar Association (IBA) e Ministério das Relações Exteriores Britânico e Embaixada Britânica no Brasil, 2011.

[12] Ver: Didier Jr., F.; Zaneti Jr., H.; Alexandria de Oliveira, R. Elementos para uma teoria do processo estrutural aplicada ao processo civil brasileiro. Revista do Ministério Público do Estado do Rio de Janeiro nº 75, jan./mar. 2020.

o tratamento de dados pessoais e a persecução penal. Com a recente constitucionalização do direito fundamental à proteção de dados, essa agenda tornou-se ainda mais urgente.

É também essencial, precisamente por conta da tensão inerente, que o debate legislativo da LGPD penal se inicie o quanto antes e, mais que isso, que a eventual implementação de um regime de transição se dê com respaldo de uma autoridade competente, capaz não só de efetivamente solucionar possíveis conflitos, mas também de encontrar caminhos regulatórios factíveis que permitam simultaneamente a manutenção da efetividade das atividades de investigação criminal e a proteção dos titulares de dados.

Passar ao largo dessas preocupações e apenas argumentar que a ausência da LGPD penal significa inexistência de regras jurídicas aplicáveis ao tema é, além de tecnicamente incorreto, ineficiente. Esse equilíbrio terá que ser construído e, quanto antes começarmos sua construção, maiores as chances de sucesso.

Referências

BRASIL. [Constituição (1988)]. Constituição da República Federativa do Brasil. Brasília, DF: 1988.

Conor Foley. Protegendo brasileiros contra a tortura: um manual para juízes, promotores, defensores públicos e advogados. Brasília: International Bar Association (IBA) e Ministério das Relações Exteriores Britânico e Embaixada Britânica no Brasil, 2011.

Costa, Eduarda et al. HISTÓRICO DA LGPD PENAL: O QUE FOI FEITO ATÉ AQUI E QUAIS SÃO OS PRÓXIMOS PASSOS? Lapin: PRIVACIDADE E PROTEÇÃO DE DADOS PESSOAIS, [S. l.], p. 1, 16 abr. 2021. Disponível em: https://lapin.org.br/2021/04/16/lgpd-penal-o-que-foi-feito-ate-aqui-e-quais-sao-os-proximos-passos/. Acesso em: 10 maio 2022.

Hornung, G.; Schnabel, C. Data protection in Germany I: The population census decision and the right to informational self-determination. Computer Law & Security Report, v. 25, n. 1, 2009, p. 87.

Lagesons, S. (2021)."Digital Punishment." *In Direitos Fundamentais e Processo Penal na Era Digital.* São Paulo, Brasil: InternetLab.

SENADO FEDERAL. PL nº 17/2019. Acrescenta o inciso XII-A, ao art. 5º, e o inciso XXX, ao art. 22, da Constituição Federal para incluir a proteção de dados pessoais entre os direitos fundamentais do cidadão e fixar a competência privativa da União para legislar sobre a matéria. [S. l.], 10 fev. 2022. Disponível em: https://www25.senado.leg.br/web/atividade/materias/-/materia/135594. Acesso em: 9 maio 2022.

Viola, Mario; Heringer, L.; Carvalho, C. O anteprojeto da LGPD Penal e as regras sobre a transferência internacional de dados pessoais. Instituto de Tecnologia e Sociedade do Rio, [S. l.], p. 1-19, 1 ago. 2021. Disponível em: https://itsrio.org/wp-content/uploads/2021/07/Relatorio-Transferencia-de-dados-pessoais.pdf. Acesso em: 10 maio 2022.

10
A BASE CONSTITUCIONAL DO DIREITO PENAL EM SEUS DESDOBRAMENTOS PROCESSUAIS

MARCELO NAVARRO RIBEIRO DANTAS

1. Introdução

O Direito Penal, observado do seu prisma constitucional assenta-se no binômio liberdade e legalidade, sintetizado na vida humana digna.

Primo, a liberdade é a garantia das pessoas como sujeitos do Direito Penal. O Estado brasileiro, conforme a Constituição, as quer livres, de modo que fundamentalmente essa é a condição que ele reconhece, ordinariamente, a todos.

Secundo, a legalidade é a garantia da atuação do Direito Penal, que se dá necessariamente limitada e sempre através do processo penal, pois há situações – a prática do crime – que implicarão restrições mais ou menos gravosas à liberdade originalmente ínsita aos referidos sujeitos.

Aqui é necessário registrar, ainda que de passagem, que a díade Direito Penal – Direito Processual Penal é indissociável. Com efeito, diferentemente do Direito Processual Civil – que é instrumento de atuação de todos os ramos jurídicos não penais mas não é sempre necessário a sua aplicação, pois as normas não criminais, inclusive as sanções respectivas, podem ser aplicadas diretamente –, o processo penal é corolário do Direito Criminal, porque as sanções deste não podem ser impostas sem aquele.

Dessarte, falar em base constitucional do Direito Penal implica falar igualmente no fundamento do Direito Processual Penal.

Tertio, a vida humana digna constitui síntese dos dois primeiros polos antitéticos, no sentido de que só há dignidade na vida humana quando ela é, em princípio livre, mas essa liberdade necessariamente tem de ser garantida pela existência do Direito Penal, que impeça a violação dos valores a ela mais caros.

Com efeito, a liberdade não pode ser considerada somente do ângulo solipsista de cada pessoa, porque o ser humano não vive só. Ele vive em sociedade. Dessa sorte, para ser verdadeiramente livre, ao ser humano tem de ser possibilitada uma convivência pacífica com os demais, e esta não pode existir se não houver um Direito Penal, atuando por meio do processo penal, para reprimir aqueles que agridem os elementos essenciais dessa convivência.

Não seria digna uma vida humana sem a possibilidade de coexistência pacífica na sociedade. Portanto, o viver (*rectius*, conviver) em sociedade precisa ser defendido pelo Direito. E é ao Direito Penal que cabe o resguardo dos bens jurídicos mais caros a essa convivência, aqueles cuja manutenção é tão preciosa que as demais garantias do ordenamento são insuficientes para proteger.

É por tais razões que a dignidade da pessoa humana, sua vida e liberdade, e a legalidade do Direito Penal estão imbricadas na tessitura mesma do Estado Democrático de Direito.

Conforme Claus Roxin, nesse tipo de Estado "as normas jurídico-penais devem perseguir somente o objetivo de assegurar aos cidadãos uma coexistência pacífica e livre, sob a garantia de todos os direitos humanos"[1]. O único reparo que ousaria fazer a essa declaração lapidar seria substituir "cidadãos" por "pessoas", já que entendo que a base constitucional do Direito Penal se aplica a todos, independentemente de sua condição de cidadania.

2. A base do Direito Penal na Constituição

Embora haja outras regras e princípios assentes na Constituição, que podem, ainda que indiretamente, ser relacionadas à base do Direito Penal, algumas se destacam por estar mais intimamente ligadas a ela.

Já no art. 1º, III, da Carta Política, a dignidade da pessoa humana aparece como fundamento da República.

[1] Roxin, Claus. *A proteção de bens jurídicos como função do Direito Penal*. Org. e trad. de Callegari, André Luiz *et* Giacomolli, Nereu José. Porto Alegre: Livraria do Advogado, 2006, p. 17.

De uma exegese holística do art. 3º e seus incisos, da Constituição, que expõem os objetivos fundamentais da República, decorre que a dignidade da pessoa humana é essencial para a realização do Estado Democrático de Direito.

No art. 5º, listam-se os direitos individuais e coletivos que, nos termos constitucionais, garantem a inviolabilidade da vida, da liberdade, da igualdade, da segurança e da propriedade. Não é preciso esforço algum para perceber que muitos deles estão umbilicalmente ligados aos bens jurídicos que se relacionam à base do Direito Penal e do Direito Processual Penal, conforme antes frisado, meio necessário da atuação daquele e, portanto, garantia de que esta atuação se conforme aos parâmetros traçados na Constituição.

Vê-se que, além dos bens jurídicos já referidos, a igualdade e a segurança também têm destaque nesse leque principiológico que a Constituição abre.

E, em seu art. 6º, ao listar os direitos sociais, a Constituição consolida a questão da dignidade humana, ao estipular que a todos devem ser garantidos educação, saúde, alimentação, trabalho, moradia, transporte, lazer, previdência social, proteção à maternidade e à infância e assistência aos desamparados. Ou seja, que a concretização da dignidade humana carece desses direitos básicos, sem os quais ela se tornaria apenas uma declaração "carente de efetividade", para usar a expressão de AFFONSO CELSO FAVORETTO.[2]

A Constituição volta a dar base ao Direito Penal em outros dispositivos, como os referentes à tutela do consumidor (arts. 24, VII, 150 e 170, V); do meio ambiente – com destaque para a responsabilização criminal da pessoa jurídica – em seu art. 225 e respectivo § 3º; do sistema financeiro, da ordem econômica e financeira e da economia popular (art. 109, VI e 173, § 5º, este último também possibilitando responsabilizar penalmente a pessoa jurídica, conforme vir a dispor a lei), etc.

Mas as bases fundamentais e principiológicas do Direito Penal, na Constituição, estão, em sua parte mais nuclear, naqueles primeiros dispositivos antes identificados.

É o que se vê quando se consulta a doutrina a respeito. Nela, podem-se encontrar desde visões mais sintéticas até elaborações muito detalhadas e extensas dos postulados constitucionais do Direito Penal. Isso vale para

[2] FAVORETTO, Affonso Celso. *Princípios constitucionais penais,* 2ª ed. Curitiba: Juruá, 2019, p. 44.

a grande maioria dos tratados, compêndios e manuais de Direito Constitucional ou de monografias específicas acerca do tema.

Como exemplo da primeira linha, LUIZ LUISI foca nos princípios da legalidade, da culpabilidade, da intervenção mínima, da humanidade, da pessoalidade e da individualização da pena. Na sua concepção, eles ou estão presentes expressamente em dispositivos da Carta Constitucional, ou podem deles ser deduzidos[3]

FAVORETTO, em seu trabalho sobre os fundamentos constitucionais do Direito Penal lista os seguintes princípios: dignidade da pessoa humana, igualdade, legalidade e anterioridade, irretroatividade da lei penal, personalidade da pena, individualização da pena, humanidade, intervenção mínima, *ne bis in idem*, alteridade, culpabilidade, proporcionalidade, lesividade ou ofensividade, insignificância e adequação social[4], sendo os oito primeiros implícitos e os oito últimos (a partir da intervenção mínima), implícitos[5].

Já GUILHERME DE SOUZA NUCCI propõe uma classificação bastante abrangente de todos os postulados constitucionais na esfera criminal, dividindo-os em princípios regentes, direitos e garantias humanas fundamentais, princípios constitucionais penais com enfoque processual penal e princípios constitucionais processuais penais com enfoque penal[6].

Nos princípios regentes, lista a dignidade da pessoa humana e o devido processo legal[7].

Nos direitos e garantias humanas fundamentais, os emergentes do Título II da Carta Magna, em especial o direito à vida, à igualdade jurídica, à liberdade física, de pensamento, de crença e culto, de manifestação, à inviolabilidade de domicílio, ao sigilo de correspondência, à liberdade de reunião e associação, à livre opção de trabalho, à propriedade, à integridade física, à intimidade e à vida privada, entre outros. As garantias residiriam nas normas constitucionais que, mais que declaradas, são estabelecidas para instrumentalizar os direitos meramente proclamados ou

[3] LUISI, Luiz. *Os princípios constitucionais penais*, 2ª ed. Porto Alegre: Sergio Antonio Fabris, 2003.

[4] FAVORETTO, ob. cit., pp. 41/231.

[5] FAVORETTO, ob. cit., pp. 230/231.

[6] NUCCI, Guilherme de Souza. *Princípios constitucionais penais e processuais penais*, 4ª ed., Rio de Janeiro: Forense, 2015.

[7] NUCCI, ob. cit., pp. 31/79.

até mesmo outras garantias, exemplificando com o devido processo legal e o *habeas corpus*[8].

Ao falar em princípios constitucionais penais, incorpora um enfoque processual. E ao relacionar os princípios constitucionais processuais, dá a eles um enfoque penal.

Dentre os primeiros, lista os princípios explícitos e os implícitos. Nos explícitos concernentes à atuação do Estado estariam legalidade, anterioridade e humanidade; nos relativos ao indivíduo, personalidade ou responsabilidade pessoal e individualização da pena. Já os princípios implícitos tocantes ao agir estatal seriam intervenção mínima, taxatividade, proporcionalidade e vedação da dupla punição pelo mesmo fato; e, ligado ao indivíduo, a culpabilidade[9].

Para enfeixar, ao elencar os princípios processuais (com enfoque penal), repete a divisão anterior. Assim, os explícitos tangentes ao indivíduo: presunção de inocência, ampla defesa e plenitude de defesa; direcionado à relação processual: o contraditório; e relativos à atuação do Estado: juiz natural, publicidade, vedação das provas ilícitas, economia processual e os regentes do tribunal do júri. Quanto aos implícitos, no que diz respeito à relação processual, o do duplo grau de jurisdição; quanto à atuação estatal, o do promotor natural e o da vedação do duplo processo pelo mesmo fato.

Praticamente todos os autores, ao falar nesses princípios, mencionam repartições, da maioria deles, em subprincípios ou corolários e, em alguns casos, princípios correlatos, presentes na própria Constituição, expressa ou tacitamente, ou que afloram e tomam contornos mais definidos na legislação.

Por fim, vale mencionar que, nas bases constitucionais do Direito Penal brasileiro, também há os chamados *mandados de criminalização*, tocantes aos crimes contra a intimidade (art. 5º, X), contra o consumidor (art. 5º, XXXIII, combinado com o 24, VII e o 170, V), raciais (art. 5º, XLII), tortura, tráfico de drogas, terrorismo e crimes hediondos definidos em lei (art. 5º, XLIII), ação de grupos armados contra a ordem constitucional e o Estado Democrático (art. 5º, XLIV), retenção dolosa de salários (art. 7º, X), contra a ordem econômico-financeira e a economia popular (art. 173, § 5º) ambientais (art. 225 e seu § 3º), contra a criança e o adolescente (227, § 4º).

[8] Nucci, ob. cit., pp. 81/87.

[9] Nucci, ob. cit., pp. 89/331.

A doutrina varia um pouco quanto ao rol dessas indicações constitucionais criminalizadoras (normas de eficácia contida), acerca das quais o legislador não poderia se escusar. Dependendo do autor, alguns dos integrantes da lista supra não são tidos nessa condição. Mas a principal discussão é se a existência de tais mandatos não afrontaria os princípios penais da fragmentariedade, intervenção mínima e proporcionalidade[10]. A maior parte dos doutrinadores, porém, entende que é possível harmonizá-los com essas ordens constitucionais, até porque o Direito Penal – como já reconhece a própria jurisprudência da Suprema Corte – deve buscar evitar tanto o exagero (pela proibição do excesso, ou *Übermaßverbot*) como a proteção insuficiente (ou *Untermaßverbot*)[11].

Há, inclusive, quem especule a possibilidade de mandados constitucionais de criminalização implícitos (proibição de revogação de certos crimes como o homicídio)[12].

3. Desdobramentos processuais da base constitucional do Direito Penal

A obra supramencionada de NUCCI tem grande afinidade com este artigo porque, consoante ressaltado acima, considera que os princípios constitucionais penais merecem também uma aproximação processual e vice-versa. Isso casa com a posição aqui esposada, de que o Direito Processual Penal é indissociável do Direito Penal. Inclusive em sua base constitucional.

Por isso, daremos maior destaque às normas da Constituição que, embora possam não encerrar verdadeiros princípios penais materiais, findam por estabelecer diretrizes para o Direito Criminal pela via do processo.

Alguns sequer são princípios processuais, mas substanciais. Porém, por repercutirem processualmente, em especial na processualística criminal, findam se refletindo no Direito Penal. Trata-se de um *ourobouros* jurídico:

[10] Nessa trilha, p. ex., GONÇALVES, Luiz Carlos dos Santos. *Mandados expressos de criminalização e a proteção de direitos fundamentais na Constituição brasileira de 1988*. Belo Horizonte: Fórum, 2007.

[11] RIBEIRO, Diogenes V. Hassan. *Vedação de excesso e de proteção insuficiente em Direito Penal*. Canal ciências criminais. Disponível em https://canalcienciascriminais.com.br/vedacao-de-excesso-e-de-protecao-insuficiente-em-direito-penal/. RUDOLFO, Fernanda Mambrini. *Proporcionalidade: do excesso de proibição e da proteção deficiente*. Emporio do direito. Disponivel em http://emporiododireito.com.br/proporcionalidade-do-excesso-de-proibicao-e-da-protecao-deficiente-por-fernanda-mambrini-rudolfo/.

[12] ESTEFAM, André *et* GONÇALVES, Victor Eduardo Rios, *apud* FAVORETTO, ob. cit., p. 254.

os primados materiais aportam base aos processuais e estes de volta aos materiais, num ciclo que se retroalimenta.

Nesse sentido, temos, não em ordem gradativa de importância, mas simplesmente naquela em que aparecem no texto constitucional – o que significa que, dada a exiguidade deste estudo, não tomaremos em conta possíveis princípios implícitos ou derivados –, os seguintes:

- *Princípio da legalidade* – art. 5º, *caput* – por ser um dos alicerces maiores do Direito Penal, também se desdobra no processo criminal, que é perpassado por ele em todas as suas dimensões;
- *Princípio antidiscriminatório* – art. 5º, *caput*, I e XLI – inibe toda forma de discriminação, o que reflete no Direito Processual, inclusive criminal;
- *Princípio da legalidade obrigacional* – art. 5º, II – impede a imposição de obrigações sem fundamento legal, inclusive no processo, e portanto, também no processo penal;
- *Princípio da dignidade humana* – art. 5º, III, XLVII a L, e LVIII – proíbe qualquer forma de degradação e combate o constrangimento desnecessário. No processo, entre outras coisas, repercute na execução penal (afastando penas cruéis, p. ex.), corporificando o que boa parte da doutrina chama de princípio da humanidade;
- *Princípio da vedação ao anonimato* – art. 5º, III – reflete-se na impossibilidade da abertura de investigações e processos criminais baseados unicamente em denúncia anônima;
- *Princípio da prestação de assistência religiosa nas entidades de internação* – tem consequências no Direito Penitenciário e, portanto, nos feitos de execução penal;
- *Princípio da inviolabilidade da intimidade* – art. 5º, X a XII – veda a tomada de providências processuais que afrontem a vida privada, o domicílio, a correspondência e demais valores individuais constitucionalmente protegidos com sigilo ou especial resguardo. Tem especial reflexo nos processos penais em que há medidas referentes ao tema, como os ingressos domiciliares, as buscas e apreensões e as interceptações telefônicas e telemáticas;
- *Princípio da proteção ao cônjuge e filhos brasileiros* – art. 5º, XXXI – repercute não apenas nos processos civis de inventário e arrolamento de bens situados no País, deixados por estrangeiros, mas também em quaisquer processos penais que envolvam o tema;

- *Princípio da amplitude do direito à informação* – art. 5º, XXXIII e XXXIV – permite a preservação dessa faculdade no seio de qualquer processo, o que é fundamental para a escorreita relação do *due process of law*, que tem uma importância crítica para as ações criminais;
- *Princípio da estabilidade das relações jurídicas* – art. 5º, XXXVI – torna constitucional a inviolabilidade da coisa julgada material, a qual, no processo criminal, é crucial para a defesa, e obsta à tomada de quaisquer medidas processuais que a violem, ou atentem também contra o direito adquirido e o ato jurídico perfeito;
- *Princípio da irretroatividade da lei* e *da anterioridade da pena* – art. 5º, XXXIX – *nullum crimen, nulla poena sine praevia lege.* Como é consabido, pode haver retroatividade da lei em benefício do réu, consequência do já referido princípio do *favor rei;*
- *Princípios da pena: personalidade, individualização, especialização* e *humanidade da pena* – art. 5º, XLV a L – estes são casos típicos de postulados materiais, mas que influem diretamente no processo criminal, especialmente no tocante à dosimetria e à execução penais, o que demonstra a ideia de que não apenas os princípios processuais se refletem no direito substancial mas também ocorre o inverso. Observe-se que entre esses princípios específicos da sanção penal está o da proibição (mais dirigida ao legislador que ao juiz) de penas de morte (salvo em situação de guerra), perpétuas, de trabalhos forçado, de banimento e cruéis). Embora na doutrina sejam encontradiças posições no sentido de que não há direitos fundamentais absolutos, isso não parece exato. O direito a não sofrer penas como essas que o dispositivo em comento proíbe é um direito absoluto. A diretriz da humanidade tanto se refere à pena em si como ao seu cumprimento;
- *Princípios da extradição* – art. 5º, LI e LII – estabelecem a impossibilidade de extraditar brasileiro (salvo o naturalizado, em caso de crime comum, praticado antes da naturalização, ou de comprovado envolvimento em tráfico ilícito de entorpecentes e drogas afins, na forma da lei) ou estrangeiro, neste caso por crime político ou de opinião. Isso vai balizar, por conseguinte, os processos a tanto referentes;
- *Princípio da legalidade da prisão* – art. 5º, LXI a LXVIII – influi em qualquer processo em que haja alguém preso ou em vias de sê-lo.

Também se cuida de estatuição material, mas suas consequências são óbvias para o processo penal, ainda que se aplique também ao processo civil (o caso de pensão alimentícia é um exemplo conspícuo). Destaca-se, nesse passo, a garantia constitucional do *habeas corpus* (ademais, gratuita, *ex vi* do inciso LXXVII do mesmo artigo), que, em nosso País, tem uma amplitude maior que a de instrumentos do Direito Comparado em que foi inspirada; e

- *Princípio da responsabilidade civil do Estado por erro judiciário* – art. 5º, LXXV e 37, § 6º – impõe-se nos feitos criminais em que alguém comprovadamente inocente seja condenado, ou fique preso além do tempo devido.

Outros são verdadeiros princípios processuais encartados na Constituição, e que, por se refletirem no Direito Penal substancial, findam por também integrar sua base constitucional:

- *Princípio da liberdade, da presunção de inocência* ou *da não-culpabilidade* (ou ainda do *favor rei, favor inocentiae* ou *favor libertatis*) – art. 5º, *caput,* XV a XVII e LVII – pode ser visto tanto como postulado material quanto processual – é o que conforma o processo penal (ainda que possa ter aplicação no processo civil, notadamente o sancionador) em sua essência e reflete-se igualmente no conhecimento como na execução. Muitos dos demais princípios contidos na Constituição podem ser remetidos a ele;
- *Princípio da isonomia* ou *igualdade processual* – art. 5º, *caput* – sendo necessário levar em conta que, assim como a coisa julgada no cível não tem as mesmas características da criminal, a igualdade das partes no processo penal é diferente. Neste último, o princípio em tela tem de ser posto sob a luz da presunção de inocência ou não culpabilidade;
- *Princípio da imparcialidade do juiz* – art. 5º, genericamente considerado;
- *Princípio da inafastabilidade da jurisdição,* ou *do pleno acesso ao judiciário* – art. 5º, XXXV – de especial relevância para as ações penais privadas;
- *Princípio do juiz* (e *do promotor*) *natural* – art. 5º, XXXVII e LIII
- *Princípio do julgamento pelo júri* – art. 5º, XXXVIII – inclui expressamente a plenitude da defesa, o sigilo das votações e a soberania dos vereditos, aplicando-se aos crimes dolosos contra a vida;

- *Princípio do devido processo legal* – art. 5º, LIV – espécie de princípio-matriz de todo processo, e que em sede criminal é a garantia das garantias;
- *Princípio do contraditório e da ampla defesa* – art. 5º, LV – ainda mais importante no processo penal que no civil, caminha *pari passu* com o antecedente e pode ser também escandido em diversos subprincípios, admite tanto a autodefesa quanto a defesa técnica, relaciona-se a outros princípios, como o da não autoincriminação, o da legalidade das provas. Inclui explicitamente o direito aos recursos. No júri, mais que ampla, a defesa há de ser *plena* (art. 5º, XXXV, *a*), consoante assinalado antes;
- *Princípio da legalidade da instrução processual* – art. 5º, LVI – vale tanto para o processo civil quanto para o penal, mas neste sua valia se agiganta, tanto que foi nesse domínio que a doutrina se tornou mais extensa e profunda, e a jurisprudência, notadamente do Supremo Tribunal Federal, com fundamento inclusive no Direito Comparado, adotou teorias como a dos frutos da árvore envenenada, da proporcionalidade *pro reo* e *pro societate,* do encontro fortuito de provas, etc., que findaram sendo incorporadas na legislação;
- *Princípio da ação privada subsidiária da pública* – art. 5º, LIX;
- *Princípio da publicidade* – art. 5º, LX e 93, IX, primeira parte;
- *Princípio da assistência jurídica integral e gratuita aos necessitados* – art. 5º, LXXIV – importantíssimo;
- *Princípio da duração razoável do processo* – art. 5º, LXXVIII – ainda mais importante no processo penal do que no cível, principalmente em havendo réu preso;
- *Princípio da motivação dos atos decisórios* – art. 93, IX, segunda parte;
- *Princípio da oficialidade* – arts. 129, I,e 144;
- *Princípio da concentração dos atos processuais* (nos Juizados Especiais) – art. 98 –, também aplicável, ainda que menos incisivamente, nos processos penais em geral;
- *Princípio da conciliação* (nos JEs) – art. 98 –, hoje aplicável a feitos criminais na sua generalidade, por força de vários institutos presentes na legislação, como os da colaboração premiada e o acordo de não persecução penal;
- *Princípio da imediação* (nos JEs) – art. 98 – valendo o que se disse sobre o da concentração;

- *Princípio da oralidade* (para os JEs) – art. 98 – embora possa-se dizer que os procedimentos do júri (como se viu, constitucionalmente garantido) sejam também informados por tal postulado
- *Princípio dispositivo* – art. 98 (JEs) – valendo o que se disse sobre o da conciliação;
- *Princípio da submissão à jurisdição penal internacional* – art. 5º, § 4º.

Conclusões

À guisa de conclusão, pode-se dizer que a base do Direito Penal reside na Constituição – em especial no tripé *liberdade, legalidade* e *vida humana digna* – e se entrelaça intimamente com a do Direito Processual Penal, visto que tais ramos jurídicos guardam uma relação indissociável. Essa base, irrenunciável para a caracterização do Estado Democrático de Direito, que se desdobra em diversos princípios ou matrizes, pode mesmo ser considerada comum a ambos e se destina a orientar tanto o legislador quanto o aplicador e até mesmo os sujeitos ativos e passivos do *jus puniendi* estatal.

Referências

FAVORETTO, Affonso Celso. *Princípios constitucionais penais*, 2ª ed. Curitiba: Juruá, 2019.

GONÇALVES, Luiz Carlos dos Santos. *Mandados expressos de criminalização e a proteção de direitos fundamentais na Constituição brasileira de 1988*. Belo Horizonte: Fórum, 2007.

LUISI, Luiz. *Os princípios constitucionais penais*, 2ª ed. Porto Alegre: Sergio Antonio Fabris, 2003.

NUCCI, Guilherme de Souza. Princípios constitucionais penais e processuais penais, 4ª ed., Rio de Janeiro: Forense, 2015.

RIBEIRO, Diogenes V. Hassan. *Vedação de excesso e de proteção insuficiente em Direito Penal*. Canal ciências criminais. Disponível em https://canalcienciascriminais.com.br/vedacao-de-excesso-e-de-protecao-insuficiente-em-direito-penal/.

ROXIN, Claus. *A proteção de bens jurídicos como função do Direito Penal*. Org. e trad. de CALLEGARI, André Luiz et GIACOMOLLI, Nereu José. Porto Alegre: Livraria do Advogado, 2006, p. 17.

RUDOLFO, Fernanda Mambrini. *Proporcionalidade: do excesso de proibição e da proteção deficiente*. Emporio do direito. Disponivel em http://emporiododireito.com.br/proporcionalidade-do-excesso-de-proibicao-e-da-protecao-deficiente-por-fernanda-mambrini-rudolfo/.

11
ADVOCACIA, LIBERDADE E OPRESSÃO MIDIÁTICA – OS DESAFIOS DA CONTEMPORANEIDADE

Marcus Vinicius Furtado Coêlho
Karoline Ferreira Martins
Sergio Henrique Furtado Coêlho Filho

Considerações iniciais

A garantia dos direitos fundamentais consubstancia-se, em última instância, na própria razão de ser do Estado democrático de direito. Para a efetivação de tal consectário, a figura do advogado desempenha papel de centralidade, dispondo, por essa razão, de prerrogativas que visam assegurar aos cidadãos direitos como o devido processo legal, a ampla defesa e o contraditório, a presunção de inocência, notadamente no âmbito penal, e o acesso à justiça. Contudo, a massificação dos meios de comunicação tem forjado uma "sociedade midiatizada", cujos veículos com frequência noticiam fatos de repercussão jurídica servindo-se de narrativas tendenciosas e manipulando a informação com o objetivo de obter maiores índices de audiência.

O presente artigo está subdividido em quatro partes. O primeiro item, *Prerrogativas do advogado e cobertura midiática*, introduz o tema de estudo, apresentando a indispensabilidade das prerrogativas dos advogados e sua intrínseca relação com os direitos e garantias constitucionais dos cidadãos. O tópico também tece considerações acerca da influência midiática no processo judicial, ilustrando a incidência da narrativa polarizada que comumente equipara o advogado de defesa ao acusado, colocando ambos no banco dos réus.

O segundo capítulo aborda o tema *Os meios de comunicação em massa e seu poder de persuasão*. Os meios de comunicação exercem inegável influência na formação da opinião pública. Ao cobrir, apresentar e divulgar enfaticamente determinados casos, a mídia passa a persuadir a opinião pública, gerando um clamor social que pressiona e influencia esferas estatais, notadamente os julgamentos no âmbito do Poder Judiciário.

O terceiro tópico tem por enfoque *O Processo Penal Midiático e a Criminalização da Advocacia*. Num momento em que os meios de comunicação de massa, especialmente as emissoras de televisão, se veem ameaçadas pela ascensão da internet e a democratização da produção de conteúdo, passa-se a lançar mão do "terrorismo da linguagem" e da espetacularização da notícia. Sendo intrínseco o valor-notícia das investigações policiais e dos processos judiciais, a criminalização da advocacia é utilizada também como um artifício midiático, violando-se prerrogativas profissionais em busca de ampliar o alcance da programação.

Por fim, o último capítulo – *O Poder da Mídia e a Importância da Liberdade: os desafios da contemporaneidade* – examina a concentração dos meios de comunicação e os reflexos deletérios do monopólio da informação sobre as liberdades de expressão, comunicação e até mesmo na garantia da ampla defesa. Investiga-se a experiência de outros países, a exemplo do Estados Unidos e da Inglaterra, que optaram pela regulamentação do setor a fim deequacionar o poder dos grandes conglomerados de imprensa e a democratização da mídia visando assegurar a efetiva liberdade de informação.

Nessa linha de considerações, não se pode ignorar que a história do Brasil é pródiga em colecionar períodos de forte censura que silenciaram a imprensa e reprimiram significativamente a liberdade de informação e as mais variadas formas de expressão, práticas estas que não são mais passíveis de serem toleradas. Portanto, a crítica aqui tecida direciona-se à manipulação midiática da notícia, à criminalização da advocacia, à vulgarização do devido processo legal e ao monopólio da informação, que são resultado da ausência de regulamentação da mídia para a priorização do interesse social e para a prevalência dos princípios da diversidade, pluralidade, democracia e das próprias liberdades de expressão, informação e imprensa nos meios de comunicação.

1. Prerogativas do advogado e cobertura midiática

"O advogado é indispensável à administração da justiça, sendo inviolável seus atos e manifestações no exercício da profissão, nos termos da lei"[1] – é assim que a Constituição Federal inaugura a seção que dispõe sobre a advocacia. A Carta Cidadã reconhece expressamente que o seu exercício é fundamental à prestação jurisdicional, portanto, independência e liberdade são características essenciais ao seu desempenho.

A constituição assegura, pois, a inviolabilidade das manifestações do advogado no exercício do seu mister, sem prejuízo de eventuais sanções disciplinares que possam ser aplicadas pela Ordem dos Advogados do Brasil (OAB), em razão dos excessos. No Brasil, a OAB é a instituição responsável pelo registro e fiscalização dos advogados, tendo como finalidade "defender a Constituição, a ordem jurídica do Estado democrático de direito, os direitos humanos, a justiça social, e pugnar pela boa aplicação das leis, pela rápida administração da justiça e pelo aperfeiçoamento da cultura e das instituições jurídicas"[2].

Agir com independência, destemor, boa-fé, veracidade e honestidade é vital para o pleno exercício da advocacia. Nessa esteira, a Lei n. 8.906/1994 consagra direitos e deveres específicos para a classe e tendentes a garantir independência e autonomia no exercício da profissão. Os direitos dos advogados estão elencados nos artigos 6º, 7º, 7º-A e 7º-B e, asseguram, por exemplo, a inviolabilidade de seu escritório, instrumentos de trabalho, bem como de outros mecanismos e aparatos relativos ao exercício da advocacia; a comunicação com seus clientes de forma reservada, mesmo sem procuração, quando estes estiverem detidos ou presos; o livre ingresso em sessões dos tribunais, dependências de audiências ou em qualquer recinto de repartição judicial ou serviço público onde o advogado deva praticar sua atividade profissional; usar a palavra – pela ordem – em qualquer juízo ou tribunal; ter vista dos processos judiciais ou administrativos de qualquer natureza, entre outras disposições.

A expressão "direitos dos advogados" não diz respeito à pessoa do advogado e sim ao exercício da profissão. Conforme lição de Gisela Ramos, "estes direitos não lhe são conferidos na condição de pessoas físicas, comuns, mas na especial condição de agente público no exercício de seu

[1] Art. 133, CF/1988.

[2] Art. 44, I, Lei n. 8.906/1994.

mister (...), para que lhe sejam asseguradas perfeitas condições ao pleno exercício profissional"[3].

Tais direitos não se confundem com privilégios ou regalias, consistem, ao invés disso, em instrumentos jurídicos, prerrogativas que buscam garantir o livre exercício da advocacia, que é envolto no dever de eficiência, ética, lealdade e zelo pelo caráter de essencialidade e dignidade da defesa. Portanto, as prerrogativas dos advogados impactam diretamente na fruição dos direitos pelos cidadãos e em toda a organização social, que é atingida num efeito cascata. Veja, nesse sentido, as contribuições de Eduardo Bittar:

> É certo que o advogado atua como um agente parcial, mas não se deve desconsiderar o fato de que, quando exercente de uma pretensão legítima, é também um garante da efetividade do sistema jurídico e de seus mandamentos nucleares.
>
> Quero dizer, com isso, que o advogado é mensageiro e representante jurídico da vontade dos cidadãos. Em atividade judicial, representa, funciona como intermediário de uma pretensão diante das instituições às quais se dirige ou perante as quais postula; em atividade extrajudicial, aconselha e assessora, previne.
>
> De fato, o advogado presta serviços particulares, se engaja na causa à qual se vinculou, porém age sob o cone da luz da legislação, velando pelo cumprimento da legalidade e fazendo-se desta fiel servidor. Mas o advogado não é um ardoroso defensor da letra da lei, pois quando esta divide, confunde, prejudica, ele busca na justiça a escora para sua atuação profissional[4].

O sistema jurídico brasileiro não dispõe de hierarquia ou subordinação entre membros do Ministério Público, Advogados e Magistrados, a todos se exige um tratamento respeitoso e igualitário para o exercício de suas funções de forma independente. Nessa perspectiva, buscando garantir o pleno exercício da advocacia e um tratamento equiparado entre os integrantes do Poder Judiciário, o combate às violações de prerrogativas tem sido uma pauta de destaque muito recorrente nos debates sobre os avanços e desafios da advocacia e da do próprio estado de direito.

[3] RAMOS, Gisela Gondim. Estatuto da Advocacia: comentários e jurisprudência selecionada. 4. ed. Florianópolis: OAB/SC editora, 2003. Pág. 134.

[4] BITTAR, Eduardo C B. **Curso de Ética Jurídica: Ética Geral e Profissional**. 4. ed. São Paulo: Saraiva, 2007, p. 463.

Certificar e endossar as prerrogativas dos advogados representa assegurar, em última instância, os direitos dos cidadãos, pois elas garantem direitos fundamentais como o direito ao contraditório e à ampla defesa, o devido processo legal, entre tantos outros. A advocacia é indispensável tanto para o funcionamento da justiça como para a manutenção do Estado democrático de direito, posto que, no processo judicial, o advogado é o porta-voz do cidadão, é o principal canal de cooperação direta para a efetividade da ordem jurídica na comunidade, é um instrumento de conexão primordial da relação cidadão, direito e justiça.

O contexto de violações de prerrogativas dos advogados não é novo, sendo possível se fazer remissão, por exemplo, ao exercício da profissão no período do regime militar, que assolou o Brasil entre 1964 e 1985. Como recorda o advogado e dramaturgo Idibal Pivetta, naquele período "os advogados eram seguidos, seus telefones eram grampeados, sua correspondência era interceptada"[5]. Atualmente, a mídia e algumas forças do Estado ainda persistem em equiparar o advogado ao seu cliente acusado, supostamente criminoso, o que justificaria o tratamento de ambos com hostilidade e desrespeito.

A naturalização de violações das prerrogativas compromete a consolidação dos direitos humanos fundamentais, ao mesmo tempo em que ataca diretamente a ordem jurídica vigente. Não raro, veículos de imprensa constroem a narrativa de que o Ministério Público, na posição de "mocinho", denuncia o acusado e seu advogado de defesa, que são "os vilões", "os bandidos". A mídia tem o poder de criar e destacar personagens, ademais, com a disseminação de uma narrativa por intermédio dos meios de comunicação, cria-se a opinião pública, que acaba por influenciar o sistema acusatório, sendo a defesa desestabilizada pelo clamor popular e, por vezes, até pelos julgadores que se sentem pressionados ou amparados pela mídia.

Relacionar esse tratamento do processo judicial com um jogo de guerra ilustra a pressão externa sobre as partes e assim é possível visualizar que "o direito, que atua como uma lógica de vida social, como um livro, como uma partitura, paradoxalmente, não é conhecido ou compreendido pelos

[5] Entrevista de Idibal Pivetta, 2016, para a revista da Caixa de Assistência dos Advogados de São Paulo (Caasp). Disponível em: < http://www.caasp.org.br/RevistaDigital/ed22/revista_caasp_22.html#/1/>

atores em cena"[6]. Esses jogos penais são desequilibrados em razão do populismo, avulta-se a crença na efetividade das punições de processos céleres e sem garantias processuais, ofendendo a segurança jurídica e desenvolvendo uma sensação falaciosa de segurança pública.

2. Os meios de comunicação em massa e seu poder de persuasão

A mais recente Pesquisa Brasileira de Mídia (PBM), desenvolvida pela Secretaria Especial de Comunicação Social da Presidência da República, divulgou que os meios de comunicação preferidos pelos brasileiros para se informar são a televisão e a internet. Conforme os dados da PBM, 89% dos brasileiros entrevistados, de primeira ou segunda menções, declararam se informar pela televisão; 49% afirmaram usar a internet para obter notícias; já o percentual de quem se informa por rádios, jornais e revistas é de, respectivamente, 30%, 12% e 1%[7]. Sobre a posição de destaque da televisão, Barros Filho discorre que:

> Quando a televisão se estabeleceu como a principal fonte de notícias, a objetividade se tornou uma norma rotineira, uma prática indiscutível, uma boa conduta jornalística em função do status privilegiado que os canais de televisão adquiriram como fonte de informação[8].

Entre as diversas tentativas de elucidar a influência midiática na sociedade, a explicação que tem tido maior destaque é a Teoria Hipodérmica, que interpreta os meios de comunicação como agulhas que injetam seus conteúdos em uma massa[9]. Para McQuail, o conceito de massa pode ser entendido como um "amorfo conjunto de indivíduos com comportamentos semelhantes, sob influência externa"[10]. Desse modo, a televisão, a internet e o rádio – na posição de veículos de comunicação que têm fiabilidade e predominância entre os cidadãos brasileiros – têm o poder de exercer forte influência sobre as pessoas, podendo até induzir comportamentos sociais.

[6] Tradução livre. Cárcova, Carlos Maria. La opacidad del derecho. Madrid: Trotta, 1998, p. 18.

[7] BRASIL. Presidência da República. Secretaria Especial de Comunicação Social. Pesquisa brasileira de mídia 2016: hábitos de consumo de mídia pela população brasileira. – Brasília: Secom, 2016. Pág. 11.

[8] Barros Filho, Clovis de. **Ética na comunicação.** 6 ed. São Paulo: Summus, 2008, p. 18

[9] Wolf, Mauro. Teorias da Comunicação. 6.ed. Lisboa: Presença, 2001. Págs. 22-23.

[10] Mcquail, Denis. Teoria da Comunicação de Massas. Lisboa: Fundação Calouste Gulbenkian, 2003. Pág. 506.

O processo de comunicação midiática é assimétrico, observa-se um emissor ativo, aquele que elabora o estímulo, e os destinatários, que são vistos como uma massa passiva que recebe e responde ou obedece ao estímulo. Sob essa visão, constata-se que o processo de comunicação da informação acontece por meio da representação e da mediação simbólica, pois os destinatários, que são o público consumidor composto por grupos sociais, são "antes uma massa, uma comunidade humana conectada pela constelação de símbolos ou pela rede de símbolos mediadores e valores compartilhados"[11].

A supervalorização da velocidade da informação e a expansão do seu alcance tem gerado uma espécie de onipresença da mídia. De acordo com Mauro Wolf, "o conceito de onipresença diz respeito não só à difusão quantitativa do *mass media* [mídia de massa], mas também ao fato de o saber público – o conjunto de conhecimentos, opiniões e atitudes difundido pela comunicação em massa – ter um caráter particular"[12].

Nessa toada, todos os processos, inclusive os judiciais, estão propensos à influência da mídia. O Ministro do Superior Tribunal de Justiça Paulo Medina, no julgamento do *Habeas Corpus* nº 58.513/SP[13], sustentou que "a imprensa, às vezes, cria, a imprensa, às vezes, estimula, a imprensa, às vezes, julga, condena e absolve"[14]. Essa colocação reforça que ao cobrir, apresentar e divulgar enfaticamente determinados casos, a mídia enviesa a opinião pública gerando um clamor social que pressiona e influencia esferas estatais, veja:

> Ao ter a prisão preventiva decretada, a ré [Suzane Von Richthofen] apresentou-se voluntariamente ao 89º Distrito Policial do DECAP, em São Paulo, mas, mesmo assim, foi algemada e removida para outra unidade prisional, lá tendo sido mantida "algemada por toda a noite e com as algemas presas a uma corrente, por sua vez presa a uma argola fixada à parede"[15].

[11] Oliveira, Fernando José Reis. Mídia, imagem e poder na sociedade em rede. Reflexões sobre o poder e a regulação simbólica na era das redes de mídias. Anais do 5º Congresso Internacional de Direito e Contemporaneidade mídias e direitos da sociedade em rede (2019). Universidade Federal de Santa Maria (UFSM). Pág. 2.

[12] Wolf, Mauro. Teorias da Comunicação. 6.ed. Lisboa: Presença, 2001. Pág. 62.

[13] STJ. HC nº 58.813/SP. Sexta Turma. Relator o Ministro Nilson Naves. Redator do acórdão o Minstro Hamilton Carvalhido. Dj: 29.06.2006. [Caso Suzane Von Richthofen].

[14] STJ. HC nº 58.813/SP. Voto do Ministro Paulo Medina. Pág. 6.

[15] Nery, Arianne Câmara. Considerações Sobre o Papel da Mídia no Processo Penal. Monografia de conclusão de curso. Pontifícia Universidade Católica-PUC. 2010, p. 68.

Esse tratamento de algemar a ré e mantê-la presa a correntes por toda a noite é um tratamento absolutamente dispensável, porém, a pressão midiática e o clamor social se sobressaíram, a opinião pública tratou logo de condenar a acusada e assim a atitude abusiva do poder de polícia foi facilmente aceita. Outros vestígios da manipulação midiática nesse processo específico podem ser observados quando o Ministro Paulo Medina afirma que "a publicidade existente em torno do caso, a publicidade abusiva em torno do caso e a força da comunicação estão a exigir de cada um de nós *[ministros do STJ]* reflexão maior, mais consciente, mais firme"[16].

Não há como negar que as interações sociais estão sendo ampliadas pelo desenvolvimento da tecnologia, sobretudo pelos avanços da internet, o que intensifica a divulgação de informações incorpora formas inovadoras de visibilidade. Nesse sentido, vê-se que a mídia também tem sido diretamente afetada pela ascensão tecnológica, pois tanto as instituições como os próprios sujeitos tornaram-se produtores de conteúdo.

> Assim, não querendo abdicar o *status* adquirido, ao longo dos anos, os meios de comunicação passaram a explorar a visibilidade dos fatos de maneira "espetacularizada", buscando atrair, sempre que possível, a atenção do público. (...)
>
> Com esse caráter "espetacular", as matérias produzidas e veiculadas pelos meios de comunicação, assumem – para além da função de informar – o aspecto mercadológico. Para tanto, precisam ser atrativos, envolventes e excepcionais[17].

O conhecido caso de Suzane Louise Von Richthofen[18] recebeu ampla cobertura e divulgação midiática. Tamanha foi a sua repercussão que, objetivando maior exclusividade, repórteres secretamente gravaram conversas reservadas entre Suzane e seu advogado e as transmitiram no programa "Fantástico", da Rede Globo de Televisão, num domingo em horário nobre. É sabido que os diálogos entre advogados e clientes estão resguardados

Disponível em: <http://www.maxwell.vrac.puc-rio.br/16733/16733.PDF>. Acesso em 07 de jun. 2016.

[16] STJ. HC nº 58.813/SP. Voto do Ministro Paulo Medina. Pág. 1.

[17] Dias, Anielly Laena Azevedo. **O espetáculo midiatizado do acontecimento jurídico: a cobertura telejornalística sobre a operação Lava Jato**. Rizoma, Santa Cruz do Sul, v. 6, n. 2, p. 110, dezembro, 2018.

[18] Julgada por homicídio contra seus genitores.

pelo sigilo profissional, diante disso, não restam dúvidas de que é incabível que a imprensa tomasse conhecimento dessas conversações e pior, que as divulgassem em rede nacional de televisão. O sigilo profissional é uma das prerrogativas da advocacia cujo objetivo é assegurar os direitos fundamentais à ampla defesa e ao contraditório em sua plenitude, evitando-se abusos de qualquer natureza.

É verdade que o princípio fundamental da liberdade de expressão e informação embasa a origem, o trabalho e o desenvolvimento da imprensa, além disso, a publicidade dos processos judiciais tem o papel social de proteger os indivíduos de acusações secretas e de julgamentos arbitrários. Nada obstante, quando a mídia expõe a intimidade do acusado ou vulgariza direitos, sejam esses individuais ou coletivos, ela se converte em um forte instrumento de opressão e de violação de direitos.

A interface de mídia opressora, com todo seu poder de persuasão, mostra-se ainda mais perversa quando os ataques são direcionados ao exercício da advocacia, uma vez que, na posição de porta-voz do cidadão e defensor do direito e da justiça, o advogado é parte essencial na efetivação dos direitos fundamentais. Em outras palavras, atacar o exercício da advocacia é sinônimo de violar a Constituição Cidadã e insultar o Estado democrático de direito.

3. O processo penal midiático e a criminalização da advocacia

O acesso à informação, o conhecimento acerca dos fatos e da realidade e a formação da opinião social passam, hoje, inevitavelmente, pela intermediação dos meios de comunicação de massa. Conforme afirmou Niklas Luhmann, "aquilo que sabemos sobre nossa sociedade, ou mesmo sobre o mundo no qual vivemos, o sabemos pelos meios de comunicação"[19]. "A imprensa é o poder soberano dos novos tempos", assim afirmou Gabriel Tarde – filósofo, sociólogo, psicólogo e criminalista francês (1843-1904) –, que ainda antes do advento do século XXI prenunciou a centralidade da mídia na sociedade contemporânea.

Enquanto no processo penal judicial as figuras do acusador e do julgador são, necessariamente, atores distintos e há normas que regulamentam o devido processo legal e o amplo direito de defesa, no chamado processo penal midiático, essas garantias de imparcialidade são suprimidas. O noti-

[19] LUHMANN, Niklas. A realidade dos meios de comunicação. São Paulo: Paulus, 2005, pág. 15.

ciário é parcial, a cláusula de razoabilidade é inexistente, o direito de defesa com frequência é ignorado e o contraditório, quando exercido, é ou pode ser manipulado pela edição. Portanto, não se tem um processo justo, há um desequilíbrio significativo e é nesse contexto que a mídia, muitas vezes, acusa, julga e condena.

A ordem constitucional dispõe ao acusado uma série de direitos fundamentais objetivando garantir que o processo penal seja justo e equilibrado. O respeito à dignidade humana, a presunção de inocência, o direito ao silêncio, a ampla defesa e o contraditório, todos esses princípios são corolários do devido processo legal, sendo essenciais para que o processo seja verdadeiramente justo e imparcial. As concepções mais modernas do devido processo legal o remetem a "um conjunto complexo e plural de 'diversas garantias constitucionais' que, associadas aos parâmetros da ética e da moral, buscam em última análise, assegurar o correto exercício da jurisdição, ao mesmo tempo que legitimam o poder jurisdicional exercido pelo julgador e titularizado pelo Estado-juiz"[20].

Em outras palavras, sem a observância desses princípios, não há Estado democrático de direito. Como relata o professor Ionilton Pereira do Vale, "nas democracias mesmo os criminosos são sujeitos de direitos. Não perdem essa qualidade, para se transformarem em objetos processuais. São pessoas, inseridas entre aquelas beneficiadas pela afirmação constitucional da sua dignidade"[21]. Contudo, a cobertura midiática de determinados acontecimentos e o *modus operandi* da construção de narrativas, em muito influenciam no tratamento social que receberão tanto a vítima como o acusado, o qual muitas vezes também se estende para atingir até a figura do advogado.

A título de exemplo, um o apresentador de programa de televisão chamou um advogado de "safado", pela simples razão de esse ter logrado a soltura de sua cliente, que havia sido presa em razão de um suposto envolvimento num crime de homicídio. Diante da ofensa, o patrono ajuizou uma ação judicial pleiteando indenização por danos morais, obteve êxito em primeira instância, mas restou vencido nos recursos subsequentes. Esse caso inclusive chegou ao crivo do Superior Tribunal de Justiça no âmbito

[20] Friede, R. Reis. A garantia constitucional do devido processo legal. *Justitia*, São Paulo, n. 57, v. 172, out./dez. 1995, pág. 49.

[21] Vale, Ionilton Pereira do. Princípios Constitucionais do Processo Penal, na visão do Supremo Tribunal Federal. São Paulo: Método, 2009, pág. 182.

do REsp nº 1.063.883/SP, contudo, não alcançou análise de mérito, tendo sido obstado por questões processuais.

Através do medo e do sensacionalismo, a mídia consegue captar a atenção, mutilar a percepção e ameaçar a integridade dos homens[22]. Além disso, como identificado em pesquisa empírica da Agência de Notícias dos Direitos da Infância, "o noticiário em torno da violência raramente se faz acompanhar do necessário debate sobre possíveis soluções para o problema"[23].

Na contemporaneidade, estudiosos como Henri Lefebvre apontam para o advento de diferentes formas de terrorismo, dentre essas o terrorismo ético – que se encontra na ordem moral dos valores, modelos, da manipulação da consciência – e o terrorismo da linguagem – representado pelos códigos, pela padronização das palavras e expressões que estipulam e induzem conclusões que por vezes sequer precisam ser ditas.

Essa reflexão pode proporcionar melhor entendimento de como se dá a manipulação social na era dos meios de comunicação em massa, na qual "os terrorismos combinados da palavra escrita e da imagem foram estabelecidos com a comunicação sem diálogo, informação sem resposta e sem contestação (rádio, telecomunicações), o que seria suficiente para explicar o grande 'lamento da solidão'"[24], na assimetria do processo de comunicação midiática que conta com polos ativo e passivo muito bem preestabelecidos.

No que tange à criminalização da advocacia, por sua vez, o terrorismo midiático já foi bem mais enfático e explícito. No ano de 2014, a Associação dos Repórteres Fotográficos e Cinematográficos do Rio de Janeiro publicou uma nota oficial desabonando a advocacia e requerendo uma investigação criminal de quem defende e presta assessoria jurídica para manifestantes[25]. Nessa perspectiva, faz-se importante enfatizar, por mais óbvio que possa parecer, que advogar não é um crime. Ao contrário, conforme previsão constitucional, a advocacia é uma função indispensável à administração da justiça. Sem a atuação do advogado de defesa o processo

[22] SANTOS, Milton. A redescoberta da natureza. Estudos Avançados 6(14), 1992, pág. 8.

[23] ANDI – Agência de Notícias dos Direitos da Infância. Balas perdidas: um olhar sobre o comportamento da imprensa brasileira quando a criança e o adolescente estão na pauta da violência. Brasília, 2001.

[24] LEFEBVRE, Henri, *Vers le Cybernanthrope, contre les Technocrates.* Denoël-Gonthier, Paris, 1971, pág. 56 e 57. Tradução livre.

[25] Disponível em: <https://www.gazetadopovo.com.br/vida-e-cidadania/em-nota-entidade-chama-black-blocs-de-assassinos-enusgyspk5og5lv73njrx9s26/>; <http://www.tribunadonorte.com.br/noticia/arfoc-chama-black-blocs-de-assassinos/274105>.

penal é nulo, isto é, o livre exercício da advocacia é o que legitima inclusive as decisões condenatórias pelas quais a opinião pública tanto clama.

A comunicação midiática não se restringe à palavra, pois sua principal característica é a associação de vários elementos como a imagem, o texto e os cenários. Tanto a televisão, o rádio, a internet, como também a imprensa escrita, contam com a variação do ambiente comunicacional e de adaptação linguística. É preciso não perder de vista que as reflexões e ideias individuais são construídas e amparadas por ideologias sociais. As pessoas se comunicam, organizam seus pontos de vista e fazem escolhas com base no que lhes é informado através dos meios de comunicação[26].

Ante a cobertura midiática sobre acusados de corrupção, a audiência tende a apoiar as mais diversas violações processuais em nome do "combate à impunidade". Exceções como prisões temporárias, conduções coercitivas, depoimentos forçados e interceptações telefônicas, passam a ser adotados como regra e dividem a opinião pública. Como aponta Aury Lopes Jr., "hoje, a pirotecnia das megaoperações policiais, com seus nomes marcantes (uma interessante estratégia do *marketing* policial), para além das sirenes e algemas, conta com esse importante argumento: indisponibilidade patrimonial"[27].

A cobertura jornalística da conhecida "Operação Lava Jato" – investigação ainda em curso – é um exemplo contundente do espetáculo midiático do acontecimento jurídico. Inúmeras matérias televisivas, contando com blocos especiais, programas inteiros e plantões de informação, foram especialmente dedicadas a essa operação. É verdade que uma investigação policial intrinsecamente já contém um "valor-notícia", todavia, não por acaso, a operação Lava Jato carrega o título de "maior investigação de corrupção da história do Brasil"[28]: além de quase 850 mandados de busca e apreensão, 210 conduções coercitivas, mais de 95 mandados de prisão preventiva e quase 105 de prisão temporária[29], as interceptações ilegais de conversas

[26] Nunes, Poliana Rollo. Jornalismo de Revista: Análise dos critérios de noticiabilidade das capas da revista Época. Monografia de Conclusão de Curso – bacharelado e comunicação social – habilitação em jornalismo. Centro Universitário de Belo Horizonte UNI-BH. Belo Horizonte, 2008.

[27] Lopes Jr, Aury. Direito Processual Penal. São Paulo: Saraiva, 2012, pág. 905.

[28] MPF. Disponível em: < http://www.mpf.mp.br/grandes-casos/lava-jato> Acesso em: 25. fev. 2021.

[29] Disponível em: <http://www.pf.gov.br/imprensa/lava-jato/numeros-da-operacao-lava-jato>. Acesso em: 25. fev. 2021.

entre advogados, clientes e até grampo em redes telefônicas de escritórios advocatícios também são acontecimentos marcantes dessa operação.

Foi nesse contexto que advogados, professores, juristas e membros da comunidade jurídica apresentaram uma "Carta aberta em repúdio ao regime de superação episódica de direitos e garantias verificado na Operação Lava Jato". Esse documento coletivo aponta que "nunca houve um caso penal em que as violações às regras mínimas para um justo processo estejam ocorrendo em relação a um número tão grande de réus e de forma tão sistemática", afirma ainda que:

> O menoscabo à presunção de inocência, ao direito de defesa, à garantia da imparcialidade da jurisdição e ao princípio do juiz natural, o desvirtuamento do uso da prisão provisória, o vazamento seletivo de documentos e informações sigilosas, a sonegação de documentos às defesas dos acusados, a execração pública dos réus e a violação às prerrogativas da advocacia, dentre outros graves vícios, estão se consolidando como marca da Lava Jato, com consequências nefastas para o presente e o futuro da justiça criminal brasileira[30].

O processo penal midiático, portanto, contribui para uma escalada da criminalização da advocacia, equiparando os advogados aos acusados por eles defendidos. Cria-se, assim, uma cultura do encarceramento e do punitivismo, pavimentada pela violação sistemática de direitos fundamentais e de prerrogativas advocatícias em nome do "combate ao crime", sem se aperceber que, por muitas vezes está-se a cometer novos crimes em busca desse afã.

4. Mídia e liberdade de informação: os desafios da contemporaneidade

Embora a televisão seja o principal meio de comunicação midiática no Brasil e em que pese esse mercado reúna mais de 270 emissoras geradoras de programação, apenas seis grandes emissoras de TV dominam o mercado brasileiro[31]. Segundo dados apresentados por Enzo Bello e Samantha Ribeiro, "menos de uma dezena de famílias tradicionais controlam os principais meios de comunicação social do país"[32]. Ou seja, tem-se um oli-

[30] Carta aberta, 2016. Disponível em: https://migalhas.uol.com.br/quentes/232571/advogados-repudiam-supressao-de-direitos-e-garantias-na-lava-jato Acesso em: 26. fev. 2021.

[31] Disponível em: <https://oca.ancine.gov.br/sites/default/files/repositorio/pdf/Estudo_TVAberta_2015.pdf>.

[32] Bello, Enzo; Ribeiro, Samantha S. Moura (orgs.). Os meios de comunicação no Brasil atual: normatividade democrática da Constituição e a real politk da mídia oligárquica. In:

gopólio dos meios de comunicação, o que, por si só, consubstancia-se em forte limitador da liberdade de expressão e de informação.

A liberdade de informação é também um direito fundamental e abrange tanto o direito de informar como o de ser informado. De acordo com José Afonso da Silva, "a liberdade de informação compreende a procura, o acesso, o recebimento e a difusão de informações ou ideias, por qualquer meio, e sem dependência de censura, respondendo cada qual pelos abusos que cometer"[33].

Nesse contexto, importante traçar uma diferenciação entre censura e regulação da mídia: a censura consiste em medidas adotadas pelo Estado destinadas à obtenção de controle social para a manutenção do poder, Octavio Pieranti, apresenta, em linhas gerais, que a censura está caracterizada como uma "proibição explícita e prévia da divulgação de determinado conteúdo"[34]. A regulação da mídia, por sua vez, é uma medida estatal que visa garantir condições mínimas para a operação dos serviços de comunicação em conformidade com o princípio democrático, tendo como prioridade o interesse social e não o lucro empresarial.

Países como os Estados Unidos da América (EUA) e a Inglaterra, por exemplo, possuem legislações que regulamentam as mídias. Sendo as emissoras radiodifusoras consideradas empreendimentos privados, nos EUA a regulamentação dos meios de comunicação foi influenciada pela ideologia liberal. Conforme a Primeira Emenda (*First Amendment*)[35], nenhuma lei pode ser feita para impedir a liberdade de expressão, entretanto, no que tange à radiodifusão, fez-se necessário o estabelecimento de regras, pois "a escassez do espectro radiofônico somente permitia a existência conjunta e harmônica de um limitado número de emissoras"[36] e no setor

Bello, Enzo; Ribeiro, Samantha S. Moura (orgs.). Democracia nos meios de comunicação: Pluralismo, Liberdade de Expressão e Informação. Rio de Janeiro, Lumen Juris, 2016, pág. 6.

[33] Silva, José Afonso. Curso de Direito Constitucional Positivo. São Paulo: Malheiros, 22º Edição, 2003, pág. 250.

[34] Pieranti, Octavio Penna. Censura versus Regulação de Conteúdo. In: Saraiva, Enrique; Martins, Paulo Emílio Matos; Pieranti, Octavio Penna (Orgs.) Democracia e regulação dos meios de comunicação de massa. In: Rio de Janeiro: Editora FGV, 2008.

[35] Disponível em: <https://constitution.congress.gov/constitution/amendment-1/#:~:text=Congress%20shall%20make%20no%20law,for%20a%20redress%20of%20grievances.>

[36] Silveira, Érico da; Santos, Suzy dos. "Serviço público e interesse público nas comunicações". In: Ramos, Murilo César; Santos, Suzy dos (Orgs.). "Políticas de comunicação: Buscas Teóricas e Práticas". São Paulo: Paulus, 2007, pág. 61.

de comunicação tem-se a primazia do interesse público em detrimento do interesse privado.

Já na Inglaterra, o sistema de comunicação inicialmente era considerado um serviço público e era totalmente controlado pelo Estado. Posteriormente, foi implementado um sistema dual de competição entre a emissora privada *Independent Television* e a pública *British Broadcasting Corporation*. Atualmente, o modelo inglês conta com um sistema mais variado de competição entre emissoras públicas, privadas e mistas, além de possuir órgãos distintos destinados à regulamentação da imprensa e dos meios audiovisuais, não excluindo a presença da iniciativa privada[37].

O Brasil não possui regulamentação da mídia, entre outras razões, em decorrência de um passado recente marcado por autoritarismo e censura, essa é uma temática delicada. O Supremo Tribunal Federal, no julgamento da Arguição de Descumprimento de Preceito Fundamental nº 130, entendeu que "o corpo normativo da Constituição brasileira sinonimiza liberdade de informação jornalística e liberdade de imprensa", rechaçando qualquer censura prévia a esses direitos que estão relacionados à dignidade da pessoa humana, assim como ao evoluído estado de civilização. Nesse julgado, além declarar que a Lei nº 5.250/1967 (Lei da Imprensa)[38] não foi recebida pela CF/1988, estabeleceu-se que são necessários permanentes ajustes de limites para sintonizar o "sentir-pensar" de uma sociedade civil com o que será transmitido pela imprensa, no papel de porta-voz[39]. Pode-se inferir que até mesmo essa decisão sinaliza a necessidade de uma regulamentação da mídia no Brasil justamente para garantir a liberdade.

Os meios de comunicação de massa exercem influência central na escolha dos temas sociais em foco, na formação da opinião pública e na proeminência de um tópico da "agenda da mídia" para a "agenda do público"[40]. "As pessoas têm tendência para incluir ou excluir dos seus próprios conhecimentos aquilo que os *mass media* incluem ou excluem do seu próprio

[37] SILVEIRA, Érico da; SANTOS, Suzy dos. "Serviço público e interesse público nas comunicações". In: RAMOS, Murilo César; SANTOS, Suzy dos (Orgs.). "Políticas de comunicação: Buscas Teóricas e Práticas". São Paulo: Paulus, 2007, págs. 67-79.

[38] Lei criada no período de autoritarismo militar para institucionalizar a limitação à liberdade de expressão, impondo limites aos profissionais da comunicação.

[39] STF. ADPF nº 130/DF. Rel. Min. Carlos Britto. Tribunal pleno. Dj. 30/04/2009.

[40] MCOMBS, Maxwell. A teoria da agenda: a mídia e a opinião pública. Tradução de Jacques A Wainberg. Petrópolis: Vozes, 2009, pág. 43.

conteúdo"[41]. De acordo com Marcus Alan de Melo Gomes, "dentre tantos fatores que interferem na conformação do sistema penal, um é merecedor de especial atenção: a mídia. O olhar diferenciado se justifica pela penetração social que os meios de comunicação alcançaram na sociedade de massa, organizada segundo valores de consumo muito próprios"[42].

A ausência de regulação dos meios de comunicação produz efeitos deletérios à própria liberdade e à democracia. Não por outra razão, Stephen Holmes defende que o poder privado do setor midiático representa uma grande ameaça tanto à liberdade quanto ao poder público[43]. Nesse sentido, "a falta de atuação do Estado (...), em lugar de promover a liberdade, acaba gerando opressão, na medida em que todo o poder de influência exercido pela mídia é determinado por grupos setorizados cujo objetivo central é eminentemente econômico"[44].

O equacionamento entre liberdade de imprensa e garantia do devido processo legal aos acusados criminalmente é, por certo, complexo e requer reflexões cuidadosas, que busquem assegurar uma cultura de proteção aos direitos humanos e às garantias constitucionais, ao mesmo tempo que não afetem a liberdade de imprensa ou flertem com a odiosa prática da censura.

Conclusões

O presente estudo não pretendeu exaurir o debate acerca das interações entreliberdade, advocacia e meios de comunicação – o que certamente não seria possível diante da amplitude e complexidade da discussão. O intuito foi, antes, lançar luzes acerca da influência dos meios de comunicação no transcurso de processos judiciais, notadamente os criminais, bem assim no exercício da advocacia. O poder de persuasão da mídia é uma demonstração de que forças externas aos poderes estatais podem influenciar na decisão judicial ou mesmo desenvolver uma espécie de processo penal midiático,

[41] WOLF, Mauro. Teorias da Comunicação. 6.ed. Lisboa: Presença, 2001. Pág. 3.

[42] GOMES, Marcus Alan de Melo. Mídia e sistema penal: as distorções da criminalização nos meios de comunicação. Rio de Janeiro: Revan, 2015, pág. 14.

[43] HOLMES, Stephen. Restricciones liberales al poder privado?: reflexiones sobre los orígenes y las justificaciones de la regulación del acceso a los medios de comunicación. Isonomía: revista de teoria y filosofia del derecho, n. 26, p. 7-48, abr. 2007, pág. 9.

[44] BARROSO, Ricardo Cavalcante. Regulação da mídia, opressão e democracia. RIL Brasília a. 52 n. 208 out/dez.2015. Pág. 104.

que se desenrola paralelamente às vias formais e que não necessariamente presta obediência aos direitos e garantias constitucionais.

A mídia, para além de informar, exerce forte poder de agenda, no sentido de pautar no debate público assuntos a serem discutidos, contando com grande capacidade de mobilização de sua audiência e de difusão de determinados pontos de vista. Diante disso, salta aos olhos o populismo penal, que toma a forma de um ciclo vicioso: noticiam-se certas práticas criminosas com apelo público – sobretudo homicídios, roubos e atos de corrupção. Com isso, fomenta-se na sociedade a sensação de medo e insegurança e o clamor por medidas punitivas mais rigorosas. Nesse contexto, a salvaguarda do devido processo penal é menosprezada, direitos e garantias fundamentais são vilipendiados, restando sob ataque inclusive a figura do advogado, em nome do combate ao crime.

A construção de uma sociedade justa e fraterna, conforme estabeleceu a carta constitucional, tem na figura do advogado papel de extrema relevância. Consoante assegura a norma maior, o advogado é essencial para a administração da justiça. Sendo assim, abordagens midiáticas calcadas na cultura do encarceramento e do punitivismo, bem assim na criminalização da advocacia vão de encontro aos valores mais caros consagrados pela ordem constitucional, como a dignidade da pessoa humana, a liberdade e o direito de defesa. Portanto, a consolidação da democracia e a prevalência da liberdade de imprensa, têm como pressuposto uma mídia humanizada, voltada para a liberdade de produção e acesso à informação e para o interesse público e não ao espetáculo, ao terrorismo da linguagem ou ao lucro.

Como se vê, são vastos os desafios da contemporaneidade, que percorrem desde a concentração dos meios de comunicação, o crescimento do populismo penal, a criminalização da advocacia e os limites da cobertura midiática em confronto com a proteção dos direitos fundamentais. Não há, portanto, solução pronta e acabada para questões de evidente complexidade. Nada obstante, é imprescindível ter como prioritário a urgente necessidade de se criar uma cultura de proteção aos direitos fundamentais e de compreensão do processo judicial – ainda que concernente a crimes graves – como um elemento civilizatório de nossa sociedade.

A cultura do "olho por olho, dente por dente", os linchamentos públicos e a sede de encarceramento impregnados, de forma crescente, no imaginário social nos conduzirão, no limite, a um gravíssimo retrocesso social e a uma situação de barbárie. A priorização do interesse público na produção e difusão dos conteúdos midiáticos e uma agenda pública e séria de discussão quanto à regulamentação dos meios de comunicação se apresentam como pontos de partida no equacionamento entre direito de defesa, advocacia e liberdade de informação.

Referências

ANDI – Agência de Notícias dos Direitos da Infância. **Balas perdidas: um olhar sobre o comportamento da imprensa brasileira quando a criança e o adolescente estão na pauta da violência**. Brasília, 2001. Disponível em: < http://www.andi.org.br/sites/default/files/BalasPerdidas.pdf>

BARATTA, A. **Filósofo de uma criminalidade crítica**. In: RAMOS, Sílvia. (org.) Mídia & Violência Urbana. Rio de Janeiro. FAPERJ, 1994.

BARROSO, Ricardo Cavalcante. **Regulação da mídia, opressão e democracia**. RIL Brasília a. 52 n. 208 out/dez. 2015.

BARROS FILHO, Clovis de. **Ética na comunicação**. 6 ed. São Paulo: Summus, 2008.

BELLO, Enzo; RIBEIRO, Samantha S. Moura (orgs.). **Os meios de comunicação no Brasil atual: normatividade democrática da Constituição e a Realpolitk da mídia oligárquica**. In: BELLO, Enzo; RIBEIRO, Samantha S. Moura (orgs.). Democracia nos meios de comunicação: Pluralismo, Liberdade de Expressão e Informação. Rio de Janeiro, Lumen Juris, 2016.

BITTAR, Eduardo C B. **Curso de Ética Jurídica: Ética Geral e Profissional**. 4. ed. São Paulo: Saraiva, 2007.

BRASIL. Presidência da República. Secretaria Especial de Comunicação Social. **Pesquisa brasileira de mídia 2016: hábitos de consumo de mídia pela população brasileira**. – Brasília: Secom, 2016. Pág. 11.

CÁRCOVA, Carlos Maria. **La opacidad del derecho**. Madrid: Trotta, 1998, p. 18.

DIAS, Anielly Laena Azevedo. **O espetáculo midiatizado do acontecimento jurídico: a cobertura telejornalística sobre a operação Lava Jato**. Rizoma, Santa Cruz do Sul, v. 6, n. 2, p. 110, dezembro, 2018.

FRIEDE, R. Reis. **A garantia constitucional do devido processo legal**. Justitia, São Paulo, n. 57, v. 172, out./dez. 1995.

GOMES, Marcus Alan de Melo. **Mídia e sistema penal: as distorções da criminalização nos meios de comunicação**. Rio de Janeiro: Revan, 2015.

LEFEBVRE, Henri. **Vers le Cybernanthrope, contre les Technocrates**. Denoël-Gonthier, Paris, 1971.

LOPES JR, Aury. **Direito Processual Penal**. São Paulo: Saraiva, 2012.

LUHMANN, Niklas. **A realidade dos meios de comunicação**. São Paulo: Paulus, 2005.

MCOMBS, Maxwell. **A teoria da agenda: a mídia e a opinião pública**. Tradução de Jacques A Wainberg. Petrópolis: Vozes, 2009.

MCQUAIL, Denis. **Teoria da Comunicação de Massas**. Lisboa: Fundação Calouste Gulbenkian, 2003.

NERY, 2010, p. 68) NERY, Arianne Câmara. **Considerações Sobre o Papel da Mídia no Processo Penal**. Monografia de conclusão de curso. Pontifícia Universidade Católica-

-PUC. 2010. Disponível em: < http://www.maxwell.vrac.puc-rio.br/16733/16733.PDF>. Acesso em 07 de jun. 2016.

NUNES, Poliana Rollo. **Jornalismo de Revista: Análise dos critérios de noticiabilidade das capas da revista Época**. Monografia de Conclusão de Curso – bacharelado e comunicação social – habilitação em jornalismo. Centro Universitário de Belo Horizonte UNI-BH. Belo Horizonte, 2008.

OLIVEIRA, Fernando José Reis. **Mídia, imagem e poder na sociedade em rede reflexões sobre o poder e a regulação simbólica na era das redes de mídias**. Anais do 5º Congresso Internacional de Direito e Contemporaneidade mídias e direitos da sociedade em rede (2019). Universidade Federal de Santa Maria (UFSM).

PIERANTI, Octavio Penna. **Censura versus Regulação de Conteúdo**. In: SARAIVA, Enrique; MARTINS, Paulo Emílio Matos; PIERANTI, Octavio Penna (Orgs.) Democracia e regulação dos meios de comunicação de massa. In: Rio de Janeiro: Editora FGV, 2008.

RAMOS, Gisela Gondim. **Estatuto da Advocacia: comentários e jurisprudência selecionada**. 4. ed. Florianópolis: OAB/SC editora, 2003.

SANTOS, Milton. **A redescoberta da natureza**. Estudos Avançados 6 (14), 1992.

WOLF, Mauro. **Teorias da Comunicação**. 6.ed. Lisboa: Presença, 2001.

12
AUTOMATIZAÇÃO NA JUSTIÇA CRIMINAL: MAPEAMENTO DOS RISCOS E CONSIDERAÇÕES SOBRE O ASPECTO POLÍTICO DA AUTOMATIZAÇÃO

MARIA CRISTINE LINDOSO

1. Introdução

O objetivo do presente artigo é analisar algumas características das chamadas tecnologias de automatização, a fim de melhor compreender os aspectos políticos e as subjetividades que, necessariamente, são transferidas para as decisões tomadas por máquinas e algoritmos.

Muito se fala, hoje em dia, da importância e dos aspectos positivos de incorporar inteligências artificiais e tecnologias de automatização como um todo, nas mais variadas esferas da vida. Nesse sentido, é comum dizer que a tecnologia revolucionou mercados, criou setores, facilitou diversos aspectos da vida e da interação humana e causou profundas mudanças sociais. Por isso, também é cada vez mais comum tentar buscar soluções, por meio das tecnologias, para tornar mais eficiente as diversas áreas do conhecimento. É o que vem acontecendo com o Direito.

Dentre as várias áreas do Direito que podem ser impactadas pela incorporação de automatizações, no âmbito criminal, as preocupações são diferentes. Seja para melhorar a eficiência na repressão de crimes, seja para eliminar vieses e subjetividades dos processos decisórios, conhecer aspectos gerais dessas tecnologias e acreditar na imparcialidade matemática são pontos insuficientes diante dos riscos que podem surgir para a população como um todo.

Isso porque, muitas vezes se ignora que as tecnologias de automatização são, em verdade, formas de reprodução das estruturas e dos comportamentos sociais, de modo que não são neutras e podem (como muitas vezes o fazem) incorporar vieses discriminatórios e prejudiciais a determinados grupos durante o processo decisório.Também há pouco debate sobre o aspecto político que possuem essas decisões, bem como sobre a importância que essas tecnologias assumem enquanto estruturantes da sociedade e de processos cada vez mais importantes da vida humana.

Por isso, no âmbito criminal, seja durante a fase de investigação e repressão de condutas, seja na fase de julgamento e decisão de casos concretos, não pode o Estado incorporar esses sistemas sem considerar a relevância e as principais preocupações associadas a essas tecnologias.

O propósito do presente estudo, portanto, é trazer melhores discussões sobre essas questões, a fim de elucidar importantes conceitos que estão associados às tecnologias de decisão automatizada – como a opacidade – para mapear preocupações que devem ser consideradas, especialmente no âmbito criminal.

2. Características dos sistemas automatizados

No âmbito do direito, o uso de algoritmos, automatizações e inteligências artificiais causou muita empolgação nos mais diversos setores da justiça, sendo divulgada como uma forma de solucionar a chamada crise do poder judiciário, tornar mais eficiente a prestação jurisdicional e eliminar subjetividades e discricionariedades em diversos âmbitos de atuação, desde as fases de investigações e apuração de crimes e ilícitos, até a fase contenciosa.

Contudo, para inserir sistemas automatizados no âmbito da justiça criminal, é imprescindível conhecer profundamente as estruturas de funcionamento dessas tecnologias e algumas de suas principais características, a fim de avaliar se as garantias constitucionais dos cidadãos vão ser preservadas com a substituição da racionalidade humana por uma máquina.

A esse respeito, o que hoje chamamos de sistemas automatizados compreende um grande universo de diferentes tipos de tecnologia.[1] Em alguma medida, essas tecnologias são todas originárias de uma estrutura

[1] Pensar em tecnologias preditivas envolve compreender estruturas mais simples – como meras formas matemáticas simples que funcionam por meio de *inputs* e *outputs* para a busca de um resultado específico –, e estruturas mais sofisticadas – como inteligências artificiais e robustos sistemas autônomos de tomada de decisão -. A explicação sobre o que são essas tecnologias no presente texto representa uma simplificação do que acontece na realidade.

matemática complexa que opera por repetição[2], analisando dados em tempo real para rodar diferentes cenários e conjecturas em busca de combinações ótimas.[3]

A seguir, algumas das principais características desses sistemas serão detalhadas com objetivo de desconstruir algumas percepções incorretas sobre o funcionamento dessas estruturas.

2.1. Opacidade, neutralidade e aspectos políticos da automatização

A opacidade é uma das características mais relevantes quando se pensa em sistemas de automatização. Conhecida principalmente em razão do termo "*black box*,[4] a opacidade geralmente trata da incapacidade de conhecimento integral do funcionamento das estruturas algorítmicas à luz da racionalidade, e diz respeito à impossibilidade de decodificação de um resultado produzido por um algoritmo[5], em razão da possibilidade que os códigos têm de realizarem correlações e inferências que fogem ao controle humano.

Trata-se, portanto, de uma característica inerente ao funcionamento dos algoritmos, e, portanto, é imprescindível compreender que praticamente todos os sistemas automatizados terão algum nível (maior ou menor) de incompreensão racional dos resultados. Mais que isso, a opacidade dificulta a compreensão da construção lógica do resultado, de modo que não se pode resgatar quais foram as correlações e inferências que impactaram, e em qual medida, nas combinações finais indicadas pelo sistema.[6]

Esse é um fato de repercussões profundas quando se pensa na possibilidade de incorporação da automatização no âmbito criminal, já que dificulta a transparência e a verificação dos elementos utilizados para fun-

[2] O'Neil, Cathy. *Weapons of math destruction*. How big data increases inequality and threatens democracy. New York: Crown Publishers, 2016.

[3] O'Neil, Cathy. *Weapons of math destruction*. How big data increases inequality and threatens democracy. New York: Crown Publishers, 2016, P. 17.

[4] Pasquale, Frank. The Black Box Society: The Secret Algorithms That Control Money and Information, Harvard University Press, 2015.

[5] Doneda, Danilo; Almeida, Virgílio A. F., O que é governança de algoritmos? *In*: BRUNO, Fernanda *et al.* (org.). *Tecnolopolíticas da vigilância*. perspectivas da margem. São Paulo: Boitempo, 2018.

[6] Lindoso, Maria Cristine. *Discriminação de gênero no tratamento automatizado de dados pessoais*. Como a automatização incorpora vieses de gênero e perpetua a discriminação de mulheres. Rio de Janeiro: Processo, 2021.

damentar a convicção,[7] pois não se pode compreender exatamente quais foram os critérios utilizados para produção do resultado.

Essa preocupação ganha contornos muito maiores ao se pensar que, com frequência, a opacidade inerente aos algoritmos produz resultados injustos ao fazer correlações e inferências que não são necessariamente verdadeiras e que partem de premissas por si só discriminatórias. As inferências e correlações são formas de associação de informação, feitas de maneira autônoma pelos algoritmos a fim de preencher lacunas e presumir a existência de informações que não estavam inseridas nas bases de dados.[8]

Assim, a consequência imediata da opacidade para os sistemas automatizados são essas associações livres, que, por um lado, viabilizam o funcionamento desses sistemas – já que permitem realizar diagnósticos e identificar padrões através de uma combinação de dados matematicamente inalcançável ao ser humano – e, por outro, prejudicam os mecanismos de controle sobre como se deu aquele resultado ao final.

Muitos atribuem como solução ao problema da opacidade a transparência, mas pouco se discute sobre o que é o princípio da transparência em sistemas automatizados, e como ele é efetivado quando a própria estrutura do sistema autônomo possui dimensões que não são passíveis de revisão ou validação. Nesse aspecto, transparência não implica na divulgação excessiva de informações ou demonstração de todos os códigos, até mesmo porque essas seriam informações praticamente irrelevantes para o cidadão comum avaliar se sua decisão está sendo tomada de forma justa ou não.

Os contornos da opacidade envolvem compromisso de transparência efetivo e comprometido em entregar aos cidadãos titulares dos dados as informações que eles precisam ter para compreender como aquele resultado foi produzido.[9] Isso envolve, dentre outras coisas, a divulgação dos mecanismos de controle adotados pelos agentes para evitar resultados incontroláveis e injustos, a divulgação das metodologias que foram utilizadas para chegar na decisão final e os mecanismos que foram adotados

[7] MENDES, Laura Schertel. *Privacidade, proteção de dados e defesa do consumidor. Linhas gerais de um novo direito fundamental.* ed. Saraiva, Série IDP, 2014.

[8] LINDOSO, Maria Cristine. *Discriminação de gênero no tratamento automatizado de dados pessoais.* Como a automatização incorpora vieses de gênero e perpetua a discriminação de mulheres. Rio de Janeiro: Processo, 2021, p. 139

[9] Op. cit., 2021, p 187.

pelo agente para validar se aquela decisão final reflete um processo justo e não discriminatório.[10]

É por isso que o fato de possuírem alguma extensão de opacidade, e de realizarem correlações e inferências de forma autônoma, não impede que os sistemas automatizados sejam minimamente controlados por seres humanos, ainda que seja por meio da gestão de resultados. Pois, se não é possível fazer uma regressão do resultado para verificar os fundamentos da sua racionalidade, é possível avaliar os impactos daquele resultado em si. Até por isso, com alguma frequência, fala-se em revisão dos códigos e alteração dos sistemas autônomos, reconhecendo-se que os impactos produzidos por aquele resultado não são aceitáveis, ainda que essa nunca tenha sido a intenção originalmente.[11]

Também diante dessa possibilidade, a opacidade não permite ignorar a relevância que possuem os cientistas de dados e os programadores, responsáveis pelo desenho desses códigos matemáticos, pela estruturação dos sistemas de tratamento de dados automatizado, pelos modelos utilizados e também pelos resultados finais produzidos.[12] O papel desses agentes, inclusive, muitas vezes é ignorado,[13] mas fato é que o cientista de dados, outrora visto apenas como um técnico capaz de construir um código[14], hoje deve ser visto como um verdadeiro agente político, engajado na construção normativa da sociedade, e que possui a capacidade de codificar uma máquina que irá interferir no funcionamento da coletividade como um todo.[15]

Também caberá ao cientista de dados o controle mínimo do sistema para evitar que a opacidade algorítmica produza resultados indesejados e

[10] BAROCAS, Solon *et al. Big data, Data Science, and Civil Rights.* Computing Community Consortium Catalyst, 2017.

[11] Um exemplo famoso foi analisado por Sofiya Noble ao estudar o algoritmo de pesquisa do buscador Google e verificar que o algoritmo incorria em vieses e, por causa disso, precisou ser auditado e reestruturado. Ver: NOBLE, Safiya Umoja. *Algorithms of Oppression.* How Search Engines Reinforce Racism. New York University Press, 2018.

[12] GREEN, Ben. Data Science as Political Action: Grounding Data Science in a Politics of Justice. Journal of Social Computing, v. 2, n. 3, 2021.

[13] Op. cit., 2021.

[14] O'NEIL, Cathy. *Weapons of math destruction.* How big data increases inequality and threatens democracy. New York: Crown Publishers, 2016.

[15] GREEN, Ben. Data Science as Political Action: Grounding Data Science in a Politics of Justice. Journal of Social Computing, v. 2, n. 3, 2021.

prejudiciais para as garantias fundamentais dos indivíduos, e para assegurar que a estrutura será revisada tão logo algum resultado discriminatório venha a ser produzido. A esse respeito, pode-se dizer que a Lei Geral de Proteção de Dados brasileira reconhece a relevância do papel de quem faz o *design* dos códigos, na medida em que estabelece ao operador dos uma série de obrigações (i.e., manter registro das atividades, agir com observância aos critérios da lei, não discriminar), bem como a responsabilização solidária por danos causados pelo tratamento ilegal dos dados.

A respeito dessas questões, também é importante compreender que a opacidade muitas vezes é utilizada como escudo para diversas outras características que servem aos interesses dos agentes de tratamento de dados, e que não dizem respeito, necessariamente, às profundezas da incapacidade técnica dos sistemas. Segundo Jenna Burrel, ao falar em opacidade, também acabamos incorporando ao discurso da falta de transparência algorítmica questões como a proteção dos segredos de indústria conferida aos algoritmos e a falta de conhecimento técnico (no sentido de não compreensão da linguagem e dos códigos) que alcança a maior parte das pessoas.[16]

Tais fatos mostram que, a opacidade funciona também como um discurso para justificar o não-conhecimento das estruturas algorítmicas e a falta de racionalidade decisória dos sistemas automatizados, o que acaba beneficiando, apenas, determinados interesses dos agentes de tratamento de mercado, indo muito além da simples técnica.[17] Esse é um discurso que tem uma importância política propriamente, porque os algoritmos são cada vez mais responsáveis por decisões relevantes na vida humana e os próprios agentes de tratamento de dados se interessam em manter essa dinâmica e as estruturas cada vez menos transparentes (até mesmo para afastar e dificultar as formas de responsabilização).

Nesse caminho, a opacidade conduz a uma outra característica importante dos sistemas automatizados: eles não são neutros. A falsa pretensão de neutralidade sempre existiu para tentar justificar a substituição da mão de obra humana pela automatização, ao argumento de que vieses e subjetividades dariam lugar à racionalidade matemática oriunda da lógica

[16] Burrel, J. *How the Machine* Thins: Understanding Opacity in Machine Learning Algorithms. *Big Data and Society,* 2016.

[17] Timcke, Scott. *Algorithms and the end of politics.* How technology shapes 21st century American life. Great Britain: Bristol University Press, 2021, p. 26

atuarial.[18] Contudo, os algoritmos são meras transcrições de pensamentos através de uma linguagem específica (a linguagem matemática), de modo que o *design* das máquinas apenas reflete estruturas sociais, pensamentos e convicções.[19]

Fala-se, nesse sentido, do poder social dos algoritmos,[20] e do aspecto político que os algoritmos possuem ao conseguirem legitimar resultados, como se eles fossem absolutamente imparciais.[21] E essa legitimidade decorre, apenas, da construção muitas vezes fictícia de que a matemática é um reflexo do neutro, opondo ciência ao misticismo, e conferindo à matemática a compreensão de que seus códigos refletem e melhor organizam a realidade.[22] No entanto, da mesma forma que um ser humano possui suas convicções, que de uma forma ou outra acabam sendo incorporadas nas decisões, as máquinas também o fazem, justamente porque reproduzem desejos e intenções humanas, preconceitos, interesses e outras subjetividades.[23]

Até aqui, portanto, foi possível perceber que os códigos matemáticos que estruturam as tecnologias de automatização carregam diversas características que evidenciam os aspectos políticos envolvidos na substituição da racionalidade humana por máquinas. Não é óbvio, como tentam dizer alguns, que a incorporação de determinadas tecnologias é a melhor solução para diversas áreas do conhecimento (como o próprio direito) simplesmente porque são tecnologias que se utilizam de elementos matemáticos e estatísticos para tomada de decisões.

E isso porque, a tentativa de racionalização da vida social por meio da ciência atuarial é uma redução incompatível com a realidade,[24] e qual-

[18] Ver: https://acervodigital.ufpr.br/bitstream/handle/1884/28416/R%20-%20T%20-%20MAURICIO%20STEGEMANN%20DIETER.pdf?sequence=1

[19] Timcke, Scott. *Algorithms and the end of politics.* How technology shapes 21st century American life. Great Britain: Bristol University Press, 2021, p. 37.

[20] Beer, David. *The social power of algorithms, information, communication & society.* 2017. Disponível em: https://www.tandfonline.com/doi/pdf/10.1080/1369118X.2016.1216147?needAccess=true , acesso em 08 abr 2022.

[21] Maccormick, J.. 9 *Algorithms that changed the future*: The ingenious ideas that drive today's computers. Princeton, NJ: Princeton University Press, 2012.

[22] Ver: https://acervodigital.ufpr.br/bitstream/handle/1884/28416/R%20-%20T%20-%20MAURICIO%20STEGEMANN%20DIETER.pdf?sequence=1

[23] O'Neil, Cathy. *Weapons of math destruction.* How big data increases inequality and threatens democracy. New York: Crown Publishers, 2016.

[24] Ver:https://acervodigital.ufpr.br/bitstream/handle/1884/28416/R%20-%20T%20-%20MAURICIO%20STEGEMANN%20DIETER.pdf?sequence=1

quer tentativa de fazê-lo pode acabar reduzindo a vida humana à simples números ou estatísticas (por vezes enviesadas e não representativas) que tentam padronizar o comportamento humano aos interesses específicos de determinados agentes.

Além do algoritmo, os dados são uma parte muito importante dos sistemas de automatização. O uso de dados para estruturação da vida remonta às sociedades mais antigas, mas a capacidade de explorar esses dados é uma consequência recente da difusão e popularização da internet.[25] Foi com a internet que surgiu a possibilidade de assimilar muito mais informação dos usuários, aumentar a capacidade de coletar, armazenar e tratar essas informações em prol dos interesses dos mais variados agentes, públicos e privados.[26]

O uso dos dados – e suas novas formas decorrentes das inovações tecnológicas, como o *big data* – tornaram-se verdadeiros fenômenos sociais que institucionalizaram um fluxo informacional muito maior do que em qualquer outro momento na história, criando uma lógica de acúmulo de conteúdo que hoje já está incorporada no cotidiano. [27] Não só a quantidade de dados que são coletados é por vezes considerada excessiva, como também houve uma mudança na estruturação da vida humana, de modo a instituir uma verdadeira *datificação* da vida, isto é, criar a possibilidade de transformar em dados as mais variadas experiências, momentos e informações existentes.[28]

Esse processo de *datificação* (ou *comodificação* da vida, como chamam outros autores)[29] está inserido em um contexto maior, diagnosticado por

[25] É esse, inclusive, o posicionamento do economista fundador da Google, Hal Varian, ao afirmar que as transações humanas mediadas pela internet e pelo computador permitiram uma verdadeira revolução na medida em que viabilizaram a extração e análise de dados, as novas formas contratuais devido a um melhor monitoramento, a personalização e customização e os experimentos contínuos com as informações pessoais. Ver: VARIAN, Hal R. *Computer mediated transactions*. American Economic Review, v. 100, n. 2, 2010.

[26] STUCKE, Maurice E.; GRUNES, Allen P. *Big Data and Competition Policy*. Oxford University Press, 2016., p. 19.

[27] ZUBOFF, Shoshana. Big Other. Capitalismo de vigilância e perspectivas para uma civilização de informação. *In*: BRUNO, Fernanda *et al.* (org.). *Tecnopolíticas da vigilância*: Perspectivas da margem. Sao Paulo: Boitempo, 2018, p. 22.

[28] ROSS, Alec. *Industries of the Future*. New York: Simon & Shuster, 2016, p. 346.

[29] TIMCKE, Scott. *Algorithms and the end of politics*. How technology shapes 21st century American life. Great Britain: Bristol University Press, 2021, p. 23.

Soshanna Zuboff como sendo uma nova forma de estruturação do capitalismo em prol da vigilância. Nessa nova forma de organização da vida, a busca por lucros também se estrutura a partir do mercado de dados pessoais, conseguindo transformar a experiência humana em moeda de negociação (*"behavioral surplus"*). [30]

Para realizarem um leilão automatizado das informações dos usuários, os agentes de mercado coletam dados pessoais de forma ostensiva (e muitas vezes ilegal e desautorizada) a fim de melhor categorizar e compreender os desejos individuais, e assim conseguirem direcionar conteúdo e induzir o consumo de determinados produtos.[31] A internet passou a ser, ao fim, um instrumento por meio da qual são produzidos cada vez mais dados comportamentais dos usuários, a fim de explorá-los comercialmente para incrementarem o lucro e o poder de alguns agentes de mercado.[32]

E a vigilância ostensiva que veio de brinde tornou-se apenas um elemento adicional para que esses agentes possuam integral controle da vida, dos desejos, das convicções e dos hábitos de todos os usuários. Tudo isso porque diversos comportamentos da vida humana foram dominados pela inserção da tecnologia, muitas vezes de forma indiscriminada, a partir de uma ilusão de que a técnica e a matemática são ideologias dominantes e que conseguem substituir todos os processos e eliminar todas as subjetividades.[33]

Note-se que, também em relação aos dados, existe mais um aspecto político determinante que pode interferir na produção dos resultados de um sistema autônomo. Solon Barocas e Andrew Selbst dizem que "o algoritmo é tão bom quanto a base de dados com que ele trabalha"[214], justamente porque a representatividade dos dados selecionados nas bases pode acabar interferindo no funcionamento dos algoritmos.

Se não existem dados suficientes produzidos sobre grupos minoritários, dificilmente as tecnologias preditivas vão conseguir compreender a extensão das diferentes realidades, as diferentes formas humanas e as várias vivências que podem impactar na tomada de uma decisão. E, como

[30] ZUBOFF, Soshanna. *The Age of Surveillance Capitalism*. The fight for a human future at the new frontier of power. New York: Public Affairs, 2019.

[31] Op. cit., 2019.

[32] Op. cit., 2019.

[33] TIMCKE, Scott. *Algorithms and the end of politics*. How technology shapes 21st century American life. Great Britain: Bristol University Press, 2021, p. 37.

a qualidade e quantidade de dados importa no resultado[34], é evidente que existem elementos políticos na escolha de quais dados serão utilizados. É por isso que, muitas vezes, as decisões algorítmicas acabam reproduzindo conflitos sociais e antagonismos que prejudicam determinados grupos e favorecem a manutenção de um sistema de desigualdade.[35]

O impacto nos resultados produzidos por sistemas autônomos também se reflete pelo uso de dados históricos, que são aqueles que refletem as experiências pretéritas, mas por vezes acabam reproduzindo vieses preconceituosos, especialmente quanto essas experiências anteriores são resultado de discriminação.[36] É importante que os dados consigam traduzir não só realidades, como também situações de igualdade, que traduzem os valores de igualdade para os quais as experiências sociais devem mirar.

Novamente, a estruturação do sistema autônomo acaba dependendo muito do cientista de dados responsável não só pelo desenho dos códigos matemáticos, mas também pela estruturação das bases de dados e seleção dos dados que serão utilizados na análise.

Assim, antes mesmo de discutir em que extensão a automatização é legítima no âmbito da justiça criminal, é importante considerar que suas repercussões atendem aos interesses e aos desejos de seus programadores, que não operam de forma neutra, que se inserem dentro de um sistema que transforma a vivência em produto para o lucro, e que transformam a estrutura da vigilância em uma ferramenta para atingir determinados interesses de mercado.

3. O uso de sistemas automatizados no âmbito da justiça criminal

Não se pode ignorar que existem inúmeras vantagens para inserir tecnologias preditivas nos mais variados setores da vida humana. E como já é sabido, todos os mercados foram profundamente modificados ao longo dos últimos anos, de modo que não é possível hoje em dia pensar em medicina,

[34] LINDOSO, Maria Cristine. *Discriminação de gênero no tratamento automatizado de dados pessoais.* Como a automatização incorpora vieses de gênero e perpetua a discriminação de mulheres. Rio de Janeiro: Processo, 2021, p.117.

[35] TIMCKE, Scott. *Algorithms and the end of politics.* How technology shapes 21st century American life. Great Britain: Bristol University Press, 2021, p. 36.

[36] LINDOSO, Maria Cristine. *Discriminação de gênero no tratamento automatizado de dados pessoais.* Como a automatização incorpora vieses de gênero e perpetua a discriminação de mulheres. Rio de Janeiro: Processo, 2021, p.120

comunicações, história, *marketing* e tantas outras áreas sem pensar no uso de dados e de predições automatizadas.

Com o Direito não foi diferente: as tecnologias preditivas e a automatização ajudaram a modificar as formas de organização da sociedade, de implementação e viabilização da democracia, de construção das leis e de *enforcement*, auxiliando não só na investigação de ilícitos e condutas ilegais, como também na condenação e a reparação.

Diz-se que os benefícios declarados pelo uso dessas tecnologias no Direito são inúmeros: prevenção e redução de crimes, auxílio na detecção de infratores, melhor comunicação entre as forças policiais de diferentes localidades, maior segurança dos policiais, investigadores e agentes da lei, redução de custos de segurança, redução dos processos no âmbito do poder judiciário, eficiência nas investigações e nas decisões, dentre outros.[37]

Assim, é evidente que os operadores do Direito também se beneficiaram dos novos sistemas de vigilância que o mercado de dados trouxe, de modo a tornarem cada vez mais sofisticados os sistemas de monitoramento dos cidadãos em prol do interesse público.[38] A vigilância tornou-se, nesse sentido, um ponto convergente que une os interesses dos agentes públicos e privados, distanciando os usuários / cidadãos de suas garantias fundamentais, especialmente à privacidade. Os agentes públicos, que sempre buscaram formas de monitoramento do comportamento social em prol da segurança pública, agora ganharam como aliado os agentes privados, que utilizam os mesmos sistemas para lucrar.

No âmbito da justiça criminal, o uso de sistemas automatizados está inserido principalmente em dois campos distintos: (i) o da investigação e repressão de crimes, e (ii) o da tomada de decisões.

3.1. Sistemas automatizados na investigação e repressão de crimes

No âmbito da política de segurança e da tentativa de repressão de crimes e fraudes, desde Foucault discute-se como a vigilância é instrumentali-

[37] Ver: https://cpr.unu.edu/publications/articles/ai-global-governance-turning-the-tide-on-crime-with-predictive-policing.html

[38] Diz-se que os atentados ocorridos em 11 de setembro nos Estados Unidos são um marco paradigmático sobre o uso de tecnologias preditivas e dados pessoais para transformar o monitoramento em verdadeira vigilância ostensiva dos cidadãos ao argumento de proteção da coletividade. Nesse sentido, ver: Schwartz, Paul M.; Solove, Daniel J. *The PII Problem*: Privacy and a new concept of personally identifiable information. New York University Law Review, v. 86, 2011.

zada enquanto forma de tentar forjar uma sensação de segurança através do medo e do constante olhar do outro.[39]

Na atualidade, o panóptico foucaltiano ganhou consideráveis incrementos com as tecnologias preditivas e com a automatização, inserindo as mais variadas tecnologias nos espaços urbanos (o que ficou conhecido como "urbanismo militar").[40] Essas tecnologias podem ser divididas, segundo o critério listado por James Byrne e Gary Marx,[41] em *hard* (referentes às tecnologias materiais, físicas ou de *hardware*), e incluem câmeras de segurança, iluminação pública, detectores de metal, armas novas, computadores embutidos em viaturas, dentre outros; ou *soft* (referentes aos sistemas automatizados e programas), e incluem sistemas de avaliação de ameaça, sistemas de avaliação de risco antes de ação involuntária, perfilização, *softwares* de reconhecimento facial, mapas de criminalidade, sistemas de monitoramento e identificação de comunicações, dentre outros. [42]

Há, como se pode ver, uma grande variedade de estruturas utilizadas nas investigações policiais e, em grande parte, elas se utilizam de dados pessoais sensíveis para produção de resultados. É o caso, por exemplo, das tecnologias *soft* que são bem representadas pelos complexos sistemas de reconhecimento facial e videomonitoramento, que utilizam a assinatura facial[43], única para cada um, que serve para identificar o cidadão e até antecipar a sua conduta (analisando também históricos daquele cidadão, postura, local, dentre outros).

[39] FOUCAULT, Michel. *Vigiar e Punir*: história da violência nas prisões. Petrópolis: Editora Vozes, 1987.

[40] FIRMINO, Rodrigo José Securitização, vigilância e territorialização em espaços públicos na cidade neoliberal. In: BRUNO, Fernanda *et. al. Tecnopolíticas da vigilância*. Perspectivas da margem. São Paulo: Boitempo, 2018.

[41] BYRNE, James; MARX, Gary. *Technological Innovations in Crime Prevention and Policing*: a review of the Research on implementation and impact. Cahiers Politiestudies Jaargang, 2011-3, p. 17-40.

[42] GARCIA, Rafael de Deus. *O uso de tecnologia e a utilização do modelo inquisitória:* gestão da prova e violação de direitos fundamentais na investigação policial na política de drogas. 2015. Dissertação (Mestrado em Direito) – Universidade de Brasília, 2015, p. 41.

[43] Assinatura facial é o termo utilizado para mencionar o resultado feito por *softwares* das métricas específicas dos rostos de cada indivíduo. Essas métricas costumam ser captadas por câmeras com reconhecimento facial e, armazenadas e tratadas em um banco de dados, servem para auxiliar na identificação de indivíduos. Ver: ELECTRONIC FRONTIER FOUNDATION (EFF). Face Recognition. 2017. Disponível em: https://www.eff.org/pages/face-recognition . Acesso em: 08 abr 2022.

Assim, além do monitoramento, os sistemas são também utilizados para construção de mapas de criminalidade, que tentam criar padrões em comum para identificar pessoas em vias de cometer crimes.

Ocorre que, para além de polêmica a pretensão de resgatar Lombroso e as tão ultrapassadas teorias deterministas,[44] estudos recentes mostram que os mecanismos de policiamento preditivo – seja com simples pretensão de monitoramento, seja para construção de mapas de criminalidade – costumam ter vieses racistas.[45] Esses vieses se manifestam de diferentes formas: mais pessoas negras são caracterizadas como sendo potenciais criminosos[46]; a maioria dos criminosos identificados são pessoas negras[47]; e mais pessoas negras são alvos de identificação incorreta, resultante de erros e distorções do próprio algoritmo (com índices de erros absurdos, em torno de 90%).[48]

Esses vieses racistas são decorrentes do uso de dados históricos, do uso de bases de dados não representativas, de correlações e inferências não controladas e da falta de gestão humana de resultados algoritmos, que acabam utilizando premissas racistas para obtenção de resultados.[49]-[50]

[44] Ver: https://www.callingbullshit.org/case_studies/case_study_criminal_machine_learning.html?fbclid=IwAR3dfUkn5nY0RR54fcAmyASQK9LmC-n4LWRn3wlcL2eguB3Whdl4mzEsEdE

[45] Ver: https://www.technologyreview.com/2021/02/05/1017560/predictive-policing-racist-algorithmic-bias-data-crime-predpol/

[46] Ver: https://www.cnet.com/tech/tech-industry/facial-recognition-software-inaccurate-in-98-of-metropolitan-police-cases-reports/

[47] No Brasil, em 2019, foram 151 casos de criminosos identificados por essas tecnologias, e, curiosamente, 90% desses eram negros. Aqui, é evidente que além do viés algorítmico e do modelo enviesado, as tecnologias de reconhecimento facial não possuem bases de dados representativas da diversidade da população negra, utilizam dados históricos e sensíveis de forma abusiva e fazem correlações e inferências espúrias, com vieses de raça. Ver: https://pt.scribd.com/document/554085715/Rede-de-Observatorios-da-Seguranca-Relatorio-2019

[48] Essas estatísticas deram surgimento a movimentos globais pedindo o fim dessas tecnologias em prol da dignidade humana das pessoas negras. Ver: https://www.banfacialrecognition.com

[49] Ver: https://www.technologyreview.com/2021/02/05/1017560/predictive-policing-racist-algorithmic-bias-data-crime-predpol/

[50] O uso de reconhecimento facial como forma de validação da identidade e, por isso, mecanismo associado à segurança pública, também mostrou incorporação de vieses de gênero que são prejudiciais para a diversidade. Pessoas transexuais, por exemplo, reiteradamente reportam abusos e constrangimentos causados pelas tecnologias de reconhecimento facial, porque estas adotam o padrão binários de masculino e feminino, que é insuficiente para tratar de uma população muito mais diversa. Ver: https://codingrights.org/docs/rec-facial-id-trans.pdf

Considerando que não há neutralidade, e que a justiça criminal feita a partir de padrões matemáticos extraídos de processos autônomos também reproduz vieses, fica evidente que o uso desses sistemas é uma questão política, que interessa a determinados interesses e que, feita de forma descontrolada, prejudica claramente determinados grupos minoritários. Cabe destacar as conclusões de Virginia Eubanks, no sentido de que as tecnologias de automatização como um todo acabam servido aos interesses das elites para perfilizar, vigiar e punir grupos minoritários, especificamente negros e pobres, reforçando uma já conhecida narrativa da exclusão.[51]

Outras tecnologias, como o uso de bases de dados de perfil genético[52] para cruzamento de informações para investigações de crimes, também não são menos perigosas e controversas. Primeiro, porque elas podem ser vistas como forma de auto-incriminação, na medida em que há obrigatoriedade de fornecimento de material genético e que, posteriormente, será utilizado em outras investigações. Segundo, porque são dados pessoais muito sensíveis e que são administrados pela administração também sem muita transparência e, pior, sem a prerrogativa dos titulares dos dados se recusarem ao fornecimento.

Para essas situações mapeadas, mostra-se fundamental discutir como a transparência pode ser efetivada em prol do princípio da não discriminação, para evitar que sejam adotados sistemas que vão reproduzir resultados injustos. Isso implica, como já dito, na adoção de modelos de gestão de resultados; no uso de sistemas auditáveis, públicos, passíveis de controle; e na implementação de mecanismos e metodologias comprometidas com a produção de resultados que não prejudiquem grupos minoritários.

Se é fato que essas tecnologias são utilizadas com finalidade política, em prol dos interesses de diferentes agentes (que muitas vezes apenas buscam o lucro), e que também não há neutralidade no seu desenvolvimento, cabe ao Estado, quando decidir por absorver esses sistemas dentro da justiça criminal, valer-se de garantias mínimas de que não haverá prejuízo para grupos minoritários, ou até mesmo para a percepção coletiva da privacidade.

E isso porque, não pode haver a sensação coletiva de que são utilizados mecanismos de repressão de crimes por meio de sistemas invasivos

[51] EUBANKS, Virginia. *Automating Inequality*. How High-Tech Tools profile, police and punish the poor. New York: Picador, 2017.

[52] Lei Federal n. 12.654/2012 e Decreto n. 7.950/13

e que promovem a vigilância ostensiva dos cidadãos, ao risco de ainda incriminá-los indevidamente ou de forma discriminatória. Se há interesse de determinados grupos econômicos em manutenção da estrutura social discriminatória, o Estado assume para si o dever de promover o contrário. E se sistemas autônomos são formas de ir contra esses interesses sociais, então pode ser que ao Estado não seja autorizado a incorporá-los, especialmente para fins no âmbito criminal.

3.2. Sistemas automatizados para tomada de decisões na esfera criminal

Além do uso dessas tecnologias no âmbito da vigilância, o Direito (com foco na esfera penal) se beneficiou da automatização também no processo de tomada de decisões. No Brasil, ainda não foi publicamente declarado o uso de *softwares* de decisões automatizadas para proferir decisões de mérito em substituição aos magistrados, de modo que a única experiência com a automatização no âmbito judicial tem sido para questões formais de admissibilidade recursal e identificação de demandas repetitivas.[53]

Contudo, essas tecnologias já vêm sendo utilizadas há algum tempo em outros países, e essas experiências são interessantes para serem analisadas pois indicam um movimento que pode ser incorporado em um futuro próximo.[54]

O caso mais relevante, nesse aspecto, é o do algoritmo COMPAS, desenvolvido pela iniciativa privada e utilizado no âmbito criminal de alguns

[53] A experiência do Projeto Victor, nesse sentido, é um exemplo exitoso de como o Supremo Tribunal Federal, com apoio da sociedade civil e de pesquisadores da Universidade de Brasília, conseguiram desenvolver um *software* para identificar demandas com repercussão geral já julgadas e catalogar recursos extraordinários que sobem ao. Como o programa não faz as decisões em si, tampouco entra no mérito dos casos (seu desenvolvimento foi focado apenas para identificar os casos de repercussão geral), seu uso vem sendo aplaudido em diversos setores como uma forma de balancear o uso da tecnologia em prestígio da eficiência no poder judiciário. Ver: LAGE, Fernanda Carvalho. *A inteligência Artificial na Repercussão Geral*: análise e proposições da vanguarda de inovação tecnológica no Poder Judiciário Brasileiro. 2020 (Tese de Doutorado em Direito). Universidade de Brasília, Brasília, 2020.

[54] Talvez antevendo o futuro, o Conselho Nacional de Justiça já editou uma resolução estabelecendo alguns parâmetros para implementação de inteligências artificiais e *softwares* de automatização no poder judiciário, prestigiando as garantias fundamentais, os valores constitucionais e os mecanismos de controle e transparência desses instrumentos pelo próprio CNJ e pelos jurisdicionados. Ver: Resolução CNJ n. 332, de 21 de Agosto de 2020.

estados nos Estados Unidos. A primeira grande questão que surgiu com o uso do referido algoritmo é o fato dele ser privado, ou seja, de estar protegido por segredos de indústria que impossibilitam completa transparência quanto a seus códigos, suas bases de dados e seus resultados. Além do fato de ser uma empresa privada quem detém informações sensíveis sobre os réus submetidos ao sistema de justiça criminal, é altamente controverso delegar à iniciativa privada (porque ao fim e ao cabo, é uma delegação), decisões tão relevantes para a comunidade como um todo.

Apesar disso, o COMPAS foi objeto de recente auditoria por parte da ProPublica, e as conclusões levantaram ainda mais questionamentos sobre a possibilidade de incorporação dessas tecnologias na justiça criminal. Como resultado, percebeu-se que réus negros são mais comumente taxados como sendo de alto risco, além de terem o dobro de probabilidade de serem indevidamente classificados pelo algoritmo.[55]

Esses resultados são reflexos do que se costuma perceber com algoritmos e sistemas automatizados no geral. Como fruto da opacidade, muitos desses sistemas realizam correlações e inferências supralegais para alcançar um resultado, isto é, utilizam elementos que não estão previstos em lei para julgar os réus. Esses elementos supralegais costumam ser subjetivos e morais (Garcia elenca, como exemplo, a sociabilidade, personalidade e criação familiar)[56], e também sociais (Eubanks cita o uso de critérios como local onde mora e faixa salarial familiar)[57]. Ou seja, são elementos sob os quais o réu não possui nenhum controle e muitas vezes também não escolheu, mas que, ao fim e ao cabo, são utilizados contra ele.

Nesse sentido, a crítica à criminologia atuarial ganha ainda mais força, justamente porque as simplificações matemáticas da realidade são muito reducionistas e não consideram que os elementos estatísticos utilizados na formação do resultado, em sua grande maioria, fogem da ingerência dos cidadãos que estão sendo julgados, de forma que seria determinista imputar a eles a responsabilidade sobre fatos da vida que nunca foram objeto de controle.

[55] Ver: https://www.propublica.org/article/how-we-analyzed-the-compas-recidivism-algorithm

[56] Ver: https://periodicos.unb.br/index.php/relac/issue/view/2101/595

[57] EUBANKS, Virginia. *Automating Inequality*. How High-Tech Tools profile, police and punish the poor. New York: Picador, 2017.

Mais que isso, a criminologia atuarial não considera a realidade, mas apenas os resultados da aplicação da força do estado. Ao fazer estudo de risco dos réus, os sistemas automatizados costumam utilizar dados disponíveis nas bases de dados do Estado, e que refletem quantas e quais pessoas foram alvo de persecução penal. Mas esse não é o número real da criminalidade, e ao não considerar esse fato, esses sistemas acabam fazendo escolhas verdadeiramente políticas de reprodução de um sistema criminal muitas vezes injusto e socialmente desenhado para o encarceramento de determinados grupos.[58]

Não só isso, mas o uso de elementos matemáticos para fundamentar o processo decisório acaba criando uma distorção no sistema penal como um todo, na medida em que substitui provas e elementos concretos por simples predições matemáticas e cálculos probabilísticos.

O uso de automatizações no âmbito do poder judiciário também é controverso quando se pensa que a opacidade é uma característica inerente aos algoritmos, de modo que, na maior parte das vezes, não é possível reconstruir o processo decisório e avaliar qual foi o juízo valorativo para cada dado analisado e que gerou o resultado. Ora, decisões de mérito, especialmente no âmbito da justiça criminal, pressupõem não só uma racionalidade, mas também a possibilidade de uma reconstrução argumentativa que viabilize a análise dos critérios decisórios e dos elementos legais que fundamentaram aquela decisão.

A efetivação do princípio da transparência é mais um elemento que dificulta a incorporação desses *softwares* para o sistema de justiça criminal. E ser transparente, nessas circunstâncias, pressupõe os sistemas automatizados se utilizem de modelos justos, de bases de dados representativas, de códigos auditáveis e transparentes, além de serem submetidos à revisão humana sempre que necessário para fazer controle de associações livres e resultados potencialmente discriminatórios.[59]

Reconhecer a imprescindibilidade desses critérios para implementação da automatização no âmbito criminal carrega as dificuldades de ir contra a própria estrutura do capitalismo de vigilância. Hoje em dia, não há

[58] Ver: https://www.fairtrials.org/app/uploads/2022/01/Regulating-Artificial-Intelligence-for-Use-in-Criminal-Justice-Systems-Fair-Trials.pdf

[59] LINDOSO, Maria Cristine. *Discriminação de gênero no tratamento automatizado de dados pessoais.* Como a automatização incorpora vieses de gênero e perpetua a discriminação de mulheres. Rio de Janeiro: Processo, 2021.

preocupação com a qualidade dos dados coletados e não existe prestação de contas sobre os potenciais resultados discriminatórios produzidos por um sistema automatizado.[60]

Garcia e Gontijo, ao analisarem o contexto atual, adequadamente avaliam que as preocupações da justiça criminal mudaram muito, e não estão mais voltadas à diminuição de crimes, mas sim à vigilância cada vez mais ostensiva e policialesca. E isso vem sendo feito em parceria com a iniciativa privada, que utiliza os mesmos instrumentos de vigilância para venda de dados e aumento do poder de mercado. Ou seja, há uma terceirização da segurança para entes privados.[61]

E essa não é uma preocupação nova. Desde suas primeiras considerações sobre as caixas prestas dos algoritmos, Frank Pasquale já manifestava preocupação com a extensão que as decisões automatizadas iriam tomar na vida humana, e o impacto que elas poderiam ter por serem responsáveis por decisões cruciais para o futuro dos cidadãos, sem que pudesse haver o mínimo de controle e racionalidade sobre como essas decisões haviam sido tomadas.[62]

Conclusões

Como visto, as tecnologias de automatização possuem algumas características que denunciam a falta de neutralidade desses sistemas e os vários aspectos políticos que podem acabar interferindo na produção de resultados. Por si só, isso não é um problema, desde que a incorporação desses sistemas seja feita de forma controlada e cuidadosa nos mais variados âmbitos da vida humana.

No caso do Direito, especialmente dentro da seara criminal, é imprescindível se cercar de cuidados adicionais antes de incorporar tecnologias de automatização, seja na fase de monitoramento e investigação, seja na fase decisória. E isso porque, estudos cada vez mais robustos têm demonstrado que grupos minoritários, especialmente negros e negras, são comu-

[60] FERGUSON, A. G.; LOGAN, W. A. *Policing Criminal Justice Data*, In: Minnesota Law Review, pp. 541–616, 2016.

[61] GARCIA, Rafael de Deus; GONTIJO, Rogério Boitempo Cândido. *Algoritmos e segurança pública*: controle e vigilância no policiamento de dados. Revista Latina Americana de Criminologia, v. 1, n. 1, p. 21.

[62] PASQUALE, Frank. The Black Box Society: The Secret Algorithms That Control Money and Information, Harvard University Press, 2015.

mente alvos de enquadramentos indevidos, penas maiores e persecuções mais ostensivas.

É muito importante reconhecer que os aspectos políticos das tecnologias de automatização denunciam preferências, objetivos e convicções, e que muitas vezes isso poderá implicar na reprodução de um *status quo* discriminatório, que não pode ser legitimado pelo Estado. Assim, é fundamental superar paradigmas reducionistas de que a matemática, a estatística e os estudos automatizados de dados pessoais conseguem simplificar razoavelmente a realidade a ponto de autorizar a substituição da racionalidade humana por máquinas em todos os âmbitos da vida.

Referências

BAROCAS, Solon *et al. Big data, Data Science, and Civil Rights.* Computing Community Consortium Catalyst, 2017.

BEER, David. *The social power of algorithms, information, communication & society*. 2017. Disponível em: https://www.tandfonline.com/doi/pdf/10.1080/1369118X.2016.1216147?needAccess=true , acesso em 08 abr 2022.

BURREL, J. *How the Machine* Thins: Understanding Opacity in Machine Learning Algorithms. *Big Data and Society*, 2016.

BYRNE, James; MARX, Gary. *Technological Innovations in Crime Prevention and Policing*: a review of the Research on implementation and impact. Cahiers Politiestudies Jaargang, 2011-3, p. 17-40.

DONEDA, Danilo; ALMEIDA, Virgílio A. F., O que é governança de algoritmos? *In*: BRUNO, Fernanda *et al.* (org.). *Tecnolopolíticas da vigilância.* perspectivas da margem. São Paulo: Boitempo, 2018.

ELECTRONIC FRONTIER FOUNDATION (EFF). Face Recognition. 2017. Disponível em: https://www.eff.org/pages/face-recognition . Acesso em: 08 abr 2022.

EUBANKS, Virginia. *Automating Inequality*. How High-Tech Tools profile, police and punish the poor. New York: Picador, 2017.

FERGUSON, A. G.; LOGAN, W. A. *Policing Criminal Justice Data*, In: Minnesota Law Review, pp. 541–616, 2016.

FIRMINO, Rodrigo José Securitização, vigilância e territorialização em espaços públicos na cidade neoliberal. In: BRUNO, Fernanda *et. al. Tecnopolíticas da vigilância.* Perspectivas da margem. São Paulo: Boitempo, 2018.

FOUCAULT, Michel. *Vigiar e Punir*: história da violência nas prisões. Petrópolis: Editora Vozes, 1987.

GARCIA, Rafael de Deus; GONTIJO, Rogério Bontempo Cândido. *Algoritmos e segurança pública*: controle e vigilância no policiamento de dados. Revista Latina Americana de Criminologia, v. 1, n. 1, p. 21.

GARCIA, Rafael de Deus. *O uso de tecnologia e a utilização do modelo inquisitoria:* gestão da prova e violação de direitos fundamentais na investigação policial na política de drogas. 2015. Dissertação (Mestrado em Direito) – Universidade de Brasília, 2015, p. 41.

GREEN, Ben. Data Science as Political Action: Grounding Data Science in a Politics of Justice. Journal of Social Computing, v. 2, n. 3, 2021.

https://acervodigital.ufpr.br/bitstream/handle/1884/28416/R%20-%20T%20-%20MAURICIO%20STEGEMANN%20DIETER.pdf?sequence=1

https://acervodigital.ufpr.br/bitstream/handle/1884/28416/R%20-%20T%20-%20MAURICIO%20STEGEMANN%20DIETER.pdf?sequence=1 https://periodicos.unb.br/index.php/relac/issue/view/2101/595

https://acervodigital.ufpr.br/bitstream/handle/1884/28416/R%20-%20T%20-%20MAURICIO%20STEGEMANN%20DIETER.pdf?sequence=1

https://codingrights.org/docs/rec-facial-id-trans.pdf

https://cpr.unu.edu/publications/articles/ai-global-governance-turning-the-tide-on-crime-with-predictive-policing.html

https://pt.scribd.com/document/554085715/Rede-de-Observatorios-da-Seguranca-Relatorio-2019

https://www.banfacialrecognition.com

https://www.callingbullshit.org/case_studies/case_study_criminal_machine_learning.html?fbclid=IwAR3dfUkn5nY0RR54fcAmyASQK9LmC-n4LWRn3wlcL2eguB3Whd14mzEsEdE

https://www.cnet.com/tech/tech-industry/facial-recognition-software-inaccurate-in-98-of-metropolitan-police-cases-reports/

https://www.fairtrials.org/app/uploads/2022/01/Regulating-Artificial-Intelligence-for-Use-in-Criminal-Justice-Systems-Fair-Trials.pdf

https://www.propublica.org/article/how-we-analyzed-the-compas-recidivism-algorithm

https://www.propublica.org/article/how-we-analyzed-the-compas-recidivism-algorithm

https://www.technologyreview.com/2021/02/05/1017560/predictive-policing-racist-algorithmic-bias-data-crime-predpol/

https://www.technologyreview.com/2021/02/05/1017560/predictive-policing-racist-algorithmic-bias-data-crime-predpol/

LAGE, Fernanda Carvalho. *A inteligência Artificial na Repercussão Geral*: análise e proposições da vanguarda de inovação tecnológica no Poder Judiciário Brasileiro. 2020 (Tese de Doutorado em Direito). Universidade de Brasília, Brasília, 2020.

Lei Federal n. 12.654/2012 e Decreto n. 7.950/13

LINDOSO, Maria Cristine. *Discriminação de gênero no tratamento automatizado de dados pessoais*. Como a automatização incorpora vieses de gênero e perpetua a discriminação de mulheres. Rio de Janeiro: Processo, 2021.

MacCormick, J. (2012). 9 *Algorithms that changed the future*: The ingenious ideas that drive today's computers. Princeton, NJ: Princeton University Press.

MENDES, Laura Schertel. *Privacidade, proteção de dados e defesa do consumidor. Linhas gerais de um novo direito fundamental*. ed. Saraiva, Série IDP, 2014.

NOBLE, Safiya Umoja. *Algorithms of Oppression*. How Search Engines Reinforce Racism. New York University Press, 2018.

O'NEIL, Cathy. *Weapons of math destruction*. How big data increases inequality and threatens democracy. New York: Crown Publishers, 2016.

PASQUALE, Frank. The Black Box Society: The Secret Algorithms That Control Money and Information, Harvard University Press, 2015.

Resolução CNJ n. 332, de 21 de Agosto de 2020.

ROSS, Alec. *Industries of the Future*. New York: Simon & Shuster, 2016, p. 346.

SCHWARTZ, Paul M.; SOLOVE, Daniel J. *The PII Problem*: Privacy and a new concept of personally identifiable information. New York University Law Review, v. 86, 2011.

STUCKE, Maurice E.; GRUNES, Allen P. *Big Data and Competition Policy*. Oxford University Press, 2016.

TIMCKE, Scott. *Algorithms and the end of politics*. How technology shapes 21st century American life.Great Britain: Bristol University Press, 2021.

VARIAN, Hal R. *Computer mediated transactions*. American Economic Review, v. 100, n. 2, 2010.

ZUBOFF, Shoshana. Big Other. Capitalismo de vigilância e perspectivas para uma civilização de informação. *In*: BRUNO, Fernanda *et al.* (org.). *Tecnopolíticas da vigilância*: Perspectivas da margem. Sao Paulo: Boitempo, 2018, p. 22.

ZUBOFF, Soshanna. *The Age of Surveillance Capitalism*. The fight for a human future at the new frontier of power. New York: Public Affairs, 2019.

13
VAZAMENTO DE INFORMAÇÕES E DIREITO PENAL: ENTRE O DESCORTINAMENTO E O ALARDEAMENTO

Maria Luiza Rosa Diniz Rodrigues

I. Segredos e democracia: o lugar político dos vazamentos de informações

Existe lugar para segredos nas democracias? Em um primeiro impulso, responderíamos negativamente ao questionamento. Parece contraditório conferir ao povo a titularidade do poder e a prerrogativa de decidir os rumos da sociedade ao mesmo tempo em que informações lhe são sonegadas. O poder de decidir, por óbvio, demanda conhecimento. Se as pessoas não conhecem todas as cartas da mesa, o exercício do poder se aproxima de um faz de conta. Uma decisão tomada na ignorância é somente a ilusão de decisão, ação vazia. O alicerce da democracia é a transparência, a publicidade, o convite à fiscalização, o dever em prestar contas, o olho do dono, que, aqui, é o povo. Ao menos é isso que os manuais nos ensinam.

A prática é outra. As mais consolidadas democracias do mundo convivem com um universo de segredos que, inclusive, muitas vezes contribui para a estabilidade do próprio sistema político. Há um ciclo curioso, contudo, por meio do qual as democracias convivem com e até dependem dos segredos, ao mesmo em que o próprio sistema incentiva o desvelamento. Nas democracias liberais, a fiscalização do poder, entre as próprias instituições estatais e a partir da sociedade civil, com seus jornalistas, pesquisadores e ativistas, torna inevitável que, eventualmente, os segredos sejam encontrados. As lacunas e as inconsistências no discurso estatal são percebidas por ouvidos atentos.

Por óbvio, alguns segredos são legítimos na medida em que satisfazem o interesse público. Concedo que é estranho falar em manter o público na ignorância enquanto mecanismo de satisfação de seu próprio interesse. Mas isso, de fato, acontece. Falarei disso mais adiante. Ocorre que se a sociedade sente que há um desequilíbrio entre manutenção de segredos legítimos e dever de publicidade estatal, se a balança está pendendo demais para a ocultação, sem motivos legítimos aparentes ou se o Estado falha "em transmitir ao cidadão a impressão de abertura, o vazamento se apresenta como expressão de demanda por transparência, reação inflamada à supremacia do segredo, à distorção do sentido de interesse público"[1].

Em regimes totalitários, por outro lado, os segredos são mantidos a qualquer custo, até por meio de prisões, desaparecimentos e assassinatos, história que conhecemos. O que, por óbvio, limita consideravelmente a ocorrência de vazamentos. Ou seja, o desvelamento de segredos é, na verdade, um fenômeno de regimes democráticos. David E. Pozen, em um completo trabalho publicado na *Harvad Law Review*, argumentou que, ao menos nos Estados Unidos, vazamentos são rotineiros, classificados, inclusive, como "ocorrência diária"[2]. E, nos últimos anos, houve um grande aumento na publicização de segredos mantidos pelo Estado.

A partir desse intricado contexto, no presente trabalho, algumas questões envolvendo vazamento de segredos serão endereçadas, sem, no entanto, pretensões de que um tema tão vasto seja exaurido.

Em um primeiro momento, me perguntei em quais situações o dever de publicidade dos atos estatais é excetuado, levando em conta as justificativas para tanto. Trabalhei, em resumo, com os tipos comuns de segredos e os contextos nos quais eles se inserem, já que o pressuposto do vazamento é justamente a existência de uma informação ocultada. Em seguida, discuti a relação entre segredos e a digitalização da sociedade, a fim de estabelecer a conexão entre tecnologia, comunicação em rede e vazamentos, se há alguma.

Fixados esses pontos, analisei a tipologia dos vazamentos, não em razão da modalidade de conduta do agente, mas sim da legitimidade, ou não, do desvelamento, bem como das razões que motivaram a publicização do

[1] Pait, Heloisa, Pinheiro, Rhuan. **Vazamento de Informações: Um ritual democrático na era da comunicação em rede**. Cadernos Adenauer, v. 15, p. 13, 2014.

[2] Pozen, David E. **The Leaky Leviathan: Why the Government Condemns and Condones Unlawful Disclosures of Information**. Harvard Law Review, v. 127, n. 2, 2013, p. 528, http://www.jstor.org/stable/23742018. Acesso em 11 de maio de 2022.

segredo. O objetivo foi estabelecer que os vazamentos não são todos iguais, em termos de justiça, justificativa e legitimidade. As conclusões dessa seção influenciaram no desenvolvimento da seguinte, oportunidade na qual tratei das potenciais consequências jurídicas impostas, pelo Estado, aos protagonistas dos vazamentos, especialmente a partir da ótica do direito penal. Basicamente, pretendi entender em quais situações o direito penal deve ser aplicado e em quais ele acaba se tornando um mecanismo de coação a liberdades civis.

II. Se a regra é a publicidade, por que, então, o segredo?

Não existe interesse da Administração. É com essa afirmação, derivada das conclusões de Carlos Ari Sundfeld[3], ainda em 1995, que inicio este trabalho. Tal constatação importa na medida em que nos lembra de que a finalidade da Administração é exterior a si e seu funcionamento é sempre voltado a interesses que lhe são alheios[4]. O Estado não existe sozinho ou para si próprio, mas sim para a sociedade, para o interesse público. Se todo poder emana do povo, que o exerce direta ou indiretamente[5], o Estado é, em termos simplistas e pragmáticos, um procurador da sociedade, que realizará o interesse público pelos e em prol dos indivíduos. Todos os atos estatais, portanto, devem ser executados exclusivamente em razão do interesse coletivo. Em contraposição a um suposto interesse da Administração, somente existe, na realidade, interesse público.

Exatamente por isso que a publicidade e a transparência são condições para o agir estatal. Se o Estado age em nome do povo e em razão de seus interesses, deve ser possível ao cidadão conhecer, acompanhar e fiscalizar essa atuação. "É óbvio, então, que o povo, titular do poder, tem direito de conhecer tudo o que concerne à Administração, de controlar passo a passo o exercício do poder"[6]. Não somente isso como a publicidade dos atos esta-

[3] SUNDFELD, Carlos Ari. **Princípio da publicidade administrativa (direito de certidão, vista e intimação)**. Revista de Direito Administrativo, [S. l.], v. 199, p. 97–110, 1995. DOI: 10.12660/rda.v199.1995.46491. Disponível em: https://bibliotecadigital.fgv.br/ojs/index.php/rda/article/view/46491. Acesso em: 10 maio de 2022.

[4] *Ibidem*.

[5] Art. 1º, parágrafo 1º, da Constituição da República Federativa do Brasil: "[t]odo o poder emana do povo, que o exerce por meio de representantes eleitos ou diretamente, nos termos desta Constituição".

[6] SUNDFELD, Carlos Ari. Princípio da publicidade administrativa (direito de certidão, vista e intimação). Revista de Direito Administrativo, [S. l.], v. 199, p. 98, 1995. DOI: 10.12660/rda.

tais é essencial ao pleno exercício da democracia, da participação popular nos rumos da sociedade. Nesse sentido, a regra, cristalizada em diversos trechos da nossa Constituição[7], é a total publicidade dos atos estatais.

Como antecipado na abertura tópico, se a regra é a publicidade, por que, então, alguns atos estatais são praticados ou mantidos sob segredo? Por mais contraintuitivo que pareça, como dito anteriormente, o segredo faz parte do cotidiano de diversas democracias consolidadas no mundo. Carlos Ari Sundfeld defendeu que a regra da publicidade pode ser excetuada somente em casos específicos e bem delimitados, quais sejam, *i)* quando o sigilo for indispensável ao exercício da atividade pública e *ii)* quando o sigilo resguardar a privacidade e a individualidade do cidadão[8]. Ambas as hipóteses serão exploradas em maiores detalhes a seguir.

II.1. Quando o segredo é (supostamente) indispensável ao exercício da atividade pública

Somente a primeira hipótese de sigilo já alcança uma série de atos estatais. Isso porque, em algumas situações, a atividade governamental se torna impossível de ser executada ou não produz seu resultado típico e desejado, caso não seja amparada pelo sigilo[9].

É o que ocorre, por exemplo, no caso das medidas cautelares investigativas no processo penal, que permanecem sob sigilo até as provas obtidas por meio delas serem formalmente juntadas aos autos. Caso o investigado saiba que sua residência será alvo de uma busca e apreensão ou que suas ligações telefônicas estão sendo interceptadas, o resultado útil e desejado da investigação pode acabar frustrado.

Ainda no contexto criminal, a Lei nº 12.850/2013, com redação conferida pela Lei nº 13.964/2019, estabelece o sigilo das tratativas e dos acordos de colaboração premiada, ao menos até o recebimento da denúncia (art.

v199.1995.46491. Disponível em: https://bibliotecadigital.fgv.br/ojs/index.php/rda/article/view/46491. Acesso em: 10 maio de 2022.

[7] Art. 5º, incisos XXXIII e LX, art. 37, *caput* e parágrafo 3º, inciso II, e art. 216, parágrafo 2º, da Constituição Federal.

[8] SUNDFELD, Carlos Ari. **Princípio da publicidade administrativa (direito de certidão, vista e intimação)**. Revista de Direito Administrativo, [S. l.], v. 199, p. 104, 1995. DOI: 10.12660/rda.v199.1995.46491. Disponível em: https://bibliotecadigital.fgv.br/ojs/index.php/rda/article/view/46491. Acesso em: 10 maio de 2022.

[9] *Ibidem.*

7º, parágrafo terceiro). Isso porque, por se tratar de meio de obtenção de prova, os acordos de colaboração premiada visam a contribuir com a descoberta probatória, com o descortinamento dos fatos, de forma que eventual publicidade de seu conteúdo poderá impedir a consecução desse objetivo.

O mesmo raciocínio instrumentalista se aplica ao sigilo imposto às propostas apresentadas por concorrentes no processo licitatório. Caso os licitantes pudessem conhecer o conteúdo das propostas apresentadas pelos demais, antes da sessão de abertura, a efetiva concorrência seria burlada.

Claramente, os atos supracitados exigem certo grau de restrição à publicidade, ao menos temporariamente, e não provocam maiores controvérsias. Ocorre que o sigilo pode acabar amparando situações menos óbvias e, até mesmo, potencialmente ilegais.

Os chamados "segredos de estado" (*state secrets*) ou "segredos oficiais" (*official secrets*), muito conhecidos no mundo anglófono, evoluíram ao lado do conceito de "inteligência" (*intelligence*), "um especial tipo de informação geralmente projetada para acelerar a eficiência da política de segurança nacional"[10]. Sob a justificativa de garantir o interesse público, por meio da manutenção da segurança nacional, muitos países mantêm informações e atos estatais totalmente sob sigilo. Nessa visão, manter a sociedade na ignorância serviria ao interesse da própria sociedade.

Alguns pesquisadores desenvolveram formas de categorizar os segredos estatais, levando em conta tanto a necessidade, quanto a legitimidade da ocultação da informação. Steven Aftergood, diretor do Projeto sobre Segredos Governamentais da Federação de Cientistas Norte-Americanos, defendeu haver três espécies de segredos oficiais, quais sejam, *i)* os segredos de segurança nacional genuínos, *ii)* os segredos burocráticos e *iii)* os segredos políticos[11].

A primeira espécie de segredo estatal não gera maiores discussões ou controvérsias, pois se relaciona a informações que, caso reveladas, poderiam, de fato, causar risco à segurança nacional do país (ou até à segurança mundial), por meio da diminuição de suas defesas ou da perturbação de

[10] ALDRICH, Richard J.; MORAN, Christopher R. **Delayed disclosure: national security, whistle-blowers and the nature of secrecy**. Political Studies, v. 67, n. 2, p. 295, 2019. DOI: 10.1177/0032321718764990. Tradução nossa.

[11] AFTERGOOD, Steven. **Reducing government secrecy: finding what works**. Yale Law & Policy Review, v. 27, n. 2, p. 399-416, 2009. Disponível em: http://www.jstor.org/stable/40239716. Acesso em 9 de maio de 2022. Tradução nossa.

suas relações com os demais países e órgãos internacionais. Informações dessa natureza dizem respeito a, por exemplo, projetos de armas de destruição em massa, planos de operações militares em andamento e identidade de pessoas que operam enquanto fontes de inteligência[12].

A segunda espécie de segredo se refere à natural inclinação dos agentes estatais a, por dúvida ou conveniência, classificar certas informações enquanto sigilosas. Há uma tendência burocrática a limitar o conhecimento geral sobre certos dados, o que leva a uma "sobreclassificação" desnecessária e incorreta de informações enquanto segredos. Por exemplo, no início do século XXI, representantes de agências estatais norte-americanas estimavam que ao menos 50% dos dados classificados enquanto sigilosos nos Estados Unidos assim o foram de maneira equivocada ou desnecessária[13].

Esse ponto nos lembra que Max Weber já falava sobre as dinâmicas de poder envolvendo os chamados "segredos oficiais". Em sua obra Economia e Sociedade, Weber disse que a burocracia é, em verdade, um mecanismo através do qual o Estado exclui o público. "A burocracia oculta, na medida do possível, o seu saber e o seu fazer da crítica"[14]. Para o autor alemão, guardar um segredo possui muitas funções práticas e importantes, como visto, por exemplo, no caso das relações diplomáticas e dos conhecimentos miliares. No entanto, além desses motivos objetivos e justificados, o conceito de "segredos oficiais" foi criado pela burocracia por puro interesse no poder, dado que o conhecimento especial e a informação exclusiva elevam seu detentor a um outro patamar político, conferindo-lhe maior poder de barganha e dominação sobre os "ignorantes".

[12] *Ibidem*, p. 402.

[13] "Quando perguntado quanta informação de defesa no governo é sobreclassificada ou desnecessariamente classificada [enquanto segredo], a ex-Subsecretária de Defesa para a Inteligência, Carol A. Haave, disse a um subcomitê da Câmara, em 2004, que poderia ser até cinquenta por cento, um número surpreendentemente alto. Já o ex-Diretor do Escritório de Supervisão de Segurança da Informação, J. William Leonard, acrescentou: "Eu diria que algo além de 50/50" (AFTERGOOD, Steven. **Reducing government secrecy: finding what works**. Yale Law & Policy Review, v. 27, n. 2, p. 403, 2009. Disponível em: http://www.jstor.org/stable/40239716. Acesso em 9 de maio de 2022. Tradução nossa).

[14] WEBER, Max. **Economia e Sociedade: fundamentos da sociologia compreensiva**. Tradução de Regis Barbosa e Karen Elsabe Barbosa, revisão técnica de Gabriel Cohn, Brasília: Editora Universidade de Brasília, 1999, p. 225.

O segredo, para Weber, é um "meio de poder"[15]. Sendo um meio de poder, os titulares do segredo constituem um grupo exclusivo com certas vantagens ("vantagem do pequeno grupo")[16]. Exatamente por isso que, partindo dessa premissa, alguns pesquisadores apontaram para a existência de uma "cultura do segredo", através da qual os integrantes do pequeno grupo se organizam em torno de hierarquias e rituais de acesso à informação, entendendo que permissões de acesso mais abrangentes refletem maior *status* e posições mais elevadas na organização institucional[17].

É exatamente nesse contexto que o "segredo burocrático", tal como pensado por Steven Aftergood, se insere. Sendo um meio de poder em uma cultura do segredo, o conhecimento exclusivo é almejado pelos agentes estatais integrantes da burocracia, que, por sua vez, acabam classificando mais e mais informações enquanto sigilosas, ainda que desnecessariamente e por razões vagas ou subjetivas.

Apesar de ser quantitativamente menos frequente (ao menos em nações com mecanismos de controle externo consolidados), o mais problemático das três espécies de segredo é com certeza o político. Por meio dele, as autoridades escondem informações meramente em razão de ganhos políticos. Ou seja, os agentes estatais se utilizam da prerrogativa de classificar informações enquanto sigilosas como forma de perseguir uma agenda própria, interesses pessoais, se distanciando, por óbvio, das necessidades coletivas, do interesse público. "Em casos extremos, o segredo político esconde violações à lei e ameaça a integridade do próprio processo político"[18]. No Brasil, por exemplo, segredos políticos foram muito comuns durante o regime ditatorial militar[19].

[15] *Ibidem*, p. 227.

[16] *Ibidem*, p. 196.

[17] ALDRICH, Richard J.; MORAN, Christopher R. **Delayed disclosure: national security, whistle-blowers and the nature of secrecy**. Political Studies, v. 67, n. 2, p. 295, 2019. DOI: 10.1177/0032321718764990.

[18] AFTERGOOD, Steven. **Reducing government secrecy: finding what works**. Yale Law & Policy Review, v. 27, n. 2, p. 403, 2009. Disponível em: http://www.jstor.org/stable/40239716. Acesso em 9 de maio de 2022. Tradução nossa.

[19] NEGRI, André Luis Del. **Segredos de Estado e democracia na discursividade jurídico-processual: uma abordagem do procedimento de classificação, reclassificação e desclassificação de atos estatais sigilosos na legislação de acesso à informação**. Orientador: Ronaldo Brêtas de Carvalho Dias. 2016. 357f. Tese (Doutorado em Direito) – Pontifícia Universidade Católica de Minas Gerais, Belo Horizonte, 2016, p. 133-135.

Aftergood concluiu que "se todas as ações governamentais sigilosas fossem uniformemente ruins ou abusivas, a solução de política pública seria simples: eliminar o segredo. Por outro lado, "[s]e todas as ações governamentais sigilosas fossem necessárias e prudentes, nenhuma solução seria necessária, já que não haveria nenhum problema"[20]. Ocorre que a realidade é muito mais complexa e os atos estatais mantidos sob segredo podem ser tanto legítimos como ilegítimos, justificados ou injustificados. A difícil missão da política pública é justamente distinguir entre esses dois grupos de segredos.

No Brasil, ao menos após a redemocratização, situações envolvendo "segredos de estado" parecem menos frequentes ou menos evidentes. Inclusive, não há definição legal do conceito, porém, o termo é expressamente utilizado em algumas poucas normas, especialmente aquelas elaboradas durante o regime ditatorial militar[21].

Um marco legal relevante para a compreensão do assunto é a Lei de Acesso à Informação (nº 12.527/2011), que trata dos procedimentos a serem seguidos pelos entes federativos a fim de garantir e efetivar o direito de acesso à informação previsto, como visto, em diversos dispositivos da Constituição Federal. A Lei reconhece explicitamente que o acesso à informação é um direito fundamental do cidadão brasileiro (art. 3º, *caput*) e que a publicidade deve ser a regra, enquanto o sigilo é a exceção (art. 3º, inciso I).

No entanto, a Lei fixa expressamente dois casos nos quais a publicidade pode ser limitada: quando as informações forem classificadas enquanto "sigilosas" e quando forem consideradas de natureza exclusivamente pessoal (art. 6º, inciso III). Com relação às informações sigilosas, a Lei de Acesso à Informação estabelece um sistema de classificação do grau de restrição de publicidade, em um modelo similar ao norte-americano. Entre as seções I a IV do Capítulo IV, há a disciplina dos graus de sigilo de uma

[20] Aftergood, Steven. **Reducing government secrecy: finding what works**. Yale Law & Policy Review, v. 27, n. 2, p. 404, 2009. Disponível em: http://www.jstor.org/stable/40239716. Acesso em 9 de maio de 2022. Tradução nossa.

[21] Como exemplo, tem-se o art. 15, alínea *a*, da Lei de Imprensa (Lei nº 5.250/1967), que teve sua inconstitucionalidade declarada pelo Supremo Tribunal Federal em abril de 2009 (Negri, André Luis Del. **Segredos de Estado e democracia na discursividade jurídico-processual: uma abordagem do procedimento de classificação, reclassificação e desclassificação de atos estatais sigilosos na legislação de acesso à informação**. Orientador: Ronaldo Brêtas de Carvalho Dias. 2016. 357f. Tese (Doutorado em Direito) – Pontifícia Universidade Católica de Minas Gerais, Belo Horizonte, 2016, p. 99).

determinada informação, da proteção e do controle que são conferidos a tais dados e, finalmente, dos procedimentos de classificação, reclassificação e desclassificação.

Segundo o art. 23 da Lei nº 12.527/2011, as informações serão consideradas sigilosas exclusivamente nos casos em que possam: *i)* pôr em risco a defesa e a soberania nacionais ou a integridade do território nacional (inciso I); *ii)* prejudicar ou pôr em risco a condução de negociações ou as relações internacionais do País, ou as que tenham sido fornecidas em caráter sigiloso por outros Estados e organismos internacionais; *iii)* pôr em risco a vida, a segurança ou a saúde da população (inciso III); *iv)* oferecer elevado risco à estabilidade financeira, econômica ou monetária do País (inciso IV); *v)* prejudicar ou causar risco a planos ou operações estratégicos das Forças Armadas (inciso V); *vi)* prejudicar ou causar risco a projetos de pesquisa e desenvolvimento científico ou tecnológico, assim como a sistemas, bens, instalações ou áreas de interesse estratégico nacional (inciso VI); *vii)* pôr em risco a segurança de instituições ou de altas autoridades nacionais ou estrangeiras e seus familiares (inciso VII); *viii)* comprometer atividades de inteligência, bem como de investigação ou fiscalização em andamento, relacionadas com a prevenção ou repressão de infrações (inciso VIII).

Como é facilmente percebível, uma gama gigantesca de informações estatais pode vir a ser classificada enquanto sigilosa, tendo em vista a abrangência e inespecificidade das hipóteses legalmente autorizadas. E as consequências dessa classificação são diversas e, muitas vezes, drásticas.

Em primeiro lugar, as informações podem ser classificadas enquanto reservadas, secretas e ultrassecretas (art. 24). Cada grau de restrição é limitado por um prazo que pode variar de 5 anos, no caso das informações reservadas, e 15 anos nas secretas, a 25 anos nas ultrassecretas (art. 24, parágrafo primeiro, incisos I a III). Nesse cenário, certas informações podem ser escondidas da sociedade por décadas.

Não somente isso como a decisão de classificação é mantida igualmente sob sigilo no mesmo grau da própria informação (art. 28, parágrafo único). Ou seja, a possibilidade de controle da legalidade, necessidade e adequação da restrição de publicidade é mínima, sendo que a revisão dos fundamentos da classificação é realizada em dois casos: *i)* de ofício, somente quando uma informação é classificada enquanto ultrassecreta (art. 27, parágrafo 3º); *ii)* por provocação da parte interessada (art. 29).

O recurso à decisão de classificação de uma informação enquanto sigilosa pode ser apreciado pela própria autoridade classificadora, pela autoridade hierarquicamente superior ou pela chamada Comissão Mista de Reavaliação de Informações (CMRI), a qual é composta por representantes de 9 Ministérios[22]. Porém, importa perceber que a "parte interessada" no recurso fatalmente será a pessoa que possui conhecimento da existência da informação, mas não tem acesso a seu conteúdo. Ocorre que, como visto, tanto as informações como os fundamentos das decisões de classificação são mantidos sob sigilo, logo, é razoável supor que pouquíssimas pessoas realmente saibam da existência de tais dados, o que, por sua vez, limita ainda mais, na prática, a possibilidade de revisão da restrição de publicidade.

Em suma, o poder de rotular uma informação enquanto sigilosa é incrivelmente amplo, tanto em razão da abrangência da autorização legal, como pelas limitações práticas impostas à revisão das decisões de classificação e até mesmo pela variada gama de agentes públicos considerados competentes para tanto. Exatamente por isso que, atualmente, no Brasil, milhares de informações se encontram classificadas. Informações são classificadas em todos os âmbitos da Administração e por todos os entes da Federação, de Ministérios e Secretarias a Universidades Públicas.

A título exemplificativo, o Ministério da Justiça mantinha, no ano de 2021, 2.301 informações classificadas, sendo 71 delas rotuladas enquanto secretas ou ultrassecretas[23]. Até aquele ano, 5.258 informações haviam sido desclassificadas, dentre as quais se encontravam *i)* a cópia do relatório da inspeção realizada na Penitenciária Federal de Mossoró/RN, que foi classificada enquanto ultrassecreta em outubro de 2010; *ii)* o processo administrativo nº 08129.003943/2012-00, referente ao terceiro levantamento nacional sobre o uso de drogas pela população brasileira, classificado enquanto secreto em abril de 2012; *iii)* análise de notas fiscais e ordens de serviço da Superintendência da Polícia Federal no Estado do Paraná, que foi classificado enquanto reservada em agosto de 2010[24].

[22] Regimento Interno da Comissão Mista de Reavaliação de Informações disponível em: http://www.planalto.gov.br/CasaCivil/CMRI/resolucoes/RES12012.htm.

[23] Disponível em: https://www.gov.br/mj/pt-br/acesso-a-informacao/informacoes-classificadas.

[24] Disponível em: https://www.gov.br/mj/pt-br/acesso-a-informacao/informacoes-classificadas.

II.2. Quando o sigilo é necessário para resguardar a privacidade e a individualidade do cidadão

No mais, como visto, o dever de publicidade pode ser excetuado frente à necessidade de resguardar os direitos constitucionais à privacidade e à intimidade. Trata-se, então, da delimitação do escopo de incidência de um princípio constitucional (publicidade) em razão do conteúdo de direitos igualmente previstos na Constituição. Exatamente por isso, a Lei nº 12.527/2011 trata da informação considerada de natureza pessoal, a qual foi definida como "aquela relacionada à pessoa natural identificada ou identificável" (art. 4º, inciso IV), cujo sigilo será garantido por até 100 anos, sem necessidade de prévia classificação (art. 31).

A restrição de publicidade no caso de informações de natureza eminentemente pessoais não é motivo de resistência, visto que encontra amparo, como dito, tanto na Constituição Federal quanto na legislação ordinária. Há, contudo, pontos de tensão entre o dever de publicidade, imposto à Administração, e o direito à privacidade. É o que ocorre, por exemplo, no âmbito dos procedimentos de responsabilização pessoal, tais como o processo penal, os procedimentos de natureza administrativa e sancionadora, bem como os processos que versem sobre direito de família[25].

Segundo a própria Constituição Federal, "a lei só poderá restringir a publicidade dos atos processuais quando a defesa da intimidade ou o interesse social o exigirem" (art. 5º, inciso LX). Quer dizer, todos os processos, ainda que de natureza sancionadora, devem tramitar publicamente, sendo-lhes imposto segredo ou sigilo somente em situações específicas.

Em alguns casos, as restrições de acesso e publicidade são mais do que justificadas, especialmente quando o amplo acesso aos autos pode acabar representando mais uma forma de violência às vítimas. Por isso mesmo, processos que envolvam menores de idade ou qualquer contexto sexual

[25] Art. 189 do Código de Processo Civil. Os atos processuais são públicos, todavia tramitam em segredo de justiça os processos:
I – em que o exija o interesse público ou social;
II – que versem sobre casamento, separação de corpos, divórcio, separação, união estável, filiação, alimentos e guarda de crianças e adolescentes;
III – em que constem dados protegidos pelo direito constitucional à intimidade;
IV – que versem sobre arbitragem, inclusive sobre cumprimento de carta arbitral, desde que a confidencialidade estipulada na arbitragem seja comprovada perante o juízo.

devem sempre tramitar sob segredo[26], frente à possibilidade de a exposição dos fatos tratados nos autos acabar por constranger as vítimas, causar-lhes sofrimento psicológico ou as estigmatizar socialmente.

Além disso, caso o resultado de medidas cautelares de acesso a dados sigilosos de propriedade dos acusados seja documentado nos autos, o segredo é mais uma vez imperativo. É o caso de medidas cautelares de quebra de sigilo bancário, fiscal, telemático ou telefônico e das interceptações telefônicas. Isso porque o sigilo dos dados pessoais dos acusados deve ser superado sempre em último caso e na menor extensão possível. Por isso, a exposição dos dados deve ser limitada às pessoas que necessariamente deles devam conhecer, como as autoridades policial, ministerial e judicial.

É importante apenas lembrar que o segredo dos atos processuais, se não dizem respeito a medidas cautelares investigativas em andamento, jamais poderá ser oposto ao acusado que, em razão dos princípios do contraditório e da ampla defesa, deve sempre conhecer a total extensão da acusação e das provas que pesam contra si.

Ocorre que, ainda que a lei não ampare todos os processos de responsabilização pessoal com algum grau de segredo, privilegiando a regra da publicidade, alguns autores falam de uma dimensão extraprocessual do princípio da presunção de inocência[27] que recomendaria cautela na publicização excessiva ou abusiva dos atos processuais penais, de forma a evitar a estigmatização do acusado.

Nereu Giacomolli, por exemplo, ao tratar dos âmbitos de incidência do princípio da inocência, insistiu que o fato de uma pessoa ser investigada ou processada criminalmente não lhe retira "a integralidade do *status* que lhe confere o estado de inocência, motivo porque não se admite qualquer estigmatização em face da imputação (tratamento externo) de uma sentença sem o trânsito em julgado ou mesmo de uma sentença absolutória ou extintiva da punibilidade"[28]. No mesmo sentido, Aury Lopes Junior defendeu que "a presunção de inocência (e também as garantias constitucionais

[26] "Os processos em que se apuram crimes definidos neste Título correrão em segredo de justiça" (art. 234-B do Código Penal). "É vedada a divulgação de atos judiciais, policiais e administrativos que digam respeito a crianças e adolescentes a que se atribua autoria de ato infracional (art. 143 do Estatuto da Criança e do Adolescente).

[27] MACHADO, Roger. **Antecipação de atribuição de culpa e a dimensão extraprocessual da presunção de inocência**. Boletim IBCCRIM, ano 30, n. 353, p. 10-12, abril de 2022.

[28] GIACOMOLLI, Nereu José. **O devido processo penal: abordagem conforme a Constituição Federal e o Pacto de São José da Costa Rica**. São Paulo: Atlas, 2015, p. 106.

da imagem, dignidade e privacidade) deve ser utilizada como verdadeiros limites democráticos à abusiva exploração midiática em torno do fato criminoso e do próprio processo judicial"[29]. Roger Machado, por sua vez, resumiu a questão da seguinte forma:

> Em síntese, nada obsta que as autoridades públicas venham a prestar as devidas informações sobre investigações criminais, mas é preciso que, cientes de sua condição de garantidoras dos direitos fundamentais dos cidadãos, façam-no de modo discreto, cauteloso, a fim de realizar o direito à informação da sociedade e ao mesmo tempo preservar o direito à presunção de inocência do suspeito[30].

Logo, ainda que a regra da publicidade dos atos processuais seja absolutamente essencial ao funcionamento do Poder Judiciário, especialmente facilitando a fiscalização e a prestação de contas perante a sociedade, é preciso conciliar tal princípio com os direitos à intimidade, à privacidade e à honra do cidadão, de forma a garantir transparência ao invés de espetacularização e estigmatização.

III. O lugar do segredo na era da digitalização e da comunicação em rede

O século XXI foi palco da criação e circulação de uma quantidade inimaginável de dados e informações. Segundo a Statista, em abril de 2022, 63% da população mundial tinha acesso à *internet* (aproximadamente 5 bilhões de pessoas), sendo que, desse número, 4,65 bilhões de pessoas eram usuárias de redes sociais[31]. Além disso, durante o ano de 2021, 79 zettabytes de dados foram consumidos, sendo que a projeção para 2025 é de que esse número, no mínimo, dobre[32]. Informações e dados são produzidos na mesma magnitude e rapidez que são circulados e divulgados, dado a facilidade em acessar e obter conhecimento. E a cereja do bolo é a possibilidade de produção, acesso e disseminação de informações sob completo anonimato.

[29] LOPES JR., Aury. **Direito processual penal.** 16ª ed. São Paulo: Saraiva Educação, 2019, p. 191.

[30] MACHADO, Roger. **Antecipação de atribuição de culpa e a dimensão extraprocessual da presunção de inocência**. Boletim IBCCRIM, ano 30, n. 353, p. 10-12, abril de 2022.

[31] Disponível em: https://www.statista.com/statistics/617136/digital-population-worldwide/.

[32] Disponível em: https://www.statista.com/statistics/871513/worldwide-data-created/.

Essa nova realidade (produção quase infinita de informações, acesso facilitado e ampliado a conhecimento e circulação rápida, pulverizada e anônima de dados) impôs grandes dificuldades para a segurança governamental, para a proteção dos segredos oficiais e para a condução de atividades de inteligência. Isso porque, como será discutido a seguir, a digitalização e a comunicação em rede aumentaram consideravelmente as chances de vazamentos e as oportunidades para os chamados *whistleblowers* (delator, denunciante) e *leakers* (palavra sem correspondente em português, mas que se refere ao agente, ao protagonista do vazamento de informações)[33].

Em primeiro lugar, houve uma mudança de perfil (qualitativo) e um drástico aumento (quantitativo) dos titulares de segredos. As informações classificadas deixaram de ser acessíveis a um pequeno grupo de alta hierarquia na estrutura organizacional do Estado e passaram a fazer parte do cotidiano de uma variedade enorme de pessoas[34]. Não é mais possível processar, filtrar e analisar tamanha quantidade e variedade de dados disponíveis e potencialmente classificáveis a partir do trabalho humanamente limitado de poucos agentes.

Isso porque as fontes de inteligência e de informações potencialmente sensíveis mudaram drasticamente. Se, durante a Guerra Fria, a atividade de inteligência se baseava em informações sobre projetos de armas nucleares e vulnerabilidades geográficas nas fronteiras, hoje, até *posts* em redes sociais podem ser relevantes para a segurança nacional. "[F]ontes de inteligência podem ser tão mundanas quanto *tweets*, cartões de fidelidade de supermercado ou salas de bate-papo de jogos *online*"[35]

O aumento dos titulares de segredos ocorreu em diversos países, inclusive no Brasil, sendo tal fenômeno mais evidente a partir das autorizações para classificação de informações conferidas pela Lei de Acesso à Informação. Em seu art. 27, a norma permite que diversos agentes públicos classifiquem informações, os quais podem ser vinculados à alta cúpula do poder, como o Presidente da República e Ministros de Estado, à Admi-

[33] Apesar de haver uma distinção semântica entre *whistleblower* e *leaker*, na oportunidade, tratarei ambos os conceitos de forma indistinta, já que possuem uma raiz comum: são agentes do desvelamento de informações ocultas ao público.

[34] ALDRICH, Richard J.; MORAN, Christopher R. **Delayed disclosure: national security, whistle-blowers and the nature of secrecy**. Political Studies, v. 67, n. 2, p. 291-306, 2019. DOI: 10.1177/0032321718764990.

[35] *Ibidem*, p. 296.

nistração secundária, como "autarquias, fundações ou empresas públicas e sociedades de economia mista" (inciso II do art. 27), e até mesmo a "funções de direção, comando ou chefia, nível DAS 101.5, ou superior [...]" (inciso III do art. 27).

Além das pessoas competentes para classificar informações, há também aquelas autorizadas a acessá-las, as quais podem exercer funções públicas ou não. O Decreto nº 7.724/2012 regulamenta a Lei de Acesso à Informação e permite o credenciamento para acesso, divulgação e tratamento de informações classificadas, o qual é disciplinado, por sua vez, por normas fixadas pelo Núcleo de Segurança e Credenciamento[36], instituído no âmbito do Gabinete de Segurança Institucional da Presidência da República (art. 43).

Inclusive, o parágrafo único do art. 44 permite que pessoas não vinculadas funcionalmente ao Poder Público, bem como entidades privadas, possam, sob autorização, acessar informações classificadas[37]. Quer dizer, se houver necessidade, empresas privadas podem acessar informações sigilosas ao manter relações com o Estado, como ocorre no caso das concessionárias de serviços públicos e de vencedoras de processos licitatórios.

Nos Estados Unidos, até o ano de 2014, 5,1 milhões de pessoas gozavam de algum nível de acesso a materiais classificados[38]. No Brasil, não contamos com um dado similar, mas é seguro afirmar que, dada a abertura legal para tanto, o número de pessoas autorizadas a acessar segredos estatais é expressivo. Em um universo em que tantas pessoas compartilham um segredo, a possibilidade de que a informação guardada passe a ser pública é absolutamente tangível e, até mesmo, provável. Em verdade, é surpreendente que ainda existam segredos nesse contexto.

[36] Ver Norma Complementar nº NC01/IN02/NSC/GSI/PR, a qual disciplina o credenciamento de segurança de pessoas naturais, órgãos e entidades públicas e privadas para o tratamento de informações classificadas, disponível em: https://datasus.saude.gov.br/wp-content/uploads/2019/08/nc01-credenciamento-de-seguranc%cc%a7a-de-pessoas-o%cc%81rga%cc%83os-e-entidades-pu%cc%81blicas-e-privadas-para-o-tratamento-de-informac%cc%a7o%cc%83es-classificadas.pdf.

[37] "A pessoa natural ou entidade privada que, em razão de qualquer vínculo com o Poder Público, executar atividades de tratamento de informações classificadas, adotará as providências necessárias para que seus empregados, prepostos ou representantes observem as medidas e procedimentos de segurança das informações".

[38] ALDRICH, Richard J.; MORAN, Christopher R. **Delayed disclosure: national security, whistle-blowers and the nature of secrecy**. Political Studies, v. 67, n. 2, p. 297, 2019. DOI: 10.1177/0032321718764990.

Além da enorme população que compõe o que antes constituía o "pequeno grupo privilegiado" descrito por Weber, a possibilidade de as informações serem compartilhadas instantaneamente, em massa e de forma absolutamente anônima adicionaram níveis de dificuldade para a manutenção do segredo. A pulverização da informação torna quase impossível conter um vazamento depois que ele ocorre, considerando que o acesso aos dados e o consequente compartilhamento são instantâneos, assim que as informações são publicizadas. Ainda que determinada informação seja retirada das redes, ela subsiste em relatos secundários, cópias de tela, metadados e até na memória física de aparelhos.

Se, antes, a transmissão da informação era feita pessoalmente e, no máximo, através dos jornais, o que obviamente limitava o ritmo de disseminação e muitas vezes tornava os vazamentos geograficamente localizados e restritos a certos grupos, hoje, com um clique, dados são enviados de um ponto a outro do globo em segundos. Ademais, o conhecimento pode ser acessado sem nenhum intermediário, mas sim em primeira mão, *peer-to-peer*, o que diminuiu drasticamente a centralidade dos jornais (físicos, televisivos ou até virtuais).

O acesso aos segredos não é facilitado somente após seu vazamento, mas sim em uma etapa anterior, na própria origem, em sua obtenção e retirada. Da mesma forma que os sistemas de proteção evoluíram, mecanismos relacionados à obtenção, ao armazenamento e ao transporte de dados também se desenvolverem a fim de facilitar tais tarefas. Richard Aldrich e Christopher R. Moran chamaram a atenção para um caso ilustrativo dessa questão[39].

Quando, em 1969, Daniel Ellsberg tomou conhecimento dos documentos que ficaram conhecidos como *Pentagon Papers*, contendo um histórico sobre a real estratégia política dos Estados Unidos na Guerra do Vietnam, decidiu que o público deveria saber de seu conteúdo, frente às mentiras contadas por sucessivos presidentes norte-americanos. Para tanto, passou 18 meses levando partes dos 47 volumes de documentos para uma empresa de propaganda em *West Hollywood*, onde havia uma máquina de xérox. Ellsberg passava suas noites, muitas vezes até o amanhecer do dia, copiando 7 mil páginas manualmente e pagando 10 centavos por cada cópia. Eventualmente, em 1971, ele conseguiu enviar fisicamente as cópias para o *The*

[39] *Ibidem*, p. 300.

New York Times. Após a publicação das revelações, o jornal ganhou o Prêmio Pulitzer.

Se há 50 anos atrás, os vazamentos demandavam esforço hercúleo dos denunciantes (copiar manualmente 7 mil páginas ao longo de 18 meses, por exemplo), hoje bastam *downloads*. "[Q]ue tais informações podem ser armazenadas e distribuídas com considerável facilidade e rapidez torna a tarefa de documentação – o ônus da prova, por assim dizer – talvez menos exigente para os denunciantes em tempos de digitalização"[40].

Nesse mesmo sentido, o caso de Edward Snowden exemplifica dois dos pontos que fiz ao longo do texto. Snowden acessou documentos sensíveis sobre os programas de vigilância da população que a Agência de Segurança Nacional dos Estado Unidos[41] conduzia enquanto trabalhava, como civil, em duas empresas privadas que prestavam serviços ao governo norte-americano (Dell e Booz Allen Hamilton)[42]. Esse fato revela mais uma vez como os titulares dos segredos deixaram de ser os tradicionais agentes públicos de alta hierarquia e passaram a ser pessoas comuns, muitas vezes sem ligação funcional com o Estado.

Além disso, se, em 1971, Daniel Ellsberg repassou 7 mil páginas para a imprensa, em 2013, Snowden encaminhou 200 mil documentos completos e literalmente milhões de páginas a jornalistas do *The Washington Post* e do *The Guardian*[43]. Apesar de as investigações não terem sido conclusivas, agentes do Departamento Federal de Investigação[44] acreditavam que Snowden simplesmente "baixou" os arquivos dos sistemas internos da *NSA*, aos quais obteve acesso a partir de seu próprio *login* e de *logins* de colegas[45]. Snowden trabalhava em um escritório da *NSA* no Havaí, onde o não havia sistema de monitoramento das atividades dos funcionários[46].

[40] Olesen, Thomas. **The Politics of Whistleblowing in Digitalized Societies**. Politics & Society, v. 47, n. 2, p. 288-289, 2019. DOI:10.1177/0032329219844140.

[41] *National Security Agency*, conhecida pela sigla *NSA*.

[42] Aldrich, Richard J.; Moran, Christopher R. Delayed disclosure: national security, whistle-blowers and the nature of secrecy. Political Studies, v. 67, n. 2, p. 299, 2019. DOI: 10.1177/0032321718764990.

[43] *Ibidem*, p. 301.

[44] *Federal Bureau of Investigation* ou apenas *FBI*.

[45] Disponível em: https://www.nytimes.com/2013/12/15/us/officials-say-us-may-never-know-extent-of-snowdens-leaks.html.

[46] Disponível em: https://arstechnica.com/tech-policy/2013/10/snowdens-nsa-post-in-hawaii-failed-to-install-anti-leak-software/.

Ou seja, o *status* tecnológico atual relacionado ao acesso, armazenamento e encaminhamento de dados permitiu que o vazamento de informações ocorresse muito mais facilmente e em proporções muito maiores que há alguns anos.

Como dito anteriormente, a cereja do bolo é o anonimato, que é propiciado tanto por técnicas mais simples, e.g., criação de contas falsas de *e-mail* e em redes sociais, como por tecnologias avançadas de mascaramento de endereços de protocolo da internet (endereço IP). Claro que o anonimato sempre foi possível, no entanto, as técnicas que impediam a identificação do denunciante costumavam ser mais artesanais, como o envio de cartas anônimas a partir de locais não diretamente relacionados ao remetente. Porém, "no novo ambiente de mídia digitalizada, é infinitamente mais fácil esconder-se por trás de um avatar ou nome de usuário sem ter que procurar e cultivar contatos, como Daniel Ellsberg fez com jornalistas do *The New York Times*"[47].

Assim como a proteção à identidade das fontes contribuiu para que jornalistas conhecessem informações que, de outra forma, não lhes seriam acessíveis, o anonimato das redes permitiu que as pessoas possam publicizar segredos sem sofrerem (muitas vezes graves) consequências. Como é de conhecimento público, muitos denunciantes perdem seus empregos, são ameaçados, processados, obrigados a fugir de seus países de origem, e até acabam presos. Esse cenário é obviamente desestimulante a potenciais denúncias e o anonimato passa a ser uma proteção e um estímulo à revelação da verdade. É o que ocorreu, por exemplo, no conhecido caso dos *Panama* e *Paradise Papers*, no qual, até hoje, a identidade do(s) denunciante(s) permanece desconhecida[48].

Finalmente, um último ponto merece ser destacado: a era da digitalização permitiu que o vazamento de informações se transformasse, muitas vezes, em tomada de informações (o que alguns também chamam de furto de dados). Em um período anterior à digitalização, o pressuposto do vazamento era o de que o denunciante integraria a organização titular da informação e, de posse dos dados, os retiraria de seu local de origem a fim de publicizá-los. Ocorre que, atualmente, é plenamente possível que

[47] OLESEN, Thomas. **The Politics of Whistleblowing in Digitalized Societies**. Politics & Society, v. 47, n. 2, p. 290, 2019. DOI:10.1177/0032329219844140.

[48] *Ibidem*, p. 290.

os denunciantes sejam pessoas de fora da organização e, inclusive, sem nenhuma relação com ela. É o que ocorre no caso dos "hackeamentos", quando indivíduos ou grupos, muitas vezes operando sob anonimato, invadem os sistemas eletrônicos de órgãos estatais (e até de empresas privadas) para obter informações e as compartilhar com o público.

Hackear é um neologismo surgido do verbo "*to hack*", em inglês, e seu significado é consideravelmente variado, já que abarca diversas condutas. A antropóloga Gabriella Coleman, Professora da Universidade de Harvard, definiu o ato como "amálgama de habilidade e astúcia" e completou dizendo que "hackear é aprender e construir tecnologia, combinado com uma vontade de ou forçar o que é possível ou minar os sistemas tecnológicos ou sociais existentes, a fim de criar algo novo"[49]. O termo abarca condutas como programar *softwares* de livre acesso, escrever códigos que protejam computadores ou garantam a privacidade e até invadir sistemas e outros aparelhos, tanto para atividades potencialmente criminosas, como para o chamado "hacktivismo" (ativismo político conduzido por meio do "hackeamento")[50].

Alguns indivíduos ou grupos (como o conhecido Anonymous[51]) criam *softwares* capazes de burlar os sistemas de segurança digital de órgãos de governo, a fim de acessar dados e informações internas não disponíveis ao público. Muitas vezes, ações de hackeamento dessa natureza visam à obtenção de dados a respeito de temas políticos sensíveis, como forma de ativismo, forçando a prestação de contas estatal e catalisando potenciais mudanças de políticas públicas, por meio da revelação da verdade e da submissão das informações ao escrutínio público.

Logo, a era da digitalização social e da comunicação em rede modificou a relação entre sociedade e segredos estatais, facilitando o desvelamento de conhecimentos antes restritos a certos grupos de alto escalão, ampliando os espaços de cobrança e fiscalização do Estado e alertando os agentes públicos de que os reais titulares do poder não aceitarão o *status*

49 COLEMAN, Gabriella; JANDRIC, Petar. **Postdigital Anthropology: Hacks, Hackers, and the Human Condition**. Postdigital Science and Education, v. 1, ed. 2, p. 525-550, 2019. DOI: 10.1007/s42438-019-00065-8.

50 *Ibidem*, p. 525.

51 "Anonymous é um nome *open-source* que, nos últimos tempos, tem sido usado por tecnólogos, ativistas, hackers, designers e artistas, para organizar diferentes formas de ação coletiva, de protestos de rua a hackeamento de computadores" (*Ibidem*, p. 533).

de ignorância de forma passiva e mansa. Não quer dizer, porém, que todos os vazamentos de informação sejam igualmente bons, legítimos e justificados ou maus, ilegítimos e injustificados. Tratarei a seguir das nuances do desvelamento a partir modelos teóricos, a fim de ilustrar a grande variação de legitimidade política existente em cada caso.

IV. Tipologia dos vazamentos de segredos: existem vazamentos legítimos e ilegítimos?

Na primeira parte do presente trabalho, apresentei uma série de situações nas quais o Estado mantém segredos. Algumas dessas situações podem ser classificadas enquanto, no mínimo, alarmantes, tal como ocorre no caso dos segredos meramente políticos, segundo a categorização de Steven Aftergood. Mesmo que não exista proibição expressa, agentes públicos podem agir nos espaços jurídicos vazios, nas áreas cinzentas da legislação, forçando os limites da legislação[52].

É o que ocorreu, por exemplo, no caso da *NSA*. Como dito anteriormente, em 2013, Edward Snowden vazou à imprensa centenas de milhares de documentos contendo informações sobre programas de vigilâncias por meio dos quais o governo norte-americano monitorava diversos "alvos", de potenciais terroristas e pessoas classificadas como ameaças à segurança interna a cidadãos comuns e líderes de países aliados. A *NSA* coletava principalmente comunicações realizadas por telefone e mensagens de *e-mail*, bem como os respectivos metadados (dados sobre os dados), como números de telefone e datas, horários e duração das ligações[53].

"[O] princípio geral sob o qual a lei americana funciona é o de que a vigilância é legal, a menos que seja proibida"[54]. Apesar de muitos juristas argumentarem pela inconstitucionalidade da vigilância desenfreada nos Estados Unidos, as leis federais e estaduais, hierarquicamente inferiores à Constituição, não impedem expressamente que diversas modalidades de monitoramento ocorram. Com isso, as autoridades norte-americanas invadem a esfera privada dos cidadãos, por meio de justificativas genéricas

[52] Olesen, Thomas. **Democracy's Autonomy Dilemma: Whistleblowing and the Politics of Disclosure**. Sociological Theory, v. 39, n. 4, 2021, p. 245-264. DOI:10.1177/07352751211054874.

[53] Greenwald, Glenn. **No Place to Hide: Edward Snowden, the NSA, and the U.S. Surveillance State**. New York: Metropolitan Books, 2014.

[54] Richards, Neil M. **The Dangers of Surveillance**. Harvard Law Review, v. 126, n. 7, 2013, p. 1942. Disponível em: http://www.jstor.org/stable/23415062. Acesso em 14 de maio de 2022.

e pouco fundamentadas. Mesmo que, *a priori*, a vigilância não ser contrária a lei, trata-se de prática, no mínimo, moralmente questionável. O segredo, nesse caso, tem suas razões de existência, suas justificativas fixadas em premissas controversas e debatíveis.

Por outro lado, como visto, há segredos genuinamente necessários à segurança nacional, ao pleno funcionamento da Administração e ao desenvolvimento do país. É o que ocorre, por exemplo, *i)* nos processos envolvendo menores, que tramitam sob segredo de justiça; *ii)* na limitação de acesso a plantas de presídios com o fim de evitar fugas; *iii)* no sigilo imposto a certos projetos de regulação econômica, para impedir efeitos precipitados no mercado de capitais; *iv)* no sigilo das propostas apresentadas por participantes do processo licitatório, com o fim de garantir a ampla e efetiva concorrência etc. Enfim, há diversos casos de segredos que, de fato, garantem a realização do interesse público, ainda que, para isso, a sociedade deva permanecer na ignorância.

Assim, vazar dados sobre segredos genuínos pode provocar consequências catastróficas. Por exemplo, em 1998, o jornal *Washington Times* publicou a informação, originalmente sigilosa, de que a *NSA* vinha interceptando ligações telefônicas de Osama Bin Laden que, à época, ocupava a posição de líder do grupo terrorista Al Qaeda, responsável por bombardeios em duas embaixadas americanas no Quênia e na Tanzânia, causando a morte de 258 pessoas[55]. "Como consequência, Bin Laden teria parado quase imediatamente de utilizar os telefones por satélite, impedindo as interceptações da NSA, de modo que a inteligência americana perdia assim uma fonte valiosa para rastrear o terrorista"[56]. O restante da história é amplamente conhecido.

Nesse contexto, a legitimidade política de um vazamento (concebida enquanto apoio ou concordância social), a qualidade de seus efeitos (se positivos ou negativos) e sua legalidade ou ilegalidade podem ser extraídas da natureza dos segredos publicizados (se políticos ou genuínos), dentre outros aspectos. Se o *leaker* lança luz a dados sobre violações a direitos constitucionais ou sobre ilegalidades perpetradas pelo Estado, o vazamento pode acabar surtindo efeitos positivos, no sentido de motivar

[55] PAIT, Heloisa, PINHEIRO, Rhuan. **Vazamento de Informações: Um ritual democrático na era da comunicação em rede**. Cadernos Adenauer, v. 15, p. 12, 2014.

[56] *Ibidem.*

debates importantes para o amadurecimento da democracia e para a reformulação de políticas públicas. Como consequência, tanto o *leaker* como o vazamento em si podem acabar recebendo apoio popular e gozar de certa legitimidade política e social.

Por outro lado, caso os segredos revelados sejam justificados – os chamado segredos genuínos –, as consequências do vazamento podem ser socialmente negativas, tal como o exemplo acima mencionado sobre as interceptações das comunicações de Osama Bin Laden. Nesse caso, submetido ao escrutínio e à opinião pública, o vazamento pode ser socialmente condenado e o *leaker* ser obrigado a encarar consequências jurídicas.

Ademais, as razões que motivaram o *leaker* ou o denunciante podem ser igualmente legítimas ou não. Geralmente, a linha de corte está entre o binômio coletivismo/individualismo. Vazamentos motivados por motivos altruísticos, a partir da consciência social, da necessidade de retomada do interesse público, do fortalecimento da democracia e da garantia de direitos geram reações sociais muito diversas da publicização de dados motivados por ganância, vaidade, autopromoção etc.

A seguir, analisarei dois tipos ideais de vazamento a fim de demonstrar como a natureza dos segredos, os motivos dos agentes e as consequências da publicização podem gerar conclusões diferentes a respeito da legitimidade do desvelamento.

IV.1. Descortinamento: a possibilidade de reconstrução dos laços entre sociedade e Estado.

Em primeiro lugar, há aqueles vazamentos que optei por chamar de "descortinamentos". Os intitulo assim porque, por meio deles, ocorre a revelação de segredos relacionados a ilegalidades/imoralidades ou a violações de direitos humanos. Descortina-se algo que provavelmente não sobreviveria ao escrutínio público, aos controles democráticos e, por isso mesmo, foi mantido encoberto. O segredo, nesse caso, não serve ao interesse público, mas sim a interesses individuais, quer dizer, subjetivos, ou individualizáveis, como os partidários e os de determinado setor político ou econômico. Na prática, muitas vezes, a ocultação da informação é justificada superficial e genericamente, sem que razões concretas e dados empíricos sejam utilizados para a subsidiar a opção pelo sigilo.

A priori, o protagonista do vazamento age em benefício da coletividade, por um senso de dever social, acreditando que sua ação é necessária para que o estado de ilegalidade/imoralidade seja cessado e para que as estruturas estatais sejam reformuladas. Inclusive, o interesse coletivo pode estar em conflito com o seu pessoal, já que o vazamento, como visto, pode lhe gerar consequências jurídicas e extrajurídicas graves.

As consequências do descortinamento podem ser positivas para o amadurecimento social. Como colocaram Heloísa Pait e Rhuan Pinheiro, a principal delas é a possibilidade de reconstrução dos laços entre sociedade e Estado, laços estes que haviam se esgarçado por algum motivo[57]. Os laços sociedade-Estado poderiam se desgastar frente à desconfiança popular com o exercício do poder, às dificuldades no exercício da fiscalização da Administração, especialmente por falta de abertura, transparência e prestação de contas, e, finalmente, por existir um franco desencontro entre as finalidades realmente perseguidas pelo Estado e a realização do interesse público.

Resgatando um conceito desenvolvido pelos citados autores, há um ritual a ser cumprido, por meio do qual o *leaker* e o mérito do vazamento em si são submetidos à opinião pública e, se sobreviverem a ela, poderão gozar de certa legitimidade social, ou seja, apoio, identificação e concordância.O vazamento acaba por terminar de esgaçar os laços antigos entre sociedade e Estado, a fim de que novos sejam construídos, a partir da reformulação de políticas públicas, da abolição ou modificação de certas culturas governamentais e da evolução social no exercício da democracia.

O descortinamento pode ser executado tanto por agentes públicos de dentro da própria estrutura institucional (*insiders*) que, em posse de documentos e informações sensíveis, decidem submetê-los ao conhecimento público, como por pessoas sem vinculação direta ou funcional com o governo (*outsiders*), tal como ocorre nos casos de hackeamento e de hacktivismo.

Mais importante que o método de vazamento, é a compreensão de que o descortinamento é composto, em resumo, do seguinte: *i)* da revelação de um dado relacionado a ilegalidades, imoralidades ou a violações de direitos humanos praticadas pelo Estado e seus agentes; *ii)* da ocultação da informação a partir de justificativas evasivas, sem embasamento empírico e sem conexão com o interesse público, com o único fim de evitar a descoberta da verdade pelo público; *iii)* da motivação coletivista do protago-

[57] PAIT, Heloisa, PINHEIRO, Rhuan. **Vazamento de Informações: Um ritual democrático na era da comunicação em rede**. Cadernos Adenauer, v. 15, p. 9-31, 2014.

nista do vazamento, já que a publicização da informação não lhe garante vantagens aparentes (e, do contrário, muitas vezes gera grande prejuízos); *iv)* do potencial de construção de novos laços entre a sociedade e o Estado, a partir da superação do contexto ilegal/imoral anterior e do aprimoramento tanto das instituições como da democracia.

Logo, por cumprir funções públicas relevantes, o descortinamento pode ser uma forma legítima de atuação em sistemas democráticos, frente à demanda por transparência e *accountability*.

IV.2. Alardeamento: desgaste dos laços entre sociedade e estado

Em um outro ponto do espectro de legitimidade dos vazamentos está o que entendo por "alardeamento". Diferentemente do descortinamento, esse tipo de revelação é centrado, em primeiro lugar, em um segredo genuíno. Logo, a ocultação da informação atende plenamente ao interesse público e possui justificativa lastreada em dados concretos e verificáveis. Por atender às necessidades coletivas, a revelação do segredo genuíno provoca, em verdade, prejuízo sociais, já que expõe o Estado ou as pessoas a potenciais riscos e vulnerabilidades.

Na verdade, o vazamento do segredo genuíno possui, muitas vezes, a mera finalidade de alardear, quer dizer, ostentar, chamar veementemente a atenção. E o pedido de atenção, aqui, tem como foco o protagonista do vazamento que, dele, se beneficia diretamente, evidenciando que a publicização do segredo se insere, em verdade, em uma agenda pessoal ou individualizável.

Como exemplo, tem-se a prática comum no Brasil de vazamento à imprensa de segredos processuais, ou seja, de informações custodiadas sob segredo de justiça ou sob sigilo, das quais somente as partes e o julgador têm conhecimento. Em casos tais, como visto, os segredos cumprem a função de garantir o pleno funcionamento do Poder Judiciário e de resguardar o resultado útil das investigações e do próprio processo.

Curiosamente, a confirmação da suspeita de que autoridades brasileiras, de fato, vazam seletivamente informações processuais à imprensa foi ela própria resultado de um vazamento. O caso que ficou conhecido como "Vaza Jato", em uma referência irônica à conhecida Operação Lava Jato, foi divulgado por um grupo de jornalistas liderados por Glenn Greenwald, o mesmo profissional que ajudou Edward Snowden a revelar os segredos do programa de monitoramento da *NSA*.

Em 2019, Greenwald relatou que recebeu anonimamente cópias de diálogos mantidos entre os Procuradores da República integrantes da Força-Tarefa Lava Jato[58]. As conversas se desenvolveram por meio do aplicativo de mensagens instantâneas *Telegram*. O jornalista, por óbvio, não revelou a identidade de sua fonte, tampouco como as conversas foram obtidas. Porém, a partir da instauração de um inquérito, a Polícia Federal começou a investigar o caso e deflagrou a intitulada Operação *Spoofing*, por meio da qual prendeu-se um grupo de pessoas que, segundo o Ministério Público Federal, atuava com fraudes bancárias e estelionatos eletrônicos[59]. O grupo teria explorado uma brecha de segurança existente no aplicativo *Telegram*, a fim de se apropriar das contas mantidas por diversas autoridades públicas, dentre elas, alguns Procuradores da República[60]. Sob o controle das contas, o grupo acessou as conversas mantidas entre os membros do Ministério Público Federal e, em seguida, as repassou para Glenn Greewald.

Apesar de, por óbvio, os diálogos não serem admissíveis enquanto prova para fins processuais penais, dado que obtidos por meios ilícitos, os registros serviram para submeter informações sobre a conduta dos Procuradores da República ao escrutínio público. Dentre diversas evidências de comportamentos ilícitos, uma série de diálogos comprovou que os vazamentos seletivos de informações processuais realmente partiam das próprias autoridades públicas. Na reportagem, assinada por Greenwald e Rafael Neves, constatou-se que “Procuradores da força-tarefa da Lava Jato usaram vazamentos com o objetivo de manipular suspeitos, fazendo-os acreditar que sua denúncia era inevitável, mesmo quando não era”. Segundo os jornalistas, os agentes públicos disseram explicitamente, por meio das mensagens, que “o intuito [...] era intimidar seus alvos para que eles fizessem delações”[61].

[58] GREENWALD, Glenn; REED, Betsy; DEMORI, Leandro. **Como e por que o Intercept está publicando chats privados sobre a lava jato e Sergio Moro**. The Intercept Brasil, junho de 2019. Disponível em: https://theintercept.com/2019/06/09/editorial-chats-telegram-lava-jato-moro/. Acesso em 14 de maio de 2022.

[59] Denúncia da Operação *Spoofing*, autos nº 1015706-59.2019.4.01.3400.

[60] *Ibidem*.

[61] GREENWALD, Glenn; NEVES, Rafael. **Dallagnol mentiu: Lava Jato vazou sim informações das investigações para a imprensa – às vezes para intimidar suspeitos e manipular delações**. The Intercept Brasil, agosto de 2019. Disponível em: https://theintercept.com/2019/08/29/lava-jato-vazamentos-imprensa/. Acesso em 14 de maio de 2022.

Ocorre que vazamentos de informações processuais são normalmente justificados por duas espécies de argumento: *i)* os *leakers* pretendem informar a sociedade sobre eventuais crimes cometidos, especialmente se os potenciais autores ocupam ou ocuparam cargos públicos; *ii)* os vazamentos auxiliam instrumentalmente as investigações ou o processo penal, em uma lógica similar a "os fins justificam os meios".

Em primeiro lugar, o interesse social não é satisfeito a partir do conhecimento sobre minucias fáticas de determinado processo, mas sim quando condutas criminosas são, de fato, investigadas e processadas, a fim de punir seus autores segundo os limites da lei. A satisfação do interesse público deriva da captura do fato potencialmente criminoso pelos meios estatais de prevenção e controle, i.e., pelo sistema de justiça criminal. Fatos potencialmente criminosos que já se encontram sob apuração ou julgamento pelas autoridades competentes não precisam ser "vazados" para que o interesse público se realize.

Além disso, o argumento sobre a instrumentalidade dos vazamentos para o processo penal pressupõe, na verdade, uma suposta chancela social para que a justiça seja perseguida a qualquer custo, ainda que as regras do jogo sejam desrespeitadas. Em verdade, uma grande conquista civilizatória moderna é justamente a supremacia do *rule of law*, da segurança jurídica, da previsibilidade, da aplicação equânime e impessoal da lei. As regras do jogo processual são um marco na proteção dos indivíduos frente ao gigante e potencialmente perigoso Estado. Aceitar que o processo seja infiltrado por táticas clandestinas, as quais carecem de transparência e controle é, em último caso, aceitar a erosão do Estado de Direito.

O vazamento de informações processuais difere substancialmente do descortinamento, descrito anteriormente, no qual, como visto, ilegalidades praticadas por agentes do Estado permanecem escondidas de todos (do público e do próprio braço penal do Estado). Nesse caso, tais fatos não são endereçados pelo sistema de justiça criminal. O descortinamento serviria, então, para lançar luz a um fato eventualmente ilícito e, aí sim, invocar a atuação de setores do Estado.

Já o alardeamento serve apenas para conferir atenção negativa à parte passiva do procedimento e positiva aos agentes públicos que atuam no caso. Ou seja, o alardeamento cumpre funções meramente políticas ou de natureza estritamente pessoal. É uma forma de espetacularização do processo penal que, como dito anteriormente, é uma prática barrada pela dimensão extraprocessual do princípio da inocência. O agente público, por óbvio deve contas à sociedade. No entanto, o linchamento midiático e a estigmatização social devem ser, a todo custo, evitados quando o Estado exerce seu dever de publicidade.

Muitas vezes a identidade do *leaker* permanece sob disputa, em um certo anonimato, mas os vazamentos são conduzidos de forma a nitidamente engrandecer e mistificar certas personalidades, especialmente os agentes públicos envolvidos nas funções de investigação e persecução penal. Essa conclusão é reforçada por um interesse crescente de membros do Ministério Público em propaganda institucional, a fim de promover a construção de uma imagem institucional politicamente heroica e centrada em certas personalidades[62].

Assim, alardeamentos desse tipo não criam novos laços, novas pontes ou conexões de confiança entre a sociedade e o Estado, somente as destroem, ao promoverem a mensagem de que agentes públicos optam por eventualmente frustrar a administração da Justiça e constranger as partes do processo somente para se autopromoverem. Trata-se, então, de um desvio da função pública conferida ao cargo ocupado pelo *leaker*, o que gera novos desgastes, desconfianças e instabilidades na relação entre sociedade e Estado.

V. A resposta estatal ao vazamento. Quando e como o direito penal entra em cena?

Como dito anteriormente, é comum que denunciantes e *leakers* acabem sofrendo graves consequências em razão de suas escolhas. A mais comum delas é a possibilidade de responsabilização por meio da aplicação de sanções penais. Aqui no Brasil, porém, há espaço legislativo para separar os casos de descortinamento e de alardeamento, viabilizando uma resposta estatal individualizada e proporcional a cada caso concreto. A seguir, apresento os tipos penais aos quais as condutas dos *leakers* e denunciantes podem, eventualmente, se subsumir e discuto como é possível que dois

[62] SANTORO, Antônio E. R.; CYRILLO, Carolina. **As Forças-Tarefas do Ministério Público Federal: o discurso político punitivo anticorrupção na instituição de garantias**. Revista Brasileira de Direito Processual Penal, [S. l.], v. 6, n. 3, p. 1271-1300, 2020. DOI: 10.22197/rbdpp.v6i3.431.
Disponível em: https://revista.ibraspp.com.br/RBDPP/article/view/431. Acesso em: 8 maio de 2022.

agentes recebam tratamentos penais diferentes a depender da tipologia do vazamento.

V.1. Divulgação de segredo (art. 153, parágrafo 1º-A, do Código Penal) e espionagem (art. 359-K do Código Penal).

> Art. 153, parágrafo 1º-A. Divulgar, sem justa causa, informações sigilosas ou reservadas, assim definidas em lei, contidas ou não nos sistemas de informações ou banco de dados da Administração Pública:
> Pena: detenção, de 1 (um) a 4 (quatro) anos, e multa.
>
> Art. 359-K. Entregar a governo estrangeiro, a seus agentes, ou a organização criminosa estrangeira, em desacordo com determinação legal ou regulamentar, documento ou informação classificados como secretos ou ultrassecretos nos termos da lei, cuja revelação possa colocar em perigo a preservação da ordem constitucional ou a soberania nacional:
> Pena: reclusão, de 3 (três) a 12 (doze) anos.
>
> § 1º Incorre na mesma pena quem presta auxílio a espião, conhecendo essa circunstância, para subtraí-lo à ação da autoridade pública.
>
> § 2º. Se o documento, dado ou informação é transmitido ou revelado com violação do dever de sigilo:
> Pena – reclusão, de 6 (seis) a 15 (quinze) anos.
>
> § 3º. Facilitar a prática de qualquer dos crimes previstos neste artigo mediante atribuição, fornecimento ou empréstimo de senha, ou de qualquer outra forma de acesso de pessoas não autorizadas a sistemas de informações:
> Pena – detenção, de 1 (um) a 4 (quatro) anos.
>
> § 4º. Não constitui crime a comunicação, a entrega ou a publicação de informações ou de documentos com o fim de expor a prática de crime ou a violação de direitos humanos.

Os tipos penais supramencionados são os primeiros que nos vêm à mente quando pensamos em vazamento de segredos de estado. São similares quanto à conduta incriminada, sendo que o tipo de espionagem possui um escopo mais delimitado e político. De toda forma, ambos tipificam a divulgação, em algum nível, de segredos oficiais. Quer dizer, *a priori*, qualquer *leaker* ou *whistleblower* poderia acabar condenado às penas previstas por algum dos dois artigos.

Na verdade, mais que tratar das especificidades dogmáticas de cada crime, interessa perceber que em ambos os tipos há "salvo-condutos" para os protagonistas de descortinamentos verdadeiros. É necessário, portanto, investigar as motivações e as razões da conduta.

No crime de divulgação de segredo, existe um elemento normativo do tipo que transforma completamente o sentido da conduta a depender do caso concreto: a divulgação da informação sigilosa somente será típica quando ocorrer "sem justa causa". Normalmente, a justa causa ou não de uma conduta constitui elemento da ilicitude, mas, nesse caso, em razão de uma escolha do Legislador em incluir a expressão já na descrição do tipo, trata-se de uma potencial causa excludente de tipicidade.

Quer dizer, havendo justa causa para a divulgação do segredo, a conduta será atípica. E a justa causa pode ser qualquer autorização legal ou supralegal. Aqui, é fundamental distinguir entre descortinamento e alardeamento, já que o primeiro pode refletir justamente uma conduta amparada pela justa causa.O descortinamento de um crime, de uma improbidade administrativa ou de violações de direitos humanos constitui motivação idônea para a revelação do segredo, especialmente se o objetivo do agente é provocar os órgãos de investigação e persecução a endereçar a questão.

Já no crime de espionagem, há autorização similar, mas caracterizada enquanto excludente de ilicitude. Mais uma vez é importante compreender a distinção entre descortinamento e alardeamento, frente à possibilidade de o primeiro estar abarcado pela excludente, em razão da motivação da conduta ("com o fim de expor a prática de crime ou a violação de direitos humanos").

Logo, diferentemente de outros países, no Brasil, o Legislador pretendeu punir somente os alardeamentos e as violações maliciosas de segredos. Os segredos divulgados em tom de denúncia e com o fim de provocar mudanças não devem ser objeto de sanções penais. Por outro lado, segredos divulgados sem motivos legítimos (por exemplo, divulgação de segredos genuínos) podem suscitar a incidência de uma das citadas normas (não das duas ao mesmo tempo pela vedação ao *bis in idem*).

V.2. Invasão de dispositivo informático (art. 154-A, parágrafo 3º, do Código Penal).

Art. 154-A. Invadir dispositivo informático de uso alheio, conectado ou não à rede de computadores, com o fim de obter, adulterar ou destruir dados ou informações sem autorização expressa ou tácita do usuário do dispositivo ou de instalar vulnerabilidades para obter vantagem ilícita:

Pena: reclusão, de 1 (um) a 4 (quatro) anos, e multa.

§ 1º. Na mesma pena incorre quem produz, oferece, distribui, vende ou difunde dispositivo ou programa de computador com o intuito de permitir a prática da conduta definida no caput.

§ 2º. Aumenta-se a pena de 1/3 (um terço) a 2/3 (dois terços) se da invasão resulta prejuízo econômico.

§ 3º. Se da invasão resultar a obtenção de conteúdo de comunicações eletrônicas privadas, segredos comerciais ou industriais, informações sigilosas, assim definidas em lei, ou o controle remoto não autorizado do dispositivo invadido:

Pena: reclusão, de 2 (dois) a 5 (cinco) anos, e multa.

§ 4º. Na hipótese do § 3º, aumenta-se a pena de um a dois terços se houver divulgação, comercialização ou transmissão a terceiro, a qualquer título, dos dados ou informações obtidos.

§ 5º.Aumenta-se a pena de um terço à metade se o crime for praticado contra

I – Presidente da República, governadores e prefeitos;

II – Presidente do Supremo Tribunal Federal;

III – Presidente da Câmara dos Deputados, do Senado Federal, de Assembleia Legislativa de Estado, da Câmara Legislativa do Distrito Federal ou de Câmara Municipal; ou

IV – dirigente máximo da administração direta e indireta federal, estadual, municipal ou do Distrito Federal.

A invasão de dispositivo informático é relevante especialmente para a compreensão das consequências jurídicas aplicáveis à prática de hackeamento. Como visto, o hackeamento pode ter inúmeros fins, inclusive criminosos, como roubo e extorsão. Casos assim, obviamente merecem a devida e proporcional resposta penal. Porém, o hackeamento enquanto manifestação de ativismo político (hacktivismo) deve ser excluído do âmbito de incidência da norma penal por se tratar de uma forma de desobediência civil, situação supralegal de exculpação, tal como definido por Maurício Dieter ("a exculpação supralegal irrompe no discurso jurídico como argumento de exceção, cuja força é capaz de incluir as condições concretas de vida no Direito, apesar da resistência do formalismo jurídico"[63]).

John Rawls definiu a desobediência civil enquanto "um ato público, não violento, consciente e político, mas contrário à lei, geralmente feito com o objetivo de provocar uma mudança na lei ou nas políticas do governo"[64]. O hacktivismo se enquadra perfeitamente nessa definição, por ser um ato público – os grupos hacktivistas declaram e publicizam os ataques por meio das redes – não violento – não envolve sequer contato humano – consciente e político – cumpre com funções políticas e de interesse público ao promover o descortinamento de informações, no mínimo, preocupantes, com a consequente reconstrução dos laços entre sociedade e Estado.

A lei, aqui, é violada em uma situação de mitigação da exigibilidade de conduta conforme o direito, especialmente diante do exercício da livre manifestação e do direito à associação, assegurados constitucionalmente[65]. Apesar de a nossa Constituição não disciplinar expressamente a desobediência civil, tal possibilidade decorre tanto de outros direitos assegurados, como do próprio regime político democrático. Nesse sentido, Maurício Dieter defendeu que

> a insuficiência do texto constitucional brasileiro, nos termos do artigo 5º, inciso XVI, não pode servir de argumento para restringir o exercício da *desobediência civil*, porque os direitos fundamentais não se esgotam nem estão limitados apenas ao que está expressamente previsto, bem como pelo fato de que

[63] DIETER. Maurício Stegemann. **A inexigibilidade de comportamento adequado à norma pena e as situações supralegais de exculpação**. Orientador: Juarez Cirino dos Santos. 2008. 191f. Dissertação (Mestrado em Direito do Estado) – Universidade Federal do Paraná, 2008, p. 75.

[64] RAWLS, John. **Definition and Justification of Civil Disobedience**. In: BEDAU, Hugo (org.). Civil Disobedience in Focus. London: Routledge, 1991, p. 104-105.

[65] DIETER. Maurício Stegemann. **A inexigibilidade de comportamento adequado à norma pena e as situações supralegais de exculpação**. Orientador: Juarez Cirino dos Santos. 2008. 191f. Dissertação (Mestrado em Direito do Estado) – Universidade Federal do Paraná, 2008, p. 128 ss.

> o direito de desobediência ou resistência está intima e verticalmente ligado à possibilidade de democracia, princípio fundamental da República, porque se todo o poder emana do povo viabilizar o exercício direto deste poder por meio das mais diversas formas de protesto é condição de existência do Estado Democrático de Direito[66].

A finalidade política declarada da conduta faz o direito à livre manifestação prevalecer ao dever de cumprimento estrito da lei, possibilitando a compreensão de que não é exigível do autor que se conforme à norma, especialmente diante da impossibilidade de se alcançar o descortinamento de outro forma. Em verdade, a incidência da norma penal, em casos tais, representaria uma coação indevida aos direitos constitucionais dos ativistas.

V.3. Violação de sigilo funcional (art. 325 do Código Penal).

> Art. 325. Revelar fato de que tem ciência em razão do cargo e que deva permanecer em segredo, ou facilitar-lhe a revelação:
>
> Pena: detenção, de seis meses a dois anos, ou multa, se o fato não constitui crime mais grave.
>
> § 1º. Nas mesmas penas deste artigo incorre quem:
>
> I – permite ou facilita, mediante atribuição, fornecimento e empréstimo de senha ou qualquer outra forma, o acesso de pessoas não autorizadas a sistemas de informações ou banco de dados da Administração Pública;
>
> II – se utiliza, indevidamente, do acesso restrito.
>
> § 2º. Se da ação ou omissão resulta dano à Administração Pública ou a outrem:
>
> Pena: reclusão, de 2 (dois) a 6 (seis) anos, e multa.

Por fim, o tipo de violação de sigilo funcional é muito útil para a compreensão da diferença entre descortinamento e alardeamento. Em primeiro lugar, a informação relevante, aqui, é aquela que "deve permanecer em segredo". Esse dever é de natureza jurídica, legal, ou seja, o agente público é proibido de revelar informações as quais a lei ou o regulamento confere segredo ou sigilo. No entanto, o segredo e o sigilo não amparam situações

[66] *Ibidem*, p. 125.

potencialmente ilegais ou violadora de direitos. Se, durante sua atuação, um funcionário público se depara com informações ilícitas, não há dever de manter sigilo, ainda que tais dados se encontrem, por exemplo, em um procedimento com publicidade restrita. Pelo contrário, em caso de não comunicação às autoridades competentes, o agente público se arrisca a responder por um outro crime, o de prevaricação (art. 319 do Código Penal).

De todo modo, o conceito de desobediência civil também socorre o funcionário que viola seu dever funcional de sigilo como uma manifestação política, segundo os mesmos fundamentos já exposto no tópico *supra*.

Por outro lado, o crime em questão é bastante pertinente nos casos de alardeamento, tendo em vista que, como dito, trata-se de conduta relativamente comum: agentes públicos vazam informações de processos sigilosos como forma de autopromoção ou, no mínimo, como forma de propaganda à instituição a qual integrem. Em casos tais, por constituírem segredos legítimos e em razão de a conduta do agente público não ser motivada politicamente (pelo contrário, os interesses são pessoais), os alardeamentos reclamam a aplicação da regra do art. 325 do Código Penal e a devida responsabilização dos agentes públicos envolvidos.

Conclusões

O fenômeno do desvelamento de segredos estatais não é uniforme, sequer reclama o mesmo tratamento jurídico. Trata-se de um universo de variadas e complexas condutas, que podem ser legítimas, no caso do descortinamento, e ilegítimas, no caso do alardeamento. É importante, então, investigar a natureza dos segredos revelados, as motivações dos agentes envolvidos e as consequências sociais e governamentais decorrentes da publicização, a fim de determinar o adequado e proporcional tratamento jurídico, sempre com o fim de coibir práticas potencialmente prejudiciais à segurança das pessoas e ao funcionamento da Administração, ao mesmo tempo em que o direito à informação e à livre manifestação são resguardados. Em suma, segredos e democracia podem conviver harmonicamente, a depender das práticas estatais, das possibilidades de fiscalização disponíveis ao povo e da resistência dos laços construídos entre os dois lados.

Referências

AFTERGOOD, Steven. **Reducing government secrecy: finding what works**. Yale Law & Policy Review, v. 27, n. 2, p. 399-416, 2009. Disponível em: http://www.jstor.org/stable/40239716. Acesso em 9 de maio de 2022.

ALDRICH, Richard J.; MORAN, Christopher R. **Delayed disclosure: national security, whistle-blowers and the nature of secrecy**. Political Studies, v. 67, n. 2, p. 291-306, 2019. DOI: 10.1177/0032321718764990.

BAIL, Christopher A. **The Public Life of Secrets: Deception, Disclosure, and Discursive Framing in the Policy Process. Sociological Theory**, v. 33, n, 2, 2015, p. 97-124. Disponível em: http://www.jstor.org/stable/44114436. Acesso em 10 de maior de 2022.

BRASIL. **Constituição da República Federativa do Brasil de 1988**. Brasília, Distrito Federal: Presidente da República. Disponível em: http://www.planalto.gov.br/ccivil_03/constituicao/constituicao.htm. Acesso em 8 de maio de 2022.

BRASIL. **Lei nº12.527, de 18 de novembro de 2011**. Brasília, Distrito Federal: Presidente da República. Disponível em: http://www.planalto.gov.br/ccivil_03/_ato2011-2014/2011/lei/l12527.htm. Acesso em 9 de maio de 2022.

COLEMAN, Gabriella; JANDRIC, Petar. **Postdigital Anthropology: Hacks, Hackers, and the Human Condition**. Postdigital Science and Education, v. 1, ed. 2, p. 525-550, 2019. DOI: 10.1007/s42438-019-00065-8.

GARCIA, Maria. **A desobediência civil como defesa da Constituição**. Revista Brasileira de Direito Constitucional, n. 2, p. 11-28, 2003.

DIETER. Maurício Stegemann. **A inexigibilidade de comportamento adequado à norma pena e as situações supralegais de exculpação**. Orientador: Juarez Cirino dos Santos. 2008. 191f. Dissertação (Mestrado em Direito do Estado) – Universidade Federal do Paraná, 2008.

GREENWALD, Glenn; NEVES, Rafael. **Dallagnol mentiu: Lava Jato vazou sim informações das investigações para a imprensa – às vezes para intimidar suspeitos e manipular delações.** The Intercept Brasil, agosto de 2019. Disponível em: https://theintercept.com/2019/08/29/lava-jato-vazamentos-imprensa/. Acesso em 14 de maio de 2022.

GREENWALD, Glenn; REED, Betsy; DEMORI, Leandro. **Como e por que o Intercept está publicando chats privados sobre a lava jato e Sergio Moro.** The Intercept Brasil, junho de 2019. Disponível em: https://theintercept.com/2019/06/09/editorial-chats-telegram-lava-jato-moro/. Acesso em 14 de maio de 2022.

GREENWALD, Glenn. **No Place to Hide: Edward Snowden, the NSA, and the U.S. Surveillance State**. New York: Metropolitan Books, 2014.

GIACOMOLLI, Nereu José. **O devido processo penal: abordagem conforme a Constituição Federal e o Pacto de São José da Costa Rica**. São Paulo: Atlas, 2015.

LOPES JR., Aury. **Direito processual penal**. 16ª ed. São Paulo: Saraiva Educação, 2019

MACHADO, Roger. **Antecipação de atribuição de culpa e a dimensão extraprocessual da presunção de inocência**. Boletim IBCCRIM, ano 30, n. 353, p. 10-12, abril de 2022.

MOORE, Adam D. **Privacy, Security, and Government Surveillance: Wikileaks And The New Accountability**. Public Affairs Quarterly, v. 25, n. 2, 2011, p. 141-156. Disponível em: http://www.jstor.org/stable/23057094. Acesso em 10 de maio de 2022.

NEGRI, André Luis Del. **Segredos de Estado e democracia na discursividade jurídico--processual: uma abordagem do procedimento de classificação, reclassificação e desclassificação de atos estatais sigilosos na legislação de acesso à informação.** Orientador: Ronaldo Brêtas de Carvalho Dias. 2016. 357f. Tese (Doutorado em Direito) – Pontifícia Universidade Católica de Minas Gerais, Belo Horizonte, 2016.

OLESEN, Thomas. **Democracy's Autonomy Dilemma: Whistleblowing and the Politics of Disclosure**. Sociological Theory, v. 39, n. 4, 2021, p. 245-264. DOI:10.1177/07352751211054874.

OLESEN, Thomas. **The Politics of Whistleblowing in Digitalized Societies**. Politics & Society, v. 47, n. 2, p. 277-297, 2019. DOI:10.1177/0032329219844140.

PAIT, Heloisa, PINHEIRO, Rhuan. **Vazamento de Informações: Um ritual democrático na era da comunicação em rede**. Cadernos Adenauer, v. 15, p. 9-31, 2014.

POZEN, David E. **The Leaky Leviathan: Why the Government Condemns and Condones Unlawful Disclosures of Information**. Harvard Law Review, v. 127, n. 2, 2013, p. 512-635, http://www.jstor.org/stable/23742018. Acesso em 11 de maio de 2022.

RAWLS, John. **Definition and Justification of Civil Disobedience**. *In:* BEDAU, Hugo (org.). Civil Disobedience in Focus. London: Routledge, 1991, p. 103-121.

RICHARDS, Neil M. **The Dangers of Surveillance**. Harvard Law Review, v. 126, n. 7, 2013, p. 1934-1965. Disponível em: http://www.jstor.org/stable/23415062. Acesso em 14 de maio de 2022.

SANTORO, Antônio E. R.; CYRILLO, Carolina. **As Forças-Tarefas do Ministério Público Federal: o discurso político punitivo anticorrupção na instituição de garantias**. Revista Brasileira de Direito Processual Penal, [S. l.], v. 6, n. 3, p. 1271-1300, 2020. DOI: 10.22197/rbdpp.v6i3.431.
Disponível em: https://revista.ibraspp.com.br/RBDPP/article/view/431. Acesso em: 8 maio de 2022.

SUNDFELD, Carlos Ari. **Princípio da publicidade administrativa (direito de certidão, vista e intimação)**. Revista de Direito Administrativo, [S. l.], v. 199, p. 97–110, 1995. DOI: 10.12660/rda.v199.1995.46491.
Disponível em: https://bibliotecadigital.fgv.br/ojs/index.php/rda/article/view/46491. Acesso em: 8 maio de 2022.

WEBER, Max. **Economia e Sociedade: fundamentos da sociologia compreensiva**. Tradução de Regis Barbosa e Karen Elsabe Barbosa, revisão técnica de Gabriel Cohn, Brasília: Editora Universidade de Brasília, 1999.

14
EXPOSIÇÃO PORNOGRÁFICA NÃO CONSENTIDA E A NECESSIDADE DE PROTEÇÃO ÀS MULHERES

Marina Antunes Lima Pimenta

1. A exposição pornográfica não consentida

É certo que a pornografia é uma realidade na sociedade e, em verdade, é muito mais do que um assunto relacionado, exclusivamente, à prostituição. Com os avanços tecnológicos, os mercados de venda de sexo para lucro, de produção de material que cause excitação e até mesmo de venda de produtos eróticos se tornam cada vez mais populares.

Atualmente, um percentual considerável de todo o fluxo da *Internet* tem relação com pornografia, sendo esse, portanto, o ambiente em que o conteúdo é mais consumido.Ocorre que, por ser global, universal, essa tecnologia é disseminada em sociedades nas quais a cultura e os costumes são extremamente diferentes e provoca discussões de cunho ético, moral, religioso. Desse modo, o conteúdo que é permitido em um país, é proibido por lei em outro.

O cerne da questão é: a pornografia existe e, principalmente devido à *Internet*, o seu alcance é colossal. Mas qual é o limite dessa exposição? Até que ponto ela é utilizada de forma legal? A resposta parece estar no consentimento da captação e/ou divulgação do conteúdo.

Citron e Franks[1], pesquisadoras do tema, conceituam a exposição pornográfica não consentida "como a distribuição de imagens ou sons sexuais

[1] Citron, Danielle Keats; Franks, Mary Anne. **Criminalizing Revenge Porn.** 49 Wake Forest L. Review, p. 345.

de indivíduos sem seu respectivo consentimento, englobando as capturadas amplamente sem consentimento (por exemplo, por meio de câmeras escondidas ou de gravação de violência sexual), bem como as obtidas no contexto privado ou confidencial de um relacionamento com consentimento (por exemplo, as capturadas pela própria vítima e consensualmente compartilhadas com o parceiro), mas divulgadas sem autorização[2]".

Conclui-se, pois, que, por vezes, a captação do conteúdo não é consentida e, por outras, a divulgação do conteúdo não é consentida. Nesse sentido, foram criados termos relacionados às variáveis da exposição pornográfica não consentida, como, por exemplo, a sextorsão.

A sextorsão é definida pela exigência de que a vítima envie material erótico ou sexual ao perpetrador sob a ameaça de divulgar imagens pornográficas ou sexualmente explícitas e/ou informações pessoais.

Em 2012, esse termo foi definitivamente associado aos crimes de corrupção pela International Association of Women Judges – IAWJ (Associação Internacional das Mulheres Juízas)[3]. Na linha do que foi definido pela IAWJ, para que reste caraterizada a sextorsão, é preciso que haja corrupção associada ao sexo na forma do exercício abusivo de poder[4].

Explica-se: "a base sociológica da sextorsão, como já adiantava o boletim da ONU, é a inerente disparidade detectada na dinâmica dessas relações de poder onde os favores sexuais se estabelecem com comprometimento da dignidade do relacionamento. Assim é que, para se caracterizar a sextorsão, quem aceita, exige ou solicita deve estar em posição de dominante em relação à vítima. A IAWJ lista três características: o abuso de autoridade, a troca quid pro quo, e o emprego da coerção psicológica e não física[5]".

É dizer, a sextorsão está inserida no conceito de exposição pornográfica não consentida e se traduz em uma forma de corrupção na qual há abuso de poder para obter um benefício sexual da vítima. Logo, a moeda do suborno, ao invés do dinheiro, é o sexo.

[2] Sydow, Spencer Toth; Castro, Ana Lara Camargo de. **Exposição pornográfica não consentida na virtualidade**: pornografia da vingança, fake nude, sextorsão e outras realidades. São Paulo: Editora JusPodivm, 2022, p. 38.

[3] Disponível em: https://www.iawj.org. Acesso em 9 de junho de 2022.

[4] Castro, Ana Lara Camargo de; Sydow, Spencer Toth. **Sextorsão.** São Paulo: Revista dos Tribunais, vol. 959, 2015.

[5] Sydow, Spencer Toth; Castro, Ana Lara Camargo de. Op. cit., p. 54.

Além desse, outro termo que merece destaque dentro do fenômeno da exposição pornográfica não consentida é o "*revenge porn*". Em português, pornografia da vingança. A expressão nomeia a disseminação, notadamente na *Internet*, de fotografias e vídeos íntimos de uma pessoa, sem o seu consentimento, como método de expô-la e causar danos emocionais e sociais na vida da vítima.

Como revela o termo, é a divulgação não consentida de material íntimo – que pode ter sido captado de modo consensual ou não – com o objetivo de punir a vítima por alguma razão, de vingar-se.

Feita essa breve introdução, constata-se que a exposição pornográfica não consentida viola a dignidade sexual e os direitos à vida privada e intimidade. É preciso ponderar, porém, outros aspectos dessa exposição, tais como a fonte da captura, a forma de circulação e a motivação.

Destarte, Ana Lara Castro e Spencer Sydow propuseram a seguinte classificação para a exposição pornográfica não consentida:

> 1. Conforme a origem: (a) oriunda da própria vítima; (b) oriunda do parceiro ou da parceira; (c) oriunda de terceira pessoa não participante da relação; (d) de captação pública; ou (e) de origem ignorada.
> 2. Conforme a forma de geração do material: (a) consentida; (b) não consentida e (c) construída por inteligência artificial ou montagem.
> 3. Conforme a permissão para disseminação do material: (a) de divulgação consentida; (b) de divulgação parcialmente consentida ou com consentimento limitado; e (c) de divulgação não-consentida/de divulgação proibida.
> 4. Conforme a motivação da disseminação: (a) por vingança; (b) para humilhação da vítima; (c) por vaidade ou fama do divulgador; (d) com o objetivo de chantagem ou vantagem de cunho não patrimonial; (e) com o objetivo de obter vantagem econômica. (SYDOW; CASTRO, 2022, p. 60).

Portanto, ao desmembrar o conceito, é possível assimilar se, além das violações à vida privada e à intimidade, o objetivo da propagação do conteúdo é de ameaçar, de ofender a honra, de obter alguma vantagem, de assediar, de se vingar ou de alcançar todos esses propósitos simultaneamente.

1.1. Legislação brasileira

No Brasil, a divulgação de fotos, vídeos e demais materiais com teor sexual sem o consentimento dos envolvidos, além de configurar crime, pode ser repreendida pela condenação ao pagamento de indenização por danos morais e materiais na esfera cível.

A Lei 13.718/2018 tipificou a exposição pornográfica não consentida ao inserir no Código Penal o artigo 218-C, segundo o qual:

> Art. 218-C – Oferecer, trocar, disponibilizar, transmitir, vender ou expor à venda, distribuir, publicar ou divulgar, por qualquer meio – inclusive por meio de comunicação de massa ou sistema de informática ou telemática –, fotografia, vídeo ou outro registro audiovisual que contenha cena de estupro ou de estupro de vulnerável ou que faça apologia ou induza a sua prática, ou, sem o consentimento da vítima, cena de sexo, nudez ou pornografia:
>
> Pena – reclusão, de 1 (um) a 5 (cinco) anos, se o fato não constitui crime mais grave.
>
> Aumento de pena
>
> §1º A pena é aumentada de 1/3 (um terço) a 2/3 (dois terços) se o crime é praticado por agente que mantém ou tenha mantido relação íntima de afeto com a vítima ou com o fim de vingança ou humilhação.
>
> Exclusão de ilicitude
>
> §2º Não há crime quando o agente pratica as condutas descritas no **caput** deste artigo em publicação de natureza jornalística, científica, cultural ou acadêmica com a adoção de recurso que impossibilite a identificação da vítima, ressalvada sua prévia autorização, caso seja maior de 18 (dezoito) anos.

Destaca-se, no entanto, que, embora tenha incluído a exposição pornográfica não consentida no artigo 218-C, do Código Penal, a Lei não a inseriu no rol de tipos penais constantes do seu artigo 1º, uma vez que os projetos de lei não versavam originalmente sobre essa conduta:

> Art. 1º Esta Lei tipifica os crimes de importunação sexual e de divulgação de cena de estupro, torna pública incondicionada a natureza da ação penal dos crimes contra a liberdade sexual e dos crimes sexuais contra vulnerável, estabelece causas de aumento de pena para esses crimes e define como causas de aumento de pena o estupro coletivo e o estupro corretivo.

Ademais, uma questão controversa é o alcance do tipo penal, pois o artigo 218-C foi inserido no "Título VI – Dos Crimes contra a Dignidade Sexual", em seu "Capítulo II – Dos Crimes Sexuais contra Vulneráveis". Logo, a localização do dispositivo no Código Penal insinua que só há o crime de "oferecer, trocar, disponibilizar, transmitir, vender ou expor à venda, distribuir, publicar ou divulgar, por qualquer meio, sem o consentimento da vítima, cena de sexo, nudez ou pornografia" quando a vítima for pessoa vulnerável.

Aliás, o relatório da Comissão de Constituição e Justiça apontou a necessidade da transferência do dispositivo para o "Capítulo I – Dos Crimes contra a Liberdade Sexual":

> Imperioso, portanto, é o deslocamento do novo tipo penal para o Capítulo do Título VI (Dos Crimes contra a Liberdade Sexual) do Código Penal, pois, desse modo, a conduta descrita não ficará restrita às vítimas vulneráveis (que, inclusive, quando se tratar de criança ou adolescente, estão protegidas pelo referido dispositivo penal do ECA, com pena mais rigorosa, a qual, assim, continuará vigente).
>
> A localização topográfica desse novo dispositivo penal dentro do Capítulo I do Título VI do Código Penal visa, portanto, à proteção de vítima maior de 18 anos, a qual, a par da hipótese de estupro (com violência ou grave ameaça), não consente com a divulgação de sua imagem em situação de intimidade sexual com o(a) parceiro(a) de relacionamento.
>
> Entende-se que a intimidade sexual passou a ser objeto juridicamente relevante a merecer a tutela penal do Estado, tendo em vista a facilidade de registro de imagens, além da instantaneidade na sua divulgação, mercê dos atuais avanços tecnológicos. Logo, o consentimento da pessoa maior que tem sua imagem registrada em cena de sexto explícito ou de pornografia constitui elemento imprescindível para a exclusão da ilicitude do ato.
>
> O novo tipo traz, ainda, a distinção entre a simples conduta de compartilhar (nos termos dos núcleos dispostos) imagem dessa natureza, cuja pena será de detenção de 3 meses a 1 ano (Art. 216-B, caput), e a sua forma qualificada (mais reprovável), que implica a prévia relação íntima de afeto entre agente e vítima, ou o dolo específico de vingança – e não necessariamente resultante de um vínculo afetivo –, com pena de 2 a 5 anos de reclusão (art. 216-B, §2º)[6].

Evidentemente, essa limitação da vitimização aos vulneráveis seria teratológica, até mesmo porque, em relação às crianças e aos adolescentes, a

[6] Disponível em: https://www.camara.leg.br/proposicoesWeb/prop_mostrarintegra;jsessionid=3CAFE603A488E322A89B22FF20B40274.proposicoesWebExterno2?codteor=1516351&filename=Tramitacao-PL+5452/2016. Acesso em 10 de junho de 2022.

conduta já está tipificada nos artigos 241 e 241-A do ECA[7]. Conclui-se, portanto, que o crime consiste na exposição sem consentimento – na forma das nove ações elencadas na norma– de cenas de sexo, nudez ou pornografia de pessoa maior de dezoito anos, vulnerável ou não.

É preciso ressaltar, no ponto, que esse dispositivo tipificou a *exposição* de imagens capturadas clandestinamente, sem conhecimento da vítima, e, também, daquelas *obtidas* com o consentimento da vítima, mas cuja disseminação não foi permitida.

No que diz respeito ao registro não autorizado da intimidade sexual, o Código Penal assim dispões:

> Art. 216-B. Produzir, fotografar, filmar ou registrar, por qualquer meio, conteúdo com cena de nudez ou ato sexual ou libidinoso de caráter íntimo e privado sem autorização dos participantes:
>
> Pena – detenção, de 6 (seis) meses a 1 (um) ano, e multa.
>
> Parágrafo único. Na mesma pena incorre quem realiza montagem em fotografia, vídeo, áudio ou qualquer outro registro com o fim de incluir em cena de nudez ou ato sexual ou libidinoso de caráter íntimo.

Mais uma vez, ao que parece, o legislador pecou ao incluir esse tipo penal no "Capítulo I-A – Da Exposição da Intimidade Sexual". A leitura da conduta é explícita ao criminalizar os atos de "produzir, fotografar, filmar ou registrar". Não há que se falar em exposição.

No mais, sem a disseminação do conteúdo, caso a vítima não tenha conhecimento – ou certeza –de que os registros foram feitos sem a sua autorização, como é possível punir o ofensor que mantém o conteúdo para "uso próprio" sem que haja violação a princípios fundamentais que o resguardam? É preciso ter cautela para que o dispositivo não seja aplicado de forma excessiva e arbitrária.

[7] Art. 241. Vender ou expor à venda fotografia, vídeo ou outro registro que contenha cena de sexo explícito ou pornográfica envolvendo criança ou adolescente:
Pena – reclusão, de 4 (quatro) a 8 (oito) anos, e multa;
Art. 241-A . Oferecer, trocar, disponibilizar, transmitir, distribuir, publicar ou divulgar por qualquer meio, inclusive por meio de sistema de informática ou telemático, fotografia, vídeo ou outro registro que contenha cena de sexto explícito ou pornográfica envolvendo criança ou adolescente:
Pena – reclusão, de 3 (três) a 6 (seis) anos, e multa.

Há, ainda, outros tipos penais aplicáveis aos casos de exposição pornográfica não consentida.

A Lei 12.737/2012 acrescentou ao Código Penal o artigo 154-A, que trata da invasão de dispositivo informático:

> Art. 154-A. Invadir dispositivo informático de uso alheio, conectado ou não à rede de computadores, com o fim de obter, adulterar ou destruir dados ou informações sem autorização expressa ou tácita do usuário do dispositivo ou de instalar vulnerabilidades para obter vantagem ilícita:
>
> Pena – reclusão de 1 (um) a 4 (quatro) anos, e multa.
>
> §1º Na mesma pena incorre quem produz, oferece, distribui, vende ou difunde dispositivo ou programa de computador com o intuito de permitir a prática da conduta definida no caput.
>
> §2º Aumenta-se a pena de 1/3 (um terço) a 2/3 (dois terços) se da invasão resulta prejuízo econômico.
>
> §3º Se da invasão resultar a obtenção de conteúdo de comunicações eletrônicas privadas, segredos comerciais ou industriais, informações sigilosas, assim definidas em lei, ou o controle remoto não autorizado do dispositivo invadido:
>
> Pena – reclusão, de 2 (dois) a 5 (cinco) anos, e multa.
>
> §4º Na hipótese do §3º, aumenta-se a pena de um a dois terços se houver divulgação, comercialização ou transmissão a terceiro, a qualquer título, dos dados ou informações obtidos.
>
> §5º Aumenta-se a pena de um terço à metade se o crime for praticado contra:
>
> I – Presidente da República, governadores e prefeitos;
>
> II – Presidente do Supremo Tribunal Federal;
>
> III – Presidente da Câmara dos Deputados, do Senado Federal, da Assembleia Legislativa de Estado, da Câmara Legislativa do Distrito Federal ou de Câmara Municipal; ou
>
> IV – dirigente máximo da administração direta e indireta federal, estadual, municipal ou do Distrito Federal.

Nesse caso, a criminalização da conduta se dá quando, por meio da invasão ao dispositivo informático, o infrator obtém, adultera ou destrói dados ou informações de outrem. Entre outras causas de aumento, se houver divulgação, comercialização ou transmissão dos dados e informações obtidos, aumenta-se a pena de um a dois terços.

A leitura do dispositivo pode levar ao seguinte questionamento: os termos "dados ou informações" abrangem, também, material íntimo, tais como fotos e vídeos? O contexto da inserção do artigo ao Código Penal traz essa resposta. A Lei 12.737/2012, que incluiu a norma, ficou conhecida como "Lei Carolina Dieckmann", porque, em maio de 2011, um *hacker* (criminoso virtual) invadiu o computador da atriz e teve acesso a trinta e seis *fotos pessoais, de cunho íntimo,* e exigiu dez mil reais para não as publicar. Logo, sim, o ato invadir dispositivo informático para obter, adulterar ou destruir conteúdo íntimo é crime.

Releva notar que a conduta criminalizada é a de *invadir* dispositivo informático com a finalidade que especifica a norma. Foram excluídas, dessa forma, as hipóteses em que as imagens e/ou vídeos divulgados foram enviados espontaneamente no contexto do relacionamento e, também, as que as imagens e/ou vídeos disseminados foram capturados por parceiros sexuais ou terceiros sem qualquer invasão de dispositivo informático.

Por fim, destaca-se a Lei 12.965/14 – conhecida popularmente como Marco Civil da *Internet* –, que representou um grande avanço na investigação dos envolvidos na exposição pornográfica não consentida, pois *"estabelece princípios, garantias, direitos e deveres para o uso da internet no Brasil e determina diretrizes para atuação da União, dos Estados, do Distrito Federal e dos Municípios em relação à matéria*[8]".

A lei introduziu ao ordenamento jurídico proteções que antes não existiam. Estabeleceu, por exemplo, que a empresa não pode informar a terceiros os dados fornecidos pelo internauta sem que ele consinta expressa e livremente. Ademais, garantiu a privacidade das comunicações privadas em meios eletrônicos, pois o sigilo das comunicações somente era assegurado nos meios clássicos, como conversas telefônicas e cartas.

A maior revolução, contudo, especialmente para as vítimas da pornografia não consentida, diz respeito à retirada de conteúdo do ar. Em regra, a exclusão só é permitida com ordem judicial. A exceção se dá nos casos de exposição pornográfica não consensual, em que as vítimas podem solicitar a retirada do conteúdo íntimo diretamente aos servidores ou *sites* que o estejam hospedando. Eis o que dispõe o artigo 21, *caput* e parágrafo único, da Lei:

> Art. 21. O provedor de aplicações de internet que disponibilize conteúdo gerado por terceiros será responsabilizado subsidiariamente pela violação da

[8] Lei 12.965/14, artigo 1º.

> intimidade decorrente da divulgação sem autorização de seus participantes, de imagens, de vídeos ou de outros materiais contendo cenas de nudez ou de atos sexuais de caráter privado quando, após o recebimento de notificação pelo participante ou seu representante legal, deixar de promover, de forma diligente, no âmbito e nos limites técnicos do seu serviço, a indisponibilização desse conteúdo.
>
> Parágrafo único. A notificação prevista no caput deverá conter, sob pena de nulidade, elementos que permitam a identificação específica do material apontado como violador da intimidade do participante e a verificação da legitimidade para apresentação do pedido.

Portanto, a regra é que seja necessária uma ordem judicial que determine a remoção do conteúdo dos provedores, assegurando-se, assim, a liberdade de expressão. Contudo, nos casos em que o material é íntimo e foi exposto sem consentimento, a vítima não precisa recorrer ao judiciário para que o conteúdo seja indisponibilizado, bastando uma notificação extrajudicial, que, se não for respeitada, torna o provedor subsidiariamente responsável pelo conteúdo gerado por terceiros.

O artigo 15, também da Lei 12.965/2014, por sua vez, determina que os registros de acesso dos usuários devem ser mantidos pelos provedores de aplicações de *internet* pelo prazo – mínimo, uma vez que pode ser majorado a pedido da autoridade policial ou do Ministério Público – de seis meses:

> Art. 15. O provedor de aplicações de internet constituído na forma de pessoa jurídica e que exerça essa atividade de forma organizada, profissionalmente e com fins econômicos deverá manter os respectivos registros de acesso a aplicações de internet, sob sigilo, em ambiente controlado e de segurança, pelo prazo de 6 (seis) meses, nos termos do regulamento.
>
> § 1º Ordem judicial poderá obrigar, por tempo certo, os provedores de aplicações de internet que não estão sujeitos ao disposto no **caput** a guardarem registros de acesso a aplicações de internet, desde que se trate de registros relativos a fatos específicos em período determinado.
>
> § 2º A autoridade policial ou administrativa ou o Ministério Público poderão requerer cautelarmente a qualquer provedor de aplicações de internet que os registros de acesso a aplicações de internet sejam guardados, inclusive por prazo superior ao previsto no **caput,** observado o disposto nos §§ 3º e 4º do art. 13.

§ 3º Em qualquer hipótese, a disponibilização ao requerente dos registros de que trata este artigo deverá ser precedida de autorização judicial, conforme disposto na Seção IV deste Capítulo.

§ 4º Na aplicação de sanções pelo descumprimento ao disposto neste artigo, serão considerados a natureza e a gravidade da infração, os danos dela resultantes, eventual vantagem auferida pelo infrator, as circunstâncias agravantes, os antecedentes do infrator e a reincidência.

O dispositivo causou controvérsia desde a sua inclusão no relatório, ainda em tramitação na Câmara dos Deputados. Os que o criticam afirmam que a sua previsão viola os princípios constitucionais da presunção de inocência e da proporcionalidade, pois as empresas retêm, indiscriminadamente, os registros de todos os usuários, até mesmo daqueles que não são investigados. Defendem, assim, que a prevenção ao crime não pode legitimar medidas desproporcionais que tornem suspeita toda sociedade. Além disso, argumentam que o monitoramento em massa dos consumidores viola a privacidade dos internautas.

Os defensores do dispositivo, por outro lado, ponderam que o armazenamento dos usuários favorece as vítimas de crimes virtuais, sobretudo aquelas que são vítimas de pornografia da vingança. Uma vez que os dados são compulsoriamente armazenados, é possível rastrear a primeira pessoa que divulgar o conteúdo e, também, as que o propagaram, mapeando-se, assim, toda a cadeia de compartilhamento. Dessa forma, a chance de que os envolvidos sejam responsabilizados é substancialmente maior.

2. Necessidade de proteção às mulheres

Embora haja diferenças biológicas, é indiscutível que parte das características atribuídas às mulheres e aos homens são resultado do processo de socialização, "com imposição de direitos, deveres e liberdades muito distintos para meninas e meninos[9]".

Ao esclarecer o duplo padrão que perpassa as relações entre homem e mulher, Pierre Bourdieu afirma que não é exagerado comparar a masculinidade a uma nobreza[10]. Segundo ele, a estrutura histórica da sociedade

[9] Sydow, Spencer Toth; Castro, Ana Lara Camargo de. Op. cit., p. 108.

[10] Bourdieu, Pierre. **A dominação Masculina.** 12. Ed. Rio de Janeiro: Bertrand Brasil, 2014, p. 75.

legitimou a ordem masculina e, por ser pretensamente natural, é considerada incontestável, dispensável de justificação.

Desde criança, a menina aprende que a autoridade do pai é soberana. Ele é o responsável pela família. É em seu nome que se exige, se recompensa e se pune.O pai personifica a própria figura de Deus[11]:

> Tudo contribui para confirmar essa hierarquia aos olhos da menina. Sua cultura histórica, literária, as canções e lendas com que a embalam são uma exaltação do homem. São homens que fizeram a Grécia, o Império Romano, a França e todas as nações, que descobriram a terra e inventaram os instrumentos que permitem explorá-la, que a governaram, que a povoaram de estátuas, de quadros, de livros. [...] Nada mais tedioso do que os livros que traçam vidas de mulheres ilustres: pálidas figuras ao lado de algum herói masculino[12].

Na adolescência, os pensamentos e inclinações sexuais masculinas reafirmam a virilidade dos meninos. Em contrapartida, na mesma fase, a menina é tomada por angústia e é orientada a reprimir esses sentimentos. Ensinarão a ela a passividade, uma vez que "os homens não gostam de mulher-homem, nem de mulher culta, nem de mulher que sabe o que quer: ousada demais, cultura, inteligência, caráter, assustam-nos[13]".

A menina aprende, então, a abdicar do poder de iniciativa, de manifestar suas preferências, de optar pelo que lhe é mais interessante. Ela, que sempre se objetificou na boneca, se torna objeto de desejo sexual.

Como explica Vitória Buzzi, ao citar Pierre Bourdieu, "a subordinação erotizada da mulher, na lógica da dominação masculina, nada mais é do que uma forma de humilhação. Historicamente, sob o ponto de vista que liga sexualidade ao poder, a pior degradação para um homem consiste em ser transformado em mulher. A humilhação sexual a que certos homens são submetidos (tanto no curso da história como nos tempos atuais, basta lembrar os trotes universitários) nada mais é do que uma tortura infringida no sentido de feminilizá-los, com 'brincadeiras' a respeito de sua virilidade ou acusações de homossexualidade[14]".

[11] BEAUVOIR, Simone de. **O segundo sexo.** A experiência vivida. 2. Ed. São Paulo: Difusão Europeia do Livro, 1967, p. 29.

[12] Ibidem, p. 30.

[13] Ibidem, p. 73.

[14] BUZZI, Vitória de Macedo. **Pornografia de vingança**: contexto histórico-social e abordagem no direito brasileiro. UFSC, Florianópolis, 2015, p. 23.

Desde a infância, a mulher convive com a realidade de que existem carreiras, espaços e assuntos que se destinam exclusivamente aos homens. Por outro lado, cresce com a certeza de que a sociedade entende que há aptidões intrínsecas à mulher – como realizar as atividades domésticas – e que ela deve corresponder à altura para ser respeitada. É uma vida inteira buscando se encaixar, se adequar, se amoldar, se destacar, se aceitar.

Como esclarece Beauvoir, "uma mulher que solicita por demais abertamente o desejo do macho é malvista; mas a que parece repudiá-lo não é muito mais recomendável: pensam que ela quer masculinizar-se, que é uma lésbica; ou singularizar-se: é uma excêntrica; recusando seu papel de objeto, desafia a sociedade: é uma anarquista. Se deseja tão somente não ser notada, cumpre que conserve sua feminilidade[15]".

É verdade que esse cenário está, a duras penas e lentamente, se transformando, mas a sociedade ainda é regida pelos mecanismos de existência da dominação masculina e cabe à mulher desempenhar o papel que lhe foi imposto. A partir daí, é possível compreender os contornos que delimitam a problemática da exposição pornográfica não consentida. "Se a humanidade é masculina e o homem define a mulher, não em si, mas em relação a ele, socialmente, a mulher só existe enquanto instrumento da realização da sexualidade masculina[16]".

O poder masculino não permite que a mulher tenha autonomia e vontades próprias, deve ser apenas subordinada. A partir do momento em que ela decide mudar essa realidade e agir de acordo com os seus desejos – como, por exemplo, ter a iniciativa de terminar um relacionamento –, confronta a dominação masculina. Como forma de punição, ela tem o seu corpo, a sua privacidade, a sua intimidade expostas.

Recentemente, a Ministra Nancy Andrighi, do Superior Tribunal de Justiça, ressaltou que, apesar de não ser suportada exclusivamente por mulheres, a exposição pornográfica não consentida é, principalmente, praticada contra elas, refletindo uma questão de gênero. Dessa forma, sustentou que "a exposição pornográfica não consentida, da qual a pornografia de vingança é uma espécie, constitui uma grave lesão aos direitos de personalidade da pessoa exposta indevidamente, além de configurar

[15] Beauvoir, Simone de. Op. cit., p. 296.

[16] Buzzi, Vitória de Macedo. Op. cit., p. 29.

uma grave forma de violência de gênero que deve ser combatida de forma contundente pelos meios jurídicos disponíveis[17]".

Diante desse quadro, Spencer Toth Sydow e Ana Lara Camargo de Castro desenvolveram ações norteadoras e de prevenção à exposição pornográfica não consentida dirigidas ao usuário comum, mas que, aqui, serão especialmente abordadas com o objetivo de orientar e proteger mulheres:

> 1) Educação: É importante que mulheres e homens conversem com seus amigos, pais, irmãos e filhos e discutam os danos à imagem e à dignidade com o compartilhamento, por vezes irrefletido, de material íntimo. Em especial, é preciso que discutam as consequências específicas que a exposição sexual tem para a vida da mulher e do homem, em razão das antes mencionadas disparidades nas percepções sociais de masculinidade e feminilidade. É fundamental que o conceito de dignidade virtual seja explicitado de modo que se muda a cultura de achar graça na intimidade alheia à custa de enormes ofensas pessoais. Do mesmo modo, é importante que se converse abertamente com adolescentes, na fase dos hormônios em desenvolvimento, de modo a explicar que a exposição, mesmo que para pessoas de confiança, pode gerar consequências graves e duradouras, desencorajando-se, assim, a troca de materiais dessa natureza. Finalmente, é importante abordar, didaticamente, pessoas não familiarizadas com a tecnologia e demonstrar a elas seu potencial alastrador e destruidor, o que poderá prevenir ações sem consciência da repercussão. Ademais, é preciso fomentar o debate nas escolas e universidades, uma vez que a tecnologia se inseriu, sem possibilidade de reversão, no cotidiano da formação intelectual de crianças e jovens. Nesse sentido, a mudança do artigo 5º da Resolução CNE/CES n. 5/2018, promovida pela Resolução N. 2, de 19 de abril de 2021, que inseriu como sugestão na formação técnico-jurídica o Direito Informático e o CNJ, em sua Resolução n. 423 de 05/10/2021, passou a inserir a mesma disciplina para os concursos de magistratura.
>
> 2) Proteção Informática: há diversos recursos de segurança que os computadores possuem e que devem estar sempre atualizados para evitar que brechas de segurança sejam utilizadas para acessar a máquina e obter imagens pessoais. Assim, por conta de haver muita dinâmica e alternância nas

[17] Recurso Especial n. 1.735.712/SP, Relatora Ministra Nancy Andrighi. Disponível em: https://www.stj.jus.br/websecstj/cgi/revista/REJ.cgi/ITA?seq=1905903&tipo=0&nreg=201800428994&SeqCgrmaSessao=&CodOrgaoJgdr=&dt=20200527&formato=PDF&salvar=false. Acesso em 15 de junho de 2022.

formas de atacar dispositivos, é importante que o usuário administrador do aparato esteja frequentemente atento a atualizações dos sistemas operacionais, dos antivírus, firewalls, atualização dos navegadores e demais mecanismos de proteção.

3) Senhas: o processo de escolha de senhas é individual e complexo. Alguns usuários muito frequentemente terminam por se confundir ou esquecer suas senhas por serem diversas e variadas para diferentes objetivos. Outros, para evitar confusão, utilizam a mesma senha para todos os serviços utilizados, o que também gera o risco, de uma vez descoberta ou revelada a senha, todas ficarem comprometidas. Porém, é imprescindível que se compreenda que não se pode utilizar senhas de simples adivinhação como a cidade onde nasceu, o dia do aniversário, um endereço (ou parte dele) ou o nome do animal de estimação. Isso porque além de serem senhas simples e de relativa facilidade de adivinhação, não raro a pessoa que expõe fotografias ou vídeos de intimidade alheios conhece os dados que compõem as senhas. Assim, para evitar acessos indevidos, muitos sites hoje exigem senhas complexas que utilizem misturas de letras, maiúsculas e minúsculas misturadas com símbolos e números. Entretanto, os computadores pessoais e celulares permanecem com senhas de livre escolha. Os usuários devem entender que o procedimento de escolha de senhas tem que dar preferência para senhas complexas como as que os sites exigem para evitar-se acessos indevidos a partir do descobrimento de senhas fáceis. Nesse sentido, cada vez mais ganha forças o movimento de troca de senha por autenticação biométrica por digital ou reconhecimento facial, inclusive na própria web pelo chamado WebAuthn aprovado pelo consórcio W3C (World Wide Web Consortium) e pela FIDO Alliance.

4) Cuidados com a webcam: ainda que pareça ficção científica, há tempos usuários mal-intencionados vêm se especializando em acesso remoto de webcams. Isso significa que a webcam de um celular, computador ou tablets podem ser ligados a distância e sem que o usuário tenha dado esse comando e, assim, podem ser tiradas fotos ou feitos filmes. Para isso, o computador deve ter sido infectado ou invadido de modo a dar acesso remoto ao usuário mal-intencionado. É utilizando de tais estratégias que delinquentes obtém material de nudez ou eróticos. Uma vez que a maioria de nós troca de roupa ou mantém relações diante de um dispositivo informático sem preocupação com a captura de nossas imagens e isso facilita a obtenção de materiais de natureza íntima. Por isso, é recomendação a de sempre que a webcam não

estiver sendo utilizada pelo usuário, que ela seja coberta com algum material opaco, virada para a parede ou para outra superfície, ou, ainda, o aparelho seja totalmente desligado (e não simplesmente deixado em modo de espera).

5) Acesso responsável de sites: há uma importante frase ensinada na ciência econômica e no mercado financeiro que é "não existe almoço grátis". O significado dessa afirmativa é o de que toda a escolha tem um custo e que nada que aparenta ser muito vantajoso o é, pois, há riscos mascarados. Alguns interpretam esta frase no sentido de que nada é grátis na vida, havendo sempre uma contraprestação necessária. Isso ocorre claramente na Internet. Sites de pornografia, sites de download de filmes gratuitos, streamings que não recolhem direitos autorais, dentre sites que oferecem vantagens sem qualquer contraprestação, são, normalmente, espaços virtuais que podem esconder armadilhas, infecções, downloads sub-reptícios que geram instalação de programa espião, dentre outros. Quando o usuário não consciente dos riscos clica em determinados links ou pede para que se faça download ou mesmo clica em "aceitar" para iniciar a exibição de um filme online, pode ele ter sido contaminado com malwares capazes de criar brechas de segurança em seu aparato ou mesmo garantir acesso remoto. Por isso, na dúvida, é melhor que sites que oferecem gratuidades sem evitados ou utilizados com extrema cautela.

6) Acesso responsável de apps e sites que se utilizam de inteligência artificial: sob pretexto de uma brincadeira ou um passatempo, não é raro que aplicativos e serviços que manipulam fotos trocando gênero, tirando a roupa, rejuvenescendo ou envelhecendo sejam ofertados pela virtualidade e, a partir do consentimento (interação) do usuário, ganhem acesso ilimitado às fotografias armazenadas nos dispositivos, podendo, com isso, se empossas de materiais de natureza íntima. No mesmo sentido, nuvens criptografadas gratuitas podem contratar cotitularidade dos dados ali inseridos, obtendo acesso a material sensível. Finalmente, importante relembrarmos que trends de redes sociais como TikTok ou Reels de Instagram terminam por expor muito frequentemente pessoas, expondo-lhes imagens erotizadas em troca de seguidores e curtidas.

7) Scams: assim como no item acima, muitos e-mails de procedência duvidosa vêm acompanhados de anexos. Não raramente, e-mails são recebidos como, exemplificativamente, da Receita Federal informando cancelamento de CPF, da Polícia intimando o usuário para depor em um processo, de uma loja informando que uma encomenda chegou, de um banco informando pre-

cisar revalidar o token de segurança ou, mais recentemente, SMS que podem que se clique em um anexo são recebidos e pedem para o usuário ou clicar em um link ou abrir um arquivo. Tais mensagens também podem contaminar o dispositivo do usuário, criando os mesmos riscos já apresentados.

8) Dispositivos sem vigilância: em tempos modernos, todos lidamos com computadores e dispositivos informáticos nas mais diversas esferas de nossas vidas. No trabalho, em hotéis, em casa, na academia de ginástica, na universidade e até mesmo na cama, assim que acordamos e antes de dormir. Em todos os momentos somos capazes – graças à nuvem – de acessar nossos e-mails, nossas redes sociais, nossas fotos, nossos arquivos e nossas preferências. Como isso, é fundamental que compreendamos que os dispositivos que possuem arquivos sensíveis devem estar todo o tempo sob nossa vigilância ou, quando não, protegidos por senhas ou em circunstâncias que impossibilitem o acesso a material privado. Assim, é recomendado que sempre que se vai afastar de um dispositivo, que se desconecte de qualquer serviço que possua arquivos de tais espécies (faça logout) ou trave-o de modo a senhas serem exigidas para o acesso. Também é aconselhável que jamais seja armazenado em e-mails, em conversas de comunicadores instantâneos ou em pastas públicas arquivos sensíveis envolvendo nudez ou intimidades, visto que os aparatos podem ser emprestados, ainda que por curtos períodos de tempo, podendo ser indevidamente acessados e, assim, gerar risco de exposição não autorizada de arquivos a partir de publicação ou compartilhamento[18].

Destarte, tendo em vista que a exposição pornográfica não consentida, enquanto violência de gênero, representa a autoridade masculina sobre o corpo e a autonomia da mulher, e, ainda, considerando o fato de que a mulher é culpabilizada e julgada por essa exposição, manifesta é a necessidade de se aprimorar a definição desse tipo de violência, a fim de proteger as vítimas – majoritariamente do sexo feminino – e de tornar as situações de julgamento mais claras, pois "não são raras as ocorrências de suicídio ou de depressão severa em mulheres jovens e adultas, no Brasil e no mundo, após serem vítimas dessa prática violenta[19]".

[18] Sydow, Spencer Toth; Castro, Ana Lara Camargo de. Op. cit., págs. 260/267.

[19] Trecho do voto da Ministra Nancy Andrighi em recurso especial cujo número não é divulgado em razão de segredo judicial.

Referências

BEAUVOIR, Simone de. **O segundo sexo.** A experiência vivida. 2. Ed. São Paulo: Difusão Europeia do Livro, 1967.

BOURDIEU, Pierre. **A dominação Masculina.** 12. Ed. Rio de Janeiro: Bertrand Brasil, 2014.

BRASIL. Superior Tribunal de Justiça. **Recurso Especial 1.735.712/SP**. Relatora Ministra Nancy Andrighi. Disponível em: https://www.stj.jus.br/websecstj/cgi/revista/REJ.cgi/ITA?seq=1905903&tipo=0&nreg=201800428994&SeqCgrmaSessao=&CodOrgaoJgdr=&dt=20200527&formato=PDF&salvar=false.

BUZZI, Vitória de Macedo. **Pornografia de vingança**: contexto histórico-social e abordagem no direito brasileiro. UFSC. Florianópolis, 2015.

CASTRO, Ana Lara Camargo de; SYDOW, Spencer Toth. **Sextorsão.** São Paulo: Revista dos Tribunais, vol. 959, 2015.

CASTRO, Marina. **Consequências psicológicas de revenge porn são maiores em mulheres**, afirma professora. Jornal do Campus. USP. 2013. Disponível em: http://www.jornaldocampus.usp.br/index.php/2013/12/consequencias-psicologicas-de-revenge-porn-sao-maiores-em-mulheres-afirma-professora/.

CAVALCANTE, Viviane Albuquerque Pereira; LELIS, Acácia Gardenia Santos. **Violência de gênero contemporâneo**: uma nova modalidade através da pornografia de vingança. In: interfaces científicas, 016. Disponível em: https://periodicos.set.edu.br/direito/article/view/3118.

CITRON, Danielle Keats; FRANKS, Mary Anne. **Criminalizing Revenge Porn.** 49 Wake Forest L. Review.

DOTTI, Ariel. **A criminalização do assédio sexual.** São Paulo: Revista dos Tribunais, vol. 752.

INTERNATIONAL ASSOCIATION OF WOMEN JUDGES. Disponível em: https://www.iawj.org/.

ROSA, Alexandre Morais da; KHALED JÚNIOR, Salah. **Direito Penal Mofado:** A lenda conveniente da ressocialização. 2014. Disponível em: http://www.justificando.com/2014/07/17/direito-penal-mofado-lenda-conveniente-da-ressocializacao/.

SCHECAIRA, Sérgio Salomão. **A criminalidade e os meios de comunicação de massas.** São Paulo: RBCCrim, vol. 10.

SCOTT, Joan Wallach. **Gênero: uma categoria útil de análise histórica.** Educação e realidade. Porto Alegre, vol. 20, n.2, jul/dez. 1995. Disponível em: https://archive.org/details/scott_gender/page/n5/mode/2up.

SYDOW, Spencer Toth; CASTRO, Ana Lara Camargo. **Exposição pornográfica não consentida na virtualidade**: pornografia da vingança, fake nude, sextorsão e outras realidades. São Paulo: Editora JusPodivm, 2022.

15
CAOS PRISIONAL, DIGNIDADE HUMANA E FORMALISMO EXAGERADO: É TEMPO DE REVISITAR A DOUTRINA BRASILEIRA DO *HABEAS CORPUS*

Matheus Pimenta de Freitas
Gabriel Freitas Vieira

I. Introdução

A proteção dos direitos fundamentais consubstancia a função mais relevante do Supremo Tribunal Federal.[1] Felizmente, de maneira geral, o Tribunal vem cumprindo seu papel. Afirmar o contrário seria, seguramente, incorrer em falácia.

No ano de 2018, a título de exemplificação, o STF inovou ao conceder, pela primeira vez, *habeas corpus* na modalidade coletiva em favor de todas as mulheres presas grávidas ou mães de crianças com até 12 anos de idade, para determinar a substituição da prisão preventiva das pacientes pelo regime domiciliar. Tomada no julgamento do HC 143.641/SP, a decisão da Corte inquestionavelmente soube respeitar os direitos fundamentais das mães e das crianças, elencados em nossa Carta Fundamental.

No entanto, são preocupantes outros julgamentos que vêm sendo proferidos pelo Tribunal.

Mais recentemente, em agosto de 2021, o HC n. 204.581/SP, impetrado pela Defensoria Pública do Estado de São Paulo justamente em favor de mulher grávida, lactante e mãe de 03 (três) crianças menores de 12 (doze)

[1] Peter, Christine Oliveira. *O Supremo Tribunal Federal e a concretização dos direitos fundamentais*. In: Peter, Christine Oliveira; Carneiro, Gustavo Ferraz Sales. *Controle de constitucionalidade e direitos fundamentais*. Rio de Janeiro: Lumen Juris, 2010 p. 66.

anos de idade, não foi conhecido pelo Supremo Tribunal Federal. O pedido veiculado no *writ* era o de que fosse concedida prisão domiciliar e/ou aplicação de medidas diversas à prisão à paciente. No entanto, unicamente por ter sido impetrado contra decisão de ministro do STJ, a Relatora do feito no STF aplicou a Súmula 691/STF[2] e não conheceu do remédio constitucional, mantendo presa, em regime fechado, a mãe das três crianças.

É necessário que o Tribunal cumpra seu papel elementar de guardião da Constituição e dos direitos fundamentais. Desempenhar essa missão, com efeito, sobretudo quando considerado o caótico estado do sistema carcerário brasileiro, impõe a ampliação do âmbito de proteção do *habeas corpus*.

Conclusões restritivas tomadas pelo STF quanto ao cabimento do remédio heroico não parecem se coadunar nem com a missão institucional atribuída ao Tribunal Constitucional, e tampouco com a realidade do sistema prisional brasileiro.

Nesse contexto, com a notícia da instituição, pela Câmara dos Deputados, de comissão de juristas para avaliar a sistematização das normas de processo constitucional brasileiro, entende-se que o momento pode representar boa oportunidade para se reafirmar a solidez da proteção conferida aos direitos fundamentais pela Constituição de 1988. E a referida providência não poderia ser tomada sem a ampliação do campo de proteção do remédio heroico, em uma espécie de revisitação à doutrina brasileira do *habeas corpus*.

II. Os direitos fundamentais na ordem constitucional

Erigido em meados do Século XVIII, o Constitucionalismo foi um movimento político-social que teve por finalidade central a limitação do poder estatal, sobretudo a partir do reconhecimento e da salvaguarda de direitos e liberdades individuais dos cidadãos, por meio de um documento escrito, denominado constituição.[3]

O movimento europeu – que, juntamente com o estadunidense, serviu de matriz ao modelo constitucional brasileiro – preocupava-se principalmente com o ilimitado e desmesurado poder dos monarcas absolutistas

[2] Súmula 691/STF: Não compete ao Supremo Tribunal Federal conhecer de habeas corpus impetrado contra decisão do Relator que, em habeas corpus requerido a tribunal superior, indefere a liminar.

[3] Mendes, Gilmar Ferreira; Branco, Paulo Gustavo Gonet. *Curso de Direito Constitucional*. 10 ed. rev. e atual. São Paulo: Saraiva, 2015 (Série IDP), p. 39.

que regiam o Velho Continente. Insuflada pelos ideais contratualistas de Hobbes, Locke e Rousseau, e nascida em meio à Revolução Francesa, a Constituição da França de 1791, enquanto símbolo do Estado Constitucional Europeu, concedeu ao Parlamento os mais relevantes poderes do Estado e restringiu sobremaneira os poderes da Coroa. Vistas como iminente perigo à nova ordem, as monarquias absolutistas foram forçadas a se transformar em monarquias constitucionais, e os reis a entregar quase que por completo os seus poderes ao Legislativo.[4]

Condensando as principais alterações sociais vislumbradas na transição do Estado Monárquico-Absolutista para o Estado Constitucional Europeu, Jorge Mirandarevela que as mudanças ocorridas foram marcantes:

> Em vez de tradição, o contrato social; em vez da soberania do príncipe, a soberania nacional e a lei como expressão da vontade geral; em vez do exercício do poder por um só ou seus delegados, o exercício por muitos, eleitos pela colectividade; em vez da razão do Estado, o Estado como executor de normas jurídicas; em vez de súbditos, cidadãos, e atribuição a todos os homens, apenas por serem homens, de direitos consagrados nas leis. E instrumentos técnico-jurídicos principais tornam-se, doravante, a Constituição, o princípio da legalidade, as declarações de direitos, a separação de poderes, a representação política.[5]

Enquanto produto principal do movimento constitucionalista, a constituição pode ser definida como um documento que, além de fixar os limites do poder político, declara os direitos e garantias individuais dos cidadãos. Em detalhe, J.J. Gomes Canotilho assinala que o conceito de constituição moderna pode ser desdobrado em três pontos:

> (1) ordenação jurídico-política plasmada num *documento escrito;* (2) declaração, nessa carta escrita, de um conjunto de *direitos fundamentais* e do respectivo modo de *garantia*; (3) organização do poder político segundo esquemas tendentes a torná-lo um *poder limitado e moderado.*[6]

[4] MENDES, Gilmar Ferreira; BRANCO, Paulo Gustavo Gonet. *Curso de Direito Constitucional.* 10 ed. rev. e atual. São Paulo: Saraiva, 2015 (Série IDP), pp. 44-45.

[5] MIRANDA, Jorge. *Manual de Direito Constitucional*: Preliminares, o Estado e os sistemas constitucionais, tomo I. 4 ed. rev. e actual. Coimbra: Coimbra Editora Ltda., 1990, p. 83.

[6] CANOTILHO, J.J. Gomes. Direito Constitucional e Teoria da Constituição. 7 ed. Coimbra: Edições Almedina, 2003, p. 52.

Após a sucessão de seis Cartas Constitucionais no Brasil – de naturezas absolutamente diversas entre si – foi promulgada, em 5 de outubro de 1988, a última Constituição Federal brasileira, que vige atualmente.

Como forma de reação aos penosos anos de regime militar – em que as violações a direitos individuais eram cotidianas – a Carta de 1988 trouxe como prioridade a proteção às garantias fundamentais em relação às demais matérias. [7]

Conforme ensina Paulo Bonavides, a Constituição de 1988 "foi de todas as Constituições brasileiras aquela que mais procurou inovar tecnicamente em matéria de proteção aos direitos fundamentais". [8]

Como reflexo dessa preocupação, a Constituição anuncia, logo no preâmbulo, a instituição de um "Estado Democrático, destinado a assegurar o exercício dos direitos sociais e individuais, a liberdade, a segurança, o bem-estar, o desenvolvimento, a igualdade e a justiça como valores supremos de uma sociedade fraterna, pluralista e sem preconceitos".

A dignidade humana, de mais a mais, passou a ser prevista como fundamento da República Federativa do Brasil, pelo art. 1º da Carta. A construção de uma sociedade livre, justa e solidária, bem como a promoção do bem de todos sem qualquer forma de discriminação se tornaram objetivos fundamentais da República brasileira, nos termos do art. 3º da Constituição Federal.

A própria organização do texto constitucional revela as prioridades da Carta. Nesse sentido, assim doutrinam Cláudio Pereira de Souza Neto e Daniel Sarmento:

> Se as constituições brasileiras anteriores iniciavam pela estrutura do Estado e só depois passavam aos direitos fundamentais, a Constituição de 88 faz o contrário: consagra inicialmente os direitos e garantias fundamentais – no segundo título, logo depois daquele dedicado aos princípios fundamentais – só se voltando, depois disso, à disciplina da organização estatal. Essa inversão topológica não foi gratuita. Adotada em diversas constituições europeias do pós-guerra, apos o exemplo da Lei Fundamental alemã de 1949,

[7] Miranda, Jorge. *Manual de Direito Constitucional*: Preliminares, o Estado e os sistemas constitucionais, tomo I. 4 ed. rev. e actual. Coimbra: Coimbra Editora Ltda., 1990, p. 239.

[8] Bonavides, Paulo. *Curso de Direito Constitucional.* 23 ed. São Paulo: Malheiros Editores, 2008, p. 547.

ela indica o reconhecimento da prioridade dos direitos fundamentais nas sociedades democráticas.[9]

Muito embora os direitos fundamentais sejam de observância obrigatória também nas relações privadas entre indivíduos, horizontalmente[10], a imposição de que a Administração Pública respeite as garantias individuais de seus administrados, em virtude da própria essência do Constitucionalismo, é ideia que surge espontaneamente ao se refletir sobre a matéria de direitos fundamentais.

Néviton Guedes assevera, nesse âmbito, que, diante da supremacia da Constituição, a obrigação de obediência aos direitos fundamentais vincula "todos os poderes do Estado, isto é, não apenas o legislador pela lei que produz, como também o Poder Executivo e Judiciário, quando, no exercício de suas funções, precípuas, editam, respectivamente, atos administrativos ou jurisdicionais"[11]

Os remédios constitucionais, nesse contexto, despontam como ferramentas colocadas ao alcance dos indivíduos para que se protejam de eventuais intervenções ilegítimas, por parte da Administração Pública, que configurem qualquer embaraço à efetivação de seus direitos fundamentais.

Possivelmente o remédio de mais alta relevância em nossa ordem constitucional, o *habeas corpus* serve ao indivíduo que sofre ou se acha ameaçado de sofrer, segundo a literalidade da Constituição Federal de 1988, "violência ou coação em sua liberdade de locomoção, por ilegalidade ou abuso de poder".[12]

[9] Souza Neto, Cláudio Pereira de; Sarmento, Daniel. *Direito Constitucional:* teoria, história e métodos de trabalho. 2 ed., 3 reimpr. Belo Horizonte: Fórum, 2017, p. 172.

[10] Nesse sentido confira-se: Mendes, Gilmar Ferreira. Direitos fundamentais: eficácia das garantias constitucionais nas relações privadas. In: Revista de Direito do Consumidor: RDC, v. 22, n. 90, p. 13-38, nov./dez. 2013.

[11] GUEDES, Néviton. *A concretização dos direitos fundamentais sociais pelo Judiciário.* In: A constituição entre o direito e a política: o futuro das instituições: estudos em homenagem a José Afonso da Silva. Coord. Marcus Vinicius Furtado Coêlho. 1 ed. Rio de Janeiro: LMJ Mundo Jurídico, 2018, p. 750.

[12] BRASIL. Constituição Brasileira de 1988. Art. 5º, LXVIII, Disponível em: <http://www.planalto.gov.br/ccivil_03/constituicao/constituicaocompilado.htm> Acesso em: 17 jun. 2018.

III. Evolução do remédio heroico no contexto brasileiro – Da ampliação das hipóteses de cabimento à sua restrição indevida: A doutrina brasileira do *habeas corpus*

O habeas corpus configura uma das mais relevantes proteções oferecidas aos cidadãos brasileiros.No que concerne ao papel do remédio heroico no desenvolvimento do constitucionalismo brasileiro, Gilmar Ferreira Mendes[13] ensina que o *habeas* constitui a pedra fundamental do processo constitucional de nosso país:

> Por meio da análise do desenvolvimento histórico, constitucional e processual do *habeas corpus*, resta evidente que o writ é a matriz dos atuais remédios constitucionais, bem como do controle de constitucionalidade brasileiro.
>
> Isso porque a restrição imposta pela reforma constitucional de 1926 à doutrina brasileira do *habeas corpus* inaugurou período de completo desamparo de medidas protetivas, que só teve fim com a previsão do mandado de segurança na Constituição de 1934.
>
> Inspirado pelo modelo do *habeas corpus*, o mandado de segurança acabou por influenciar o rito da representação interventiva, que é a gênese da representação de inconstitucionalidade e, posteriormente, da ação direta de inconstitucionalidade no regime constitucional de 1988. A estrutura processual do *habeas corpus* também teve reflexo nos demais remédios versados pela Constituição de 1988, como no mandado de injunção e no *habeas data*.

Desde o Período Regencial, entre os reinados de Dom Pedro I e Dom Pedro II, o remédio constitucional heróico está posto à disposição da população brasileira. Com efeito, assim previa o art. 340 do Código de Processo Criminal de 1832:

> **Código de Processo Criminal de 1832**
>
> Art. 340. Todo o cidadão que entender, que elle ou outrem soffre uma prisão ou constrangimento illegal, em sua liberdade, tem direito de pedir uma ordem de – Habeas-Corpus – em seu favor"

[13] Mendes, Gilmar Ferreira. *O habeas corpus como pedra fundamental do processo constitucional brasileiro. In:* Marinoni, Luiz Guilherme; Sarlet, Ingo Wolfgang. Processo Constitucional. Revista dos Tribunais, 2019, pp. 1051 e ss.

Na ordem constitucional, o *writ* é expressamente previsto desde a primeira Constituição da República, promulgada em 1891. O art. 72, §22 daquela Carta estabeleceu que: "dar-se-á *habeas corpus* sempre que o indivíduo sofrer violência, ou coação, por ilegalidade, ou abuso de poder".

A amplitude do dispositivo fez, inclusive, com que se gerasse dúvida interpretativa quanto às hipóteses de cabimento do *habeas corpus*.

Corrente doutrinária conduzida por Rui Barbosa entendia que o remédio seria cabível quando determinado abuso de poder gerasse violação a qualquer direito individual. Outra, oposta, integrada pelo Ministro Godofredo Cunha, do STF, entendia pelo cabimento apenas nos casos específicos de violação à liberdade de locomoção de indivíduos. Já a orientação intermediária, liderada pelos Ministros Pedro Lessa e Enéas Galvão, defendia a viabilidade da impetração do *habeas corpus* sempre que houvesse violação a determinado direito, quando, de algum modo, se relacionasse à constrição do direito de ir e vir de alguém. A respeito do tema, é esclarecedora a doutrina de Ada Pellegrini, Scarance Fernandes e Gomes Filho:

> Na verdade, três posições firmaram-se com o advento da Constituição republicana: alguns, como Rui Barbosa, sustentavam que a garantia deveria ser aplicada em todos os casos em que um direito estivesse ameaçado, manietado, impossibilitado no seu exercício por abuso de poder ou ilegalidade; em sentido oposto, afirmava-se que o *habeas corpus*, por sua natureza e origem histórica, era remédio destinado exclusivamente à proteção da liberdade de locomoção; e finalmente, uma terceira corrente, vencedora no seio do Supremo Tribunal Federal, propugnava incluir na proteção do *habeas corpus* não só os casos de restrição da liberdade de locomoção, como também as situações em que a ofensa a essa liberdade fosse meio de ofender outro direito. Assim, exemplificava Pedro Lessa: quando se ofende a liberdade religiosa, obstando que alguém penetre no templo, tem cabimento o *habeas corpus*, pois foi embaraçando a liberdade de locomoção que se feriu a liberdade religiosa; quando se ofende a liberdade religiosa, porque se arrasam as igrejas, ou se destroem os objetos do culto, não é possível requerer o remédio, porque aí não está em jogo a liberdade de locomoção das pessoas.[14]

[14] Grinover, Ada Pellegrini; Fernandes, Antonio Scarance; Gomes Filho, Antonio Magalhães. *Recursos no processo penal*. 4 ed. São Paulo: Revista dos Tribunais, 2004, p. 347-348.

A esse desenvolvimento teórico foi outorgada a nomenclatura de *doutrina brasileira do habeas corpus,* conforme ensinam Gilmar Ferreira Mendes e Paulo Gustavo Gonet Branco.[15]

Em 1926, a partir da Emenda Constitucional n. 3, o art. 72, §22 da Constituição Republicana de 1891 sofreu expressiva adstrição e passou a viger com o seguinte teor: "Dar-se-ha o *habeas-corpus* sempre que alguém soffrer ou se achar em imminente perigo de soffrer violencia por meio de prisão ou constrangimento illegal em sua liberdade de loco-moção."

Foi justamente essa severa restrição, a qual limitou o cabimento do remédio heroico às hipóteses de restrição da liberdade de locomoção, exclusivamente, que forçou os constituintes a conceberem os demais remédios constitucionais – a exemplo do mandado de segurança, trazido na Constituição de 1934 –, a fim de que os outros direitos individuais não ficassem desamparados.

No que diz respeito ao *habeas corpus,* a partir da Carta de 1891, todas as constituições brasileiras, sem exceção, previram expressamente a possibilidade de impetração do remédio nos casos de limitação ou risco de limitação à liberdade dos indivíduos.

A despeito da sua importância histórica no resguardo da liberdade individual dos brasileiros, o *habeas corpus* vem sofrendo delimitações injustificadas, que enfraquecem sobremaneira os seus propósitos.

Um dos limites indevidamente estabelecidos ao manejo do *habeas corpus* diz respeito ao não cabimento da impetração do remédio, perante o STF, contra decisão de ministro relator que, em *habeas corpus* requerido a tribunal superior, indefere a liminar[16]. Outra restrição aparentemente infundada é a orientação no sentido de que não caberia *habeas corpus* para o Plenário do Supremo Tribunal Federal contra decisão de turma daquele tribunal, proferida em *habeas corpus* ou no respectivo recurso.[17] Menciona-se, ainda, o limite concernente à impossibilidade de impetração de *habeas*

[15] MENDES, Gilmar Ferreira; BRANCO, Paulo Gustavo Gonet. *Curso de Direito Constitucional.* 13 ed. rev. e atual. São Paulo: Saraiva, 2018 (Série IDP), p. 443.

[16] Súmula 691/STF: Não compete ao Supremo Tribunal Federal conhecer de habeas corpus impetrado contra decisão do Relator que, em habeas corpus requerido a tribunal superior, indefere a liminar.

[17] Súmula 606/STF: Não cabe habeas corpus originário para o Tribunal Pleno de decisão de Turma, ou do Plenário, proferida em habeas corpus ou no respectivo recurso.

corpus contra decisões monocráticas proferidas pelos magistrados integrantes do STF.[18]

Todas essas restrições, por certo, não foram estipuladas pela Constituição Federal e tampouco estão previstas em qualquer diploma legal. Com efeito, o que definiu não ser cabível a impetração do *habeas corpus* nas referidas hipóteses foi a jurisprudência do próprio Supremo Tribunal Federal.

As referidas limitações são preocupantes, inclusive, ao se considerar a crise político-institucional que acomete o país. Com efeito, ataques deliberados a instituições, pronunciamentos antidemocráticos e incitação à violência parecem querer assombrar o Estado de Direito no Brasil. Nesse contexto, a limitação da proteção dos direitos individuais da população – em especial do direito à liberdade – representa risco não somente aos indivíduos, mas, também, ao próprio regime democrático, sistemicamente considerado.

Ademais, a caótica situação do sistema prisional brasileiro corresponde a outro fator que parece não se coadunar com as restrições formais ao cabimento do *habeas corpus*.

IV. O caótico sistema prisional brasileiro

Além de toda a importância histórica do remédio constitucional heroico, a relevância do *habeas corpus* nos tempos atuais é ideia que surge automaticamente ao se examinar a situação do sistema carcerário brasileiro.

A esse respeito, é importante rememorar que, em setembro de 2015, ao julgar a ADPF 347, o Supremo Tribunal Federal, reconhecendo as diuturnas violações de direitos fundamentais sofridas pelos cidadãos encarcerados nos estabelecimentos prisionais brasileiros, declarou que a atual conjuntura desumana do sistema prisional do país configura um estado de coisas inconstitucional, o qual deve ser reparado com urgência.

Naquela ocasião, o Ministro Celso de Mello assim se pronunciou:

> Há, efetivamente, no Brasil, um claro e indisfarçável "estado de coisas inconstitucional" resultante – tal como denunciado pelo PSOL – da omissão do Poder Público em implementar medidas eficazes de ordem estrutural que neutralizem a situação de absurda patologia constitucional gerada, incompreensivelmente, pela inércia do Estado que descumpre a Constituição Federal,

[18] STF, HC 105.959/DF, Rel. Min. Marco Aurélio, Red. p/ Acórdão Min. Edson Fachin, DJE 15/06/2016.

> que ofende a Lei de Execução Penal e que fere o sentimento de decência dos cidadãos desta República.
>
> [...]
>
> O fato preocupante, Senhor Presidente, é que o Estado, agindo com absoluta indiferença em relação à gravidade da questão penitenciária, tem permitido, em razão de sua própria inércia, que se transgrida o direito básico do sentenciado de receber tratamento penitenciário justo e adequado, vale dizer, tratamento que não implique exposição do condenado a meios cruéis ou moralmente degradantes, fazendo-se respeitar, desse modo, um dos mais expressivos fundamentos que dão suporte ao Estado democrático de direito: a dignidade da pessoa humana (CF, art. 1º, III).

E não foi somente o julgamento da ADPF 347 que atestou a condição sub-humana do sistema carcerário brasileiro.

A partir do ano de 2008, o Conselho Nacional de Justiça, sob a Presidência do Ministro Gilmar Mendes e a Corregedoria do Ministro Gilson Dipp, passou a organizar e a executar os mutirões carcerários, que objetivavam a aproximação dos órgãos do Poder Judiciário com a realidade concreta do sistema prisional brasileiro.

Nas inspeções realizadas, foram encontradas situações verdadeiramente assustadoras. Registrando algumas delas em artigo acadêmico, Gilmar Mendes assim relata:

> Os mutirões carcerários revelaram problemas de toda ordem, como a descoberta de pessoas com penas já integralmente cumpridas, mas que ainda permaneciam encaradas, bem como a constatação de inúmeros benefícios, como livramento condicional e progressão de regime com significativo excesso de prazo em sua concessão. Ficou bem clara, nesses casos, a deficiência do próprio Judiciário ao retardar a apreciação de pedidos de detentos que já poderiam estar em liberdade há anos, como constatado em alguns presídios.
>
> [...]
>
> Na cidade de Abaetetuba, no Estado do Pará, uma jovem de 16 anos foi mantida presa por mais de 30 dias em uma cela com 20 homens. Acusada de furto, a adolescente afirmou ter sido violentada pelos demais apenados no período em que esteve encarcerada. Segundo a Polícia Civil, não há, no Município, carceragem feminina, motivo pelo qual a jovem foi indevidamente colocada junto com presidiários do sexo masculino.

> No Paraná, foi encontrada situação que se repete em diversas outras regiões do país: a inexistência de locais específicos a sentenciados dependentes químicos (usuários de drogas). Normalmente, em muitas localidades, são confinados em complexos penais destinados a apenados com doenças mentais.
>
> Em inspeção ao presídio central de Porto Alegre, iniciada no mês de março de 2011, foi constatado que, dos 4.800 detentos que cumpriam pena em regime fechado, cerca de 300 já tinham a progressão para o semiaberto autorizada pela Justiça, mas ainda não gozavam do benefício por falta de vagas em unidades prisionais de semiliberdade.
>
> Agregue-se a isso que a progressão de regime no cumprimento de penas no Brasil, concebida como modelo de reintegração do preso à sociedade, não passa de pura ilusão. Em razão da absoluta escassez de estabelecimentos prisionais apropriados para os regimes aberto e semiaberto, as penas acabam sendo cumpridas, na prática, em regime fechado, não raro em estabelecimentos sob o comando dos próprios presos, ou em prisão domiciliar sem nenhum tipo de fiscalização, como se constatou em recente audiência pública no Supremo Tribunal Federal.
>
> Por outro lado, evidencia-se o problema da morosidade da justiça. No Estado do Maranhão, um detento condenado a 17 anos de prisão ficou preso um ano e três meses a mais do que deveria. Pelo procedimento previsto na Lei de Execução Penal, teria direito à liberdade condicional quando cumprisse 10 anos de sua pena, mas acabou ficando preso 11 anos e três meses, graças ao atraso na apreciação de seu caso, que só veio a ser resolvido por ocasião do Mutirão carcerário.[19]

Nota-se, portanto, que não foi desmoderada a equiparação feita pelo então Ministro da Justiça, José Eduardo Cardozo, entre os presídios do Brasil e as masmorras medievais.[20]

Assim, considerado, também, o manifesto colapso do sistema prisional brasileiro, entende-se que o âmbito de proteção do *habeas corpus* deveria ser ampliado e não restringido.

[19] Mendes, Gilmar Ferreira. *Conselho Nacional de Justiça e parcerias institucionais* – temas prioritários. In: Mendes, Gilmar Ferreira; Silveira, Fabiano Augusto Martins; Marrafon, Marco Aurélio. *Conselho Nacional de Justiça* – fundamentos, processo e gestão. São Paulo: Saraiva, 2016 (Série IDP), pp. 26/27

[20] Nesse sentido, confira-se: <https://brasil.estadao.com.br/noticias/geral,presidios-brasileiros-sao-masmorras-medievais--diz-ministro-da-justica,10000001226> Acesso em 20.07.2021.

V. Restringir o cabimento do *habeas corpus* significa prestigiar a forma em detrimento da dignidade humana das centenas de milhares de brasileiros encarcerados

Com efeito, as variadas limitações impostas ao manejo do *writ* têm por finalidade diminuir a quantidade de impetrações do remédio constitucional aos tribunais brasileiros, especialmente ao Supremo Tribunal Federal e ao Superior Tribunal de Justiça.

Veja-se, aliás, que a maior parte das restrições de cabimento do *habeas* são estabelecidas pela jurisprudência dos próprios tribunais, e não pela Constituição ou tampouco pela legislação infraconstitucional, em claras hipóteses daquilo que se denomina jurisprudência defensiva.

Mencionam-se, a título de exemplificação: a) a Súmula 691/STF, que afirma o não cabimento do remédio em face de decisão de ministro relator que, em *habeas corpus* requerido a tribunal superior, indefere o pedido liminar; b) a Súmula 606/STF,que prevê o não cabimento do *writ* para o Plenário do Supremo Tribunal Federal contra decisão de turma daquele tribunal, proferida em *habeas corpus* ou no respectivo recurso; e c) a orientação no sentido de que seria inviável a impetração de *habeas corpus* contra decisões monocráticas proferidas pelos magistrados integrantes do STF, aplicada no julgamento do HC 105.959/DF. [21]

As referidas hipóteses de restrição do *habeas* encontram guarida tão somente em justificativa de ordem procedimental. O voto proferido pelo Ministro Roberto Barroso, no julgamento do HC n. 105.959/DF, por exemplo, atesta o fato com clareza. Naquela oportunidade, assim se pronunciou o magistrado:

> Portanto, nós não estamos propriamente inovando; nós estamos mantendo uma posição tradicional que, a meu ver, preserva o Tribunal, embora não seja insuscetível de críticas ou de gerar problemas que, por vezes, poderiam ser solucionados dessa forma. Mas, fazendo uma análise de custo- benefício, uma ponderação em sentido estrito, eu acho que o que se perderia com o cabimento de *habeas corpus*, nesta situação, sobrepuja o que se ganharia.

Entende-se que empreender uma análise de custo-benefício, como fez o Supremo Tribunal Federal no julgamento do HC n. 105.959/DF, e decidir

[21] STF, HC 105.959/DF, Rel. Min. Marco Aurélio, Red. p/ Acórdão Min. Edson Fachin, DJE 15/06/2016.

por prestigiar a forma em detrimento da dignidade humana das centenas de milhares de brasileiros encarcerados não condiz, sob qualquer ângulo, com o Estado de Direito.

A conclusão a que chegou a Corte Suprema naquele julgado parece fechar os olhos ao estado de calamidade em que se encontra o sistema prisional do Brasil. Com efeito, ao assim decidir, o STF tornou ainda mais fechadas as portas para um julgamento mais justo e compromissado com a dignidade humana, sobretudo para os desassistidos.

Não merece prosperar, ainda, a ideia de que não chegam ao Supremo Tribunal Federal casos absurdos de violações de direitos fundamentais. A título de exemplo do contrário, menciona-se o HC n. 141.201/MG, impetrado perante o STF, em que se narrava que determinado indivíduo havia sido condenado à pena de reclusão – e tido a sua condenação mantida em segunda instância e pelo STJ, frise-se – em razão do furto de uma correntinha avaliada em R$ 15,00 (quinze reais). Pode-se aludir, ademais, o HC n. 141.410/SP, hipótese na qual o paciente era condenado, também à pena de reclusão, pela tentativa de furto de uma barra de chocolate. Outro caso que causa espanto é o HC n. 139.248/SP, em que o paciente se encontrava preso preventivamente por ter furtado dezoito tijolos e os revendido pela valor total de R$ 7,00 (sete reais).

Outra dessas assombrosas situações veio à tona em 2020. Após atravessar a primeira instância do Judiciário de Minas Gerais, a segunda instância mineira e também o Superior Tribunal de Justiça, chegou ao Supremo o HC 181.389, cujo paciente tratava-se de cidadão que havia furtado R$ 4,15 (quatro reais e quinze centavos) em moedas, uma latinha de Coca-Cola, duas garrafas de cerveja e uma garrafa de pinga, tudo avaliado em R$ 29,15 (vinte e nove reais e quinze centavos).

Todos esses casos assombrosamente chegaram ao Supremo Tribunal Federal. Distribuídos ao Ministro Gilmar Mendes, todos tiveram a ordem concedida.

Como se vê, casos esdrúxulos também chegam à Suprema Corte Brasileira. Não fosse a decisão tomada no HC n. 139.248/SP, por exemplo, o paciente poderia ter sido mantido nas *masmorras* por ter furtado 18 tijolos, que custavam, ao todo, R$ 7,00.

Nesse contexto, entende-se que a atual situação dos presídios brasileiros não comporta as limitações que o Supremo Tribunal Federal vem impondo ao instituto do *habeas corpus*.

Com efeito, implementar embaraços a que eventual desacerto de um magistrado tenha a possibilidade de ser corrigido por outro não parece se coadunar com os princípios elementares insculpidos na Constituição Federal de proteção dos direitos fundamentais.

Conclusões – A reforma do processo constitucional brasileiro constitui momento oportuno para se revisitar a doutrina brasileira do *habeas corpus*

Posto à disposição da população brasileira antes mesmo do reinado de Dom Pedro II, o *habeas corpus* constitui a pedra fundamental do processo constitucional brasileiro[22].

Do Império à República do Brasil, tanto nos períodos de normalidade institucional, quanto nos de crise, o remédio vem servindo como importante mecanismo de salvaguarda dos direitos individuais dos brasileiros.

Após interpretações amplas e restritas quanto às hipóteses de cabimento do *habeas corpus,* os tribunais brasileiros vêm impondo, por meio de sua própria jurisprudência, cada vez mais entraves ao manejo do *writ,* de modo a prestigiar a forma em detrimento da liberdade e da dignidade de centenas de milhares de cidadãos.

A toda evidência, as referidas restrições parecem não dialogar com o caótico sistema prisional brasileiro, palco de desumanas e diuturnas violações de direitos fundamentais.

Considerado o cruel cenário dos presídios brasileiros, a severa crise institucional que acomete a República e tendo em vista a importância histórica do *habeas corpus* na proteção dos direitos individuais, entende-se que o âmbito de proteção do remédio constitucional heroico não deve ser restrito.

Nesse contexto, acredita-se que a reforma das normas atinentes ao processo constitucional brasileiro constitui momento oportuno para se revisitar a doutrina brasileira do *habeas corpus,* a fim de que, pela via legislativa, as hipóteses de cabimento do remédio heroico sejam expandidas.

Com efeito, restringir o *habeas corpus,* significa ignorar o caos prisional brasileiro e não condiz, sob qualquer aspecto, com o Estado Democrático de Direito.

22 MENDES, Gilmar Ferreira. *O habeas corpus como pedra fundamental do processo constitucional brasileiro. In:* MARINONI, Luiz Guilherme; SARLET, Ingo Wolfgang. Processo Constitucional. Revista dos Tribunais, 2019, pp. 1051 e ss.

Referências

BONAVIDES, Paulo. *Curso de Direito Constitucional*. 23 ed. São Paulo: Malheiros Editores, 2008.

CANOTILHO, J.J. Gomes. *Direito Constitucional e Teoria da Constituição*. 7 ed. Coimbra: Edições Almedina, 2003.

GRINOVER, Ada Pellegrini; FERNANDES, Antonio Scarance; GOMES FILHO, Antonio Magalhães. *Recursos no processo penal*. 4 ed. São Paulo: Revista dos Tribunais, 2004.

GUEDES, Néviton. *A concretização dos direitos fundamentais sociais pelo Judiciário*. In: A constituição entre o direito e a política: o futuro das instituições: estudos em homenagem a José Afonso da Silva. Coord. Marcus Vinicius Furtado Coêlho. 1 ed. Rio de Janeiro: LMJ Mundo Jurídico, 2018.

MENDES, Gilmar Ferreira. *Conselho Nacional de Justiça e parcerias institucionais* – temas prioritários. In: MENDES, Gilmar Ferreira; SILVEIRA, Fabiano Augusto Martins; MARRAFON, Marco Aurélio. Conselho Nacional de Justiça – fundamentos, processo e gestão. São Paulo: Saraiva, 2016 (Série IDP).

MENDES, Gilmar Ferreira. *Direitos fundamentais*: eficácia das garantias constitucionais nas relações privadas. In: Revista de Direito do Consumidor: RDC, v. 22, n. 90, p. 13-38, nov./dez. 2013.

MENDES, Gilmar Ferreira. *O habeas corpus como pedra fundamental do processo constitucional brasileiro. In:* MARINONI, Luiz Guilherme; SARLET, Ingo Wolfgang. Processo Constitucional. Revista dos Tribunais, 2019, pp. 1051 e ss.

MENDES, Gilmar Ferreira; BRANCO, Paulo Gustavo Gonet. *Curso de Direito Constitucional*. 10 ed. rev. e atual. São Paulo: Saraiva, 2015 (Série IDP).

MIRANDA, Jorge. *Manual de Direito Constitucional*: Preliminares, o Estado e os sistemas constitucionais, tomo I. 4 ed. rev. e actual. Coimbra: Coimbra Editora Ltda., 1990.

PETER, Christine Oliveira. *O Supremo Tribunal Federal e a concretização dos direitos fundamentais*. In: PETER, Christine Oliveira; CARNEIRO, Gustavo Ferraz Sales. Controle de constitucionalidade e direitos fundamentais. Rio de Janeiro: Lumen Juris, 2010.

SOUZA NETO, Cláudio Pereira de; SARMENTO, Daniel. *Direito Constitucional*: teoria, história e métodos de trabalho. 2 ed., 3 reimpr. Belo Horizonte: Fórum, 2017.

16
APLICATIVOS DE TROCA DE MENSAGENS E VALOR PROBATÓRIO: O IMPACTO DAS NOVAS TECNOLOGIAS NO PROCESSO PENAL

Ney de Barros Bello Filho
Guilherme Gomes Vieira

1. Introdução

O processo penal possui vinculação próxima com aspectos probatórios, notadamente em razão da necessidade de a acusação comprovar as alegações assinaladas na denúncia e de o Judiciário comprovar a materialidade e a autoria para proceder à condenação.

Nesse sentido, o ordenamento jurídico brasileiro autoriza a utilização de inúmeras espécies de provas, incluindo as digitais, ressalvando-se apenas aquelas consideradas ilícitas.

Considerando a pluralidade de formas para se comprovar as alegações de fatos componentes de um processo penal, o presente artigo apresenta, na qualidade de questão de pesquisa, a indagação sobre o impacto das novas tecnologias no âmbito da persecução criminal.

A pesquisa se vinculada, notadamente, ao valor probatório atribuído aos aplicativos de troca de mensagens. Isso porque, com o avanço da tecnologia no âmbito da comunicação social, novas plataformas e instrumentos são concebidos, o que permite a multiplicidade de provas.

A fim de concretizar o objetivo proposto, no âmbito dos métodos utilizados, a pesquisa emprega a abordagem dedutiva mediante a realização de pesquisa bibliográfica de obras teóricas e por meio de pesquisa jurisprudencial.

O presente artigo é divido em três seções. Na primeira, são sinalizadas inflexões teóricas sobre os aspectos probatórios no processo penal, vinculando-se a relevância da argumentação sobre fatos. Em um segundo momento, é abordada a incidência de novas tecnologias na troca de mensagens no âmbito da jurisprudência dos Tribunais superiores. Por fim, são apresentadas as considerações finais, destacando-se as limitações da pesquisa e uma agenda de pesquisa correlata.

2. Aspectos probatórios no processo penal

No contexto brasileiro, ao assumir a função jurisdicional como atividade exclusiva, o Estado possui a finalidade de apreciar causas submetidas por interessados e decidi-las de acordo com as normativas constitucionais e legais.

Na seara criminal, o Estado-julgador, ao definir se determinado indivíduo é ou não culpado da acusação imputada, compromete-se com a observância de garantias e do processo legal.

Para tanto, considerando o sistema acusatório, em que há separação entre as figuras do acusador e do julgador (Pereira e Parise, 2020), garante-se a observância dos pilares do Estado Democrático de Direito, de forma a assegurar, ao réu, o contraditório, a ampla defesa e demais direitos e garantias constitucionais e legais (Casara e Melchior, 2013).

Nessa perspectiva, a concepção do acusado como objeto processual não é compatível com as diretrizes democráticas do processo criminal, situação que enseja implicações pragmáticas na compreensão da verdade e na comprovação das alegações de fato indicadas na denúncia (Ramírez e Martínez, 2018).

Justamente em razão desse cenário, ao imputar determinado fato criminoso ao réu, compete, à acusação, comprovar, para além da dúvida razoável, as alegações descritas na denúncia.

Isso porque a lógica do processo penal observa a presunção de inocência, a qual traduz a noção de que o acusado deve ser tratado como inocente até que haja prova contrária consubstanciada em decisão judicial que conclua pela condenação do acusado (Ferrajoli, 2002).

Complementarmente, o juízo responsável pela apreciação da denúncia deve evidenciar que eventual condenação esteja lastreada no arcabouço fático-probatório inserido nos autos do processo criminal, justificando a materialidade e a autoria imputadas ao delito em comento.

A prova, concebida como "o instrumento usado pelos sujeitos processuais para comprovar os fatos da causa, isto é, aquelas alegações que são deduzidas pelas partes como fundamento para o exercício da tutela jurisdicional" (Mougenot, 2019, p. 467), ganha, portanto, relevo no âmbito criminal.

Nessa perspectiva, verifica-se a relevância das provas colacionadas aos autos, as quais devem, em caso de condenação, sustentar a argumentação sobre fatos descrita na decisão judicial, de modo a demonstrar, para além da dúvida razoável, que o acusado cometeu o delito imputado e que este, com efeito, ocorreu.

Isso porque não se permite que o direito de não produzir provas contra si seja utilizado na qualidade de "argumento a favor da acusação, não pode ser valorado na fundamentação de decisões judiciais, nem tampouco ser utilizado como elemento para a formação da convicção do órgão julgador" (Lima, 2020, p. 82).

A argumentação judicial tangencia a concepção de que o magistrado deve justificar e fundamentar seus posicionamentos decisórios (Atienza, 2004), notadamente em razão de atuar em nome do Estado – isento, em uma perspectiva ideal, de ideais subjetivos.

Dessa forma, por meio da argumentação consignada na decisão judicial, qualquer interessado pode compreender a trajetória argumentativa percorrida pelo julgador, bem como as escolhas adotadas (e não adotadas) para o alcance da conclusão adotada.

Nesse sentido, verifica-se a fundamentação dos pronunciamentos judiciais, para além de constituir uma obrigação constitucional, configura alicerce que viabiliza a legitimação do exercício jurisdicional (Taruffo, 2015).

É importante ressaltar que, de acordo com Bello Filho e Vieira (2020), a argumentação judicial pode ser didaticamente organizada em diferentes perspectivas complementares, cada qual com sua finalidade específica: a probatória (relacionada aos fatos) e a normativa (vinculada a direitos aplicáveis ao caso).

No âmbito probatório, em especial no que tange ao processo penal, a argumentação judicial configura, portanto, relevante "instrumento que viabiliza a condução e a conclusão do processo penal de forma adequada, notadamente no que concerne à instauração da ação penal e à aplicação da respectiva sanção" (Bello Filho e Vieira, 2020, p. 382).

Desse modo, o valor probatório no processo penal configura importante fundamento para a persecução criminal – seja para a instauração de uma ação penal, seja, sobretudo, para a condenação do acusado.

A acusação, portanto, possui o dever de comprovar, por intermédio das provas colacionadas aos autos, em uma narrativa coerente e lógica, que o delito ocorreu e foi praticado pelo réu.

A inexistência de taxatividade das provas admitidas no processo penal implica assumir que as teses acusatórias e defensivas podem ser embasadas por intermédio de diferenciadas maneiras ou espécies probatórias, ressalvadas hipóteses restritivas previstas nas normas constitucionais e infraconstitucionais correlatas (Mendes e Oliveira, 2019).

Dessa forma, na esfera processual penal, a prova reconstrói os fatos e conduz a valoração das alegações na decisão judicial, analisando-se as pretensões de cada parte (Silva e Furtado, 2020).

Assim, excepcionando-se as provas que desrespeitam os direitos fundamentais e que não são admitidas no ordenamento jurídico (Duarte e Silva, 2020), o sistema penal racionaliza a verdade ao se vincular às provas, de modo a se exigir comprovação fática para a formação da culpa do acusado criminal (Ferrajoli, 2002).

Dentre as espécies probatórias aptas a figurarem no processo penal, destacam-se aquelas virtuais, atinentes à recursos tecnológicos, a exemplo de aplicativos de troca de mensagens.

3. Novas tecnologias na troca de mensagens e jurisprudência dos tribunais superiores

O avanço da tecnologia implica alterações estruturais em arranjos sociais, de modo a influenciar costumes, atividades e a forma como determinadas ações são desempenhadas.

A inovação, portanto, caracteriza importante instrumento apto a modificar questões vinculadas aos paradigmas em que estamos inseridos, considerando-os como perspectivas científicas atinentes a determinada concepção de mundo (Kuhn, 1998).

Justamente em razão desse cenário, as novas formatações de recursos tecnológicos e a interação de ferramentas modernas ensejam impactos em questões jurídicas, seja em termos de criação de novas previsões normativas, seja em relação a entendimentos jurisprudenciais fixado pelos Tribunais.

No âmbito criminal, a tecnologia apresenta diversos impactos, incluindo a prática de crimes e sua investigação, a exemplo do estupro virtual, que viabilizou nova formatação a crime contra a dignidade sexual (Reis e Aguiar, 2021), ou do estelionato praticado na internet (Fontenele Lemos, Homsi Cavalcante e Gonçalves Mota, 2021).

Tarefas investigativas ou processuais que eram realizadas de forma manual (e, até então, habitual) foram ressignificadas, viabilizando a automatização de atividades, o que vai ao encontro, ao menos em uma primeira visão, da eficiência das atividades de instituições vinculadas à persecução penal.

Da mesma forma, a tecnologia impactou a produção probatória em contextos investigativos e processuais, concebendo novos desafios sobre meios de provas. Nesse sentido, "a criminalidade informática fez reavivar a problemática da prova. Desde logo porque implica meios de obtenção de prova e meios de prova digitais, com algumas características específicas face aos meios tradicionais" (Santos, 2005, p. 53).

Com o advento das relações tecnológico-probatórias, surge a prova digital, caracterizada como informações com valor probatório armazenadas em plataformas digitais ou transmitidas em redes de comunicações eletrônicas (Rodrigues, 2011), a qual é imaterial, volátil, suscetível de clonagem e solicitante de equipamento para ser acessada (Vaz, 2012).

É importante indicar, ainda, que, de acordo com a Pesquisa Nacional por Amostra de Domicílios Contínua, realizada pelo IBGE em 2019, 78,3% das pessoas possuíam acesso à internet, sendo que, destes, 98,6% assinalaram o acesso via aparelho celular (IBGE, 2019). Ademais, a Figura 1 demonstra o percentual de indivíduos com acesso a telefone móvel celular para uso pessoal.

Figura 1: Quantidade de pessoas com acesso a telefone móvel celular para uso pessoal (2019).

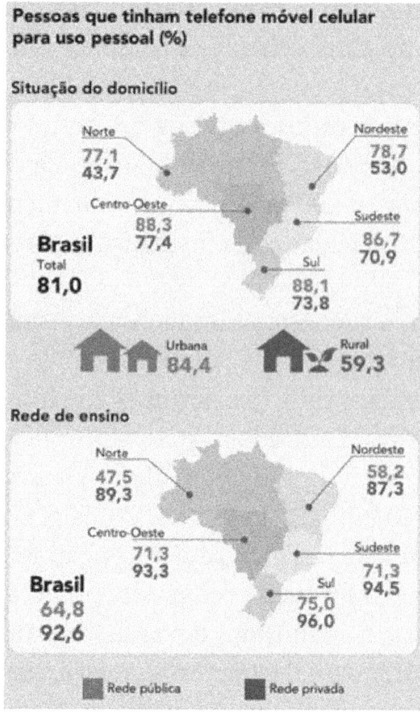

Fonte: Pesquisa Nacional por Amostra de Domicílios Contínua do IBGE (2019).

Os resultados empíricos da pesquisa demonstram a expressividade de acesso a instrumentos tecnológicos, o que, consequentemente, sinaliza a possibilidade ampla de produção de provas digitais, notadamente no que tange a mensagens via aplicativos (Telegram, WhatsApp, redes sociais, dentre outros).

Diversas discussões jurisprudenciais acerca das provas digitais e da sua inserção no processo penal foram realizadas, notadamente no âmbito do Superior Tribunal de Justiça e do Supremo Tribunal Federal.

No âmbito do Habeas Corpus n. 51.531/RO, em atenção ao direito de liberdade e intimidade, o Superior Tribunal de Justiça fixou a necessidade de ordem judicial para que os atores responsáveis pela persecução penal tenham acesso a aparelho telefônico de indivíduo. Isso porque a produção de provas digitais demanda uma análise constitucional no que tange à proteção de dados (Oliveira Silva et al., 2021).

Em paralelo, de acordo com o Habeas Corpus n. 641.877/DF, impetrado pela Defensoria Pública do Distrito Federal, o Superior Tribunal de Justiça indicou que é possível haver citação criminal via mensagem pelo WhatsApp, o que enseja prova da ciência do acusado, desde que haja prova incontestável da identidade da pessoa.

Complementarmente, conforme deliberado no Agravo Regimental no Recurso em Habeas Corpus n. 133.430/PE, são inválidas as provas obtidas pelo WhatsApp Web (espelhamento de conversas), tendo em vista a possibilidade de alteração do conteúdo das mensagens, o que viola a cadeia de custódia.

Dessa forma, percebe-se a pluralidade de temas atinentes ao valor probatório de aplicativos de troca de mensagens na seara processual penal. Sem pretensões de esgotamento do tema ou de realização análise de conteúdo detalhada, é possível realizar pesquisa jurisprudencial nos repositórios do Superior Tribunal de Justiça e do Supremo Tribunal Federal, a fim de verificar a quantidade de resultados conectados com a temática investigada.

Para tanto, foram inseridas as palavras-chave "aplicativo" e "mensagem", utilizando-se o conectivo "e", a fim de abarcar situações jurisprudenciais que espelham a utilização conjunta desses termos.

Foi utilizada, ainda, a ferramenta que verifica resultados de termos sinônimos (com base no Tesauro do STJ e do STF), bem como expressões no plural, a fim de contemplar a maior quantidade de decisões sobre o tema.

Para fins de verificação de resultados, foi utilizado o recorte temporal de 11 anos, iniciando o exame na década de 90 (momento posterior à instalação do STJ, que ocorreu em 7 de abril de 1989) e finalizando-se em 2021.[1] Para fins de comparação, o mesmo recorte temporal foi utilizado na pesquisa do STF (pesquisando-se o inteiro teor das decisões).

No âmbito do STJ, não foram localizados resultados entre os anos 1900 e 2000 e 2001 e 2011, apenas constando 103 acórdãos e 2.027 decisões monocráticas entre o período de 2012 a 2021, sendo que a primeira decisão monocrática foi proferida em 13/02/2012 (Conflito de Competência n. 119.561) e o primeiro acórdão foi julgado pela Sexta Turma do STJ em 04/08/2015 (Habeas Corpus n. 323.110/SP).

[1] As datas iniciais correspondem a julgamentos ocorridos em 01 de janeiro do ano respectivo, finalizando-se em 31/12 do último ano de pesquisa, exceto para 2021, em que foi consignada a data da realização da busca (12/09).

Destaca-se que as três decisões monocráticas proferidas entre 2012 e 2013[2] mencionaram o termo "aplicativo", mas não no sentido de trocas de mensagens – e sim na perspectiva de ferramenta ou instrumento de algum dispositivo (a exemplo de aplicativo de petição eletrônica ou de aplicativo de planilha eletrônica).

Uma possível explicação para esse cenário decorre da intensificação mais recente de aplicativos de troca de mensagens (apesar de existirem outros anteriormente à sua maior popularização), a exemplo do WhatsApp, disponibilizado no Brasil em 2009, e que consta em diversos acórdãos identificados. O Habeas Corpus n. 323.110/SP é o primeiro acórdão do STJ que mencionou o termo "WhatsApp", enquanto a primeira decisão monocrática que mencionou esse aplicativo foi proferida em 24/02/2014 (Habeas Corpus n. 289.243).

No âmbito do STF, igualmente não foram identificados resultados nos recortes temporais 1900 a 2000 e 2001 a 2011. Por sua vez, em relação ao período 2012 a 2021, foram localizados 81 acórdãos (primeiro julgado correspondente ao Agravo Regimental no Habeas Corpus n. 130.439/RJ, apreciado em 03/05/2016) e 268 decisões monocráticas (sendo a primeira proferida em 14/09/2015, no Habeas Corpus n. 129.956/SP).

Dessa forma, a fim de ampliar os achados de pesquisa, foi utilizado apenas o termo de busca "aplicativo". Os resultados são apresentados nas Tabelas 1 e 2, respectivamente atinentes a pesquisas realizadas no STJ e no STF.

Tabela 1: Pesquisa jurisprudencial pelo termo "aplicativo" no repositório jurisprudencial do STJ.

Recorte temporal	Quantidade de acórdãos	Quantidade de decisões monocráticas
1990 - 2000	1	0
2001 - 2011	5	88
2012 - 2021	202	5.324

Fonte: Elaboração própria (2021).

O único acórdão localizado no primeiro recorte temporal (REsp 115.419/SP, julgado em 08/04/1997) mencionou o termo "aplicativo", mas vinculado à correção monetária de locação.

[2] CC 119561, RMS 31202, EDcl no AgRg no AREsp 073732 e AREsp 390862.

Os cinco resultados referentes ao segundo recorte temporal (RMS 30.138/MS, AgRg no REsp 1.064.817/RS, REsp 769.783/SC, REsp 496.149/ RJ e REsp 488.441/RS,) indicaram o termo "aplicativo" vinculado a recursos informáticos, mas sem relação com trocas de mensagens (a exemplo de aplicativos para emitir nota fiscal e sistemas de imagens).

Ademais, comparando-se os segundo e terceiro períodos, verifica-se o aumento de 3.940% em relação à quantidade de acórdãos e de 5.950% no que tange às decisões monocráticas.

Tabela 2: Pesquisa jurisprudencial pelo termo "aplicativo" no repositório jurisprudencial do STF.

Recorte temporal	Quantidade de acórdãos	Quantidade de decisões monocráticas
1990 - 2000	0	0
2001 - 2011	2	4
2012 - 2021	175	569

Fonte: Elaboração própria (2021).

Os dois acórdãos referentes ao segundo recorte temporal (Habeas Corpus n. 85.552/SP e Medida Cautelar em Ação Direta de Inconstitucionalidade n. 4.543/DF) mencionaram o termo "aplicativo" em contextos diversos da temática da presente pesquisa, qual seja, respectivamente, aplicativo de fiscalização partidária na seara eleitoral e "postulado normativo aplicativo".

Por sua vez, no que tange às quatro decisões monocráticas julgadas entre 2011 a 2011, igualmente não se assinalou o assunto abordado neste artigo. No Agravo de Instrumento n. 754.281/RO, há menção ao "aplicativo analógico do Decreto-Lei 20.910/32"; na Medida Cautelar em Mandado de Segurança n. 30.478/DF, "aplicativo do Programa Nacional de Estímulo ao Primeiro Emprego para os Jovens"; na Ação Penal n. 560/SC, "Sistemas Aplicativos" com foco no atendimento ao cidadão; e no Agravo de Instrumento n. 839.895/RJ, envio dos autos via aplicativo do Tribunal *a quo*.

Complementarmente, em relação à análise comparativa entre os períodos de 2001 a 2011 e 2012 a 2021, nota-se crescimento quantitativo de 8.650% no que se refere a acórdãos e de 14.125% em relação a decisões monocráticas.

Além disso, é possível verificar que a maior quantidade de classes processuais vinculadas à pesquisa realizada se refere a Habeas Corpus (64 de 177 acórdãos e 293 de 573 decisões monocráticas), o que evidencia, ao menos aparentemente, que, no âmbito do STF, o cerne das discussões sobre aplicativos se vincula a questões processuais penais – e, mais especificamente, à liberdade de locomoção.

Dessa forma, é possível vislumbrar que, na esfera da jurisprudência do Superior Tribunal de Justiça e do Supremo Tribunal Federal, a temática acerca de aplicativos de troca de mensagens ganhou relevância exponencial na última década.

Conclusões

A tecnologia e seus avanços impactam, direta e indiretamente, diversas questões relacionadas a práticas sociais, o que inclui diretrizes jurídicas, seja em relação à legislação ou à jurisprudência.

A utilização de mensagens enviadas via aplicativos como forma de produção probatória é exemplo da influência de instrumentos tecnológicos na análise jurisdicional, situação especialmente relacionada ao processo penal, em que se exige a argumentação fática para a análise sobre absolvição ou condenação.

A pesquisa evidenciou que, no âmbito do Superior Tribunal de Justiça e do Supremo Tribunal Federa, as discussões jurisprudenciais sobre utilização de aplicativos de trocas de mensagens foram maximizadas nos últimos anos, configurando pauta relevante e atual da jurisprudência dessas Cortes.

Por vezes, a velocidade das mudanças ensejadas pelas novas tecnologias é superior à celeridade das modificações legislativas e que regulamentam essas discussões, o que proporciona o desafio, ao Judiciário, de julgar questões atinentes a esse cenário inovador, sem prejuízo das discussões relacionadas ao ativismo judicial e às funções típicas e atípicas dos Poderes da República.

Na qualidade de agenda de pesquisa, futuras investigações podem analisar a evolução da jurisprudência dos Tribunais Superiores acerca do valor probatório de mensagens enviadas mediante aplicativo e quais situações são mais comuns na análise dessa temática.

Referências

ATIENZA, Manuel. Argumentación Jurídica y Estado Constitucional. Novos Estudos Jurídicos,Itajaí-SC, v. 9, n. 1, p.9-20, jan./abr. 2004.

BELLO FILHO, Ney de Barros; VIEIRA, Guilherme Gomes. Argumentações probatórias no processo penal. Revista Thesis Juris – RTJ, São Paulo, v. 9,n. 2, p. 380-396, jul./dez. 2020.

CASARA, Rubens R. R.; MELCHIOR, Antônio Pedro. Teoria do processo penal brasileiro: dogmática e crítica: conceitos fundamentais Rio de Janeiro: Lumen Juris, 2013.

DUARTE, Evandro Piza. SILVA, Thales Cassiano. A interpretação da prova ilícita como garantia processual penal na Suprema Corte dos Estados Unidos, de Weeks (1914) a Hering (2013): breves apontamentos sobre a convergência axiológica, ou não, com a prova ilícita no Brasil. Revista de Direito Brasileira, Florianópolis, SC, v. 27, n. 10, p.216-240, Set./Dez. 2020.

FERRAJOLI, Luigi. Direito e razão: teoria do garantismo penal. Tradução de Ana Paula Zomer, Fauzi Hassan Choukr, Juarez Tavares e Luiz Flávio Gomes. São Paulo: Revista dos Tribunais, 2002.

FONTENELE LEMOS, D.; HOMSI CAVALCANTE, L.; GONÇALVES MOTA, R. A prova digital no direito processual brasileiro. Revista Acadêmica Escola Superior do Ministério Público do Ceará, [S. l.], v. 13, n. 1, p. 11–34, 2021.

INSTITUTO BRASILEIRO DE GEOGRAFIA E ESTATÍSTICA. Pesquisa Nacional por Amostra de Domicílios Contínua, 2019. Disponível em: https://biblioteca.ibge.gov.br/visualizacao/livros/liv101794_informativo.pdf. Acesso em 07 set. 2021.

KUHN, Thomas S. A estrutura das revoluções científicas. Tradução de Beatriz Vianna Boeira e Nelson Boeira. 5. ed. São Paulo: Perspectiva, 1998.

LIMA, Renato Brasileiro de. Manual de processo penal: volume único. 8. ed. Salvador: Ed. JusPodivm, 2020.

MENDES, Carlos Helder Carvalho Furtado. OLIVEIRA, Daniel Kessler de. A ilicitude probatória resultante da vulneração do devido processo penal e a constante busca pela "eficiência" processual. Revista Eletrônica de Direito Processual, Rio de Janeiro, Ano 13, Volume 20, Número 1, p.55-81, Jan./Abr. 2019.

MOUGENOT, Edilson. Curso de processo penal. 13. ed. São Paulo: Saraiva Educação, 2019.

PEREIRA, Claudio José Langroiva; PARISE, Bruno Girade. Segurança e justiça: o acordo de não persecução penal e sua compatibilidade com o sistema acusatório. Opinión Jurídica, 19(38), Enero-junio de 2020, pp. 115-135, ISSN (en línea): 2248-4078.

RAMÍREZ, Isabel Ximena González; MARTÍNEZ, María Soledad Fuentealba. Las consecuencias de regular normativamente la mediación penal en el Sistema Acusatorio de Tradición Jurídica Continental en Chile. Revista Direito GV, Vol. 14, n. 2, p. 746-774, mai/ago 2018.

REIS, Ysabella Brito dos. AGUIAR, Antonio Róger Pereira de. Características da coerência do discurso da vítima aptas a consubstanciar a condenação do agente incurso nas penas o crime de estupro virtual: Meios de prova. Revista de Ciências Sociais Aplicadas, Brasília, vol.2 no.1, jan-jul, 2021.

RODRIGUES, Benjamim Silva. Da prova penal: Tomo IV – Da prova-electrónico-digital e da criminalidade informático-digital. Lisboa: Rei dos Livros, 2011.

RAMOS, Armando Dias. A prova digital em processo penal: o correio eletrônico. Lisboa: Chiado, 2014.

SANTOS, Rita Coelho dos. O Tratamento Jurídico-Penal da Transferência de Fundos Monetários Através da Manipulação Ilícita dos Sistemas Informáticos. Boletim da Faculdade de Direito. Coimbra: Coimbra Editora, 2005.

SILVA, A.O., DINIZ, L.P., FRANCO, M.F., OLIVEIRA, R.D., PEREIRA, T.R., SANTOS, R.V., SILVA, H.C.S., SILVA, R.P.L., SILVA, T.R. Aparelhos celulares: a colheita de elementos de informação hábeis a esclarecer a autoria do delito. Revista Jurídica Direito & Realidade, v.9, n.12, p. 86-94, 2021.

SILVA, Marco Antonio Marques da. FURTADO, Régis Munar. O direito a intimidade como limite à admissibilidade das gravações clandestinas: reflexões acerca da posição do Supremo Tribunal Federal. Revista de Direito Brasileira, Florianópolis, SC, v. 26, n. 10, p.365-386, Mai./Ago. 2020.

TARUFFO, Michele. A motivação da sentença civil. Tradução de Daniel Mitidiero, Rafael Abreu e Vitor de Paula Ramos. São Paulo: Marcial Pons, 2015.

VAZ, Denise Provasi. Provas Digitais no processo penal: Formulação do conceito, definição das características e sistematização do procedimento probatório.2012.Tese (Doutorado em Direito) – Programa de Pós-Graduação em Direito, Universidade de São Paulo, São Paulo, 2012.

17
INTELIGÊNCIA ARTIFICIAL E AUTOMAÇÃO VEICULAR: CONJUNTURA, «*RISK APPETITE*» DA POLÍTICA REGULATÓRIA E PERSPECTIVAS DE RESSIGNIFICAÇÃO DA CULPABILIDADE EM DELITOS DE TRÂNSITO

RAFAEL DE ALENCAR ARARIPE CARNEIRO

1. Imersão conjuntural

Em distintas arenas decisórias, a consolidação do uso de inteligência artificial nos meios e modos de locomoção esbarra na adesão (política) ao princípio (jurídico) de «*precaução*»[1]. Via de regra, isso resulta da assimilação de incertezas que gravitam em torno da disruptiva aparição – e progressiva expansão – dos denominados *veículos autônomos*, em adiante: «*VA*».

Em concreto, o *input* dessa postura está referido ao temor de que eventual ininteligência operativa de um «*VA*» dê escalabilidade fática a lesões corporais e mortes cujas *causas* resultem de performances de movimento que não foram predeterminadas pelo atuar de condutores humanos, mas sim, pela modelagem – *imprecisa ou defeituosa* – dada ao algoritmo utilizado pela indústria automobilística[2].

Mutatis mutandis, essa aproximação de risco é similar ao enfoque de desvalor que, outrora, reverberou sobre a frente comercial da aviação civil[3]: serviço que – mediante aperfeiçoamento contínuo de seus estandartes de

[1] SUSTEIN, Cass R. *Beyond the Precautionary Principle*, in **University of Pennsylvania Law Review**, v. 151, nº. 3 (jan., 2003), pp. 1003 e ss.

[2] HOFF, Kevin; BASHIR, Masooda. *Trust in Automation: Integrating Empirical Evidence on Factors That Influence Trust*, in **Human Factors The Journal of the Human Factors and Ergonomics Society**, v. 57, 3, pp. 407-434.

[3] GODFREY, Keith. **Fly Without Fear**. Summersdale: Chichester (UK), 2011, pp. 27 e ss; GRANT, R.G. **Flight: The complete History of Aviation**. DK: Londren, 2017, p. 3 e ss.

segurança[4] – conseguiu mitigar, pouco a pouco, os mitos e medos sociais que prejudicavam a expansão, *cada vez mais automatizada*, de suas operações[5].

Ainda assim, esse setor se viu em recente *crise de desconfiança* quando – em curto lapso de tempo[6] – duas aeronaves da *Boeing*, modelo *737 Max 8*, sofreram quedas que foram associadas ao mesmo fator técnico, qual seja: a disfuncionalidade do *«MCAS» (Maneuvering Characteristics Augmentation System)*[7], software que controlava – *de modo autônomo* – parte dos comportamentos de voo. Isso se dava, excepcionalmente, em condições operacionais *não normais*, mas – *por um erro no processamento de informações* – o *«MCAS»* se sobrepujou a capacidade dos pilotos de retomar, por meio do uso do manche, o pleno comando do avião[8]: entrave que, ao fim, culminou na morte das 346 pessoas que figuravam entre as tripulações e os passageiros das duas aeronaves[9].

Apesar das peculiaridades setoriais em torno do uso *«MCAS»*, urge considerar que, na automação automobilística, também há – ainda que em menor intensidade – desconfiança quanto ao atributo da "segurança". Isso é o que resulta, por exemplo, das ações de cruzamento e difusão de informações realizadas pelo *«Tesla Deaths»*[10]: portal eletrônico que divulga

[4] Abeyratne, Ruwantissa. **Aviation Security: legal and regulatory aspects.** Routledge, Abington (UK), 2020, pp. 13 e ss.

[5] Price, Jeffrey; Forrest, Jeffrey. **Practical Aviation Segurity: predicting and preventing future threats.** 2ª ed. Oxford: Butterworth-Heinemann, 2013, pp. 287-330.

[6] A primeira queda ocorreu em 29 de outubro de 2018, e envolveu o voo JT610, da *Lion Air* (Indonésia), que tinha como destino a cidade de Pangkal Pinang, na ilha de Bangka, na Indonésia. A segunda, por sua vez, se deu em 10 de março de 2019, e está referida ao voo ET302 da *Ethiopian Airlines*, que tinha como destino a cidade de Nairobi (a queda ocorreu no sudeste da capital etíope).

[7] Dentre os "erros" apontados no relatório final da estadunidense *«FAA» (Federal Administration Aviation), quando* ao uso do software «MCAS», merecem destaque: (i) a confiança excessiva em requisitos de desempenho quantitativos, (ii) processo de projeto baseado em risco inadequado e (iii) falta de verificação independente do projeto por especialistas. Em 22 de janeiro de 2022 a Boeing anunciou um conjunto de melhorias no MCAS. Vide: BOEING, MCAS. Disponível em: <https://bit.ly/43ZGp8a> Acesso em 23 mar. 2022.

[8] Shrivastava, Vijay Kumar. *A Stydy on the Crash of Boeing 737 Max.* **International Journal of Science and Research (IJSR)**, v. 9, issue 8, ago. 2020, pp. 411-414. Disponível em: <https://www.ijsr.net/archive/v9i8/SR20805210709.pdf>, acesso em 25 mar. 2023.

[9] O número total de 346 vítimas fatais ao somatório das tripulações e passageiros da *Lion Air (189 pessoas)* e *Ethiopian Airlines* (157 pessoas).

[10] TESLA DEATHS, disponível em: <https://www.tesladeaths.com/>. Acesso em: 25 mar 2023.

o registro atualizado do número de acidentes (i) causados por veículos "autônomos" da *Tesla Inc*[11] e (ii) que ocasionam a morte de motoristas, ocupantes, ciclistas, motociclistas ou pedestres, sendo que – até o momento de fechamento do presente estudo – esse registro indicava a ocorrência de 373 mortes. Desse total, 19 sucederam quando o deslocamento se dava no modo *«Tesla Autopilot»*[12].

Nesse portal, porém, não há qualquer indicativo sobre a existência, ou não, de *nexo causal* entre a morte ou lesão corporal relatada e (i) a "falha" de sistema do *«VA»* da Tesla, (ii) a "culpa" individual da pessoa no seu controle ou (iii) a interferência de terceiro[13]: postura reprovável, já que a instrumentalização desses dados sensíveis acaba por maximizar os temores e as incertezas que, ao fim, fomentam a instabilidade e a desconfiança pública em torno desse giro tecnológico.

Por conseguinte, vale a ressalva de que – ainda que esse tipo de cobertura midiática seja um estímulo ao aperfeiçoamento das tecnologias de mobilidade – não se pode ignorar que a sua difusão descontextualizada afeta a capacidade de compreensão social (e governamental) dos riscos que (realmente) estão em jogo. Nesse sentido, a literatura é taxativa: a facilitação da confiança apropriada na automação é fundamental para melhorar a segurança e o produto das equipes de automação. [14]

Esses movimentos de resistência *aos fluxos de disruptura social* não são incomuns e podem ser explicados pelas incertezas e dificuldades que decorrem da assimilação abrupta de que: (i) o que *"foi"* (no passado), (ii) já *"não é"* (no presente) ou, provavelmente, (iii) *"deixará de ser"* (em futuro próximo)[15]. Se outrora, a disrupção adveio do fato de que o "cavalo" foi

[11] Liderada por Elon Musk, a *Tesla Inc.* é uma empresa estadunidense baseada em Austin, Texas, que fabrica e vende veículos elétricos (EVs) baseados sistemas inteligentes, além de comercializar sistemas de geração e armazenamento de energia. Vide: UNITED STATES, Security and Exchange Commision. **Tesla, Inc.** Disponível em: <https://bit.ly/3H8LZvw>. Acesso em: 24 mar. 2023.

[12] *Ibidem.*

[13] Vide: TESLA DEATHS, disponível em: <https://www.tesladeaths.com/>. Acesso em: 25 mar 2023.

[14] HOFF, Kevin; BASHIR, Masooda. *Trust in Automation: Integrating Empirical Evidence on Factors That Influence Trust*, in **Human Factors The Journal of the Human Factors and Ergonomics Society**, v. 57, 3, pp. 407-434.

[15] Conforme destaca SOTELO, "[...] *el adjetivo moderno surge, justamente, cuando se considera indispensable marcar diferencias sustantivas entre el ayer y el hoy. El que sea necesario subrayar el presente*

preterido pelo "motor", agora, tal impacto virá da progressiva substituição dos condutores (humanos) por algoritmos e sensores de computador[16].

Precisamente por isso, o enfoque regulatório sobre esse novel "rumo" da mobilidade não deve sopesar, apenas, o *estado da arte* do seu objeto de regulação (*«VA»*). Para além disso, é imprescindível que haja o tratamento da carga fático-social de *dissonância cognitiva*[17] que recai sobre ele. Afinal, nós, seres humanos, tendemos a instrumentalizar o livre arbítrio que nos é inerente para resistir a práticas e fatos que – *por discreparem das dinâmicas de interesse que estão consolidadas em nossos inconscientes* – acabam por ser cognitivamente rotulados como "inconsistências" (ou ameaças) que *devem ser* afastadas[18].

Essa contradição – *que não é aparente* – pode ser reforçada mediante o resgaste da paradoxal realidade dos transportes urbano e rodoviário: embora os perigos dessas vias resultem, *majoritariamente*, do comportamento não diligente de humanos dotados de autonomia e de presumido senso de responsabilidade, parte expressiva dos *«policymakers»* e dos potenciais usuários de veículos dotados de automatização preferem – por «confiança» e/ou «precaução» – seguir a pensar essas frentes de mobilidade a partir da normalização de riscos[19] que não estão vinculados aos *meios de deslocamento*, mas sim, ao *modo de conduzi-los*[20].

con un vocablo nuevo supone que lo percibe como algo radicalmente distinto de lo anterior, que toma con ello el cariz de lo ya superado. La aparición de este neologismo implica la conciencia de una ruptura en la continuidad histórica: lo que fue ya no es; se viven tiempos nuevos". SOTELO, Ignacio. *Estado Moderno.* In: Ruiz, Afonso; Díaz, Elias. **Filosofía Política II – Teoría del Estado**. Madrid: Consejo Superior de Investigaciones Científicas, 2013 [1996], pp. 26-27.

[16] MOOLAYIL, Amar. *The Modern Trolley Problem: Ethical and Economically-Sound Liability Schemes for Autonomous Vehicles.* **Case Western Reserve Journal of Law, Technology and the Internet**, v. 9, 2018, p. 1.

[17] FESTINGER, Leon. **Teoria da Dissonância Cognitiva**. Trad. Eduardo de Almeida. Rio de Janeiro: Zahar, 1975.

[18] *Ibídem.*

[19] Sobre o "fator humano" na realização de riscos no trânsito, a "Dirección General de Tráfico" (DGT), órgão viária do Espanha, publicou interessante relatório. Vide: DGT, *Educación Vial: factores y valores de riesgo* Madrid (2021), Disponible en: <https://bit.ly/42nNxKZ>. Acesso em 16 mar. 2023.

[20] A respeito disso, um interessante estudo do *Monash University Accident Research Centre* (Austrália) aponta que, dois terços de condutores experientes e ativos (com idades compreendidas entre os 65 e os 92 anos) indicaram que a segurança era uma prioridade na escolha do veículo, porém, outros fatores – como confiabilidade e marca – eram, para eles, eram mais importantes na tomada de decisão sobre a aquisição. Ademais, constatou-se pouca conscientização sobre os recursos de segurança de assistência ao motorista, sendo que apenas

Sobre isso, o último levantamento da Organização Mundial da Saúde (OMS)[21] é categórico ao explicitar que fatores como (i) *excesso de velocidade*, (ii) *direção sob efeito do álcool* ou *de substâncias psicoativas* e (iii) a *condução distraída* são determinantes na conformação fática de alarmante dado fenomênico: aproximadamente 1,3 milhão de pessoas morrem, a cada ano, em consequência de acidentes de trânsito, sendo que, desse total, a metade é de *usuários vulneráveis das vias públicas* (pedestres, ciclistas e motociclistas), havendo, ainda, entre 20 e 50 milhões de pessoas (a mais) que sofrem lesões não fatais, porém, geradoras de incapacidades[22].

No todo, é indubitável que o saldo lesivo do trânsito "convencional" ultrapassa o montante de riscos (abstratos) e danos (concretos) que estão referidos ao disruptivo uso de inteligência artificial nos meios e modos de locomoção urbana e rodoviária. Daí, a pertinência do questionamento: ante a essa conjuntura, *«que diferença fará» – aos cidadãos e ao Estado* – aderir a uma mobilidade que esteja baseada na efetiva autonomia *operativo-performativa* de propiciada pelo uso de inteligência artificial?

2. A autonomia *operativo-performativa* de veículos terrestres: expectações de impacto e taxonomia setorial

O enfrentamento do (abstrato) questionamento formulado no tópico anterior exige reconhecer que a dificuldade – e porosidade – responsiva que recai sobre ele resulta das incertezas próprias do cenário (concreto) de *transição tecnológica* que o circunda: constatação que, *por si só,* representa desafio substancial aos gestores públicos que estão – e estarão – a vivenciá-lo.

Ainda assim, é inegável que – hodiernamente – o uso de veículos terrestres baseados em sistemas de condução autônoma tende a ser incluído, cada vez mais, como estratégia ideal e inevitável para a consecução das agendas de mobilidade, principalmente no âmbito urbano[23]. Essa é a

um quarto dos motoristas estava receptivo a pagar mais por recursos de segurança, inexistindo interesse em pagar mais por veículos sem motorista. Vide: OXLEY, Jennifer; CHARLTON, Judith; LOGAN, David; O'Hern; KOPPEL, Sjaan; MEULENERS, Lynn. *Safer vehicles and technology for older adults.* **Traffic injury prevention**, v. 20, sup. 2, pp. S176-S179.

[21] WHO, **World Helth Organization: Road traffic injuries**, 20 jun, 2022. Disponível em: <https://bit.ly/42cuy5j>. Acesso em: 25 mar 2023.

[22] Ibidem.

[23] SANTANA, E.F.Z. et al. *Transitioning to a driverless city: evaluating a hybrid system for autonomous and non-autonomous vehicles.* **Simulation Modelling Practice and Theory**. v. 107, fev. 2021, pp. 102-210.

percepção que, no âmbito internacional[24], está a alocar o *repensar da mobilidade* no centro da agenda formal[25] da *Assembleia Geral das Nações Unidas*: organismo que – em 2020 – estabeleceu, por meio da *Resolução A/74/299*, a "ambiciosa" meta de *reduzir pela metade* – até 2030 – o número de mortes e lesões causadas por acidentes de trânsito[26].

De alguma maneira, tal pretensão está a propiciar a introjeção política – dentro e fora dos distintos governos – da unívoca evidência[27] de que – *pese aos seus custos e riscos* – a aplicação de inteligência artificial no transporte veicular permitirá: (i) a redução – *em até noventa por cento* – de acidentes de trânsito qualificados como graves ou fatais[28]; (ii) a inclusão de cidadãos que estão excluídos da mobilidade independente (*e.g.*, crianças, pessoas com deficiência e idosos)[29]; (iii) a diminuição dos tempos de deslocamento (em razão da predição algorítmica e seguimento de *«smart routes maps»*)[30]; (iv) a optimização das logísticas de distribuição de produ-

[24] EUROPEAN COMMISSION. **On the road to automated mobility: An EU strategy for mobility of the future**. Brussels, 2018. Disponível em: <https://bit.ly/3AUDbpl>. Acesso em: 28 mar 2023.

[25] COBB, Roger; ROSS, Jenife-Keith; ROSS, Marc Howard. *Agenda building as a comparative political process*. **The American Political Science Review**, vol. 70, nº. 1, Mar., 1976, pp. 126-138.

[26] A *Resolução A/74/299* objetiva melhorar a segurança viária no mundo e proclama o período 2020-2030 como a década da ação para a segurança viária. Vide: UNITED NATIONS, **A/74/299 – Improving global road safety**, Out. 2020. Disponível em: <https://bit.ly/3oVxRPD> Acesso em: 25 mar. 2023. Como corolário, é possível conectar tal iniciativa com o *Objetivo de Desenvolvimento Sustentável (ODS)* 11 (11.2), que está orientado a proporcionar – até 2030 – o acesso a sistemas de transporte seguros, acessíveis, sustentáveis. Vide: NAÇÕES UNIDAS, **Agenda 2030 para o desenvolvimento sustentável**. Disponível em: <https://bit.ly/3NqEN1p>. Acesso em: 22 mar 2023.

[27] MILAKIS, Dimitris; VAN AREM, Bart; VAN WEE, Bert van. *Policy and society related implications of automated driving: A review of literature and directions for future research*, **Journal of Intelligent Transportation Systems**, v. 21, n. 4, mar. 2017, pp. 324-348.

[28] BEIKER, Sven. *Legal Aspects of Autonomous Driving*, **Santa Clara Law Review**, v. 52, 2012, pp. 1149 e ss.

[29] Sobre a percepção de impacto dos *«VA's»* entre pessoas idosas, vide: RAHMAN, Mahmudur; DEB, Shuchisnigdha; STRAWDERMAN, Lesley. *How the older population perceives self-driving vehicles*. **Transportation Research Part F: Traffic Psychology and Behaviour**, v. 65, Aug. 2019, pp. 242-257

[30] SANTANA, E.F.Z. et al. *Transitioning to a driverless city: evaluating a hybrid system for autonomous and non-autonomous vehicles*. **Simulation Modelling Practice and Theory**. v. 107, fev. 2021, pp.102-210.

tos e serviços; e (v) a consequente redução da emissão de poluentes que impactam o equilíbrio ambiental[31].

Pela ótica de governança estratégica de riscos, então, o que se está a notar é que essa projeção de *mudança de matriz de mobilidade* é própria de cidades que, ademais de inteligentes *(«smart»)*[32], almejam reconfigurar as suas políticas públicas para se tornarem mais seguras *(«safer»)* e ambientalmente mais limpas *(«cleaner environments»)*[33]. A dificuldade, porém, está na mensuração da factibilidade (e real impacto) dessa mudança, já que a sua realização depende – diretamente – de uma variável tecnológica central: a delimitação do grau (maior ou menor) da autonomia *operativo-performativa* propiciada pela inteligência artificial. Sem isso, não se pode prever a extensão dos riscos que serão objeto da regulação estatal.

Ciente disso, a *«Society of Automotive Engineers»*, em adiante, *«SAE International»*[34], desenvolveu a *gradação* e *taxonomia* que estão a conformar a projeção industrial de veículos nos quais o papel humano já não é o de «conduzir», mas sim, o de «acionar» um determinado *software* que o conduz com *total* ou parcial «autonomia».

Nesse ponto, é fundamental enfatizar que, para a *«SAE International»*, o sentido técnico dessa *escala-paradigma* está referido, substancialmente, ao conceito de «automação»: expressão que designa que o deslocamento veicular se dá mediante o "auxílio" propiciado pelo uso integrado de (i)

[31] Tais destaques estão alicerçados na paradigmática reflexão crítica de Coca Vila. Vide: Coca Vila, Ivó. *La exculpación de hechos lesivos programados: una primera reflexión a propósito de la configuración antijurídica de los algoritmos de necesidad de coches autónomos.* **Revista de Derecho Penal y Procesal Penal**, v. 6, Buenos Aires, 2018, pp. 1131-1133. Na mesma linha, vide: Milakis, Dimitris; Van Arem, Bart; Van Wee, Bert van. *Policy and society related implications of automated driving: A review of literature and directions for future research*, **Journal of Intelligent Transportation Systems**, v. 21, n. 4, mar. 2017, pp. 335-336.

[32] Yaqoob, Ibrar; Khan, Latif; Kazmi, S.M.; Imran, Muhammad; Guizani, Nadra; Hong, Choong Seon. *Autonomous Driving Cars in Smart Cities: Recent Advances, Requirements, and Challenges* (2019), **IEEE Network**, pp. 1-11.

[33] Mori, Koichiro; Christodoulou, Aris. *Review of sustainability indices and indicators: Towards a new City Sustainability Index (CSI)*, **Environmental Impact Assessment Review** , v. 32, n. 1, 2021, pp. 94-106.

[34] A *SAE International* é uma associação profissional global com sede em Warrendale, Pensilvânia (Estados Unidos,). Seu objetivo organizacional é desenvolver padrões para os profissionais de engenharia, com ênfase nas indústrias globais de transporte aeroespacial, automotivo e comercial. Vide: **SAE Internacional**, disponível em: <https://www.sae.org/>, acesso em 17 de março de 2023.

mecânica, (ii) eletrônica e de (iii) inteligência artificial que, em conjunto, conformam um *«sistema multiagente»*[35]. Esse é o ferramental tecnológico que dota o veículo das capacidades de *percepção* e *interação* (em vários graus) com seu ambiente[36], de modo a permitir, com isso, a redução das incertezas provenientes da condução (plenamente) humana.

De imediato, urge especificar, então, que a compreensão desse arranjo operativo – e da própria taxonomia da *«SAE International»* – requer a especificação de *dois conceitos.*

O *primeiro* deles é o de *«agente»*, assim entendido como a entidade computacional que tem as capacidades de: (i) *perceber* (por meio de sensores)[37] o ambiente no qual ele está inserido e, ato contínuo, (ii) de *raciocinar e agir* (por meio de atuadores)[38] com autonomia para desempenhar uma função algoritmicamente projetada[39].

O *segundo*, por sua vez, é o de *«sistema multiagente»*: rótulo que está referido aos sistemas computacionais que, além de ser compostos por múltiplos *«agentes»*, se comportam de modo "autônomo", na medida em que (i) tomam decisões e (ii) interagem com outros *«agentes»* do mesmo sistema[40].

[35] De acordo com Reis, há, no campo científico, ressalva no sentido de que a caracterização como "agente" pressupõe que o "software" possua a capacidade de comunicar-se (com alto nível) com outros agentes ou humanos. Vide: REIS, Luís Paulo. **Coordenação em sistemas multi-agente: aplicações na gestão universitária e futebol robótico.** Tese (Doutorado) – Faculdade de engenharia da Universidade do Porto, Universidade do Porto, Porto, Portugal, 2003, p. 51.

[36] SAE INTERNATIONAL, **What Vehicle Automation Means to SAE International.** Disponível em: < https://www.sae.org/what-is-automated-and-unmanned/>. Acesso em: 28 mar 2023.

[37] Sobre a dinâmica sensorial, vide: Yeong, D.J.; Velasco-Hernandez, G.; Barry, J.; Walsh, J. *Sensor and Sensor Fusion Technology in Autonomous Vehicles: A Review.* **Sensors 2021**, v. 21, 2140, pp. 1-37. 0

[38] Atuador é um dispositivo que produz movimento, força e torques ou uma combinação de ambos. Vide: ESCOLA POLITÉCNICA DA USP, **PMR 3501 – Engenharia de Precisão.** São Paulo, 2022, p. 4. Disponível em: <https://bit.ly/3n93N2A>. Acesso em: 24 mar 2023.

[39] Segundo o autor, a definição do conceito de "agente" não é unívoca. Pelo contrário: trata-se de noção tão problemática quanto a de "inteligência artificial". Vide: REIS, Luís Paulo. **Coordenação em sistemas multi-agente: aplicações na gestão universitária e futebol robótico.** Tese (Doutorado) – Faculdade de engenharia da Universidade do Porto, Universidade do Porto, Porto, Portugal, 2003, p. 51.

[40] Reis, Luís Paulo. **Coordenação em sistemas multi-agente: aplicações na gestão universitária e futebol robótico.** Tese (Doutorado) – Faculdade de engenharia da Universidade do Porto, Universidade do Porto, Porto, Portugal, 2003, p. 51.

À luz desse paradigma conceitual, o primeiro escalonamento taxonômico indicado pela *«SAE International»*[41] está atrelado ao *nível 0 («no driving automation»)*, e designa que determinado veículo não é autônomo (pois o seu deslocamento se dá sem qualquer possibilidade de influência de uma decisão algorítmica). Noutras palavras: a condução, nesse tipo de sistema veicular, é integralmente determinada pela intervenção da pessoa humana que, nesse caso, atuará como *"condutora"* exclusiva[42]. Essa é a dinâmica operativa que, nos dias de hoje, caracteriza o cenário de maior incremento de riscos de lesões e mortes no trânsito[43].

Situação similar ocorre nos *níveis 1 («driver assistance») e 2 («partial driving automation»)*. Nessas últimas escalas, porém, há um fator distintivo: há automatização de tarefas menores, como por exemplo, os movimentos lateral e longitudinal de aceleração, de frenagem e direção[44]. Tais funções, contudo, são *excepcionais* e de *utilidade performática*, visto que estão dirigidas ao fito de ajudar o condutor – *sem substituí-lo* – a manter o veículo em velocidade constante e dentro de sua faixa, havendo, em todo caso, a relação de dependência entre a tomada de decisão humana e a performance do deslocamento.

Em linhas gerais, esse tipo de funcionalidade configura o denominado *«Advanced Driver-Assistance System»*, em adiante, *«ADAS»*[45]*: sistema cujos «agentes»* têm o potencial de (i) prevenir ou (ii) mitigar colisões, além de melhorar – substancialmente – a segurança nas estradas[46]. Isso se dá a

41 SAE INTERNATIONAL, **Taxonomy and Definitions for Terms Related to Driving Automation Systems for On-Road Motor Vehicles (2021)**. Disponível em: <https://www.sae.org/standards/content/j3016_202104/>. Acesso em: 21 mar. 2023.

42 *Ibidem.*

43 WHO, **World Helth Organization: Road traffic injuries**, 20 june 2022. Disponível em: <https://bit.ly/42cuy5j>. Acesso em: 25 mar 202

44 SAE INTERNATIONAL, **Taxonomy and Definitions for Terms Related to Driving Automation Systems for On-Road Motor Vehicles (2021)**. Disponível em: <https://www.sae.org/standards/content/j3016_202104/>. Acesso em: 21 mar. 2023.

45 Greenwood, Pamela; Lenneman, John; Baldwin, Carryl. *Advanced driver assistance systems (ADAS): Demographics, preferred sources of information, and accuracy of ADAS knowledge*, **Transportation Research Part F: Traffic Psychology and Behaviour**, V. 86, 2022, pp. 131-150.

46 Wu, Chuna; Cao, Jing; Yuchuan, Du. *Impacts of advanced driver assistance systems on commercial truck driver behaviour performance using naturalistic data*. **IET Intelligent Transport System Journal**, v. 17, 2023, n. 1, p. 119.

partir da captura de dados (por sensores e câmeras)[47] que, quando processados, permitem que os *«atuadores»* realizem projeção informacional de movimento que está baseada (i) na distância de um obstáculo e (ii) na velocidade-limite do veículo para aquele âmbito geográfico.

Destarte, a segurança operativa do *nível 2* de autonomia está fundada em contrastes (*outputs* de discrepância): quando a condição detectada *(pelo hardware)* diverge da condição computacional predefinida *(pelo software)*, há, de imediato, emissão de alerta ao motorista, com o fito de evitar *situações de perigo potencial*[48].

Nesse caso, haverá execução algorítmica das tarefas de: (i) realinhamento da direção e a manutenção do veículo na faixa, (ii) aceleração e desaceleração (incluindo o controle de eventual excesso de velocidade), (iii) evitação do risco de colisão frontal[49] e, ainda, (iv) estacionamento. O condutor humano, no entanto, ainda é o responsável pelas restantes tarefas que o sistema não possa executar.

Ocorre que essas funções automatizadas não indicam, por si só, que haja automatização da condução do veículo. Assim, a *«SAE International»* as exclui do escopo desta *taxonomia de automação (de direção)*, visto que eles

[47] Sobre isso, a Tesla indica que a segurança operacional do seu veículo é garantida, cumulativamente, por câmeras: (i) *laterais voltadas para trás* (com alcance máximo de 100 metros); (ii) *frontal ampla* (com alcance máximo de 60 metros); (iii) *frontal principal* (com alcance máximo de 150 metros); (iv) *frontal estreita* (com alcance máximo de 250 metros); (v) *de visão traseira* (com alcance máximo de 50 metros) e (vi) *laterais voltadas para frente* (com alcance máximo de 80 metros). Todas elas equipam um único veículo. Vide: TESLA. **Future of Driving**. Disponível em: <http:// https://www.tesla.com/autopilot>. Acesso em: 25 mar. 2023.

[48] De acordo com relatório emitido pela *Comissão Europeia*, o *«ADAS»* é "jovem", de modo que o seu desempenho de segurança na mobilidade urbana é, hodiernamente, a principal preocupação dos atores que tendem a avaliá-lo – *enquanto policymakers e stakeholders* – a partir do contraste de de mortes e ferimentos graves (resultados finais) ou, ainda, de qualquer atividade que esteja causalmente ligada a estes. Há, porém, outros parâmetros de análise, tais como: (i) adaptação inteligente de velocidade; (ii) lembretes de cinto de segurança em todas as posições de assento; (iii) controle eletrônico de estabilidade; (iv) bloqueios de álcool para infratores reincidentes e motoristas de frota; (v) gravadores de dados de eventos e viagens. Em geral, essas possibilidades tecnológicas encontram-se em diferentes fases de implementação, existindo poucas evidências disponíveis sobre os seus resultados operativos. Vide: EUROPEAN COMMISSION, **Advanced driver assistance systems (2016).** Disponível em: <https://bit.ly/3oWsdgs>. Acesso em: 27 mar. 2023.

[49] WU, Chuna; CAO, Jing; YUCHUAN, Du. *Impacts of advanced driver assistance systems on commercial truck driver behaviour performance using naturalistic data.* **IET Intelligent Transport System Journal**, v. 17, n. 1, jan 2023, p. 119.

fornecem, apenas, (i) a intervenção momentânea (ii) durante situações potencialmente perigosas, (iii) sem alteração ou eliminação do papel do condutor na execução parcial ou total da direção. A mesma exclusão aplica-se aos sistemas que informam, alertam ou avisam a ocorrência de perigos no ambiente de direção[50].

Dessa forma, os sistemas de um «*VA*» inserido nesse nível estão funcionalmente dirigidos a complementar a (i) percepção, (ii) cognição, (iii) seleção e (iv) a implementação da *ação* (de conduzir) e da *performance* (de condução) do veículo[51].

Seguindo essa linha, o *nível 3 («conditional driving automation»)* abrange os sistemas nos quais há integração entre (i) a assistência ao motorista e (ii) e a responsividade algorítmica (de inteligência artificial) em tomada decisões situacionais de direção veicular, havendo autonomia suficiente para dispensar, em alguns contextos, a intervenção humana. Isso ocorre, apenas, quando determinadas *condições fático-operativas* estão presentes, de modo que – se o «*ADAS*» deixa de assimilá-las – o controle veicular é imediata (e automaticamente) retornado para o humano, que deverá intervir na condição de "condutor" [52].

Nesse caso, não há dever de supervisão contínua. Porém, o motorista *deve* estar presente para assumir – em qualquer momento – o controle do veículo (em eventual situação de falha ou emergência operacional). Assim, a pessoa que aciona o «*ADAS*» atua como uma espécie de "garante de condução"[53], pois a performance do «*VA*» está algoritmicamente programada a partir da expectativa de que – ante a uma situação de risco para a qual o sistema não consegue dar assistência – ela (i) assimilará adequadamente uma solicitação (de *software*) e, de imediato, (ii) intervirá para evitar que ocorra um dano[54]. Em razão disso, é fundamental que, em tal nível, haja a contínua e diligente atenção aos sinais (técnicos) emitidos pelo sistema.

50 SAE INTERNATIONAL, *ob. cit.*

51 Essa é a modelagem utilizada, por exemplo, no «*VA*» da Tesla (Telas Model S), da Mercedes-Benz S65 AMG, da BMW 750i, e do Infiniti Q50S.

52 SAE INTERNATIONAL, **Taxonomy and Definitions for Terms Related to Driving Automation Systems for On-Road Motor Vehicles (2021)**. Disponível em: <https://www.sae.org/standards/content/j3016_202104/>. Acesso em: 21 mar. 2023.

53 Em 2021 a Honda foi a primeira montadora do mundo a disponibilizar, no Japão, a venda de veículos de nível 3 com o modelo *Legend*, em 2021. Segue essa linha: (i) Mercedes-Benz EQS 2022 e (ii) Mercedes-Benz S-Class 2021 (Drive Pilot).

54 SAE INTERNATIONAL, *ob. cit.*

Acerca disso, a literatura[55] indica que – nos *níveis 2 e 3 (veículos semiautônomos)* – o principal fator de risco ocorre quando o *«ADAS»* transfere ao condutor humano o controle veicular. Isso porque, à luz de pesquisas que entrelaçam fatores de segurança e de comportamento humano, há evidência de que – nesse momento de transição – a atenção operacional do condutor é reduzida, de modo que o seu desempenho tende a ser baixo[56].

É o que sucede, por exemplo, na transição de uso da função *«Adaptive Cruise Control»*, cujo acionamento permite que o condutor: (i) estabeleça a velocidade que o veículo deve trafegar e (ii) ajuste a distância que deseja manter em relação ao carro à frente (de modo a ampliar o conforto e a segurança dele e dos demais passageiros)[57].

Nessa situação, a tecnologia de "cruzeiro automático" leva o condutor a uma *redução na carga de trabalho mental*: fator que, por conseguinte, torna a retomada do controle da direção e, por conseguinte, incrementa o risco de falha humana[58]: nódoa que, na literatura, é denominada *«handover problem»*[59].

Já o *nível 4 («high driving automation»)*, por sua vez, abrange os veículos projetados com *«geofencig»*[60], destinando-se, assim, ao deslocamento limitado a determinados âmbitos espaciais. Nesse caso, não se requer nenhuma interação humana na operação veicular, sendo inicialmente concebido para o uso de (i) táxi sem motorista e (ii) transporte público.

55 BRONSON, Kelly; LE PAGE, Sophie; ROBINSON, Katherine-Marie; MOON, AJung; RISMANI, Shalaleh; MILLAR, Jason. *Drivers' Awareness, Knowledge, and Use of Autonomous Driving Assistance Systems (ADAS) and Vehicle Automation*. **ArXiv**, 2020, pp. 1-2.

56 STANTON, N. A.; YOUNG, M. S. *Vehicle automation and driving performance*. **Ergonomics**, v. 41, n. 7, jul, 1998, pp. 1014-1028.

57 FAQUIANO, Michael. *Assistente de condução, 'Adaptive Cruise Control' eleva nível de conforto e segurança*. **Mundo automotivo**, 2020. Disponível em: <https://bit.ly/3HBpgZ9>. Acesso em: 13 mar 2023. No mesmo sentido, WINNER, Hermann; WITTE, Stefan; UHLER, Werner; LICHTENBERG, Bernd. *Adaptative cruise control system: aspects and development trends*, **SAE Transactions**, v. 105, 1996, pp. 1412-1521.

58 STANTON, *op. cit.*

59 STANTON, N. A.; YOUNG, M. S. *Vehicle automation and driving performance*. **Ergonomics**, v. 41, n. 7, jul, 1998, pp. 1014-1028.

60 *«Geofencing»* é o processo de transformar um registro de descrição – como um par de coordenadas, um endereço ou um nome de lugar – em um local na superfície da terra. As localizações resultantes são transformadas em dados geográficos com atributos, e podem ser usados para mapeamento ou análise espacial. Vide: RATHI, Mohit. *Rethinking reverse location search warrants*, **The Journal of Criminal Law and Criminology**, v. 111, n. 3, 2021, pp. 805-837.

Ainda que, nesse nível, haja autonomia *operativo-performática*, o deslocamento do veículo pode ser limitado ou interrompido – simultânea ou alternativamente – por duas variáveis de condução, quais sejam: (i) as especificidades situacionais e (ii) a área operacional[61]. Nessas circunstâncias, o «*VA*» avalia as condições do ambiente (como, *e.g.*, assimetrias geográficas, tempo e situação do trânsito) e a partir dessa captação (de *hardware*) efetua ações (via *software*) para restringir o modo de condução veicular. É o que sucede, por exemplo, quando da detecção de área de risco de atropelamento (zona escolar): situação que acarreta a imediata (i) adequação da velocidade ao máximo legal e (ii) a consequente limitação das manobras suscetíveis de realização[62].

Por fim, o *nível 5 («full driving automation»)* indica que – em qualquer circunstância – a condução veicular se dá mediante plena *autonomia algorítmica.*Nesse arranjo de «*VA*», o dado peculiar é que (i) a *direção* e (ii) o *modo de deslocamento* não são afetados pela intervenção humana. Isso ocorre porque, nos veículos baseados nesse sistema, não há *itens viabilizadores do seu controle endógeno* (como volante e pedais de frenagem).

Por esse motivo, a única ação pessoal possível será a de definir (ou alterar) o destino do deslocamento. Logo, o «*sistema multiagente*» possui autonomia para decidir e interagir com outros "agentes" do mesmo sistema[63], dispensando-se, com isso, a figura do "condutor" humano: situação que, outrora, era típica filmes de ficção científica, mas agora, tende a formar parte da experiência que as pessoas terão quando os veículos baseados de *nível 5* começarem a circular pelas ruas[64]. Desse modo, a única (e substancial) diferença entre *níveis 4 e 5* (veículos autônomos) está na capacidade –

[61] Apesar deste ainda não se encontrar em comercialização, ele já existe em fase de testes, a título de exemplo, o *Waymo*, um projeto da Google. A respeito disso, vide: CHARNEY, Rachel. *Can Androids Plead Automatism? A Review of When Robots Kill: Artificial Intelligence Under the Criminal Law by Gabriel Hallevy*, **University of Toronto Faculty of Law Review**, v. 73, 2015, p. 70.

[62] CZARNECKI, Krysztof. *Operational Design Domain for Automated Driving Systems – Taxonomy of Basic Terms*, **Waterloo Intelligent Systems Engineering (WISE) Lab – University of Waterloo**, 2018, p. 6 e ss. Disponível em: <https://bit.ly/3YXPjzC>. Acesso em 15 fev. 2023.

[63] REIS, Luís Paulo. **Coordenação em sistemas multi-agente: aplicações na gestão universitária e futebol robótico.** Tese (Doutorado) – Faculdade de engenharia da Universidade do Porto, Universidade do Porto, Porto, Portugal, 2003, p. 51.

[64] KRÖGER, Fabian. *Das automatisierte Fahren im gesellschaftsgeschichtlichen und kulturwissenschaftlichen Kontext, in „Autonomes Fahren*, in: MAURER, Markus et al. (Ed.). **Autonomes Fahren.** Berlin: Springer Vieweg, pp. 87-102

dada aos seus usuários – para controlar, ou não, a dinâmica de condução veicular[65].

Destarte, o balanço utilitário desse escalonamento da *«SAE International»* é unívoco: quanto maior o grau de autonomia *«operativo-performativa»* propiciado pelos agentes do *«VA»*, menor será o risco de ocorrência de acidentes de trânsito – com lesões corporais e/ou mortes – cuja *causa-raiz* seja o atuar não diligente (e o erro) de condutores humanos: expectação que dá margem à (problemática) percepção social de que tal sofisticação tecnológica torna desnecessária a capacitação técnica e treinamento dos seus usuários[66].

Ainda assim, tal taxonomia é o paradigma que, além de balizar as tomadas de decisões *(ad intra)* dos projetos de produto da indústria automobilística, está a está direcionar *(ad extra)* o "apetite de risco" das – ainda embrionárias – políticas regulatórias dessa disruptiva dinâmica de condução veicular.

Tabela 1 – Níveis e graus de autonomia «operativo-performativa» da *«SAE International»*

Nível	**Grau de autonomia «operativo-performativa» da direção veicular**
0 ⟶	***«No driving automation»***
1 ⟶	***«Driver assistance»***
2 ⟶	***«Partial driving automation»***
3 ⟶	***«Conditional driving automation»***
4 ⟶	***«High driving automation»***
5 ⟶	***«Full driving automation»***

Fonte: *SAE International*, 2021[67].

[65] MOOLAYIL, Amar. *The Modern Trolley Problem: Ethical and Economically-Sound Liability Schemes for Autonomous Vehicles.* **Case Western Reserve Journal of Law, Technology and the Internet**, v. 9, 2018, p. 5.

[66] BRONSON, Kelly; LE PAGE, Sophie; ROBINSON, Katherine-Marie; MOON, AJung; RISMANI, Shalaleh; MILLAR, Jason. *Drivers' Awareness, Knowledge, and Use of Autonomous Driving Assistance Systems (ADAS) and Vehicle Automation.* **ArXiv**, 2020, pp. 1-2.

[67] A primeira análise ocorreu em 2014, com ulterior revisão nos anos 2015, 2016 e 2021. SAE INTERNATIONAL, **Taxonomy and Definitions for Terms Related to Driving Automation Systems for On-Road Motor Vehicles**. Disponível em: <https://www.sae.org/standards/content/j3016_202104/>. Acesso em: 16 de março de 2023.

Tabela 2 – Situação de condução e diligência devida pelos parâmetros «*SAE International*»

Nível	Situação de quem está no banco do motorista	Diligência Devida
0	Está a dirigir o veículo ainda que o sistema suporte ao motorista esteja ativado e mesmo que os seus pés estejam fora dos pedais e não haja condução.	–Supervisão constante dos recursos de suporte. –Dirigir, frear ou acelerar, conforme seja necessário para manter a segurança.
1		
2		
3	Não está a dirigir quando o sistema de direção automatizada está ativado.	–Dirigir, apenas, quando requerido pelo sistema.
4		–Não haverá requerimento de tomada de direção.
5		

Fonte: *SAE International*, 2021[68].

Tabela 3 – Recursos de suporte a pessoa condutora pelos parâmetros «*SAE International*»

Nível	Recursos de suporte a pessoa condutora
0	Limitam-se a disponibilização de alertas e assistência momentânea. Exemplos: (i) frenagem automática de emergência, (ii) alerta de ponto cego; (iii) aviso de saída de pista.
1	Disponibilizam suporte de direção, freio ou aceleração para a pessoa condutora. Exemplos: (i) centralização de faixa ou (ii) controle de velocidade.
2	Disponibilizam suporte de direção, freio e aceleração para a pessoa condutora. Exemplos: (i) centralização de faixa e (ii) controle de velocidade.
Nível	**Recursos de direção automatizada**
3	Podem conduzir o veículo sob condições limitadas, e assim, o seu funcionamento depende da satisfação dos requisitos pré-fixados no sistema. No nível 3, por exemplo, se aplica ao motorista de tráfego em baixíssima velocidade. No nível 4, por exemplo, (i) táxi sem motorista local, (ii) poderá, ou não, haver instalação de pedais ou volantes.
4	
5	Segue o padrão do nível 4. Porém, podem conduzir o veículo a qualquer lugar e sob quaisquer condições.

Fonte: *SAE International*, 2021[69].

[68] *Ibídem*.

[69] CZARNECKI, Krysztof. *Operational Design Domain for Automated Driving Systems – Taxonomy of Basic Terms*, **Waterloo Intelligent Systems Engineering (WISE) Lab – University of Waterloo**, 2018, p. 6 e ss. Disponível em: <https://bit.ly/3YXPjzC>. Acesso em 15 fev. 2023.

3. O *«Risk appetite»* das (embrionárias) políticas regulatórias do uso de veículos terrestres autônomos

A compreensão do *status* das políticas de regulação do uso de veículos terrestres autônomos exige correlação direta com a *«precaução»*: premissa finalística que, no âmbito público, tende a ser invocada para (i) atenuar uma conjuntura de incertezas e inseguranças[70], funcionando, assim, como um *vetor de contenção* ao avanço regulatório daquilo que – *por [ainda] ser desconhecido* – se torna fonte de desconfiança social[71].

Essa postura, porém, enseja a potencial aparição de *dois problemas*. O *primeiro* é a probabilidade de que o Estado ignore – *ou negligencie* – os riscos que realmente afetam – ou podem afetar – o objeto de regulação[72]. O *segundo*, por sua vez, consiste no risco de que a (cômoda) premissa da *«precaução»* acabe por estancar a implementação da infraestrutura necessária para que haja, de fato, uma reconfiguração das políticas públicas que estejam referidas a ele[73].

Em observância desses entraves, recente *estudo de mercado*[74] avaliou as capacidades de distintos países para a promoção de políticas de mobilidade urbana baseadas em inteligência artificial e automação veicular. Nessa análise, o Brasil obteve a pior média global (5,49)[75]. Segundo os executores

[70] SUSTEIN, Cass R. *Beyond the Precautionary Principle,* in **University of Pennsylvania Law Review**, v. 151, nº. 3 (jan., 2003), pp. 1003 e ss.

[71] HOFF, Kevin; BASHIR, Masooda. *Trust in Automation: Integrating Empirical Evidence on Factors That Influence Trust,* in **Human Factors The Journal of the Human Factors and Ergonomics Society**, v. 57, 3, pp. 407-434.

[72] SUSTEIN, Cass R. *Beyond the Precautionary Principle,* in **University of Pennsylvania Law Review**, v. 151, nº. 3, Jan., 2003, pp. 1003 e ss.

[73] JIANG, Like; CHEN, Haibo; CHEN, Zhiyang. *City readiness for connected and autonomous vehicles: A multi-stakeholder and multi-criteria analysis through analytic hierarchy process.* **Transport Policy**, Vol. 128, Nov. 2022, Pages 13-24. Disponível em: < https://bit.ly/42q7i4p>. Acesso em: 16 mar. 2023.

[74] Para análise completa do estudo, vide: KPMG, **2020 Autonomous Vehicles Readiness Index**. Disponível em: <https://bit.ly/3yQM7Lm >. Acesso em 13 mar. 2023.

[75] Dentre os fatores de análise, constam: (i) aceitação da tecnologia pelos consumidores (29º lugar); (ii) inovações e tecnologias (30º lugar); (iii) infraestrutura (30º lugar); (iv) política e legislação (30º lugar). A classificação final foi a seguinte ordem: Singapura, Holanda, Noruega, Estados Unidos, Finlândia, Suécia, Coréia do Sul, Emirados Árabes Unidos, Reino Unido, Dinamarca, Japão, Canadá, Taiwan, Alemanha, Austrália, Nova Zelândia, Áustria, Israel, Nova Zelândia, França, China, Bélgica, Espanha, República Tcheca, Itália, Hungria, Rússia, Chile, México, Índia, Brasil.

dessa ação avaliativa, tal resultado foi determinado pela confluência de *três fatores deficitários*. São eles: (i) a falta de legislação específica para tratar do uso de *«VA»*; (ii) a inexistência de políticas públicas para encorajar e viabilizar a adoção dos veículos semiautônomos e autônomos; (iii) a escassez de investimentos na malha rodoviária, no aprimoramento da rede de telecomunicação e nas pesquisas relacionadas ao tema[76].

De fato, a pretensão de regulação de veículos autônomos terrestres – *e da própria inteligência artificial* – é recente nas agendas *política* e *formal*[77] do Congresso Nacional: situação que acaba por estancar o seu processo de *juridificação*[78] (sujeição a regulação legal), visto que – segundo o próprio parlamento – não há, de momento, "consenso [político] sobre regras que garantam segurança de carros autônomos" no Brasil[79], fator que, ao fim, favorece os entraves de desinformação, desconfiança e dissonância cognitiva.

Sendo assim, é essencial que haja – por parte dos *policymakers* brasileiros[80] – assimilação das políticas que já foram adotadas noutros países, a exemplo das experiências pioneiras de *Estados Unidos* e *Alemanha*. Com isso, permitir-se-á aproximação comparativa ao sentido dessas (embrionárias) regulações e, principalmente, a visualização dos seus respectivos *«risk appetites»*: expressão que designa o nível de risco que cada um desses países está disposto a aceitar (i) enquanto persegue seus objetivos e (ii) antes que qualquer ação reparatória *(ex post)* seja considerada necessária para reduzir as potencialidades de dano derivadas do uso de *«VA's»*[81].

[76] *Ibidem*.

[77] COBB, Roger; ROSS, Jenife-Keith; ROSS, Marc Howard. *Agenda building as a comparative political process*. **The American Political Science Review**, vol. 70, nº. 1, Mar., 1976, pp. 126-138.

[78] Para Blichner e Molander, a "juridificação" – do inglês "juridification" – implica, sempre, expansão normativa, já que, a partir dela, uma situação que, outrora, não estava dentro de uma área legalmente regulada, passa a estar juridicamente regulada. Vide: BLICHNER, Lars; MOLANDER, Anders. *What is juridification?* In: **Arena Center for European Studies (2015)**, Working Paper n. 14, pp. 12-15.

[79] Sobre o assunto, vide: CÂMARA DOS DEPUTADOS. Cidade e Transportes: **"Não há consenso sobre regras que garantam segurança de carros autônomos, diz deputado"**. Disponível em: <https://bit.ly/3Jy4YQi>. Acesso em: 18 mar. 2023.

[80] SECCHI, Eduardo. **Políticas públicas: conceitos, esquemas de análise, casos práticos**. São Paulo: Cengage Learning, 2011, pp. 34 e ss.

[81] INTERNATIONAL ORGANIZATION FOR STANDARDIZATION. **ISO Guide 73:2009**. Disponível em: <https://bit.ly/3HrTwWq> Acesso em: 26 mar 2023.

3.1. A regulação estadunidense

Em matéria de autonomia veicular, as políticas regulatórias de maior referência são provenientes dos Estados Unidos da América, país que: (i) protagoniza o fomento de pesquisas sobre essa tecnologia, (ii) abriga as sedes das principais empresas de mobilidade "tech" e (iii) concentra o maior número de acidentes e mortes ocasionadas por veículos dotados de autonomia[82].

De acordo com a literatura[83], a compreensão desse tipo de ambiência – e do seu respectivo *«risk appetite»* – requer aproximação ao núcleo conceitual de *«policy window»*: expressão utilizada para indicar que a reformulação de determinada política pública (como a de trânsito) não é aleatória. Pelo contrário: tal reformulação está atrelada a uma *janela de oportunidade*[84] cuja "abertura" resulta da confluência (não planificada) de *três fluxos*. São eles: (i) problemas (fáticos), (ii) soluções (tecnológicas) e (iii) condições (de regulação). Em conjunto, esses fluxos induzem o sentido e o alcance das diretrizes elaboradas para a regulação da autonomia de veículos terrestres.

Por opção metodológica – e sem ignorar as suas distinções – esses fluxos serão, aqui, aglutinados em *três frentes de indução regulatória*. Vejamos.

A *primeira frente de indução regulatória* – atrelada ao *«ímpeto de inovação»* – é constituída pelas iniciativas que autorizaram, de modo pioneiro, a realização de estudos para o desenvolvimento tecnológico de protótipos de *«VA's»*. Essa permissão, porém, foi delimitada pela fixação de um *dever geral de cautela*, qual seja: a proibição de que tais veículos[85]. Essa foi a postura

[82] Sem prejuízo das observações críticas anteriormente delineadas na tratativa do portal *TeslaDeaths*, vale destacar que – em 11 meses – as autoridades estadunidenses registraram 400 acidentes com veículos autônomos, sendo que, desse total, de 5 pessoas morreram e 6 ficaram em estado lesivo grave. O período analisado abrange 07/2021 a 05/2022. Vide: NPR, **Nearly 400 car crashes in 11 months involved automated tech, companies tell regulators**. Disponível em: <https://n.pr/400VPa4>. Acesso em 15 fev. 2023.

[83] Ackerman, Rebecca. *Regulating Autonomous Vehicles in the United States*, **John Hopkins University**, 2019, pp. 87-93. Disponível em: <https://jscholarship.library.jhu.edu/handle/1774.2/61797>. Acesso em: 08 fev. 2023.

[84] Secchi, Leonardo. **Políticas Públicas: conceitos, esquemas de análise, casos práticos**. 2ª ed. São Paulo: Cengage Learning, 2013, p. 54.

[85] Nesse caso, a decisão político-legislativa (e, em alguns casos, administrativa) de viabilizar de regulação permissiva dos *«VA's»* está fundada na própria noção de oportunidade-eficiência da atuação político-administrativa, o que não significa, contudo, que se está a ofuscar os deveres de prevenção/precaução que são próprios do *princípio da boa administração pública*. Pelo contrário: trata-se de instrumento hábil para que se alcance, com maior generalidade e

adotada em: Dakota do Norte (2015), Pensilvânia (2016), Louisiana (2016), Illinois (2017), Vermont (2017), Arkansas (2017), Connecticut (2017), Nova Iorque (2017), Oregon (2018), Wisconsin (2018) e Maine (2018)[86].

A *segunda frente de indução regulatória*, por sua vez, está referida ao movimento de *liberação condicionada de riscos*. Em sua abrangência estão os Estados que – ademais da autorizar o desenvolvimento e experimentação de protótipos de *«VA's»* – permitiram que eles fossem usados no âmbito público, inexistindo, assim, qualquer limitação espacial para a sua circulação.

Isso se deu, porém, mediante a fixação de outro *dever geral de cautela*: a presença de condutor (i) humano, (ii) responsável e (iii) disponível durante todo o período de utilização, figura que, assim, funcionaria como um "garante de condução"[87]. Essa é o "moderado" *«risk appetite»* que que conformou as políticas de regulação do Texas (2017), Geórgia (2017), Colorado (2017), Carolina do Norte (2017), Michigan (2016), Utah (2015), Califórnia (2012) e Washington (2012)[88].

Por fim, a *terceira frente de indução regulatória* corresponde ao movimento de *liberação tecnológica irrestrita*. Nela, há integral permissão para que os veículos autônomos circulem, inclusive, sem a presença de um "garante" (condutor humano). E isso, por certo, designa um *«risk appetite»* bastante amplo.

Nessa frente – protagonizada por Nevada (2017), Tennessee (2015), Nebraska (2013) e Flórida (2012)[89] – nota-se um perfilhamento *dinamista*[90] dos *«policymakers»*, que demonstram priorizar a busca pelo progresso científico mediante (i) o desapego ao paradigma ideal de *perfeição social* e (ii) a concepção de que a real optimização das relações se dá por meio de expe-

abstração, o interesse público. E isso, por certo, implica a desnecessidade significa autorizar a adoção de provimentos atípicos, sem a necessidade de fixação, pelo legislador, de rol taxativo daquilo que se pode, ou não fazer. Vide: CABRAL, Flávio Garcia. **Medidas cautelares administrativas: regime jurídico da cautelaridade administrativa.** Belo Horizonte: Forum, 2021, p. 153.

[86] Ackerman, Rebecca. *Regulating Autonomous Vehicles in the United States*, **John Hopkins University**, 2019, pp. 87-93. Disponível em: <https://jscholarship.library.jhu.edu/handle/1774.2/61797>. Acesso em: 08 fev. 2023.

[87] Ibídem.

[88] *Ibídem.*

[89] *Ibídem.*

[90] Postrel, Virginia. **The Future and its enemies: the growing conflict over creativity, enterprise, and progress.** New York: Touchstone, 1998, pp. 83 e ss.

rimentações, tentativas, erros, ciclos de feedback, melhorias, diversidade e escolha, sem qualquer rigidez *estatista*[91].

Apesar de distintas, essas três frentes de indução evidenciam, em unívoco, que o eixo condutor da política de regulação estadunidense provém (i) da minimização do *«princípio de precaução»* e, por conseguinte, (ii) da maximização do *«princípio de oportunidade»* na implementação de políticas públicas disruptivas.

3.2. A regulação alemã

No âmbito europeu, a Alemanha figura como o país que concebeu as políticas regulatórias de maior impacto em matéria de veículos autônomos terrestres. Em grande medida, isso se deve ao contínuo posicionamento estratégico do seu governo federal.

O *«Bundesregierung»* não oculta que, nesse campo, as suas ações são executadas para que o país assuma papel de liderança no movimento de reconfiguração das políticas de mobilidade[92]. Essa é a tônica que tem dirigido o *«Bundesministerium für Digitales und Verkehr» (Ministério Federal do Transporte e Infraestrutura Digital)*[93], que tem dado destaque à promoção das tecnologias de transporte e ao avanço da legislação de trânsito no marco da automatização propiciada pelo uso de inteligência artificial. Dentre os seus *outputs*, merece destaque a elaboração – em 2017 – da "Lei da Condução Autônoma" *("Gesetz zum automatisierten Fahren")*, que inicialmente autorizou o trânsito em vias públicas de veículos cuja autonomia esteja graduada, apenas, até o *nível 3 («conditional driving automation»)* da escala *«SAE International»*[94].

Em 2021, porém, tal norma foi alterada[95] – mediante chancela do *«Bundestag»* e do *«Bundesrat»* – com o objetivo de estender tal permissivo aos

[91] POSTREL, Virginia. **The Future and its enemies: the growing conflict over creativity, enterprise, and progress.** New York: Touchstone, 1998, pp. 83 e ss.

[92] BUNDESMINISTERIUM FÜR DIGITALES UND VERKEHR. **Gesetz zum autonomen Fahren tritt in Kraft** (2021). Disponível em: <https://bit.ly/3AXoORd>. Acesso em: 15 mar. 2023.

[93] *Ibidem*, ***Automatisiertes und vernetztes Fahren***. Disponível em: <https://bit.ly/400cyKq>. Acesso em: 15 mar. 2023.

[94] SAE INTERNATIONAL, **Taxonomy and Definitions for Terms Related to Driving Automation Systems for On-Road Motor Vehicles (2021)**. Disponível em: <https://www.sae.org/standards/content/j3016_202104/>. Acesso em: 21 mar. 2023.

[95] DEUTSCHER BUNDESTAG, ***Entwurf eines Gesetzes zur Änderung des Straßenverkehrsgesetzes und des Pflichtversicherungsgesetzes – Gesetz zum autonomen Fahren***. Disponível em: <https://bit.ly/3JsjF7u>. Acesso em: 16 mar. 2023.

veículos dotados de autonomia *nível 4* (*«high automation»*). Essa expansão permissiva foi anunciada em 30 de novembro de 2023, pela *«Kraftfahrt--Bundesamt»* (Autoridade Federal de Transportes Motorizados), em adiante, *«KBA»*, com a publicação da nota «Pressemitteilung Nr. 45/2022»[96], na qual foi especificada a projeção de novas *situações de uso público de veículos terrestres autônomos*, tais como: (i) transporte público de passageiros em trajetos urbanos, (ii) ônibus para deslocamento de trabalhadores; (iii) distribuição de produtos mercantis; (iv) condução de pacientes ou assistidos a centro médicos ou a asilos; e (v) "robotáxis"[97].

Vale ressaltar, contudo, que tal medida foi concretada mediante denso apego aos *deveres gerais de cautela*. De entrada, foi fixada a exigência de que, nos veículos de *nível 4*, haja a presença de um *"garante de condução"*, ou seja, de motorista devidamente habilitado e com capacidade de intervir remotamente para assumir o controle do veículo. Além disso, foram introduzidos diversos requisitos técnicos para a construção, equipagem e circulação dos veículos autônomos, incluindo a emissão de uma licença de operação pela *«KBA»*.

Adicionalmente, o novel § 1f na Lei de Trânsito Rodoviário (*«Strassenverkehrsgesetz – StVG»*) fixou um catálogo de obrigações básicas (*«grundlegenden Pflichten»*) de três atores distintos. São eles: (i) o titular (*«der Halter»*), (ii) o supervisor técnico (*«der technischen Aufseher»*) e (iii) o fabricante (*«der Hersteller»*) de veículos dotados da função de condução autônoma[98]. Vejamos.

A posição jurídica de titular do veículo (*«der Halter»*) enseja *deveres de garantia* que abrangem: (i) a precaução (*«Vorkehrungen»*) sobre segurança rodoviária e a compatibilidade ambiental do veículo; (ii) a manutenção regular dos sistemas necessários para o uso da função de condução autônoma (controle de funcionalidade dos *software* e *hardware*); (iii) a observância de outros regulamentos de trânsito não direcionados à condução do veículo; e (iv) o cumprimento das tarefas devidas para a realização (por terceiro) de supervisão técnica.

Por outro lado, houve a criação da importante posição de *supervisor técnico* (*«Der technische Aufseher»*), cujo papel compreende a avaliação pericial:

[96] KRAFTFAHRT-BUNDESAMT. **Pressemitteilung Nr. 45/2022**. Disponível em: <https://bit.ly/3HvNdkn>. Acesso em: 18 mar 2023.

[97] *Ibidem.*

[98] BUNDESMINISTERIUMS DER JUSTIZ. **Straßenverkehrsgesetz (StVG).** Disponível em: <https://www.gesetze-im-internet.de/stvg/StVG.pdf>. Acesso em: 20 mar 2023.

(i) das manobras de "condução alternativa" (fator de risco) e (ii) do modo pelo qual elas são ativadas ao serem visual ou acusticamente perceptível pelo software do veículo.

Compete a ele, também, averiguar se os dados fornecidos pelo sistema veicular permitem que o seu condutor avalie: (i) a situação fática, (ii) se a execução circunstancial de uma manobra de condução alternativa não põe em risco a segurança rodoviária; (iii) se em situações críticas ele pode desativar – de imediato – a função de condução autônoma; (iv) a funcionalidade dos sinais do equipamento técnico (incluindo o seu estado funcional); (v) a necessidade de iniciar medidas de segurança no trânsito.

Esse *supervisor técnico* atua de modo remoto, e – diante de situações de risco – tem o dever legal de contatar imediatamente os ocupantes do veículo e, ato contínuo, dar início as medidas de segurança rodoviária necessárias para que o veículo seja colocado em *estado de risco mínimo («Risikominimalen Zustand versetzt wird»)*[99].

Por fim, a posição jurídica de fabricante *(«der Hersteller»)* gera os deveres de: (i) provar à «*KBA*» e demais autoridades competentes, durante todo o período de desenvolvimento e operação do veículo autônomo, que o seu «*sistema multiagente*» está protegido contra ataques; (ii) que houve, *ex ante*, realização de *avaliação de risco* «*Risikobeurteilung*» para delimitar os elementos críticos do veículo; (iii) demonstrar que foram tomadas, a partir dessa última medida, as ações necessárias para a garantia da proteção de tais elementos contra os perigos identificados; (iv) comprovar a existência de conexão de rádio suficientemente segura para condução autônoma e de mecanismo de acesso remoto para interceptar e controlar as operações autônomas de veículos de *nível 4*; (v) apresentar *manual de operação* para oferecer – para as pessoas envolvidas na operação – treinamento sobre o funcionamento técnico do veículo, em especial, no que diz respeito às funções de condução e ao desempenho das funções de *supervisão técnica («die Technische Aufsicht»)*; (vi) comunicar, imediatamente, manipulações elétricas, de *software* e de acesso de conexões de rádio do veículo[100].

Apesar do silêncio sobre os riscos penais, houve minuciosa regulação – nas sessões 7 a 20[101] – das hipóteses de responsabilização civil em casos

[99] Straßenverkehrsgesetz (StVG), II («*Haftpflicht*»).

[100] Straßenverkehrsgesetz (StVG), II, § 7.

[101] *Ibidem.*

de acidentes envolvendo veículos autônomos. A aplicação delas, porém, depende do motivo do sinistro, isto é, se resulta de uma "falha" (i) *humana* ou (ii) *técnica*: fato que deve ser judicialmente apurado a partir das informações da memória de dados do veículo (item que é legalmente obrigatório)[102].

Também há o *dever de cobertura de seguro*, que no caso dos veículos de *Nível 4*, abrange o ônus de reparação de eventuais danos[103], exigência que se inspirou no «*Automated and Electric Vehicles Act*»[104] do Reino Unido. Nesse ponto, a regulação alemã especificou distintas frentes de responsabilidade.

No que tange ao proprietário do veículo («*Fahrzeughalter*»), por exemplo, estabeleceu-se que a causa de morte, lesão corporal ou dano patrimonial sucedida durante ou em razão do uso da função de condução autônoma é fundamento bastante para obrigar-lhe a indenizar a pessoa lesada pelos danos emergentes. A reparação, porém, deve ser expressamente excluída quando o acidente tiver como *causa-raiz* fator de *força maior.*

Por outro lado, incluiu-se nessa regulação situação de ocorrência corriqueira no âmbito familiar, qual seja: o uso veicular sem o conhecimento e autorização do seu titular[105]. Nesse caso, a responsabilidade de reparação econômico-patrimonial é exclusiva do terceiro-utilizador, exceto quando isso se deu por culpa ou permissão do titular, que assim, deverá arcar com a indenização[106].

Dentre outros pontos, merecem destaque:

1. A inclusão, *como regra geral*, de responsabilidade do controlador de transporte pago de passageiros (seja pessoa física ou jurídica)[107];
2. A previsão de culpa concorrente, hipótese na qual a pessoa lesada contribui – com culpa – para a ocorrência do dano, incidência deve ser interpretada à luz do § 254 do Código Civil Alemão (*des Bürgerlichen Gesetzbuchs*), cujo teor prevê que (i) a obrigação de indenizar

[102] *Ibídem.*

[103] Vale registrar que, pela perspectiva comparada, tal *input* é originado do Reino Unido,

[104] UK PUBLIC GENERAL ACTS, ***Automated and Electric Vehicles Act 2018.*** Disponível em: <https://www.legislation.gov.uk/ukpga/2018/18/section/2>. Acesso em 15 mar. 2023. A respeito do tema, vide: BELLAN, Rebecca. *Human drivers in UK won't be liable for accidents when vehicle is self-driving.* **TechCrunch**, 2022. Disponível em: <https://tcrn.ch/42Ci343>. Acesso em 16 mar. 2023.

[105] Straßenverkehrsgesetz (StVG), II, § 7.

[106] Straßenverkehrsgesetz (StVG), II, § 8.

[107] Straßenverkehrsgesetz (StVG), II, § 8a.

(an debeatur) e (ii) o montante da indenização *(quantum debeatur)* dependem [da apuração judicial] das circunstâncias[108];

3. A fixação de que quando a condução autônoma ocasionar *lesão corporal*[109], a reparação econômico-patrimonial de danos inclui não só o reembolso das despesas e de lucros cessantes, mas também, o direito de reclamar uma *compensação financeira razoável* quando o dano emergente não for de natureza pecuniária.
4. A delimitação de que, em casos de morte, essa reparação econômico-patrimonial deve incluir:
   (4.1) o reembolso das despesas (i) de funeral ou (ii) decorrentes dos prejuízos pecuniários sofridos pela pessoa falecida em consequência da suspensão ou redução da sua capacidade de ganho ainda em vida (ou do consequente aumento das suas necessidades de tratamento médico-hospitalar);
   (4.2) o pagamento de alimentos pelo tempo de vida que a pessoa falecida tivesse o dever de prover, para terceiro com o qual o *de cujus* tivesse relação suficiente a ensejar o dever legal de sustento, incluindo-se aquele que já estiver concebido – mas ainda pendente de nascimento – no momento do acidente;
   (4.3) a *compensação financeira adequada* à pessoa enlutada que, no momento da lesão, mantinha um relacionamento pessoal particularmente próximo com pessoa falecida[110];

No todo, o que se nota é que – pela tradição própria da *civil law* – a política regulatória alemã preocupou-se, já no campo legislativo, em integrar os eixos (i) de permissão do uso de *«VA's»* com (ii) os corolários deveres inerentes ao uso dessa tecnologia: cautela que – no marco estadunidense da *common law* – foi aparentemente remetida para a casuística judicial.

3.3. Outros *inputs* regulatórios

Ainda que em menor grau de detalhamento, é valido indicar que (i) o Reino Unido, (ii) a União Europeia e (iii) a ONU também oferecem importantes *inputs* para a regulação do uso de veículos autônomos.

[108] Straßenverkehrsgesetz (StVG), II, § 9.

[109] Straßenverkehrsgesetz (StVG), II, § 11.

[110] De acordo com a regulação, dita relação é presumida se a pessoa enlutada for (i) o cônjuge, (ii) o companheiro de vida, (ii) um progenitor ou (iii) um filho do falecido. Vide: Straßenverkehrsgesetz (StVG), II, § 10.

Seguindo a cronologia alemã, o Reino Unido passou a permitir o uso de veículos dotados da função de condução autônoma em 2018. Isso se deu, em concreto, no já mencionado *«Automated and Electric Vehicles Act»*[111]: *política regulatória que, apesar de autorizar a circulação de «VA's»* sem a exigência da presença de um garante de condução, fixou a obrigação – até então inédita – de contratação de um seguro garantidor de eventual indenização de terceiros[112].

Agrega-se, ainda, que o governo britânico aprovou, em agosto de 2022, um conjunto de recomendações para a elaboração de uma nova política regulatóriade de *«VA's»*. Esse documento – denominado *«Connected & Automated Mobility 2025: Realising the benefits of self-driving vehicles in the UK»* – seguiu a estratégia alemã de delimitar amplo catálogo de deveres aos *fabricantes, supervisores técnicos e usuários*. O diferencial, porém, está na ênfase dada ao entendimento de que, via de regra, o uso do *«ADAS»* retira do usuário do veículo a responsabilidade pelos danos ocasionados por eventual acidente que ocorra nesse período de uso, exceto quando ele esteja em desconformidade com a lei. Assim, a tendência é de que, no Reino Unido, a responsabilidade por danos ocasionados em dinâmicas de uso aplicado em inteligência artificial seja, exclusivamente, à empresa responsável pela fabricação do veículo autônomo[113].

Já no âmbito comunitário da União Europeia, o Regulamento (UE) 2019/2144, do *Parlamento Europeu e do Conselho* canalizou a tarefa de harmonização regulatória das tratativas de uso de veículos autônomos[114]. Isso se deu com a fixação de um conjunto de requisitos técnicos que condicionam a circulação lícita dos *«VA's»* (art. 11). Com isso, passa a ser legalmente

[111] UK PUBLIC GENERAL ACTS, ***Automated and Electric Vehicles Act 2018.*** Disponível em: <https://www.legislation.gov.uk/ukpga/2018/18/section/2>. Acesso em 15 mar. 2023. A respeito do tema, vide: BELLAN, Rebecca. *Human drivers in UK won't be liable for accidents when vehicle is self-driving.* **TechCrunch**, 2022. Disponível em: <https://tcrn.ch/42Ci343>. Acesso em 16 mar. 2023.

[112] Sobre isso, KOUROUTAKIS indica que ao inserir a agência de seguro como sujeito responsável o Reino Unido resolveu balancear o incentivo ao máximo nível de automação e a garantia de reparação daqueles eventualmente afetados por algum sinistro ocasionado. Vide: KOUROUTAKIS, Antonios E. Autonomous Vehicles: Regulatory Challenges and the Response From UK and Germany. **Mitchel Hamline Law Review**, 2020, p. 13.

[113] BELLAN, Rebecca. *Human drivers in UK won't be liable for accidents when vehicle is self-driving.* **TechCrunch**, 2022. Disponível em: <https://tcrn.ch/42Ci343>. Acesso em 16 mar. 2023

[114] REGLAMENTO (UE) 2019/2144 DEL PARLAMENTO EUROPEO Y DEL CONSEJO, Disponível em: <https://bit.ly/3ncbJ2A> Acesso em: 15 mar. 2023.

exigido que os sistemas desses veículos possuam a capacidade autônoma de: (i) permitir a substituição do controle do veículo; (ii) fornecer informações em tempo real sobre o seu estado (e o estado da área circundante); (iii) monitorar a disponibilidade do motorista (requisito específico para veículos cuja automatização esteja nos *níveis 2 e 3*)[115]; (iv) registrar dados de incidências; (v) fornecer informações relacionadas à segurança a outros usuários da via[116].

Noutra frente, o Regulamento nº 157 da ONU estabeleceu uma série de "prescrições uniformes"[117] que seguem, com matizes, a linha de *«cautela»* da política regulatória alemã. Sua principal inovação foi a estandardização do *«Automated Lane Keeping Systems» (ALKS)*[118], *software* que limita o acionamento da autonomia veicular aos locais onde: (i) é proibida a circulação de pedestres e ciclistas; (ii) haja divisão física entre o trânsito de veículos em sentidos opostos, (iii) deva ser respeitada uma velocidade máxima. De início, esse limite era de 60 km/h[119]. Em 2022, contudo, ele foi ampliado para 120 km/h[120].

Quanto aos *deveres de diligência* de quem conduz, não há, nessa diretriz da ONU, especificação detalhada. Porém, nela consta apontamento geral da necessidade de que os usuários de *«VA's»* se mantenham continuamente atentos para retomar o controle do sistema de direção desse tipo de veículo, o que reforça a posição do "garante de condução"[121].

[115] SAE INTERNATIONAL, **Taxonomy and Definitions for Terms Related to Driving Automation Systems for On-Road Motor Vehicles (2021)**. Disponível em: <https://www.sae.org/standards/content/j3016_202104/>. Acesso em: 21 mar. 2023.

[116] REGLAMENTO (UE) 2019/2144 DEL PARLAMENTO EUROPEO Y DEL CONSEJO, Disponível em: <https://bit.ly/3ncbJ2A> Acesso em: 15 mar. 2023.

[117] Embora assinado por 64 países, o Brasil não aderiu, de momento, a essa tratativa.

[118] O «*Sistema automatizado de manutenção na via de trânsito*» (ALKS) é utilizado em baixa velocidade, mediante ativação por iniciativa do condutor, e que mantém o veículo na respetiva via de trânsito a uma velocidade de circulação igual ou inferior a 60 km/h, possuindo a capacidade de controlar os movimentos laterais e longitudinais do veículo por períodos prolongados, sem necessidade de intervenção do condutor. Vide: *Regulamento nº. 157 da ONU – Prescrições uniformes relativas à homologação de veículos no que diz respeito ao sistema automatizado de manutenção na via de trânsito* [2021/389], **Jornal Oficial**, L 82, 75-137. Disponível em: < https://bit.ly/3JP8Z4a>. Acesso em: 17 mar. 2023.

[119] ONU, **Regulamento nº 157**. Disponível em: < https://bit.ly/3FwcIRx>. Acesso em: 17 mar. 2023.

[120] UNECE, **UN Regulation extends automated driving up to 130 km/h in certain conditions**. Disponível em: < https://bit.ly/3n8EkWz>. Acesso em: 17 mar. 2023.

[121] ONU, **Regulamento nº 157**. Disponível em: < https://bit.ly/3FwcIRx>. Acesso em: 17 mar. 2023.

Portanto, os *«risk appetites»* das frentes nacionais (Estados Unidos, Alemanha e Reino Unido) e internacionais (UE e ONU) são unívocos quanto ao eixo permissivo da regulação do uso de inteligência artificial nos meios e modos de locomoção terrestre, existindo, porém, variações acerca dos *deveres de diligência* e dos pormenores de responsabilização civil. O que falta, de momento, é a consolidação legal do marco de repercussão – e significação – penal aos casos de morte ou lesão corporal ocorridos durante o uso de condução autônoma: omissão que, intuitivamente, parece estar atrelada ao objetivo de evitar o desincentivo da expansão dessa tecnologia.

3.4. A proposta de política regulatória brasileira

No Brasil, há duas propostas de regulação do uso de veículos autônomos, ambos pendentes de deliberação e aprovação no Congresso Nacional. A *primeira*[122] *objetiva incluir no Código de Trânsito Brasileiro (CTB)*[123] *dispositivo com enfoque exclusivo no uso de veículos "semiautônomos", em especial, aqueles que – de acordo com a escala «SAE International»* – equivalham aos *níveis 2 e 3*[124].

Dentre as justificativas dessa proposição (PL nº. 8.796/17) é relevante destacar a que afirma que o CTB *discrepa da realidade tecnológica dos veículos fabricados ou montados no Brasil*, visto que o seu conteúdo normativo não faz qualquer alusão aos veículos dotados da automação.

Dessa forma, situações "normais" no uso desse tipo de veículo – como (i) a condução mediante apenas uma das mãos (ou sem o uso delas), (ii) a utilização de fones de ouvido conectados a aparelhagem sonora ou (iii) o uso de telefone celular – estariam abrangidas pela tipificação abstrata do art. 252, incisos V e VI do CTB: aspecto sinalizador de que, nesses quesitos, tal regulação "parou no tempo" [125].

Apesar de sua insuficiência para suprir relevantes porosidades regulatórias da temática, essa inicial proposição – apresentada em de 2017 –

[122] CÂMARA DOS DEPUTADOS. **Projeto de Lei nº 8.797/2017. Altera a Lei nº 9.503, de 1997, que institui o Código de Trânsito Brasileiro, para dispor sobre os veículos automotores semiautônomos.** Disponível em: <https://bit.ly/40jmFK9>.

[123] Delineado na Lei nº 9.503, de 23 de setembro de 1997, o CTB está integralmente alheio ao universo de transformação tecnológica do trânsito, de modo que a sua vigência, nos dias de hoje, não alcança o todo fenomênico das dinâmicas de trânsito.

[124] SAE INTERNATIONAL, **Taxonomy and Definitions for Terms Related to Driving Automation Systems for On-Road Motor Vehicles (2021)**. Disponível em: <https://www.sae.org/standards/content/j3016_202104/>. Acesso em: 21 mar. 2023.

[125] *Ibídem.*

colocou em evidência que o descompasso fenomênico do regramento do CTB expõe os usuários de veículos dotados de automatização ao risco de aplicação errática de normas cujo sentido e alcance foram concebidos para fins e cenários de trânsito totalmente diversos.

A *segunda proposta* foi apresentada em 2023. Trata-se do PL nº 1317/2023[126], que igualmente altera o CTB. Nessa iniciativa, porém, o objetivo é regulamentar, ainda que timidamente, os *«veículos autônomos terrestres»*, assim entendidos aqueles "com qualquer tipo de motorização e que não dependa de condutores humanos para seu deslocamento seguro, utilizando tecnologia computadorizada georreferenciada, com tomada de decisões por meio de inteligência artificial"[127].

Nesse PL, delegou-se ao *Conselho Nacional de Trânsito* (CONTRAN) a incumbência de ulterior regulamentação: (i) dos requisitos técnicos para a comercialização e fabricação desse tipo de veículo e, outrossim, (ii) das condições para a sua circulação.

Ainda assim, previu-se – em observância do princípio de *«precaução»* – que os veículos autônomos não poderão circular em vias públicas sem a devida *homologação do órgão de trânsito responsável*, sendo obrigatória, ainda, a realização de testes em território nacional, conforme estabelecer o CONTRAN. Para tanto, os interessados deverão solicitar licença prévia, com as informações determinadas em regulamento. Ademais, eles devem informar o CONTRAN regularmente sobre (i) quantos veículos estão em testes, (ii) quais os incidentes e os acidentes ocorridos, (iii) quais foram os locais de circulação e quilometragem percorrida.

Seguindo as diretrizes comparadas, estabeleceu-se como *condição de circulação*, a obrigação de que o veículo esteja ocupado por condutor de segurança ("garante de condução") devidamente habilitado. O fator diferencial, aqui, é a exigência adicional de *autorização especial para operação de veículos autônomos anotada em carteira nacional de habilitação*, estabelecendo-se, inclusive, que a sua inobservância ensejará as sanções legais.

Ainda que não haja, nessa proposta, especificação dos deveres de diligência do usuário ("garante de condução"), estabeleceu-se – aos fabricantes

[126] CÂMARA DOS DEPUTADOS. **Projeto de Lei nº 1317/2023: altera a Lei nº 9.503, de 23 de setembro de 1997, que institui o Código de Trânsito Brasileiro, para regulamentar os veículos autônomos terrestres, e dá outras providências.** Disponível em: <https://bit.ly/3B36PIV>.

[127] Proposta de teor ao art. 67-B do CTB.

de veículos autônomos – o *dever de informar* (de modo "claro" e "preciso") sobre o funcionamento do sistema autônomo, bem como de fornecer atualizações constantes para garantir a sua segurança e a conformidade legal, alertando-se, inclusive, que a não atualização – pelo proprietário – ensejará o impedimento de renovação do registro do veículo.

Em alinhamento com os precedentes do Reino Unido e Alemanha, o PL fixa, ainda, a obrigatoriedade de *seguro contra acidentes com cobertura de terceiros,* que assim, é mais um fator que condiciona a circulação legal do veículo. Essa medida está aglutinada ao bloco propositivo que estabeleceu que – em casos de acidentes no uso das funcionalidades próprias desse tipo de veículo – a responsabilidade pode ser *solidária* ou *exclusiva* entre (i) fabricante ou seu representante no Brasil e (ii) o proprietário ou condutor do veículo.

Tal diretriz, porém, não excluiu as situações de *responsabilidade exclusiva.* Em interessante delineamento propositivo, consta que se o proprietário do veículo autônomo ou o fabricante agiu com (i) negligência, (ii) imprudência ou (iii) imperícia na programação ou manutenção do veículo, a responsabilidade será exclusiva dele, sendo que – se o acidente ou infração ocorreram (i) por falha na programação ou (ii) na fabricação do veículo – o proprietário terá direito a receber o dobro do valor eventualmente por ele pago em indenizações ou multas.

Noutra frente, vedou-se o uso de veículo terrestre autônomo para ambulância ou equivalente, medida que contraria a tendência que foi indicada na Alemanha pela «*KBA*»[128]. Isso evidencia, de alguma maneira, que há menor «*risk appetite*» – e maior «*precaução*» – das autoridades brasileiras, já que, noutra frente, o PL nº. 2338/2023[129] (que estabelece normas gerais para o desenvolvimento, implementação e uso responsável de sistemas de inteligência artificial no Brasil) considerou como «*sistema de inteligência*

[128] KRAFTFAHRT-BUNDESAMT. **Pressemitteilung Nr. 45/2022**. Disponível em: <https://bit.ly/3HvNdkn>. Acesso em: 18 mar 2023.

[129] O Projeto de Lei foi baseado em relatório final da *Comissão de Juristas do Senado Federal*, apresentado em dezembro de 2022. Os trabalhos que conformaram o seu teor foram presididos Ministro Ricardo Villas Bôas Cueva (STJ) e relatados pela Professora Laura Schertel Ferreira Mendes (UnB/IDP). Vide: SENADO FEDERAL. Relatório Final: Comissão de Juristas responsável por subsidiar elaboração de substitutivo sobre inteligência artificial no Brasil. para subsidiar a elaboração de substitutivo sobre inteligência artificial.

artificial de alto risco» os veículos autônomos cujo uso possa gerar riscos à integridade física de pessoas (Art. 17, VIII)[130].

Por fim, essa segunda proposta também prevê a criação de *cadastro nacional de registro de incidentes e acidentes com veículos terrestres autônomos* contendo, inclusive, (i) o número de vítimas e (ii) a anotação do dano sofrido.

4. Perspectivas de ressignificação da culpabilidade nos delitos de trânsito

Em observância do que foi delineado alhures, resulta necessário enfatizar que embora o princípio de *«precaução»*[131] siga a afetar os tempos de condução (política) e a repercussão (sóciojurídica) dessa nova matriz de trânsito, a evidência coletada neste estudo é de que, nos âmbitos nacionais (Estados Unidos, Alemanha, Reino Unido) e internacionais (União Europeia e ONU), há convergência regulatória quanto ao *«risk appetite»* de uso da inteligência artificial nos meios e modos de locomoção.

Logo, tais *«policymakers»* – com independência de eventuais ações reparatórias – estão dispostos a permitir que, na ambiência das *«smart cities»*[132], a realidade cotidiana de seus cidadãos esteja integrada a uma dinâmica de mobilidade que continuará a ensejar – ainda que em menor grau – algum *«risco»*: expressão que – pela ótica penal – designa uma *probabilidade de lesão*[133]. Ou seja: o "desejável" *bônus* da automatização *não exclui o ônus* gerado na sua fabricação e uso.

Esse dado torna-se particularmente problemático quando interpretado à luz da omissão regulatória – *nas políticas globais e locais* – quanto ao impacto penal dos riscos *endógenos* (oriundos da configuração algorítmica dos *«VA's»*) ou *exógenos* (causados pela ação ou omissão humana) que gravitam em torno do uso dos *«VA's»*[134]. Não houve até o momento, qualquer delimitação legal para que haja a devida adequação dos critérios normativos que permitem *imputar* (certeza positiva) ou *afastar* (certeza negativa) a

[130] SENADO FEDERAL. **Projeto de Lei nº 2338/2023: Estabelece normas gerais de caráter nacional para o desenvolvimento, implementação e uso responsável de sistemas de inteligência artificial (IA) no Brasil.** Disponível em: <https://bit.ly/3pdq9kp>.

[131] SUSTEIN, Cass R. *Beyond the Precautionary Principle,* in **University of Pennsylvania Law Review**, v. 151, nº. 3 (jan., 2003), pp. 1003 e ss.

[132] LUTI, Malik. **Smart Citizens in Smart Cities**. Long Beach, CA: Lutyia LL, 2021, pp. 27 e ss.

[133] SILVA SÁNCHEZ, Jesús-María. **El riesgo permitido en Derecho penal económico**. Barcelona: Atelier, 2022, p. 15.

[134] *Ibidem.*

responsabilidade (penal) por mortes ou lesões corporais causadas durante o uso de veículos operados com inteligência artificial[135].

Nesse ponto, não se pode olvidar que a legalidade penal – *lex certa, lex scripta, lex stricta e lex praevia* – é, acima de tudo, uma garantia das pessoas e um limite do poder penal do Estado[136]. Essa ressalva é de extrema importância, pois – de momento – a omissão do arranjo de *«risk appetite»* das políticas regulatórias está a transferir para a *casuística judicial* a tarefa de construção das balizas de determinação do sentido e do alcance de normas penais que foram concebidas para outra realidade de trânsito[137]: situação que colide frontalmente com a segurança jurídica[138].

O desafio judicial, portanto, está na compreensão de *quando* – e *como* – a causa de resultados penalmente relevantes (como a morte ou a lesão corporal) estará abarcada pelo paradigma do *«risco permitido»*: dogma conceitual que se refere ao conjunto de condutas que são perigosas para determinados bens jurídicos, porém, não são puníveis[139].

Essa *tensão analítica,* contudo, não é totalmente nova no direito penal. Basta relembrar que – no debate jurídico do período pós-guerra – houve ampla reverberação (acadêmica, social e política) do risco de vulneração da vida e da integridade física de transeuntes ante ao contexto de intenso desenvolvimento do trânsito[140].

Naquela ocasião, a escalabilidade do uso de veículos automotores (e do consequente risco de "causação" de mortes pelo seu uso) foi o fator propulsor de importantes inquietações – e avanços – no debate da dogmática

[135] MIR PUIG, Santiago. **Derecho Penal – Parte General.** 10ª ed. Barcelona: BdeF, 2016, pp. 106 e ss.

[136] PÉREZ DEL VALLE, Carlos. **Lecciones de Derecho penal.** Madrid: Dykinson, 2017, p. 51.

[137] A respeito, vide: ABREU, Waldyr de. **Direito Penal do Trânsito**. Rio de Janeiro: Forense, 1987, pp. 14 e ss; JESUS, Damásio Evangelista de. **Crimes de trânsito: anotações à parte criminal do Código de trânsito (lei n. 9.503, de 23 de setembro de 1997).** São Paulo: Saraiva, 2009, pp. 10 e ss. MOLINAS, Fernando. *El deber de cuidado del automovilista y del peatón,* **Doctrina Penal**, Buenos Aires, 1996, año 9, nº 36, pp. 633-647.

[138] PÉREZ DEL VALLE, Carlos. **Lecciones de Derecho penal.** Madrid: Dykinson, 2017, pp. 51-54.

[139] Nesse ponto, merece destaque a discussão em torno da "causa" dessa ausencia de punição, que, para alguns, se dá em razão da ausencia de *tipicidade objetiva,* mas, para outros, seria em razão da exclusão da imputação subjetiva. Por todos, vide: SILVA SÁNCHEZ, Jesús-María. **El riesgo permitido en Derecho penal económico**. Barcelona: Atelier, 2022, pp. 16-18.

[140] WELZEL, Hans. **Das neue Bild des Strafrechtssystems: eine Einführung in die finale Handlungslehre**. 4., erweiterte Auflage. Göttingen: Otto Schwartz & Co., 1961, p. 12 e ss.

penal de tradição alemã, mormente quanto aos *critérios de imputação* (pela inobservância do cuidado devido) e a consequente conformação do seu *juízo de reprovação* (culpabilidade)[141].

A diferença, agora, é que – diante da omissão regulatória – a determinação da ressignificação penal (permissiva ou proibitiva) do uso de veículos automatizados depende, umbilicalmente, da apreciação judicial do comportamento de humanos que já não estão, apenas, (i) na posição clássica de "condutor", mas também, (ii) de "conduzido/usuário" (quando a autonomia veicular é plena); (iii) de "garante de condução" (quando a autonomia veicular é parcial); ou (iv) de "garante de operação" (fabricante e supervisor técnico).

Isso significa que, do ponto de vista fenomênico, a potencial repercussão penal desse *risco* (que *a priori* é permitido) envolve dinâmicas substancialmente distintas daquelas que caracterizam os *delitos paradigmáticos*, vale dizer: aqueles em que a causa da morte ou da lesão corporal de transeuntes ou de terceiros resulta da incidência dos critérios de (i) *ação*, (ii) *contato físico* e (iii) *intenção*[142], e que, por isso, recebem maior desvalor em comparação aos casos nos quais o dano resulta de (i) *omissão* (ii) que não gera contato físico e (iii) sem intenção.

Por conseguinte, o maior grau de autonomia veicular – e o modo disruptivo de sua condução algorítmica – impõem a ressignificação dos parâmetros de desvalor judicial de condutas (pessoais) e de riscos (operacionais), sendo obrigatório que – nessa faceta de perigo – o foco de imputação não esteja, apenas, no comportamento individual de quem estava fisicamente no veículo.

Para além disso, é fundamental que haja a prévia integração e delimitação de dois tipos de *expectativas de uso*. Uma é de *performance algorítmica*, cujo teor está relacionado ao desempenho que se espera de determinado nível de automação veicular. A outra é de *diligência devida*, noção que está atrelada aos cuidados – ou cautelas técnicas – que se "expecta" de quem atua (i) *na fabricação/programação*, (ii) *na supervisão técnica* e (iii) *na venda (ou locação)* do veículo cujo deslocamento depende do adequado funcio-

[141] *Ibidem*.

[142] Ragués i Vallès, Ramon; Robles Planas, Ricardo. **Delito y empresa: estudios sbore la teoria del delito aplicada al Derecho peal económico-empresarial.** Barcelona: Atelir, 2018, pp. 44 e ss.

namento de um *«sistema multiagente»* baseado em inteligência artificial e automatização.

Em abstrato, essa delimitação integrativa maximiza a capacidade de rendimento da *culpabilidade*, ao menos no que atine ao dogma de que esse princípio (i) é fundamento e limite da responsabilidade penal; (ii) tem como pressuposto lógico *a liberdade de decisão humana da pessoa individual*[143]; e (iii) gera a consequência limitativa de que a imputação e a punição penal devem alcançar, apenas, a quem pode ser considerado responsável por um comportamento lesivo e, de outro, capaz de orientar a sua conduta em conformidade ao direito[144]. Do contrário, qualquer iniciativa que discrepe desses preceitos concretar-se-á como intervenção avessa ao dogma de que a resposta punitiva (estatal) deve ser dada na medida da específica responsabilidade (individual) pela realização do fato que é penalmente relevante.

Em observância disso, não se pode ignorar o risco de que um defeito na etapa de concepção do projeto veicular ou na programação algorítmica dos seus *softwares*[145] prejudique as funcionalidades e segurança, convertendo-se, assim, no fator que determina o erro humano acerca da necessidade, ou não, de interação proativa com o *dashboard* do veículo. Essa é uma possibilidade expressamente prevista, inclusive, no arranjo proposito que está em trâmite no Congresso Nacional[146].

Sobre esse aspecto, há, na literatura[147], relevante alerta no sentido de que é um equívoco presumir que – no *nível 3* da escala *«SAE International»*[148] a automação algorítmica propiciada por um *«Advanced Driver-Assistance*

[143] JESCHECK, Hans-Heinrich; WEIGEND, Thomas. **Lehrbuch Des Strafrechts: Allgemeiner Teil**, 5ª ed. Berlin: Duncker & Humblot, 1996, § 37.I.1.

[144] PÉREZ DEL VALLE, Carlos. **Lecciones de Derecho penal.** Madrid: Dykinson, 2017, pp. 45-46.

[145] EDSALL, Larry. **Concept Cars: New Technologies for the 21st Century**. Milano: White Star, 2019, p. 17 e ss.

[146] Vide: CÂMARA DOS DEPUTADOS. **Projeto de Lei nº 1317/2023: altera a Lei nº 9.503, de 23 de setembro de 1997, que institui o Código de Trânsito Brasileiro, para regulamentar os veículos autônomos terrestres, e dá outras providências.** Disponível em: <https://bit.ly/3B36PIV>.

[147] BRONSON, Kelly; LE PAGE, Sophie; ROBINSON, Katherine-Marie; MOON, AJung; RISMANI, Shalaleh; MILLAR, Jason. *Drivers' Awareness, Knowledge, and Use of Autonomous Driving Assistance Systems (ADAS) and Vehicle Automation*. **ArXiv**, 2020, pp. 1-6.

[148] SAE INTERNATIONAL, **Taxonomy and Definitions for Terms Related to Driving Automation Systems for On-Road Motor Vehicles (2021)**. Disponível em: <https://www.sae.org/standards/content/j3016_202104/>. Acesso em: 21 mar. 2023.

System» seja de fácil uso, mormente quando não há algum tipo de treinamento formal aos condutores[149]: fator sensível, já que – segundo esse estudo – a evidência empírica é de que 67% dos usuários de veículos semiautônomos *nunca* ou *raramente* ativam todos os recursos disponíveis no *«ADAS»*.

Pela perspectiva de risco, então, esse dado sugere a potencial existência de *dois problemas* que impactam a culpabilidade de quem intervém no uso dessa função veicular. *Primeiro*: nas dinâmicas de *«conditional driving automation»* (nível 3)[150], as conduções semiautônomas se dão, em regra, sem o pleno domínio das funcionalidades algorítmicas do sistema. *Segundo*: se o design de *dashboard* (e os sinais de alerta emitidos por ele) não são intuitivos para quem "conduz", há incremento do risco de erro na percepção da necessidade, ou não, de intervenção e retomada humana de condução.

Em conjunto, esses dois problemas não só criam riscos e potenciais afetações de culpabilidade, como também, reduzem a capacidade de rendimento das ferramentas tecnológicas que, em tese, deveriam tornar a condução mais segura[151]. Por isso, torna-se relevante, para apreciação judicial, o desvalor da culpabilidade – por parte de fabricante, vendedor e locador – pela não concessão da capacitação técnica para necessária para (i) a adequada interação com o *dashboard* do veículo e (ii) interpretação dos alertamente emitidos por ele[152].

Essa repercussão, por certo, envolve a apreciação do conteúdo e do sentido normativo dos *deveres de diligência* que recaem sobre quem esteja na posição de condutor-usuário situacional ("garante de condução") ou proprietário ("garante de manutenção"): aspecto que também passa, inevitavelmente, pelo debate acerca da existência, ou não, de dever (positivo) do Estado de fomentá-los nos processos de concessão e renovação de carteiras de habilitação[153].

[149] BRONSON et al., *op. cit,* p. 3.

[150] SAE INTERNATIONAL, *op. cit.*

[151] BRONSON, Kelly; LE PAGE, Sophie; ROBINSON, Katherine-Marie; MOON, AJung; RISMANI, Shalaleh; MILLAR, Jason. *Drivers' Awareness, Knowledge, and Use of Autonomous Driving Assistance Systems (ADAS) and Vehicle Automation.* **ArXiv**, 2020, pp. 1-6.

[152] SAE INTERNATIONAL, **Taxonomy and Definitions for Terms Related to Driving Automation Systems for On-Road Motor Vehicles (2021)**. Disponível em: <https://www.sae.org/standards/content/j3016_202104/>. Acesso em: 21 mar. 2023.

[153] Sobre a repercussão da co-culpabilidade do Estado, vide: MOURA, Grégore Moreira de. **Do princípio da co-culpabilidade.** Niterói: Impetus, 2006, p. 37.

Por outro lado, merecem igual cautela analítica – em prol do afastamento do enfoque de imputação e atribuição de responsabilidade penal – as situações de:(i) «*bug*» (falha ou erro no código por defeito de projeto), que determina a condução errática do veículo em razão da falta de capacidade técnica de predição[154]; (ii)«*hacking*» (acesso não autorizado ou controle sobre software de segurança para algum propósito ilícito); «*computational virus*» e «*hardware failure*» (envolvendo câmeras e sensores, por exemplo), já que cada um desses fatores circunstanciais tendem a afastar o enfoque de imputação e atribuição de responsabilidade penal do usuário.

Pela perspectiva *ad extra*, por sua vez, deve ser ponderado – no desvalor judicial de eventual infração de deveres de cuidado – o reflexo de fatores exógenos ao sistema veicular que, tradicionalmente, estão imersos na tormentosa distinção civilista de "fortuitos" *internos* e *externos*[155]. Afinal, eles podem determinar a *colisão* ou *atropelamento* de pessoas, em especial, nas ocorrências de (i) imprudência comportamental de pedestres ou de condutores de veículos desprovidos de autonomia; (ii) cruzamento de animais silvestres; e (iii) fenômenos meteorológicos[156].

Partindo da premissa de que, *de um lado*, o risco de causação de morte ou lesão corporal pode resultar da coincidência de debilitação algorítmica, falha técnica, vulnerabilidades de *software*, e, *de outro lado*, que quanto maior o nível de autonomia propiciado pelo «*VA*», menor será o rol de *deveres de diligência* que recai sobre a pessoa que o aciona, a tendência é de que:

- No *nível 3*, mesmo após o acionamento da função de condução autônoma há – em determinadas situações – a possibilidade de retorno da direção ao condutor humano, exigindo-se, por isso, elevada diligência para que se garanta a retomada de direção (cujo retorno é

[154] Kapur, P.K; Pham, Hoang; Chand, Udayan; Kumar, Vijay. *Optimal allocation of testing effort during testing and debugging phases: a control theoretic approach,* **International Journal of Systems Science**, v. 44, 2022, Philadelphia, pp. 1639-1650. Sobre a predição de defeitos, vide: Verhaeg, Ricardo Fontão. **Uma abordagem de predição de defeitos de sotware no contexto de desenvolvimento ágil**. São Carlos: Instituto de Ciências Matemáticas e Computação, 2018, pp. 41 e ss.

[155] Miragem, Bruno. **Direito civil: direito das obrigações**. São Paulo: Saraiva, 2017, p. 532

[156] Coca Vila, Ivó. *La exculpación de hechos lesivos programados: una primera reflexión a propósito de la configuración antijurídica de los algoritmos de necesidad de coches autónomos* (2018), **Revista de Derecho Penal y Procesal Penal**, v. 6, Buenos Aires, pp. 1131-1133.

feito de modo automatizado pelo *«ADAS»*)[157]. Logo, sempre haverá margem para averiguar, nesse nível, a ocorrência de culpabilidade concorrente ou culpa exclusiva entre (i) usuário-condutor, (ii) fabricante-locador; e (iii) supervisores técnicos.

- No *nível 4*, porém, há substancial redução da diligência devida ao condutor humano, pois – a partir do acionamento do *«VA»* – o *«sistema multiagente»* conduz – autônoma e integralmente – as ações de controle do veículo e, outrossim, de identificação de situações que demandem a ativação do protocolo de segurança *«minimal risk position»*[158]. Por isso, a tendência é que, nesse nível, o enfoque de culpabilidade recaia, especificamente, nas pessoas responsáveis pela fabricação e supervisão técnica, incluindo, por certo, programadores que, nos seus respectivos atos profissionais, não conformaram o sistema do *«VA»* a partir de *«crash-algorithms»*[159] dotados de suficiência para responder de maneira ótima em situações de inevitabilidade de causação (ou não evitação) de um dano.
- No *nível 5*, quem outrora era "condutor" se converte em mero "espectador". Porém, o entrelaçamento de *software e hardware* que conforma o seu *«sistema multiagente»* lhe atribui performance de condução completa, sendo que, em casos de emergência, a resposta situacional é dada pelo próprio *«VA»*. Por esse motivo, a tendência é que a responsabilidade seja remetida aos atores dos contextos de fabricação, programação e supervisão técnica.

[157] MOOLAYIL, Amar. *The Modern Trolley Problem: Ethical and Economically-Sound Liability Schemes for Autonomous Vehicles.* **Case Western Reserve Journal of Law, Technology and the Internet**, v. 9, 2018, p. 4.

[158] MOOLAYIL, op. cit., p. 3.

[159] COCA VILA, Ivó. *La exculpación de hechos lesivos programados: una primera reflexión a propósito de la configuración antijurídica de los algoritmos de necesidad de coches autónomos.* **Revista de Derecho Penal y Procesal Penal**,v. 6, Buenos Aires, 2018, pp. 1131-1133.

Tabela 4 – Tendências de enfoque de culpabilidade em delitos cometidos durante o uso da funcionalidade de condução autônoma

Tendência enfoque de culpabilidade em veículos com recurso de direção automatizada			
Nível de Automatização	Condução Autônoma	Fator de Risco operacional	Perspectiva focal de culpabilidade
"3" ⟶ ***«conditional driving automation»***	Ocorre como exceção: em algumas condições *fático-operativas*.	1.«*Handover problem*»; 2. Desconhecimento; 3. Falhas (de software, hardware, manutenção).	Pode, a depender das circunstâncias, recair sobre (i) o condutor-usuário, (ii) proprietário, (iii) pessoas que atuaram na fabricação (ex: programadores), (iv) supervisor técnico.
"4" ⟶ ***«high driving automation»***	Ocorre como exceção: em algumas especificidades situacionais ou em áreas operacionais.	1.«*Handover problem*» 2. Desconhecimento; 3. Falhas (de software, hardware, manutenção).	Menor possibilidade de integração do condutor-usuário, porém, maior enfoque no (i) proprietário e (ii) nas pessoas que atuaram na projeção/fabricação e (iii) no supervisor técnico.
"5" ⟶ ***«full driving automation»***	Ocorre como regra: em qualquer circunstância – a condução veicular se dá mediante plena *autonomia algorítmica* resultante do uso de inteligência artificial.	1. «*Bug*»; 2. «*Hacking*»; 3. «*Computational virus*»; 4. Falha de *hardware*; 5. Déficit algorítmico.	Não recai, em regra, sobre o condutor-usuário, mas sim, sobre as pessoas responsáveis pela concreção e supervisão técnica do veículo (incluindo a sua manutenção) e que intervieram (i) na fabricação ou (ii) na supervisão técnica do veículo.

Fonte: elaboração própria.

Esse quadro deixa evidente que a peculiaridade – fática e regulatória – e o *«risk appetite»* acerca de cada um dos "papéis" de quem intervém (i) na projeção/fabricação, (ii) na supervisão técnica, (iii) na manutenção e (iv) no uso do veículo autônomo afeta não só os fundamentos, mas também os limites da atribuição de mensuração da culpabilidade no campo penal. Assim, o sentido – e o alcance – penal de acidentes com veículos autônomos e semiautônomos baseados em inteligência artificial depende, essencialmente, da regulação precisa das obrigações básicas (*«grundlegenden Pflichten»*) de quatro destinatários distintos: (i) o usuário-condutor, (ii) o titular-proprietário (*«der Halter»*), (iii) o supervisor técnico (*«der technis-*

chen Aufseher») e (iv) o fabricante (*«der Hersteller»*). Sem isso, o sentido e o alcance da normativa penal de trânsito serão prejudicados pelas incertezas e dificuldades operativas.

Conclusões

Diante de todo o exposto, resulta evidente que o movimento de substituição (i) da [imprecisa] condução humana (ii) pelo [eficiente] entrelaçamento dos *softwares* e *hardwares* que conformam os veículos autônomos exige o repensar adaptativo não só do arranjo regulatório que baliza as políticas públicas e os riscos mobilidade terrestre, mas também do próprio atuar diligente de cada pessoa que está – ou estará – na ambiência tecnológica das *«smart cities»*.

Pela ótica fenomênica, o uso de inteligência artificial nos meios e modos de locomoção não *extinguirá*, mas sim *mitigará* os riscos de causação de mortes e lesões corporais no trânsito, fator que, por certo, não deve ofuscar o potencial impacto e avanço dessa disrupção tecnológica. O que muda, então, são os *enfoques* (de risco, de papéis e de culpa). Daí a necessidade de que, no Brasil, os *«policymakers»* promovam a implementação e aperfeiçoamento das (embrionárias) políticas regulatórias que já são executadas nas experiências comparadas, com o fito de superar, assim, os déficits e porosidades de suas normatividades. Sem isso, dar-se-á margem para a escalabilidade de incertezas e dificuldades que, cada vez mais, derivar-se-ão da não assimilação – *político-jurídica* – dos paradigmas tecnológicos que estão a ressignificar a categoria clássica da culpabilidade penal. A única certeza "circulante", então, é a de que – no devir desse percurso técnico-civilizatório – não há deslocamento retroativo. O avanço disruptivo não é uma opção, mas uma realidade de conformação *quase* automatizada.

18

JURISDIÇÃO CONSTITUCIONAL E NOVAS TECNOLOGIAS: *RELEITURAS DO ART. 5º, INCISO XII, DA CONSTITUIÇÃO NA JURISPRUDÊNCIA DO SUPREMO TRIBUNAL FEDERAL*

Reynaldo Soares da Fonseca
Gabriel Campos Soares da Fonseca
João Gabriel Costa dos Santos

1. Introdução

O debate constitucional é fortemente marcado pela tensão entre *preservação* e *flexibilidade* de seu texto, sobretudo no âmbito das denominadas *constituições rígidas*[1], buscando alcançar um equilíbrio complexo entre os dois fatores.

No caso brasileiro, as chamadas cláusulas pétreas são exemplo de *preservação*. Elas manifestam a decisão explícita do Poder Constituinte originário no sentido de tornar um "conjunto de preceitos integrantes da Constituição"[2] imune à ação do Poder Constituinte reformador. Uma verdadeira barreira a qualquer deliberação política em torno de Proposta de Emenda à Constituição (PEC) que possa vir a restringir direitos e garan-

[1] As *constituições rígidas* somente podem ser alteradas "mediante processos, solenidades e exigências formais especiais, diferentes e mais difíceis que os de formação das leis ordinárias ou complementares", diferentemente das chamadas *Constituições flexíveis* que podem ser livremente modificadas "pelo legislador segundo o mesmo processo de elaboração das leis ordinárias" (Silva, José Afonso da. **Curso de Direito Constitucional Positivo.** 23ª Ed. São Paulo: Malheiros Editores, 2004, p. 42).

[2] Segundo André Ramos Tavares, as cláusulas pétreas identificam "o conjunto dos preceitos integrantes da Constituição que não podem ser objeto de emenda constitucional restritiva" (Tavares, André Ramos. **Curso de Direito Constitucional**. 10ª edição. São Paulo: Editora Saraiva, 2012, p. 78-79).

tias fundamentais; a forma federativa de Estado; o voto direto, secreto, universal e periódico; e a separação dos Poderes[3].

Como bem sintetiza Paulo Gonet Branco[4], as cláusulas pétreas (explícitas e implícitas) representam a *permanência temporal* do núcleo essencial e das opções fundamentais que nortearam a elaboração da Constituição Federal de 1988. Assim, espelham a identidade do projeto de nação que "o constituinte originário quis ver inabalado" mesmo em tempos de crise institucional[5].

Por outro lado, a Constituição precisa estar atenta às transformações culturais, políticas, econômicas e jurídicas que ocorrem na realidade social de uma nação, prevendo mecanismos que lhe confiram certo grau de plasticidade e de *flexibilidade* para 'sobreviver' ao longo do tempo[6]. Para acompanhar essas transformações, são possíveis mudanças formais e mudanças informais no texto constitucional.

[3] **Art. 60, § 4º, da Constituição Federal**: "não será objeto de deliberação a proposta de emenda tendente a abolir: I – A forma federativa de Estado; II – O voto direto, secreto, universal e periódico; III – A separação dos Poderes; IV – Os direitos e garantias individuais".

[4] As cláusulas pétreas detêm o objetivo de "proteger o núcleo essencial de direitos que o constituinte originário quis ver inabalado", não deixando margem para dúvida "sobre a essencialidade desses temas no seu projeto [...] Tudo o que puder ser identificado como opção jurídica central para o projeto do constituinte originário cabe ser considerado como imune à ação do poder constituinte de reforma, dada a natureza desse poder. Por isso, não é dado afirmar que a lista do art. 60, § 4º, da Constituição é taxativa" (Branco, Paulo Gustavo Gonet. **Cláusulas Pétreas**. Enciclopédia Jurídica da PUC/SP. Tomo Direito Administrativo e Constitucional. Edição 1. Abril de 2017).

[5] Apesar de eminentemente voltado à realidade estadunidense, cf. a definição de Sanford Levinson e de Jack Balkin sobre "crises constitucionais". Em vez de interligar o conceito às situações de conflito entre instituições, os autores argumentam que ele deve ser lido a partir da capacidade do desenho constitucional de canalizar esses conflitos: "*when the system of constitutional design breaks down, either because people abandon it or because it is leading them off of the proverbial cliff, disagreements and threats take on a special urgency that deserves the name of 'crisis'*" (Levinson, Sanford; Balkin, Jack M. Constitutional Crises. **University of Pennsylvania Law Review**, v. 157, p. 707-753, 2009, p. 711 e 714).

[6] "A flexibilidade é um fator estrutural polêmico, devido à sua associação com a estabilidade constitucional. Embora, de fato, ela seja geralmente vista como uma qualidade ou característica do constitucionalismo moderno, a flexibilidade, quando bem calibrada, pode permitir ajustes necessários de modo a tornar duradoura a constituição, já que ela permite que a constituição se adapte mais facilmente à emergência de novas questões sociais e possibilita reajustes de poderes e competências" (Freire, Alonso. **Longevidade constitucional**: o caso da Constituição de 1988. Brasília, Jota, 2018). Cf. também: Zachary, Elkins; Ginsburg, Tom; Melton, James. **The Endurance of National Constitutions**. Cambridge: Cambridge University Press, 2009, p. 99 e ss.

No plano das *mudanças formais da Constituição*, essa tensão chama atenção – por exemplo – para os debates acerca dos limites e da legitimidade do Poder Constituinte derivado em face de escolhas e de decisões fundamentais do Poder Constituinte originário, sobretudo por meio das ditas *emendas constitucionais inconstitucionais*[7].

Por sua vez, no plano das *mudanças informais do texto constitucional*[8], essa tensão desagua no tormentoso debate sobre os limites e as possibilidades de a jurisdição constitucional interpretar o texto da Constituição à luz das alterações culturais, políticas e sociais ao seu redor. Nessa linha, interpretações judiciais podem conferir à mesma "proposição textual normativa" significados diversos e funções práticas não imaginadas anteriormente[9].

Nos Estados Unidos, por exemplo, esse debate pode ser visualizado na disputa entre adeptos do *living constitutionalism* e defensores do *originalism*, ou até dos proponentes de terceiras vias[10]-[11]. Já na Alemanha e no Brasil, o tema ganha relevo nas discussões sobre as chamadas *mutações constitucionais*: alterações substanciais no sentido atribuído ao texto constitucional sem, contudo, qualquer mudança formal em sua redação[12]-[13].

[7] Cf. ROZNAI. Yaniv. **Unconstitutional constitutional amendments**: the limits of amendment power. Oxford: Oxford University Press, 2017; ALBERT, Richard; NAKASHIDZE, Malkhaz; OCLAY, Tarik. The Formalist Resistance to Unconstitutional Constitutional Amendments. **Hastings Law Journa**l, v. 70, n. 3, p. 639-670, 2019.

[8] Cf. FERRAZ, Anna Cândida da Cunha. **Processos informais de mudança da Constituição**: mutações constitucionais e mutações inconstitucionais. São Paulo: Max Limonad, 1986.

[9] Vale a ressalva de que, sobretudo por meio da chamada mutação constitucional, essas 'mudanças' podem ser também mero instrumento de reforço argumentativo para o convencimento retórico de determinado entendimento, em uma decisão judicial (CARVALHO, Alexandre Douglas Zaidan de. A hermenêutica constitucional entre a estabilidade e a dinâmica: elementos para uma compreensão do conceito de mutação constitucional. **Revista do Instituto do Direito Brasileiro**, Coimbra, ano 2, nº 9, p. 9187-9220, 2013, p. 9188-9189).

[10] Cf. SOLUM, Lawrence B. Originalism versus Living Constitutionalism: the conceptual structure of the great debate. **Northwestern University Law Review**, v. 113, issue 6, p. 1243-1296, April 2019; STRAUSS, David A. **The Living Constitution**. New York: Oxford University Press, 2010; BALKIN, Jack M. **Living Originalism**. Cambridge: Harvard University Press, 2012.

[11] Sobre o tema no direito estadunidense, cf. CAVALCANTI, Ana Beatriz Vanzoff Robalinho. **Mutação constitucional como interpretação**: processos informais de mudança da Constituição no contexto norte-americano. 2013. 112 f. Monografia (Graduação em Direito), Universidade de Brasília, Brasília, 2013.

[12] "[P]or vezes, em virtude de uma evolução na situação de fato sobre a qual incide a norma, ou ainda por força de uma nova visão jurídica que passa a predominar na sociedade, a Constituição

No entanto, como bem ressaltado por Thomas Feltzer e Christopher Yoo, parcela considerável da literatura constitucional não confere a mesma atenção ao impacto que inovações tecnológicas podem gerar nessas discussões:

> O que tem recebido menor atenção é a dimensão pela qual mudanças na interpretação constitucional são movidas não por alterações nos costumes políticos, mas sim pelo desenvolvimento de novas tecnologias [...] [Ocorre que] a melhor compreensão sobre os impactos potencialmente causados por novas tecnologias [na interpretação constitucional] pode resultar em uma análise mais aprofundada acerca da evolução do direito constitucional ao longo do tempo[14]

Em sentido convergente, porém mais direcionado ao marco teórico do *Constitucionalismo Digital*[15], Gilmar Ferreira Mendes e Victor Oliveira Fernandes propõem uma "transformação teórica da jurisdição constitucional brasileira voltada à proteção de direitos fundamentais no ciberespaço", sobretudo diante da "natural abertura" dos textos normativos e da "incapacidade de antecipação legislativa dos problemas relacionados ao uso das novas tecnologias". A despeito do protagonismo já assumido pela jurisdição constitucional de diversos países nesse sentido, os autores manifestam sua preocupação com a lacuna existente na literatura constitucional sobre

muda, sem que as suas palavras hajam sofrido modificação alguma. O texto é o mesmo, mas o sentido que lhe é atribuído é outro" (MENDES, Gilmar Ferreira; BRANCO, Paulo Gustavo Gonet. **Curso de Direito Constitucional**. 17ª edição revista e atualizada. São Paulo: Saraiva, 2022, p. 137).

13 Sobre as origens do conceito e as justificativas da ideia de mutação constitucional, cf. Cavalcanti, Ana Beatriz Vanzoff Robalinho. **Mutação Constitucional**: Origem, (Des) construção e Justificação. 2017. 162 f. Dissertação (Mestrado em Direito Constitucional), Departamento de Direito do Estado, Faculdade de Direito, Universidade de São Paulo, São Paulo, 2017.

14 "What has received less attention is the extent which changes in constitutional interpretation are driven not by shifts in political mores, but rather by new developments in technology [...] A better understanding of the potential impact of new technologies should provide a deeper appreciation of the manner in which constitutional law evolves over time" (Fetzer, Thomas; Yoo, Christopher S. New Technologies and Constitutional Law. **Faculty Scholarship at Penn Law**, n. 545, 2012, p. 1-2). Tradução livre dos autores.

15 Cf. Celeste, Edoardo. Digital constitutionalism: a new systematic theorisation. **International Review of Law, Computers & Technology**, v. 33, n. 1, 76-99, 2019.

a atuação desempenhada por Cortes Supremas na efetivação e na redefinição da essência de direitos fundamentais diante do advento do *'ciberespaço'*[16].

O presente ensaio se insere nessa *agenda de pesquisa*, cujo *objetivo geral* consiste em perquirir os efeitos gerados pelas novas Tecnologias da Informação e Comunicação (TICs) na interpretação desempenhada por Cortes Supremas em relação a direitos e a garantias constitucionais. Afinal, direito, tecnologia e sociedade não são elementos apartados, mas, sim, integrados e entrelaçados, com efeitos mútuos e interferências recíprocas[17].

Não obstante, devido à abrangência do tema, este ensaio realiza dois *recortes de pesquisa*. Primeiro, um recorte temático adstrito ao art. 5º, inciso XII, da Constituição Federal de 1988. Segundo, um recorte geográfico, cujo enfoque se restringe ao Brasil e ao seu Tribunal máximo em matéria de interpretação constitucional: o Supremo Tribunal Federal (STF), cuja função precípua consiste justamente na "guarda da Constituição" (art. 102, *caput*, da Constituição Federal).

Portanto, por meio de *abordagem metodológica hipotético-dedutiva*, este ensaio possui o *objetivo específico* de investigar a seguinte *hipótese*: "diante das mudanças na tecnologia e nas práticas comunicativas"[18], o Supremo Tribunal Federal estaria caminhando para uma mudança paradigmática em seu entendimento sobre o escopo do art. 5º, XII, da Constituição Federal[19].

A confirmação categórica da hipótese aventada (mudança paradigmática na jurisprudência do STF) demandaria uma amostragem quantitativa e um aprofundamento qualitativo em relação à totalidade do banco de dados jurisprudencial disponível no sítio eletrônico do STF, indicando ainda os critérios e os termos de pesquisa[20]. De outra sorte, este breve

[16] MENDES, Gilmar Ferreira; FERNANDES, Victor Oliveira. Constitucionalismo digital e jurisdição constitucional: uma agenda de pesquisa para o caso brasileiro. **Revista Brasileira de Direito**, Passo Fundo, vol. 16, n. 1, p. 1-33, janeiro-abril, 2020, p. 3.

[17] Nesse sentido, Cf. LEMOS, Ronaldo. **Direito, Tecnologia e Cultura**. Rio de Janeiro: Editora FGV Direito Rio, 2005.

[18] QUEIROZ, Rafael Mafei Rabelo; PONCE, Paula Pedigoni. Tércio Sampaio Ferraz Júnior e Sigilo de dados: o direito à privacidade e os limites à função fiscalizadora do Estado: o que permanece e o que deve ser reconsiderado. **Revista Internet & Sociedade**, São Paulo, n.1, v. 1, p. 64-90, 2020, p. 67.

[19] A discussão teórica e jurisprudencial que justificou o problema de pesquisa deste ensaio será melhor explicitada na primeira parte do texto.

[20] Cf. QUEIROZ, Rafael Mafei Rabelo. FEFERBAUM, Marina. **Metodologia da pesquisa em direito.** 2ª edição. São Paulo: Saraiva Jur, 2022. Quantitativamente, Cf. NUNES, José Luiz;

estudo assume caráter eminente *exploratório*, com o intuito de mapear os contornos da discussão existente, sobretudo por meio de julgados destacados pela literatura jurídica e pela própria jurisprudência do STF encontrados neste trabalho.

Além desta introdução, o texto está dividido em três partes. Com base na mencionada reconstrução histórica fornecida pela pesquisa de Rafael Mafei e de Paula Pedigoni, a primeira parte revisa os precedentes que consolidaram a interpretação do STF acerca do tema: o Mandado de Segurança (MS) nº 21.729/DF, o Recurso Extraordinário (RE) nº 418.416/SC e o Habeas Corpus (HC) nº 91.867/PA.

Por sua vez, a segunda parte investiga os indícios de uma possível mudança de entendimento do STF sobre o tema, sobretudo a partir da análise do Habeas Corpus (HC) nº 168.052/SP, o qual destacou as inovações nas Tecnologias da Informação e Comunicação (TICs), bem como as alterações nas práticas comunicacionais da sociedade brasileira como fator de uma mutação constitucional acerca do dispositivo constitucional investigado por este trabalho.

Por fim, as considerações finais do texto destacam as limitações das conclusões alcançadas e indicam as perspectivas futuras do debate sobre a extensão do art. 5º, XII, da Constituição Federal de 1988, no STF, a partir do reconhecimento de dois temas de repercussão geral: o Agravo em Recurso Extraordinário (ARE) nº 1.042.075/RJ e o Recurso Extraordinário (RE) nº 1.301.250/RJ.

2. O art. 5º, XII, da constituição no supremo tribunal federal:

O art. 5º, XII, da Constituição Federal, determina que – no Brasil – "a regra é a privacidade quanto à correspondência, às comunicações telegráficas, aos dados e às comunicações, ficando a exceção – a quebra do sigilo – submetida ao crivo de órgão equidistante – o Judiciário – e, mesmo assim, [somente] para efeito de investigação criminal ou instrução processual penal" [21].

Essa exceção prevista na parte final do dispositivo constitucional foi regulamentada pela Lei de interceptações das comunicações telefônicas

HARTMANN, Ivar A. A quantiative approach to ranking corporate law precedents in the Brazilian Superior Court of Justice. **Artificial Intelligence and Law**, v. 30, p. 117-145, 2022.

[21] BRASIL, Supremo Tribunal Federal. **RE 389808**, Rel. Min. Marco Aurélio, PLENÁRIO, j. em 15.12.2010, DJe 10.5.2011.

(Lei nº 9.296/1996), cujo parágrafo único do art. 1º estende sua aplicação também "à interceptação do fluxo de comunicações em sistemas de informática e telemática"[22].

Ocorre que, há anos, a academia e a jurisprudência vêm levantando questionamentos acerca da correta interpretação sobre o escopo desse dispositivo constitucional, as quais foram intensificadas e "recolocadas pelo avanço da tecnologia":

> O art. 5º, XII, da CF, que garante o sigilo das comunicações, inclui uma exceção para fins de investigação e processo penal, a qual foi regulamentada na Lei de Interceptações (Lei 9.296/1996). O escopo de incidência dessa lei é, a rigor, restrito a procedimentos de quebra de sigilo de comunicações em andamento (em tempo real, enquanto ocorrem), realizadas com o auxílio de empresas de telecomunicações e/ou da instalação de grampos e escutas ambientais. Para tanto, a lei estabeleceu um regime jurídico rigoroso, que envolve o preenchimento de requisitos mais difíceis de serem atendidos. Esses requisitos estão previstos no art. 2º da referida lei e exigem (i) a configuração de indícios razoáveis da autoria ou participação em infração penal; (ii) a inexistência de outros meios de prova; e (iii) o envolvimento em crimes de maior gravidade. Além disso, a lei também estabeleceu um limite temporal para realização dessa medida: 15 dias, renováveis.
>
> Diferente é a situação da proteção (do conteúdo) de comunicações armazenadas, isto é, as que não estão mais em trânsito. Nessa hipótese, não há consenso sobre a aplicabilidade dos dispositivos constitucionais do art. 5º, incisos X e XII da CF. O sigilo garantido pelo art. 5º, XII se aplica apenas às comunicações em fluxo, ou engloba as comunicações armazenadas? Na hipótese da não aplicabilidade do inciso XII, esses dados armazenados estariam protegidos pela cláusula geral de proteção da intimidade (art. 5º, X, da CF)?[23]

Desde a década de 1990 até os dias atuais, a orientação jurisprudencial consolidada no STF se firmou no sentido de que a necessidade de ordem

[22] É pacífica a jurisprudência do Supremo Tribunal Federal no sentido de que "a exceção constitucional ao sigilo alcança as comunicações de dados telemáticos" (BRASIL, Supremo Tribunal Federal. **RHC 132.115/PR**, Rel. Min. Dias Toffoli, SEGUNDA TURMA, DJ 19-10-2018).

[23] ANTONIALLI, Dennys Marcelo; ABREU, Jacqueline de Souza; MASSARO, Heloísa; LUCIANO, Maria. **Revista Brasileira de Ciências Criminais**, vol. 154/2019, p. 177-214, Abr / 2019, p. 2-3.

judicial, prevista no art. 5º, inciso XII, da Constituição Federal, abarca somente o acesso à comunicação e ao fluxo de *dados em trânsito*, e não aos próprios dados em si, mesmo nas hipóteses em que estivessem *armazenados* no computador pessoal apreendido, por exemplo.

Conforme destacam Rafael Mafei e Paula Pedigoni em pesquisa histórica sobre o tema, o artigo "Sigilo de dados: o direito à privacidade e os limites à função fiscalizadora do Estado" (1993)[24], de autoria de Tércio Sampaio Ferraz Júnior, serviu como principal fundamentação teórica para a consolidação da supracitada interpretação constitucional adotada pelo STF[25].

A partir do referido trabalho acadêmico, o Ministro Sepúlveda Pertence capitaneou a jurisprudência do Supremo Tribunal Federal sobre o tema, sobretudo por meio do seu voto proferido no Mandado de Segurança (MS) nº 21.729/DF[26] e no acórdão do Recurso Extraordinário (RE) nº 418.416/SC[27], de sua relatoria.

O MS nº 21.729/DF foi impetrado pelo Banco do Brasil S/A contra ofício do então Procurador-Geral da República (PGR), que requeria o fornecimento de lista de nomes dos beneficiários de liberação de recursos, em caráter emergencial, ao setor sucroalcooleiro, além de dados sobre "os favorecidos com os créditos em débito para com o Banco, pedindo-se

[24] Cf. Ferraz Júnior, Tércio Sampaio. Sigilo de dados: o direito à privacidade e os limites à função fiscalizadora do Estado. **Revista da Faculdade de Direito**, Universidade de São Paulo, 88, p. 439-459, 1993.
"Esse trabalho surgiu de uma coisa muito factual em 1991. Eu, naquela época, era procurador geral da Fazenda e enfrentava um problema de revelação do sigilo, de nomes e de dados identificadores de pessoas que portassem cartões de crédito [...] A questão era: o que é que era protegido mediante sigilo conforme dizia a Constituição? O que é que eu estava protegendo?" (Ferraz Júnior, Tércio Sampaio. **Sigilo de dados, o direito à privacidade e os limites do poder do estado**: 25 anos depois. *In:* ABREU, Jacqueline de Souza; Antonialli, Dennys (eds.). **Direitos Fundamentais e Processo Penal na Era Digital**: Doutrina e Prática em Debate. Vol. 1. São Paulo: InternetLab, 2018, p. 19-30).

[25] Queiroz, Rafael Mafei Rabelo; Ponce, Paula Pedigoni. Tércio Sampaio Ferraz Júnior e Sigilo de dados: o direito à privacidade e os limites à função fiscalizadora do Estado: o que permanece e o que deve ser reconsiderado. **Revista Internet & Sociedade**, São Paulo, n.1, v. 1, p. 64-90, 2020, p. 80.

[26] BRASIL, Supremo Tribunal Federal. **MS 21.729/DF**. Rel. Min. Marco Aurélio, Redator p/ acórdão Min. Néri da Silveira, PLENÁRIO, DJ 19-10-2001.

[27] BRASIL, Supremo Tribunal Federal. **RE 418.416/SC**. Rel. Min. Sepúlveda Pertence, PLENÁRIO, DJ 19-12-2006.

deste, ainda, esclarecimentos sobre a natureza das operações e as respectivas situações"[28].

O Banco alegava que o envio dessa listagem configuraria quebra de sigilo e demandaria, portanto, a expedição de ordem judicial para que se pudesse divulgar essas informações. Suscitava-se o § 7º do art. 38 da Lei nº 4.595/1964, diploma que dispõe sobre o Sistema Financeiro Nacional. Segundo esse dispositivo, era dever das instituições financeiras a conservação do sigilo em suas operações ativas e passivas e serviços prestados, de modo que a sua quebra constituiria crime e sujeitaria os responsáveis à pena de reclusão, de um a quatro anos, sem prejuízo de outras sanções cabíveis.

Contudo, em apertada votação de 6 votos a 5, o STF indeferiu o mandado de segurança. Prevaleceu, nesse sentido, o entendimento de que não caberia ao Banco do Brasil negar o fornecimento de informações ao Ministério Público "sobre nomes de beneficiários de empréstimos concedidos pela instituição, com recursos subsidiados pelo erário federal, sob a invocação de sigilo bancário"[29].

Os votos que acompanharam a tese que se sagrou vencedora seguiram conclusões distintas: enquanto os Ministros Octávio Gallotti, Néri da Silveira, Moreira Alves e Sydney Sanches defendiam que se estaria diante de um ato de autoridade e que o arts. 37 e 129, VI, da Lei Maior imporiam todo tipo de publicidade à operação com parcela dos empréstimos representada pelo dinheiro público.

Por outro lado, os Ministros Francisco Rezek e Sepúlveda Pertence entendiam, na linha da conclusão de Tércio Sampaio Ferraz Júnior, que as operações bancárias não restariam abarcadas pelo sigilo de dados. É dizer: não haveria quebra de sigilo, "mas a revelação de algo que não só não estava sujeita ao sigilo, como para o qual se recomendava a publicidade"[30]. Portanto, a inviolabilidade do sigilo de dados alcançaria apenas as comunicações, e não os *dados armazenados* em dispositivo.

No voto vencido do relator do *writ*, Ministro Marco Aurélio, aduzia-se que o sigilo bancário estaria "sob a proteção do disposto nos incisos X

[28] BRASIL, Supremo Tribunal Federal. **MS 21.729/DF**. Rel. Min. Marco Aurélio, PLENÁRIO, DJ 19-10-2001.

[29] BRASIL, Supremo Tribunal Federal. **MS 21.729/DF**. Rel. Min. Marco Aurélio, PLENÁRIO, DJ 19-10-2001.

[30] BRASIL, Supremo Tribunal Federal. **MS 21.729/DF**. Rel. Min. Marco Aurélio, PLENÁRIO, DJ 19-10-2001.

e XII do artigo 5º da Constituição Federal", de modo que somente seria possível afastá-lo através de ordem judicial. Acompanharam esse entendimento os Ministros Maurício Corrêa, Celso de Mello, Ilmar Galvão e Carlos Velloso.

O segundo caso que merece análise é o RE nº 418.416/SC[31], interposto pelo empresário Luciano Hang. Naquele julgado, buscava-se a cassação da condenação do recorrente por crimes tributários, "dado que fundada em prova obtida por meio ilícito, consubstanciada na decisão que autorizou a busca e apreensão, de cuja execução também teria resultado violação à proteção constitucional ao sigilo das comunicações de dados".

A defesa requeria que fossem declarados inservíveis, para quaisquer fins de direito, os elementos extraídos da decodificação de material informatizado pertencente às empresas do réu. Alegava-se a necessidade de observância do quanto decidido no bojo da Ação Penal nº 307[32], em que se impediu a decodificação de microcomputador apreendido na sede de uma empresa.

Não obstante, o Pleno do STF destacou que, no caso da AP nº 307, a exclusão da prova se deu porque a máquina foi apreendida sem ordem judicial, ao passo que, "a apreensão dos computadores da empresa do recorrente se fez regularmente, na conformidade e em cumprimento de mandado judicial".

Por fim, o tribunal assentou, expressamente, a tese de que a proteção a que se refere o art. 5º, XII, da Constituição Federal seria a da "comunicação 'de dados', e não dos 'dados em si mesmos', ainda quando armazenados em computador"[33]. Em seu voto, o relator, Ministro Sepúlveda Pertence, ressalta que a quebra de sigilo se daria apenas na comunicação de dados, isto é, na interceptação das comunicações.

Acompanharam o voto do Ministro relator os Ministros Celso de Mello, Gilmar Mendes, Cezar Peluso, Carlos Ayres Britto, Joaquim Barbosa, Eros Grau, Ricardo Lewandowski e Ellen Gracie. O Ministro Marco Aurélio dava provimento ao recurso, mas em razão de um vício de procedi-

[31] BRASIL, Supremo Tribunal Federal. **RE 418.416/SC**. Rel. Min. Sepúlveda Pertence, PLENÁRIO, DJ 19-12-2006.

[32] BRASIL, Supremo Tribunal Federal. **AP 307/DF**. Rel. Min. Ilmar Galvão, PLENÁRIO, DJ 13-10-1995.

[33] BRASIL, Supremo Tribunal Federal. **RE 418.416/SC**. Rel. Min. Sepúlveda Pertence, PLENÁRIO, DJ 19-12-2006.

mento que haveria contaminado a decisão de primeira instância, no que não enfrentou certas matérias de defesa. No que concerne à tese sobre ao alcance da inviolabilidade do sigilo de dados, o magistrado acompanhava os demais membros da Corte.

Desse modo, concluiu o STF que o acesso à base física na qual se encontravam os dados, mediante prévia decisão autorizativa de apreensão, não vai de encontro com a ideia da proteção do sigilo de dados, eis que, do contrário, qualquer investigação administrativa seria obstada.

Nessa mesma linha, a Segunda Turma do STF, ao julgar o Habeas Corpus (HC) nº 91.867/PA, seguiu as balizas fixadas nos precedentes acima mencionados[34]. Os pacientes, denunciados por suposta prática de crime de homicídio qualificado e associação criminosa, pediam o trancamento da ação penal ou, subsidiariamente, o desentranhamento do feito das provas alegadamente produzidas por meios ilícitos.

A defesa sustentava a ilicitude de provas obtidas, em razão da indevida "quebra de sigilo telefônico", porquanto os policiais responsáveis pelo flagrante teriam "verificado o registro das últimas chamadas efetuadas e recebidas dos dois celulares apreendidos com o corréu, executor do crime, responsável pelos disparos de arma de fogo". Assim, ao examinar os dados contidos no celular, ter-se-ia chegado a números de telefones pertencentes aos pacientes[35].

Todavia, a turma ressaltou que a *comunicação telefônica* não se confundiria com os *registros telefônicos*, os quais receberiam, inclusive, proteção jurídica distinta. Dessa forma, afastou-se, mais uma vez, a interpretação da cláusula do art. 5º, inciso XII, da Constituição Federal no sentido de proteção aos dados enquanto registro.

3. Mutação constitucional?

Em seu voto vogal na Ação Direta de Inconstitucionalidade (ADI) 6.524, o Ministro Luís Roberto Barroso afirmou que o fenômeno da mutação

[34] BRASIL, Supremo Tribunal Federal. **HC 91.867/PA**. Rel. Min. Gilmar Mendes, SEGUNDA TURMA, DJ 20-09-2012. Nesse mesmo sentido, Cf.: BRASIL, Supremo Tribunal Federal. **HC 124.322 AgR/RS**. Rel. Min. Roberto Barroso, PRIMEIRA TURMA, DJ 19-12-2016; BRASIL, Supremo Tribunal Federal. **RHC 132.062/RS**. Rel. Min. Marco Aurélio, PRIMEIRA TURMA, DJ 24-10-2017.

[35] BRASIL, Supremo Tribunal Federal. **HC 91.867/PA**. Rel. Min. Gilmar Mendes, SEGUNDA TURMA, DJ 20-09-2012.

constitucional ocorre quando há "alterações no ordenamento jurídico, na percepção de qual seja o melhor Direito ou na realidade fática"[36].

Entretanto, por se tratar de hipótese de alteração constitucional mediante via informal/interpretativa, a mutação constitucional encontra limites tanto nas *possibilidades semânticas* do texto que está sendo interpretado, quanto na *preservação dos princípios fundamentais* que conferem identidade à Constituição. Consequentemente, "se o sentido novo que se quer dar não couber no texto, será necessária a convocação do poder constituinte reformador. E se não couber nos princípios fundamentais, será preciso tirar do estado de latência o poder constituinte originário"[37].

Ao apreciar o HC nº 168.052/SP[38], de sua relatoria, o Ministro Gilmar Mendes expressamente ressaltou a superação de seu entendimento anterior no HC nº 91.867/PA, por entender que houve uma *mutação constitucional.*

No caso concreto, o paciente havia sido denunciado pela prática dos crimes de tráfico de drogas e de posse irregular de arma de fogo de uso permitido, em concurso formal. Segundo a defesa, o meio utilizado para obtenção da prova seria ilícito, porque os policiais "acessaram, sem autorização judicial, o aparelho celular do paciente e tomaram ciência das conversas havidas no aplicativo *WhatsApp*, de cujo teor originou a ação de busca e apreensão em sua residência"[39].

É que, segundo os autos do processo, os agentes policiais verificaram as comunicações que indicavam a traficância durante a investigação no aplicativo de troca de mensagens, o que os levou a ingressar no domicílio do paciente, local em que as drogas e as armas foram encontradas. Essa sequência de fatos gerou uma ação penal, com a consequente condenação do paciente. Supostamente, sem o acesso ao *WhatsApp* dos investigados, os agentes policiais não teriam dado início a essa cadeia causal.

Ao apreciar o caso, o Ministro relator destacou que, tradicionalmente, o STF entendia pela inaplicabilidade do art. 5º, XII, da CF/88 em relação

[36] BRASIL, Supremo Tribunal Federal. **ADI 6.524/DF**. Rel. Min. Gilmar Mendes, voto Min. Luís Roberto Barroso, PLENÁRIO, DJ 06-04-2021.

[37] BARROSO, Luís Roberto. **Curso de direito constitucional contemporâneo**: os conceitos fundamentais e a construção de um novo modelo. 9ª ed. São Paulo: Saraiva Jur, 2020, p. 142-143.

[38] BRASIL, Supremo Tribunal Federal. **HC 168.052/SP**. Rel. Min. Gilmar Mendes, SEGUNDA TURMA, DJ 02-12-2020.

[39] BRASIL, Supremo Tribunal Federal. **HC 168.052/SP**. Rel. Min. Gilmar Mendes, SEGUNDA TURMA, DJ 02-12-2020.

aos dados registrados. Essa interpretação mais estrita do dispositivo constitucional não protegeria os dados em si, apenas as comunicações realizadas é que seriam albergadas. Em verdade, o Ministro Gilmar Mendes relembrou que ele próprio conferia proteções constitucionais distintas para a "comunicação telefônica" e para os "registros telefônicos". No HC nº 91.867/PA, de sua relatoria, defendeu justamente a impossibilidade de proteger os dados em forma de registro: "a proteção constitucional seria da comunicação, e não dos dados".

Entretanto, o Ministro relator entendeu que o caso concreto do HC nº 168.052/SP merecia uma conclusão distintas por três razões: (i) as mudanças nas circunstâncias fáticas e jurídicas, (ii) a promulgação de leis posteriores, como a Lei Geral de Proteção de Dados (Lei nº 13.709/2018) e o Marco Civil da Internet (Lei nº 12.965/2014), bem como (iii) "o significativo desenvolvimento das tecnologias da comunicação, do tráfego de dados e dos aparelhos *smartphones*". Assim, esses três fatores sustentariam a ocorrência de uma mutação constitucional[40].

Em primeiro lugar, o Ministro relator afirmou que, mesmo se a Turma não concluísse pela aplicação da cláusula do sigilo, tais dados e informações estariam protegidos pelo inciso X do art. 5º, da Constituição, que protege a intimidade e a privacidade dos cidadãos brasileiros.

O relator destacou que esse entendimento já havia sido adotado pela própria Quinta Turma do Superior Tribunal de Justiça, ao apreciar o Recurso Ordinário em Habeas Corpus (RHC) nº 89.981/MG[41], de relatoria do Ministro Reynaldo Soares da Fonseca[42].

O RHC supracitado foi interposto contra acórdão do Tribunal de Justiça do Estado de Minas Gerais, que denegou a ordem do HC impetrado naquele tribunal por um cidadão denunciado pelas supostas práticas dos crimes de furto qualificado tentado e associação criminosa.

[40] BRASIL, Supremo Tribunal Federal. **HC 168.052/SP**. Rel. Min. Gilmar Mendes, SEGUNDA TURMA, DJ 02-12-2020.

[41] BRASIL, Superior Tribunal de Justiça. **RHC 89.981/MG**. Rel. Min. Reynaldo Soares da Fonseca, QUINTA TURMA, DJ 13-12-2017.

[42] Para uma revisão pormenorizada de posicionamentos do Superior Tribunal de Justiça sobre o tema, apontando a divergência de entendimentos no STJ e mencionando o caso *Riley v. California*, da Suprema Corte dos EUA, Cf. ABREU, Jacqueline de Souza. Comentário ao REsp 1.782.386/RJ – STJ (Acesso a agenda de contatos de celular por autoridade policial sem autorização judicial). **Revista dos Tribunais**, São Paulo, v. 1026, pp. 371-406, 2021.

Segundo o impetrante as provas que respaldaram o oferecimento da denúncia eram mensagens enviada por meio do *WhatsApp*. Ocorre que foram obtidas sem o consentimento do acusado ou autorização judicial, o que levaria à declaração de nulidade do procedimento criminal.

Com efeito, a Quinta Turma do STJ deu provimento ao recurso ordinário para reconhecer a ilicitude da colheita de dados do aparelho telefônico dos investigados, sem autorização judicial, determinando-se, assim, o desentranhamento das provas ilícitas e suas derivadas dos autos:

> 1. Embora a situação retratada nos autos não esteja protegida pela Lei n. 9.296/1996, nem pela Lei n. 12.965/2014, haja vista não se tratar de quebra sigilo telefônico por meio de interceptação telefônica, ou seja, embora não se trate violação da garantia de inviolabilidade das comunicações, prevista no art. 5º, inciso XII, da CF, houve sim violação dos dados armazenados no celular do recorrente (mensagens de texto arquivadas – *WhatsApp*).
>
> 2. No caso, deveria a autoridade policial, após a apreensão do telefone, ter requerido judicialmente a quebra do sigilo dos dados armazenados, haja vista a garantia, igualmente constitucional, à inviolabilidade da intimidade e da vida privada, prevista no art. 5º, inciso X, da CF. Dessa forma, a análise dos dados telefônicos constante dos aparelhos dos investigados, sem sua prévia autorização ou de prévia autorização judicial devidamente motivada, revela a ilicitude da prova, nos termos do art. 157 do CPP.[43]

Até mesmo por determinação constitucional, o STJ acatou a já mencionada interpretação dominante do STF sobre o inciso XII, do art. 5º, da Constituição. No entanto, o Superior Tribunal de Justiça adotou uma compreensão inovadora, na medida em que entendeu pela aplicação do inciso X do mesmo artigo constitucional às hipóteses em que os dados estivessem armazenados, e não em trânsito.

Em segundo lugar, o voto ressaltou os avanços normativos sobre a temática nas últimas décadas, destacando, sobretudo, a previsão de reserva de jurisdição do art. 7º, III, do Marco Civil da Internet, o qual teria estabelecido "a inviolabilidade e sigilo das comunicações privadas armazenadas (dados armazenados), salvo por ordem judicial".

[43] BRASIL, Superior Tribunal de Justiça. **RHC 89.981/MG**. Rel. Min. Reynaldo Soares da Fonseca, QUINTA TURMA, DJ 13-12-2017.

Em terceiro lugar, o Ministro Gilmar Mendes reconheceu que o contexto fático da última década gerou um paradigma tecnológico de "incrível desenvolvimento dos mecanismos de comunicação e armazenamento de dados pessoais em *smartphones* e telefones celulares", sendo capazes de registrar as mais variadas informações acerca da vida de seus usuários e representando o meio de acesso precípuo dos cidadãos brasileiros à internet. Consequentemente, esse novo paradigma tecnológico acarretou um "típico caso de mutação constitucional relativamente ao art. 5º, XII, da Constituição Federal"[44].

Essa mutação não acarretaria uma ilicitude completa do acesso aos dados contidos em telefones celulares por autoridades policiais, tendo em vista que "não há uma norma absoluta de proibição da visualização do seu conteúdo, conforme se poderia extrair a partir de uma interpretação literal da norma contida no art. 5º, XII, da Constituição".

Contudo, a proteção à intimidade e à vida privada contida no art. 5º, inciso X, da Lei Maior, o princípio da proporcionalidade nas intervenções estatais e o novo contexto tecnológico exigiriam que esse acesso fosse condicionado à prévia decisão judicial, nos termos do art. 5º, XII, da Constituição. Na síntese de Rafael Mafei e de Paula Pedigoni:

> Já não faz sentido distinguir entre dados em trânsito e dados estáticos como critério para maior ou menor proteção à privacidade: o barateamento do armazenamento de dados e a migração das comunicações humanas para serviços providos pela Internet, com opções de armazenamento de segurança em servidores ('*backups* na nuvem'), torna o conjunto de dados armazenados sobre um indivíduo, por seu considerável volume e abrangência temporal, mais sensível à sua intimidade do que conversas telefônicas interceptadas. (...)
>
> Se não é possível ignorar a distinção entre os incisos X e XII do art. 5º da Constituição, tampouco há razão para impor uma proteção menos efetiva à nossa intimidade apenas porque estejam em dados armazenados, e não em trânsito[45].

[44] BRASIL, Supremo Tribunal Federal. **HC 168.052/SP**. Rel. Min. Gilmar Mendes, SEGUNDA TURMA, DJ 02-12-2020.

[45] QUEIROZ, Rafael Mafei Rabelo; PONCE, Paula Pedigoni. Tércio Sampaio Ferraz Júnior e Sigilo de dados: o direito à privacidade e os limites à função fiscalizadora do Estado: o que permanece e o que deve ser reconsiderado. **Revista Internet & Sociedade**, São Paulo, n.1, v. 1, p. 64-90, 2020, p. 80.

Mesmo o voto divergente proferido pela Ministra Cármen Lúcia, acompanhado pelo Ministro Edson Fachin, reconheceu que o paradigma tecnológico atual é bastante distinto daquele que embasou os precedentes apontados na primeira parte deste trabalho. Assim, seria preciso se afastar da "ingenuidade".

Em sua manifestação oral, por exemplo, a Ministra Cármen citou a possibilidade de 'bots' manipularem conversas ou computadores enviesando investigações: "hoje temos a informação e a deformação de retóricas que não têm nem fonte humana, mas que têm a consequência jurídica, política, institucional e de toda natureza".

A divergência, portanto, foi aberta não em face das considerações acerca das alterações sociais e das mudanças tecnológicas que afetaram a interpretação constitucional, mas, sim, em razão de entendimento quanto ao caso concreto no sentido de que "as demais provas dos autos, que serviram para fundamentar o decreto condenatório, foram colhidas de forma independente daquelas que se buscava anular" no HC. O eventual reconhecimento da ilicitude da conduta dos policiais "não conduziria à nulidade de todo o processo e, consequentemente, da condenação, pois, havendo fonte autônoma de prova, é inaplicável, na espécie, a teoria dos frutos da árvore envenenada"[46].

Entretanto, a maioria dos Ministros da Segunda Turma concedeu a ordem para declarar a nulidade das provas obtidas mediante o acesso indevido ao aplicativo *WhatsApp* e, constatada a derivação de todas as demais provas, declarou nulo o processo, determinando o trancamento da ação e a absolvição do paciente.

Conclusões e perspectivas futuras:

Atualmente, as novas técnicas de coleta, processamento e armazenamento de dados pessoais fomentaram um paradigma de *Big Data*, com enorme escala de informação agregada capaz de prever comportamentos, construir perfis sociais e fomentar novas formas de valor político-econômico durante a reutilização desses conteúdos. Em sentido convergente, houve uma considerável difusão de novas tecnologias da informação e da comunicação – com destaque para a internet – e de serviços digitais cujo modelo

[46] BRASIL, Supremo Tribunal Federal. **HC 168.052/SP.** Rel. Min. Gilmar Mendes, SEGUNDA TURMA, DJ 02-12-2020.

de negócios se baseia no tratamento de dados pessoais para fins de publicidade comportamental[47].

Além disso, "o celular deixou de ser apenas um instrumento de conversação pela voz à longa distância, permitindo, diante do avanço tecnológico, o acesso de múltiplas funções, incluindo [...] a verificação da correspondência eletrônica, de mensagens e de outros aplicativos que possibilitam a comunicação por meio de troca de dados de forma similar à telefonia convencional"[48].

Não por acaso, o próprio Professor Tércio Sampaio Ferraz Júnior – autor do trabalho que serviu como principal fundamentação teórica para a consolidação da interpretação constitucional adotada pelo STF naqueles primeiros julgados sobre o tema – tem ressaltado as diferenças fáticas e tecnológicas entre os períodos vividos[49].

Diante desse contexto, o objetivo do presente ensaio foi o de investigar como essas transformações sociais e tecnológicas influenciaram na interpretação do Supremo Tribunal Federal em relação ao escopo e ao significado dos incisos X e XII do art. 5º, da Constituição Federal de 1988.

Nesse sentido, sobretudo a partir do HC nº 168.052/SP, foi possível concluir que o Supremo Tribunal Federal já apresenta, sim, indícios de que – diante da difusão de novas tecnologias da informação e da comunicação, bem como de técnicas mais sofisticadas para o tratamento de dados pessoais – pretende reformular seu entendimento acerca do escopo dos incisos X e XII do art. 5º, da Constituição Federal de 1988.

Em conclusão, as decisões judiciais qualitativamente analisadas neste trabalho indicam uma possível guinada jurisprudencial no sentido de que: a "hierarquia protetiva que coloca dados em trânsito acima de dados armazenados simplesmente é anacrônica"[50] em face do atual contexto tecnológico.

[47] MENDES, Laura Schertel; FONSECA, Gabriel C. Soares da. Proteção de dados para além do consentimento: tendências contemporâneas de materialização. **Revista Estudos Institucionais**, v. 6, n. 2, p. 507-533, maio/ago. 2020.

[48] "Deste modo, ilícito é tanto a devassa de dados, como das conversas de whatsapp, obtidos de celular apreendido, porquanto realizada sem ordem judicial" (BRASIL, Superior Tribunal de Justiça. **RHC 51.531**, SEXTA TURMA, Rel. Min. Néfi Cordeiro, j. 19/04/2016, DJe 09/05/2016).

[49] Cf. FERRAZ JÚNIOR, Tércio Sampaio. **Sigilo de dados, o direito à privacidade e os limites do poder do estado**: 25 anos depois. *In:* ABREU, Jacqueline de Souza; ANTONIALLI, Dennys (eds.). **Direitos Fundamentais e Processo Penal na Era Digital**: Doutrina e Prática em Debate. Vol. 1. São Paulo: InternetLab, 2018, p. 19-30).

[50] QUEIROZ, Rafael Mafei Rabelo; PONCE, Paula Pedigoni. Tércio Sampaio Ferraz Júnior e Sigilo de dados: o direito à privacidade e os limites à função fiscalizadora do Estado: o que

Entretanto, como já adiantado na introdução, essa conclusão deve ser lida com cautela, em razão das limitações da presente pesquisa exploratória e até da natureza dos julgamentos colacionados. Em verdade, a confirmação da hipótese explorada neste trabalho ainda é *parcial* por três razões, pelo menos.

Em primeiro lugar, a decisão do HC nº 168.052/SP foi proferida por órgão fracionário da Suprema Corte, e não por seu Tribunal Pleno. Em segundo lugar, a guinada de entendimento sobre o escopo dos incisos X e XII do art. 5º da Constituição Federal foi identificada mais expressamente em manifestações judiciais proferidas pelo Ministro Gilmar Mendes. Desse modo, ainda pairam dúvidas sobre o entendimento que será eventualmente adotado pelos demais integrantes da Corte sobre o tema. Por fim, em terceiro lugar, a própria discussão está atualmente judicializada perante o Tribunal, de modo que *dois casos* ainda estão pendentes de apreciação pelo Plenário do Supremo Tribunal Federal.

O primeiro caso é o Agravo em Recurso Extraordinário nº 1.042.075/RJ[51], de relatoria do Ministro Dias Toffoli. Nesse caso, o Supremo Tribunal Federal – por unanimidade – reconheceu a repercussão geral da controvérsia constitucional sobre o "conteúdo e os limites da proteção conferida pelo art. 5º, inc. XII, da CF", mais especificamente no que diz respeito à "licitude da prova produzida durante o inquérito policial subsistente no acesso, sem autorização judicial, de registros e informações contidas em aparelho de telefonia celular relacionado à conduta delitiva, hábeis a identificar o agente do crime" (Tema 977).

Portanto, em face da garantia do sigilo das comunicações telefônicas, o referido tema de repercussão geral discutirá a constitucionalidade da apreensão policial – sem autorização judicial – de registros e de informações armazenadas em aparelho telefônico ligado à prática delitiva.

Em novembro de 2020, foi iniciada a deliberação do recurso, mas o julgamento foi interrompido com um pedido de vista do Ministro Alexandre de Moraes. O Ministro Dias Toffoli votou pelo provimento do recurso e pela fixação da tese quanto à licitude da prova obtida pela autoridade policial sem autorização judicial.

permanece e o que deve ser reconsiderado. **Revista Internet & Sociedade**, São Paulo, n.1, v. 1, p. 64-90, 2020, p. 67.

51 BRASIL, Supremo Tribunal Federal. **RG ARE 1.042.075/RJ**. Rel. Min. Dias Toffoli, PLENÁRIO, DJ 12-12-2017.

Por outro lado, os Ministros Gilmar Mendes e Edson Fachin, em linha com a tese firmada no HC nº 168.052/SP, votaram por negar provimento ao recurso interposto e propuseram a fixação de tese no sentido de se exigir prévia decisão judicial para obtenção do acesso a registro telefônico, agenda de contatos e demais dados contidos em aparelhos celulares apreendidos no local do crime.

Com a deliberação do Pleno sobre a referida tese de repercussão geral, o STF fixará um importante precedente sobre o tema deste ensaio, impactando a utilização prática de novas tecnologias na investigação criminal. Portanto, espera-se que, assim como alertaram Thomas Feltzer e Christopher Yoo[52], o impacto das inovações tecnológicas não passe desapercebido no processo de interpretação constitucional.

Por sua vez, o segundo caso consiste no Recurso Extraordinário nº 1.301.250/RJ, de relatoria da Ministra Rosa Weber[53].

A Ministra foi acompanhada pela unanimidade do Tribunal Pleno ao reconhecer a repercussão geral da controvérsia atinente "aos limites e ao alcance de decisões judiciais de quebra de sigilo de dados pessoais, nas quais determinado o fornecimento de registros de acesso à internet, [bem como] de IPs (*internet protocol address*) [e de Device IDs], circunscritos a um lapso temporal demarcado, sem, contudo, a indicação de qualquer elemento concreto apto a identificar os usuários".

A Corte examinará a constitucionalidade "da decretação judicial da quebra de sigilo de dados telemáticos, no âmbito de procedimentos penais, em relação a pessoas indeterminadas" em face dos incisos X, XII e LXXIX, da Constituição Federal de 1988, que – respectivamente – protegem a inviolabilidade da vida privada e do sigilo de dados, bem como asseguram a proteção de dados pessoais, inclusive nos meios digitais, como direito fundamental autônomo de todo cidadão e de toda cidadã no Brasil.

Em verdade, a própria Ministra Relatora corretamente destacou que o caso é "*análogo*" ao supracitado ARE nº 1.042.075/RJ. O RE nº 1.301.250/RJ foi interposto pela *Google* em face de acórdão do Superior Tribunal de Justiça, pelo qual se entendeu que haveria uma diferença entre a ordem judicial direcionada a dados estáticos, "relacionados à identificação de aparelhos utiliza-

[52] FETZER, Thomas; YOO, Christopher S. New Technologies and Constitutional Law. **Faculty Scholarship at Penn Law**, n. 545, 2012, p. 1-2.

[53] BRASIL, Supremo Tribunal Federal. **RG RE 1.301.250/RJ**. Rel. Min. Rosa Weber, PLENÁRIO, DJ 08-06-2021.

dos por usuários que, de alguma forma, possam ter algum ponto em comum com os fatos objeto de investigação por crimes de homicídio", e aquela "que ocorre com as interceptações das comunicações, as quais dão acesso ao fluxo de comunicações de dados, isto é, ao conhecimento do conteúdo da comunicação travada com o seu destinatário"[54]. Portanto, verifica-se que também se discutirá a necessária compatibilização contemporânea da quebra de sigilos para fins de investigações criminais com os requisitos constitucionais.

No entanto, vale ressaltar que a discussão sobre os impactos das novas tecnologias em relação ao escopo dos incisos X e XII da Constituição Federal de 1988 sobre investigações criminais já tem reverberado nos debates travados no Plenário do Supremo Tribunal Federal.

A título de exemplo, recentemente o Pleno analisou o Recurso Extraordinário nº 625.623/PR, cujo tema de repercussão geral tratava da constitucionalidade de sucessivas prorrogações de autorizações judiciais para a interceptação telefônica, com destaque para a discussão relativa à aplicabilidade de eventuais limites temporais e de critérios mínimos de motivação para decisões judiciais que determinem essa prorrogação[55].

Em seu voto de relatoria, o Ministro Gilmar Mendes destacou exatamente a necessidade de se "pensar em novas salvaguardas para o sigilo das comunicações" diante das novas TICs:

O cenário das comunicações avançou muito em complexidade e relevância nos últimos anos, de modo que a legislação atual se mostra desatualizada. Assim, deve-se ressaltar a importância de que o Congresso Nacional pondere a necessidade de atualização normativa sobre a temática, especialmente em relação às novas tecnologias[56]

[54] BRASIL, Superior Tribunal de Justiça. **RMS 60.698/RJ**. Rel. Min. Rogerio Schietti Cruz, TERCEIRA SEÇÃO, DJ 04-9-2020.

[55] O Supremo Tribunal Federal fixou as seguintes teses de repercussão geral para o tema: "São lícitas as sucessivas renovações de interceptações telefônicas desde que: i) verificados os requisitos do artigo 2º da Lei 9.296/1996; e ii) demonstrada a necessidade da medida diante de elementos concretos e a complexidade da investigação, a decisão judicial inicial e as prorrogações sejam devidamente motivadas, com justificativa legítima, ainda que sucinta, a embasar a continuidade das investigações. São ilegais as motivações padronizadas ou reproduções de modelos genéricos sem relação com o caso concreto" (BRASIL, Supremo Tribunal Federal. **RE 625.263/PR**, Rel. Min. Gilmar Mendes, Red. p/ Acórdão Min. Alexandre de Moraes, PLENÁRIO, j. 16/03/2022).

[56] BRASIL, Supremo Tribunal Federal. **RE 625.263/PR**, Rel. Min. Gilmar Mendes, Red. p/ Acórdão Min. Alexandre de Moraes, PLENÁRIO, j. 16/03/2022. Disponível em: https://www.conjur.com.br/dl/quatro-ministros-votam-permitir.pdf Acesso em 07 de agosto de 2022.

Mesmo em seu voto divergente quanto à tese de repercussão geral e ao desfecho do caso concreto, o Ministro redator para o acórdão (Alexandre de Moraes) [57]fez questão de destacar que a interceptação telefônica tem se relevado meio de prova menos relevante para as investigações criminais diante da disseminação – nos processos comunicativos dos cidadãos brasileiros – de novos serviços digitais de mensageria privada instantânea[58] como *WhatsApp*, *Telegram* e *Signal*, os quais podem ser utilizados tanto em seus aplicativos móveis, quanto em seus computadores pessoais (*v.g. WhatsApp Web*), por meio de mensagens de texto e de voz, imagens, vídeos ou até ligações, todas protegidas pela chamada 'criptografia ponta-a-ponta'[59].

Portanto, o significado e o escopo do direito fundamental à inviolabilidade e ao sigilo de dados e de comunicações podem ser ressignificados com o julgamento dos referidos processos, confirmando ou refutando a hipótese deste breve ensaio.

Referências

ABREU, Jacqueline de Souza. Passado, presente e futuro da criptografia forte: desenvolvimento tecnológico e regulação. **Revista Brasileira de Políticas Públicas**, Brasília, v. 7, n. 3, p. 24-42, 2017.

ALBERT, Richard; NAKASHIDZE, Malkhaz; OCLAY, Tarik. The Formalist Resistance to Unconstitutional Constitutional Amendments. **Hastings Law Journa**l, v. 70, n. 3, p. 639-670, 2019.

[57] O trecho da manifestação se encontra disponível em: https://www.youtube.com/watch?v=3Tg82ynE254 Acesso em 07 de agosto de 2022. O voto divergente do Ministro Alexandre de Moraes foi acompanhado pela maioria do Pleno: Ministros Edson Fachin, Rosa Weber, Cármen Lúcia, André Mendonça e Luiz Fux.

[58] Apesar de alvo de críticas, o artigo 5º, IX, do PL nº 2630/2020 conceituou "serviço de mensageria privada" como uma "aplicação de internet que viabiliza o envio de mensagens para destinatários certos e determinados, inclusive protegidas por criptografia de ponta a ponta, a fim de que somente remetente e destinatário da mensagem tenham acesso ao seu conteúdo, excluídas aquelas prioritariamente destinadas a uso corporativo e os serviços de correio eletrônico". Disponível em: https://www.camara.leg.br/proposicoesWeb/fichadetramitacao?idProposicao=2256735 Acesso em 08 de agosto de 2022.

[59] A criptografia de ponta a ponta consiste em categoria "de criptografia que converte mensagens (texto, voz e vídeo) em dados cifrados, de tal modo que apenas os participantes da comunicação (as 'pontas') podem decifrá-las. Nenhum terceiro – nem mesmo o criador do software (no caso, WhatsApp) – é capaz de fazer a transformação de texto cifrado para texto legível" (ABREU, Jacqueline de Souza. Passado, presente e futuro da criptografia forte: desenvolvimento tecnológico e regulação. **Revista Brasileira de Políticas Públicas**, Brasília, v. 7, n. 3, p. 24-42, 2017, p. 26).

ANTONIALLI, Dennys Marcelo; ABREU, Jacqueline de Souza; MASSARO, Heloísa; LUCIANO, Maria. **Revista Brasileira de Ciências Criminais**, vol. 154/2019, p. 177 – 214, Abr / 2019.

BALKIN, Jack M. **Living Originalism**. Cambridge: Harvard University Press, 2012.

BARROSO, Luís Roberto. **Curso de direito constitucional contemporâneo**: os conceitos fundamentais e a construção de um novo modelo. 9ª ed. São Paulo: Saraiva Jur, 2020.

BRANCO, Paulo Gustavo Gonet. **Cláusulas Pétreas**. Enciclopédia Jurídica da PUC/SP. Tomo Direito Administrativo e Constitucional. Edição 1. Abril de 2017.

BRASIL, Superior Tribunal de Justiça. **RHC 51.531**, SEXTA TURMA, Rel. Min. Néfi Cordeiro, j. 19/04/2016, DJ 09-05-2016.

BRASIL, Superior Tribunal de Justiça. **RHC 89.981/MG**. Rel. Min. Reynaldo Soares da Fonseca, QUINTA TURMA, DJ 13-12-2017.

BRASIL, Superior Tribunal de Justiça. **RMS 60.698/RJ**. Rel. Min. Rogerio Schietti Cruz, TERCEIRA SEÇÃO, DJ 04-9-2020.

BRASIL, Supremo Tribunal Federal. **ADI 6.524**. Rel. Min. Gilmar Mendes, PLENÁRIO, DJ 06-04-2021.

BRASIL, Supremo Tribunal Federal. **AP 307/DF**. Rel. Min. Ilmar Galvão, PLENÁRIO, DJ 13-10-1995.

BRASIL, Supremo Tribunal Federal. **HC 91.867/PA**. Rel. Min. Gilmar Mendes, SEGUNDA TURMA, DJ 20-09-2012.

BRASIL, Supremo Tribunal Federal. **HC 124.322 AgR/RS**. Rel. Min. Roberto Barroso, PRIMEIRA TURMA, DJ 19-12-2016.

BRASIL, Supremo Tribunal Federal. **HC 168.052/SP**. Rel. Min. Gilmar Mendes, SEGUNDA TURMA, DJ 02-12-2020.

BRASIL, Supremo Tribunal Federal. **MS 21.729/DF**. Rel. Min. Marco Aurélio, PLENÁRIO, DJ 19-10-2001.

BRASIL, Supremo Tribunal Federal. **RE 389.808**, Rel. Min. Marco Aurélio, PLENÁRIO, j. em 15.12.2010, DJ 10-5-2011.

BRASIL, Supremo Tribunal Federal. **RE 418.416/SC**. Rel. Min. Sepúlveda Pertence, PLENÁRIO, DJ 19-12-2006.

BRASIL, Supremo Tribunal Federal. **RE 625.263/PR**, Rel. Min. Gilmar Mendes, Red. p/ Acórdão Min. Alexandre de Moraes, PLENÁRIO, j. 16/03/2022.

BRASIL, Supremo Tribunal Federal. **RG ARE 1.042.075/RJ**. Rel. Min. Dias Toffoli, PLENÁRIO, DJ 12-12-2017.

BRASIL, Supremo Tribunal Federal. **RG RE 1.301.250/RJ**. Rel. Min. Rosa Weber, PLENÁRIO, DJ 08-06-2021.

BRASIL, Supremo Tribunal Federal. **RHC 132.062/RS**. Rel. Min. Marco Aurélio, PRIMEIRA TURMA, DJ 24-10-2017.

BRASIL, Supremo Tribunal Federal. **RHC 132.115/PR**, Rel. Min. Dias Toffoli, SEGUNDA TURMA, DJ 19-10-2018.

CARVALHO, Alexandre Douglas Zaidan de. A hermenêutica constitucional entre a estabilidade e a dinâmica: elementos para uma compreensão do conceito de mutação constitucional. **Revista do Instituto do Direito Brasileiro**, Coimbra, ano 2, nº 9, p. 9187-9220, 2013.

CAVALCANTI, Ana Beatriz Vanzoff Robalinho. **Mutação constitucional como interpretação**: processos informais de mudança da Constituição no contexto norte-americano. 2013. 112 f. Monografia (Graduação em Direito), Universidade de Brasília, Brasília, 2013.

CAVALCANTI, Ana Beatriz Vanzoff Robalinho. **Mutação Constitucional**: Origem, (Des) construção e Justificação. 2017. 162 f. Dissertação (Mestrado em Direito Constitucional), Departamento de Direito do Estado, Faculdade de Direito, Universidade de São Paulo, São Paulo, 2017.

CELESTE, Edoardo. Digital constitutionalism: a new systematic theorisation. **International Review of Law, Computers & Technology**, v. 33, n. 1, 76-99, 2019.

FERRAZ, Anna Cândida da Cunha. **Processos informais de mudança da Constituição**: mutações constitucionais e mutações inconstitucionais. São Paulo: Max Limonad, 1986.

FERRAZ JÚNIOR, Tércio Sampaio. Sigilo de dados: o direito à privacidade e os limites à função fiscalizadora do Estado. **Revista da Faculdade de Direito**, Universidade de São Paulo, 88, p. 439-459, 1993.

FERRAZ JÚNIOR, Tércio Sampaio. **Sigilo de dados, o direito à privacidade e os limites do poder do estado**: 25 anos depois. *In:* ABREU, Jacqueline de Souza; ANTONIALLI, Dennys (eds.). **Direitos Fundamentais e Processo Penal na Era Digital**: Doutrina e Prática em Debate.Vol. 1. São Paulo: InternetLab, 2018.

FREIRE, Alonso. **Longevidade constitucional:** o caso da Constituição de 1988. Portal JOTA, Brasília, 2018.

LEMOS, Ronaldo. **Direito, Tecnologia e Cultura**. Rio de Janeiro: Editora FGV Direito Rio, 2005.

LEVINSON, Sanford; BALKIN, Jack M. Constitutional Crises. **University of Pennsylvania Law Review**, v. 157, p. 707-753, 2009.

MARANHÃO, Juliano. **O que é dado não é comunicado**? *In:* ABREU, Jacqueline de Souza; ANTONIALLI, Dennys (eds.). **Direitos Fundamentais e Processo Penal na Era Digital**: Doutrina e Prática em Debate.Vol. 1. São Paulo: InternetLab, 2018.

MENDES, Gilmar Ferreira; FERNANDES, Victor Oliveira. Constitucionalismo digital e jurisdição constitucional: uma agenda de pesquisa para o caso brasileiro. **Revista Brasileira de Direito**, Passo Fundo, vol. 16, n. 1, p. 1-33, janeiro-abril, 2020.

MENDES, Gilmar Ferreira; BRANCO, Paulo Gustavo Gonet. **Curso de Direito Constitucional**. 17ª edição revista e atualizada. São Paulo: Saraiva, 2022.

MENDES, Laura Schertel; FONSECA, Gabriel Campos Soares da. STF reconhece direito fundamental à proteção de dados: comentários sobre o referendo da Medida Cautelar nas ADIs 6387, 6388, 6389, 6390 e 6393. **Revista de Direito do Consumidor**, v. 130/2020, p. 471-478, Jul./Ago, 2020.

MENDES, Laura Schertel; FONSECA, Gabriel C. Soares da. Proteção de dados para além do consentimento: tendências contemporâneas de materialização. **Revista Estudos Institucionais**, v. 6, n. 2, p. 507-533, maio/ago. 2020.

MENDES, Laura Schertel; RODRIGUES JR., Otávio Luiz; FONSECA, Gabriel Campos Soares da. **O Supremo Tribunal Federal e a Proteção Constitucional dos Dados Pessoais**: Rumo a Um Direito Fundamental Autônomo. *In:* BIONI, Bruno (et.al). **Tratado de Proteção de Dados Pessoais**. 2ª Edição. Rio de Janeiro: Editora Forense, 2021.

NUNES, José Luiz; HARTMANN, Ivar A. A quantiative approach to ranking corporate law precedents in the Brazilian Superior Court of Justice. **Artificial Intelligence and Law**, v. 30, p. 117-145, 2022.

QUEIROZ, Rafael Mafei Rabelo. FEFERBAUM, Marina. Metodologia da pesquisa em direito. 2ª edição. São Paulo: Saraiva Jur, 2022.

QUEIROZ, Rafael Mafei Rabelo; PONCE, Paula Pedigoni. Tércio Sampaio Ferraz Júnior e Sigilo de dados: o direito à privacidade e os limites à função fiscalizadora do Estado: o que permanece e o que deve ser reconsiderado. **Revista Internet & Sociedade**, São Paulo, n.1, v. 1, p. 64-90, 2020.

ROZNAI. Yaniv. **Unconstitutional constitutional amendments**: the limits of amendment power. Oxford: Oxford University Press, 2017.

SILVA, José Afonso da. **Curso de Direito Constitucional Positivo**. 23ª Ed. São Paulo: Malheiros Editores, 2004.

SOLUM, Lawrence B. Originalism versus Living Constitutionalism: the conceptual structure of the great debate. **Northwestern University Law Review**, v. 113, issue 6, p. 1243-1296, April 2019.

STRAUSS, David A. **The Living Constitution**. New York: Oxford University Press, 2010.

TAVARES, André Ramos. **Curso de Direito Constitucional**. 10ª edição. São Paulo: Editora Saraiva, 2012.

ZACHARY, Elkins; GINSBURG, Tom; MELTON, James. **The Endurance of National Constitutions**. Cambridge: Cambridge University Press, 2009.

19

O CRIME DE MANIPULAÇÃO DO MERCADO DE CAPITAIS POR MEIO DE "SHORT SQUEEZE"

Felipe Fernandes de Carvalho
Rodrigo Mudrovitsch

I. O impacto de novas tecnologias no Direito Penal

O Direito Penal, sob o enfoque do paradigma funcionalista, busca tutelar as condutas dos indivíduos à luz das expectativas da sociedade, precipuamente exprimidas pelo texto constitucional.[1] As alterações nas dinâmicas sociais, por conseguinte, provocam naturais mudanças no conteúdo da tutela desse ramo jurídico, na medida em que, a um só tempo, modificam o conteúdo das expectativas sociais e viabilizam novas formas de execução de condutas a serem objeto da tutela penal.

A rápida e substantiva evolução tecnológica dos últimos anos engendra grandes implicações para o Direito Penal. Com efeito, consoante Klaus Schwab, a sociedade mundial perpassa por profundas alterações em seus meios de produção, as quais ensejam notórias modificações na forma de interrelação pessoal, indicando a ocorrência de uma quarta e inovadora revolução industrial.[2]

[1] Para Marina Pinhão Coelho Araújo, "o desenvolvimento de um sistema funcional ou, ainda, 'objetivo-racional', nega os pressupostos do finalismo e parte da hipótese de que a construção sistemática não está ancorada em uma realidade ontológica pré-concebida (ação, causalidade, estruturas lógico-objetivas, entre outras), mas deve ser conduzida exclusivamente pela finalidade da pena" (ARAÚJO, 2012, p. 26).

[2] SCHWAB, 2016, p. 16.

Para Schwab, a quarta revolução industrial é marcada por três características. A primeira é a sua velocidade, pois, diferentemente das anteriores, "esta evolui em um ritmo exponencial e não linear", na medida em que "as novas tecnologias geram outras mais novas e cada vez mais qualificadas" (Schwab, 2016, p. 13). A segunda característica concerne à amplitude e à profundidade, dado que esta quarta revolução industrial combina várias tecnologias, "levando a mudanças de paradigma sem precedentes da economia, dos negócios, da sociedade e dos indivíduos" (Schwab, 2016, p. 13). Por fim, tem-se, para Schwab, a transformação sistêmica "entre países e dentro deles, em empresas, indústrias e em toda sociedade" (Schwab, 2016, p. 13).

Parte dessa revolução industrial, eminentemente digital, deriva da introdução da internet no cotidiano social.[3] Sem embargo, o atual estado de conectividade social já ocasiona profundas alterações na dinâmica das interrelações pessoais,[4] fenômeno apto a ensejar modificação da tipologia dos delitos, inclusive dos crimes contra o Mercado de Capitais.

II. As novas tecnologias e a prática do "short squeeze" no mundo e no Brasil

Os instrumentos que possuem acesso à rede mundial de computadores não estão mais restritos a estações de trabalho pesadas e de difícil locomoção. Os *smartphones* estão cada vez mais presentes no cotidiano mundial e brasileiro. A pulverização dos *smartphones*, aliada à expansão do uso da internet pelos celulares, viabilizou um novo paradigma para o fluxo de informações. Os espaços de divulgação de notícias perderam terreno para redes sociais, aplicativos de troca de mensagens protegidos por criptografia e videoconferências. Esses novos espaços informacionais passaram a integrar as formas de trabalho e de lazer das pessoas.

Sob a perspectiva de investidores, mais do que viabilizar a execução de operações financeiras com maior agilidade e praticidade, o novo paradigma informacional veio acompanhado de uma nova maneira no relacionamento do cidadão com o dado percebido como essencial para a formulação de estratégias de investimento.

[3] É possível identificar fases na interação do homem com a rede mundial de computadores, na medida em que ela foi gradativamente ficando mais acessível.

[4] A exemplificar o grau de conectividade vivenciado, a pesquisadora Sherry Turkle identificou que 44% dos adolescentes estadunidenses não se desconectam da internet em nenhum momento, ainda que para realizar atividades físicas ou durante refeições (Turkle, 2015).

As antigas salas de bate papo e os antigos fóruns de discussão a respeito de finanças deram espaço para o estabelecimento de clubes de investimento *online*. Nestes, é realizada uma cobrança de taxa de manutenção mensal dos usuários para permitir que eles tenham acesso a um novo nível de experiência na discussão do mercado. Aqueles que integram essas plataformas possuem acesso não apenas a informações organizadas e parametrizadas, como também a discussões qualificadas promovidas por especialistas, sugestões de estratégias de investimento, dentre outros.

Para além desses sítios eletrônicos, é de se notar o papel que a rede social *Twitter* desempenha dentro do Mercado de Capitais. A utilização dessa rede social por aqueles que atuam no Mercado de Capitais ensejou a criação do "*fintwit*", uma junção das abreviações entre os termos *Financial* e *Twitter.* Grosso modo, o *fintwit* concerne aos usuários dessa rede social que se propõem a debater temas de relevo para o Mercado de Capitais. Dentro do *fintwit*, criou-se uma relevante rede de influenciadores digitais, os quais, muitas vezes, possuem mais de 100 mil pessoas que acompanham os seus comentários e as suas estratégias de investimento.

O *fintwit* parece ter se alastrado para dentro da plataforma *Instagram* mais recentemente. Nela, os mesmos influenciadores digitais do *fintwit* se valem de diferente forma de propagação de ideias – como vídeos –, para difundir suas análises, suas estratégias e suas ideias.

Mais recentemente, o aplicativo *Telegram* disponibilizou uma forma de ampla disseminação de informações que não pode passar despercebida. O acesso a grupos com as mais variadas finalidades passou a ser admitido mediante um simples clique em um *link*. A partir do momento em que se ingressa em um grupo, dezenas, centenas ou milhares de pessoas – a depender de seu tamanho – acessam instantaneamente informações que estão ventiladas dentro daquela pequena comunidade. No âmbito do segmento do Mercado de Capitais, esses grupos funcionam como verdadeiros polos informacionais. Assim como nas demais redes sociais e nos clubes de investimento, também no *Telegram* são realizadas análises e discussões de estratégias.

A disrupção na forma de se comunicar desencadeia, nada obstante, uma outra disrupção, agora na forma de se promover a prática delitiva.[5]

[5] Todas essas inovações implicam novos riscos, pois, como destacado por Silva Sánchez, "*boa parte das ameaças a que os cidadãos estão expostos provém precisamente das decisões que outros*

Foi o que se observou, no começo do ano de 2021, nos mercados de capitais estadunidense e brasileiro.

Em 21.01.2021, as ações da empresa GameStop Corp., uma revendedora de produtos vinculados a jogos eletrônicos, passaram a ser objeto de comentários em redes sociais destinadas a discutir o mercado financeiro estadunidense.[6] Mais do que almejar o mero lucro, o objetivo dos comentários era definir estratégia coletiva de investimento para prejudicar fundos de investimento que executavam a estratégia de "short selling" (venda a descoberto) com essa ação.[7]

Esses investidores discutiram e concordaram, então, com plano para execução de "short squeeze" com as ações da GameStop Corp. A prática consiste, em resumo, (i) na aquisição de ações da empresa com a (ii) subsequente não disponibilização dessas ações para aluguel e, ainda, com o (iii) compromisso de não realização de operações de venda do ativo. Em menos de 7 dias, esse "short squeeze" gerou a surpreendente valorização dessas ações em 800%, sem que houvesse qualquer alteração significativa em seus dados financeiros.[8]

concidadãos adotam no manejo dos avanços técnicos: riscos mais ou menos diretos para os cidadãos (como consumidores, usuários, beneficiários de serviços públicos etc.) que derivam das aplicações técnicas dos avanços na indústria, na biologia, na genética, na energia nuclear, na informática, nas comunicações" (Silva Sánchez, 2002, p. 29).

[6] Na plataforma Reddit, o grupo "wallstreebets" definiu os movimentos destinados à promoção do "short squeeze" com as ações da empresa GameStop Corp.

[7] A operação de venda a descoberto é utilizada quando se acredita na perda de valor de um ativo e consiste, em suma, no aluguel de ações de terceiro com a subsequente venda do ativo. Esse tipo de operação é amplamente aceita no mercado – como se discutiu no precedente estadunidense *Sullivan & Long, Inc. v. Scattered Corp., 47 F.3d 857 7th Cir. 1995* (ESTADOS UNIDOS DA AMÉRICA, 1995).

[8] Disponível em: <https://www.reuters.com/companies/GME>. Acesso em 15 de fev. 2021.

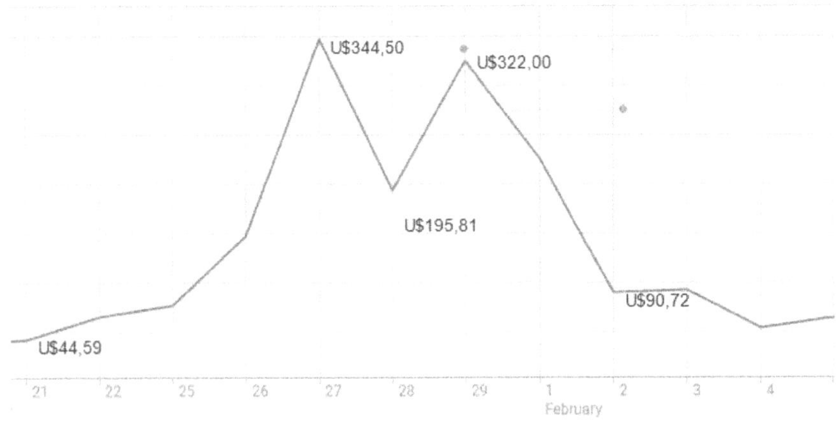

Figura 1: cotação em dólar da ação da empresa GameStop entre 21/01/2021 e 04/02/2021

A notoriedade desse acontecimento levou à replicação de "short squeezes" em ações de bolsa de valores mundo afora.[9] No Brasil, fenômeno similar ocorreu com as ações da empresa IRB Brasil Resseguros S.A., empresa fundada em 1939 que, em 2017, chegou a constituir a 8ª maior resseguradora do mundo em valor de mercado, e que desempenha relevante papel no mercado de seguros brasileiro.[10]

Na quinta-feira 28.01.2021, a ação da IRB Brasil Resseguros S.A., de código IRBR3, chegou a ter alta de 18%, saltando de R$6,50 para R$7,69.[11]

[9] No Reino Unido, as ações das empresas Pearson, Cineworld e Hammerson foram alvo dos investidores individuais nesse movimento. Disponível em: <https://www.standard.co.uk/business/markets/pearson-booms-in-shortsqueeze-as-ftse-rides-wave-of-wall-street-b901332.html>. Acesso em 20 de fev. 2021.

[10] Disponível em: <https://www.infomoney.com.br/cotacoes/irb-brasil-irbr3/>. Acesso em 30 de jan. 2021.

[11] Disponível em: <https://br.investing.com/equities/irb-brasil-resseguros-chart>. Acesso em 15 de fev. 2021.

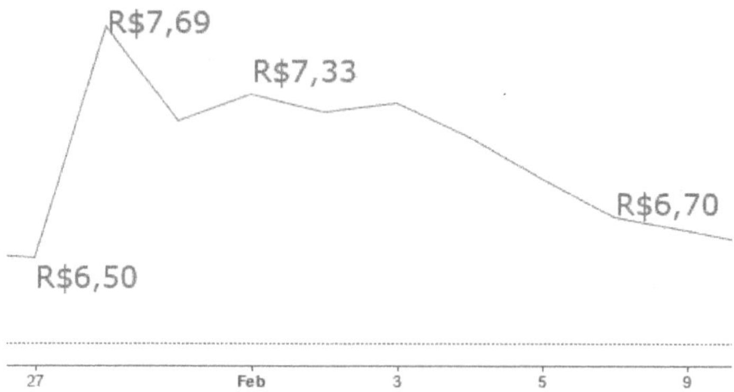

Figura 2: cotação em real da ação da empresa IRB Brasil entre 27/01/2021 e 09/02/2021

O incremento no valor da ação foi impulsionado por "short squeeze" concertado por investidores individuais em redes sociais, que se organizaram tanto em grupo do aplicativo Telegram – que, nessa data, contava com mais de 20 mil membros[12] – como em fóruns de discussão de estratégias de investimento. Em determinado momento do dia, investidores reproduziam a seguinte mensagem no fórum de um *site* especializado:

> "COPIA E COLA PRO POVO VER AS ORIENTAÇÕES:..IRB Week – 08/02 a 12/02/2021-Cada acionista comprará ações de acordo com suas condições durante cinco dias consecutivos Para não gerar sucessivos leilões iremos solicitar as compras pelas iniciais dos nomes: Ex: Apenas nomes iniciando com as Letras A, B e C comprando até a próxima autorização para novas letras entrarem na compra. 2-Os acionistas não venderão ou alugarão ações até o dia 30/04;3-Os acionistas que tem aluguéis irão solicitar os papéis de volta;4-Todos acionistas colocando Ordem de Venda a R$ 40,00."[13]

O movimento não passou despercebido pela Comissão de Valores Mobiliários ("CVM"), que, no dia seguinte, emitiu alerta sobre possível atuação irregular desses investidores, no qual assentou, dentre outras coisas, que

[12] Disponível em: <https://br.investing.com/news/stock-market-news/grupo-de-short-squeeze-de-irb-reune-20-mil-membros-no-telegram-cvm-monitora-825378>. Acesso em 30 de jan. 2021.

[13] Disponível em: <https://br.investing.com/equities/irb-brasil-resseguros>. Acesso em 30 de jan. 2021.

"a manipulação do mercado é passível de punição na esfera penal, conforme crime tipificado no art. 27-C da Lei 6.385/76" [14].

Desse modo, premente o estudo do delito previsto no artigo 27-C da Lei de Mercado de Capitais para identificar sua eventual aplicação a novo fenômeno exsurgido da intensificação de comunicação de investidores individuais por meio de novas ferramentas tecnológicas.

III. O delito previsto no artigo 27-C da Lei de Mercado de Capitais brasileira e a sua aplicação: o caso da IRB Brasil Resseguros S.A.

A advertência da CVM não é desarrazoada. Consoante o paradigma funcionalista, o Direito Penal busca, primordialmente, assegurar que as expectativas sociais sejam de fato implementadas e cumpridas.[15] Porquanto consubstancia o mais assertivo instrumento de regulação social, o Direito Penal necessita maximizar os postulados regulatórios atinentes ao Mercado de Capitais. Ainda que diversos novos investidores individuais tenham começado a investir em ações nos últimos anos[16] e, por isso, não possuam pleno conhecimento das melhores práticas, é certo que as regras para assegurar o bom funcionamento do Mercado de Capitais devem ser observadas por todos, sob pena de se ver tergiversada a sua finalidade.[17]

Como segmento do sistema financeiro nacional, o Mercado de Capitais[18] deve ser desenvolvido "de forma a promover o desenvolvimento equi-

[14] Disponível em: <https://www.gov.br/cvm/pt-br/assuntos/noticias/cvm-alerta-possivel-atuacao-irregular-de-pessoas-em-midias-sociais-com-vistas-a-influenciar-o-comportamento-de-investidores>. Acesso em 30 de jan. 2021.

[15] A esse respeito, imperioso pontuar que, no Brasil, a quantidade de pessoas físicas investindo na bolsa de valores teve um aumento extraordinário nos últimos anos. Esse número era de 557.109 em 2015 e passou para 1.681.033 em 2019. Por sua vez, no ano de 2020, esse montante cresceu para 3.229.318 pessoas físicas, ou seja, quase o dobro de 2019 e aproximadamente seis vezes o número de 2015. Disponível em <http://www.b3.com.br/pt_br/market-data-e-indices/servicos-de-dados/market-data/consultas/mercado-a-vista/historico-pessoas-fisicas/>. Acesso em 30 de jan. 2021.

[16] A redução da taxa SELIC e, por conseguinte, da remuneração devida por investimentos em renda fixa, realizou profunda alteração na estratégia de investimento de pessoas físicas. Apenas entre outubro de 2019 e 2020, dados indicavam que o número de investidores individuais cresceu 112,6%. Disponível em < https://www.infomoney.com.br/onde-investir/bolsa-alcanca-marca-de-3-milhoes-de-investidores-pessoas-fisicas/>. Acesso em 30 de jan. 2021.

[17] Até mesmo porque, conforme se depreende do artigo 21 do Código Penal (BRASIL, 1940), o desconhecimento dos parâmetros normativos incidentes sobre as condutas é inescusável.

[18] De acordo com Juliano Pinheiro, o Mercado de Capitais é o "conjunto de instituições e de instrumentos que negociam com títulos e valores mobiliários, objetivando a canalização dos

librado do País e a servir aos interesses da coletividade", tal como previsto no artigo 192 da Constituição da República (BRASIL, 1988), de modo que sua tutela deve almejar, sempre, essa finalidade. A teor do artigo 4°, IV, da Lei n° 6.385/1976, a tutela do Mercado de Capitais é premente também para a proteção dos próprios investidores.[19] Nessa senda, Eizirik, Gaal, Parente e Henriques realçam três objetivos econômicos na regulação do Mercado de Capitais, a saber, a promoção de maior eficiência

> "a) Na determinação das cotações dos valores mobiliários – eficiência nesse contexto significando a capacidade de reação das cotações às novas informações; quanto mais rápida a reação, mais eficiente o mercado, sendo o ideal que a cotação de determinado título reflita única e exclusivamente as informações publicamente disponíveis;
>
> b) Na alocação dos recursos, de sorte que os investidores, com base nas informações disponíveis, apliquem suas poupanças nas companhias mais produtivas e rentáveis;
>
> c) Nas operações entre os investidores, reduzindo tanto quanto possível os custos de transação que são aqueles incorridos na realização dos negócios e que compreendem os de busca de informações sobre os ativos, os preços e os potenciais compradores; os de negociação entre comparadores e vende-

recursos dos agentes compradores para os agentes vendedores" (Pinheiro, 2019, p. 158). Consoante Assaf Neto, a estrutura do Mercado de Capitais foi erigida de forma "a suprir as necessidades de investimentos dos agentes econômicos, por meio de diversas modalidades de financiamentos a médio e longo prazos para capital de giro e capital fixo" (Assaf Neto, 2021, p. 82). Ainda de acordo com Assaf Neto, o Mercado de Capitais é "constituído pelas instituições financeiras não bancárias, instituições componentes do sistema de poupança e empréstimo (SBPE) e diversas instituições financeiras auxiliares", como bolsas de valores, sociedades corretoras de valores mobiliários, sociedades distribuidoras de valores mobiliários e agentes autônomos de investimento (Assaf Neto, 2021, p. 82).

[19] Discrimina o artigo 4º, IV, da Lei nº 6.385/1976 que cabe tanto ao Conselho Monetário Nacional e a Comissão de Valores Mobiliários a proteção dos "titulares de valores mobiliários e os investidores do mercado contra" as "emissões irregulares de valores mobiliários", os "atos ilegais de administradores e acionistas controladores das companhias abertas, ou de administradores de carteira de valores mobiliários" e "o uso de informação relevante não divulgada no mercado de valores mobiliários" (BRASIL, 1976). É nessa linha que Eizirik, Gaal, Parente e Henriques ressaltam que "o objetivo essencial da regulação do mercado de capitais consiste na tutela dos investidores, aqueles que aplicam seus recursos financeiros nos valores mobiliários emitidos publicamente e negociados no mercado" (Eizirik; Gall; Parente; Henriques, 2019, p. 51).

dores; e os de realização de contratos e de sua correta aplicação" (Eizirik; Gall; Parente; Henriques, 2019, p. 53-54).

A regulação, em verdade, almeja a contenção de risco sistêmico e padronização de divulgação de informações, assim como a confiabilidade e a transparência destas, com vistas à "viabilização do mercado como mecanismo de financiamento da atividade produtiva, através da captação e alocação de recursos superavitários para os projetos mais eficientes de investimento".[20] Seguindo esta linha, deve o Direito Penal que versa sobre o Mercado de Capitais buscar maximizar os postulados dessa regulamentação.

Do ponto de vista criminal, o tipo de manipulação do Mercado de Capitais, previsto no artigo 27-C da Lei nº 6.385/76, foi incluído nesse diploma pela Lei nº 10.303/2001 e permaneceu com a mesma redação por considerável período de tempo. Marcelo Cavalli defendeu, quando da vigência da antiga redação desse delito, que o artigo 27-C "*mostra-se, em linhas gerais, normativamente adequado para a proteção da capacidade funcional alocativa do Mercado de Capitais*". Malgrado a Lei nº 13.506/2017 tenha provocado sensíveis alterações na redação do delito em questão,[21] promovendo uma ampliação de sua incidência,[22] a criminalização de conduta indicada por esse tipo penal permanece adequada aos postulados de política criminal e econômico-financeira. Com efeito, esse delito tutela "a garantia do regular e transparente funcionamento do mercado" (SILVEIRA, 2019, p. 272).

Tal como indicado por Carvalhosa e Eizirik, o tipo penal descrito no artigo 27-C da Lei de Mercado de Capitais busca tutelar justamente a estabilidade do Mercado de Capitais, mais precisamente "o processo de formação de preços dos valores mobiliários no mercado, evitando a sua alteração

[20] Cavali, 2017, p. 99.

[21] Na antiga redação do artigo 27-C da Lei de Mercado de Capitais, restava criminalizada a conduta de "Realizar operações simuladas ou executar outras manobras fraudulentas, com a finalidade de alterar artificialmente o regular funcionamento dos mercados de valores mobiliários em bolsa de valores, de mercadorias e de futuros, no mercado de balcão ou no mercado de balcão organizado, com o fim de obter vantagem indevida ou lucro, para si ou para outrem, ou causar dano a terceiros". A reforma promovida pela Lei n. 13.506/2017 teve o condão de ampliar o escopo desse delito, a fim de criminalizar a conduta de "Realizar operações simuladas ou executar outras manobras fraudulentas destinadas a elevar, manter ou baixar a cotação, o preço ou o volume negociado de um valor mobiliário, com o fim de obter vantagem indevida ou lucro, para si ou para outrem, ou causar dano a terceiros" (BRASIL, 2017).

[22] Essa é a posição de Maíra Salomi e Roberta de Lima e Silva (Salomi; Silva, 2018).

artificial". (Carvalhosa; Eizirik, 2002, p. 534). Sob a perspectiva de que o Mercado de Capitais é um "gerador de preços públicos dos ativos financeiros", Renato Silveira afirma que o delito em comento "está sim a proteger a segurança e a estabilidade do mesmo" (Silveira, 2019, p. 273).

A análise do tipo penal descrito no artigo 27-C da Lei de Mercado de Capitais permite concluir que se trata de delito misto alternativo, que possui como verbos nucleares as condutas de "Realizar operações simuladas" ou de "executar outras manobras fraudulentas". O exame do conteúdo das locuções "operações simuladas" e "manobras fraudulentas" afigura-se, portanto, essencial para a compreensão da amplitude da incidência desse delito.

Antes de se adentrar nesse meandro, premente indicar que, para a adequada configuração delitiva, o agente deve almejar duas finalidades com sua conduta – seja ela a de "realizar operações simuladas", seja a de "executar outras manobras fraudulentas" –, quais sejam, a destinação de "elevar, manter ou baixar a cotação, o preço ou o volume negociado de um valor mobiliário" e o objetivo de "obter vantagem indevida ou lucro, para si ou para outrem, ou causar dano a terceiros". Não sendo possível identificar uma dessas duas finalidades, inexistente adequação típica da conduta.

Tal como consignado a respeito das locuções que acompanham os centros nucleares do delito, as duas imprescindíveis finalidades da conduta descrita no tipo penal também estão permeadas por conceitos e locuções técnicas. A despeito da alta tecnicidade do delito, o tipo penal não exige qualquer circunstância pessoal especial para que este seja praticado por uma pessoa. Isto é, o crime descrito no artigo 27-C da Lei de Mercado de Capitais é comum, podendo ser praticado por qualquer pessoa.[23] Tal constatação ganha especial relevância diante do aumento de novos investidores no Mercado de Capitais, mais precisamente em ativos circulantes na bolsa de valores gerida pela empresa B3 à luz das regras fixadas pela CVM, a teor do artigo 18, II, da Lei nº 6.385/1976. Assim, ainda que desconheçam os regramentos aplicáveis, podem estes novos investidores incidirem na prática do tipo penal descrito no artigo 27-C da Lei de Mercado de Capitais, dado o fato de este delito ser comum e de, a teor do artigo 21 do Código Penal (BRASIL, 1940), ser inescusável o desconhecimento dos regramentos aplicáveis à conduta.

[23] Na mesma direção Fausto De Sanctis (De Sanctis, 2015, p. 277).

De se notar que o artigo 25 da Lei nº 7.492/1986[24] – Lei de Crimes contra o Sistema Financeiro Nacional – não se mostra aplicável ao artigo 27-C da Lei de Mercado de Capitais. Para além do fato de que aquela versa essencialmente sobre matéria criminal, enquanto esta não, a Lei nº 7.492/1986 tutela o Sistema Financeiro Nacional,[25] o qual não se confunde com o Mercado de Capitais, sendo, portanto, distintos os objetos de tutela. Ademais, o preceito do artigo 25 da Lei nº 7.492/1986 é específico para restringir seu escopo de aplicação aos "termos desta lei", de modo a impossibilitar a restrição no rol de sujeitos ativos do delito descrito no artigo 27-C da Lei nº 6.385/1976.[26]

Especificamente com relação à interpretação da amplitude dos conceitos vinculados aos núcleos do tipo penal, salutar compreender, inicialmente, a desnecessidade da verificação de qualquer resultado naturalístico. A estrutura que o legislador buscou conferir ao delito é a de um crime de perigo abstrato.[27] Ou seja, basta a execução de uma das condutas indicadas no tipo penal abarcando as duas finalidades assentadas para a configuração do tipo penal. Pontue-se, por oportuno, que não é qualquer conduta que detém aptidão para macular o bem jurídico tutelado, devendo esta ser colocada em perspectiva para aferir a configuração do injusto.[28] A efetiva alteração de preços do mercado ou a implicação de ganhos ou perdas – ao sujeito delitivo ou a terceiros – é prescindível para a configuração delitiva, podendo, nada obstante, caracterizar uma circunstância agravante da pena seja na primeira ou na segunda fase de dosimetria.

[24] Dispõe o artigo 25 que são "penalmente responsáveis, nos termos desta lei, o controlador e os administradores de instituição financeira, assim considerados os diretores, gerentes", ressaltando o § 1º desse dispositivo que se equiparam "aos administradores de instituição financeira (...) o interventor, o liqüidante ou o síndico" (BRASIL, 1986).

[25] O Sistema Financeiro Nacional é, consoante Cavalcante, o "conjunto de instituições e instrumentos financeiros que possibilita a transferência de recursos dos ofertadores finais aos tomadores finais, e cria condições para que os títulos e valores mobiliários tenham liquidez no mercado" (Cavalcante, 2002).

[26] Na mesma direção, Silveira (Silveira, 2019, p. 279).

[27] No ponto, De Sanctis exterioriza a antecipação da tutela do Mercado de Capitais pelo tipo penal em questão, na medida em que "o legislador (...) não requereu a efetiva alteração do regular funcionamento de mercados ou a obtenção de lucros com prejuízo a terceiros, mas a sua mera intenção, inserindo-os como finalidades específicas do crime" (De Sanctis, 2015, p. 282). Sobre a temática dos crimes de perigo abstrato, conferir Bottini (Bottini, 2013).

[28] Para Silveira, "não necessariamente toda e qualquer conduta se mostrariam intrinsecamente perigosas, colocando em risco o bem jurídico tutelado" (Silveira, 2019, p. 275).

Por sua vez, a expressão "operações simuladas", diretamente vinculada ao verbo nuclear "realizar", deve ser compreendida como a operação executada no Mercado de Capitais que constitui engodo, artifício. Já a locução "manobras fraudulentas", atrelada ao verbo nuclear "executar", relaciona-se com atividades dentro do Mercado de Capitais que não consubstanciem "operações regulares", sendo elas uma enganação, um ardil, para atingir as finalidades delineadas no tipo penal.

Malgrado intuitivamente a compreensão do significado do adjetivo "regular" de uma operação recaia sobre o Magistrado, tal acepção não se mostra correta. Isso se deve não apenas a uma costumeira ausência de familiaridade das Autoridades Judiciárias com o funcionamento do Mercado de Capitais, mas principalmente em virtude de esse conceito ser normativamente compreendido a partir de posicionamento da autoridade administrativa reguladora – CVM. Deveras, de acordo com o artigo 18, II, da Lei nº 6.385/1976, compete à CVM a definição sobre (i) "as espécies de operação autorizadas na bolsa e no mercado de balcão; métodos e práticas que devem ser observados no mercado" e (ii) "a configuração de condições artificiais de demanda, oferta ou preço de valores mobiliários, ou de manipulação de preço; operações fraudulentas e práticas não equitativas na distribuição ou intermediação de valores", bem como as (iii) "normas aplicáveis ao registro de operações a ser mantido pelas entidades do sistema de distribuição" (BRASIL, 1976). Cabe, destarte, a esta autoridade delimitar o que caracteriza uma operação como sendo regular ou irregular para fins de compreensão do escopo de aplicação do tipo penal descrito no artigo 27-C da Lei de Mercado de Capitais.[29]

No que toca aos demais elementos desse tipo penal, premente, inicialmente, a compreensão do conteúdo do conceito de "valor mobiliário", na medida em que a primeira das finalidades necessárias para configuração do delito consiste em "elevar, manter ou baixar a cotação, o preço ou o volume negociado de um valor mobiliário". Para Juliano Pinheiro, valor mobiliário é

> "todo investimento em dinheiro ou em bens suscetíveis de avaliação monetária, realizado pelo investidor em razão de uma captação pública de recursos,

[29] Por essa razão é que Carvalhosa e Eizirik pontuam que, nessa modalidade delitiva, "aquele que frauda não necessariamente contradiz as palavras da lei, dando mesmo a impressão de que as observa, quando, na realidade, as infringe, indo contra o sentido que as ditou" (Carvalhosa; Eizirik; 2002, p. 537).

para fornecer capital de risco a um empreendimento, em que ele, o investidor, não tem ingerência direta, mas do qual espera obter ganho ou benefício futuro" (PINHEIRO, 2019, p. 192).

As espécies de valor mobiliário estão indicadas no artigo 2º da Lei nº 6.385/1976,[30] sendo estas, portanto, passíveis de serem objeto do delito do artigo 27-C da Lei de Mercado de Capitais.

No que atine à finalidade de "obter vantagem indevida ou lucro, para si ou para outrem, ou causar dano a terceiros", convém ressaltar que a "vantagem indevida", assim como o "dano", não necessariamente precisam ser de índole econômica, dado inexistir restrição interpretativa na norma penal.

Dentro desse quadro, constata-se que a concertação de "short squeeze" por grande número de pessoas detém, em tese, aptidão para configurar uma conduta fraudulenta, na medida em que o preço do ativo pode ser – como efetivamente o foi – artificialmente fixado em razão de grande volume de operações arquitetadas.

Na espécie, o preço de uma ação – que, a teor do artigo 2º da Lei nº 6.385/1976, consubstancia valor mobiliário – alvo de "short squeeze" não é alterado em decorrência do valor da empresa ou de uma tendência de aumento futuro de valor, mas por manobras individualmente praticadas – embora coletivamente engendradas a partir de novas tecnologias. Referida manobra é tida como fraudulenta por não estar alicerçada nas práticas regulares de mercado estatuídas na CVM, dado que não busca refletir a realidade futura ou presente do valor ativo, mas apenas manipular artificialmente o seu preço.

Como ressaltado anteriormente, a regulação do Mercado de Capitais se faz premente para proteger os próprios investidores e, por conseguinte, a coletividade. A transparência e a regularidade na formação dos preços

[30] Consoante o artigo 2º da Lei nº 6.385/1976, são valores mobiliários "as ações, debêntures e bônus de subscrição; os cupons, direitos, recibos de subscrição e certificados de desdobramento relativos aos valores mobiliários; os certificados de depósito de valores mobiliários; as cédulas de debêntures; as cotas de fundos de investimento em valores mobiliários ou de clubes de investimento em quaisquer ativos; as notas comerciais; os contratos futuros, de opções e outros derivativos, cujos ativos subjacentes sejam valores mobiliários; outros contratos derivativos, independentemente dos ativos subjacentes; quando ofertados publicamente, quaisquer outros títulos ou contratos de investimento coletivo, que gerem direito de participação, de parceria ou de remuneração, inclusive resultante de prestação de serviços, cujos rendimentos advêm do esforço do empreendedor ou de terceiros" (BRASIL, 1976).

são elementos essenciais dessa tutela administrativa e, assim, devem ser da tutela penal para situações de maior gravidade. A profusão de operações simuladas ou manobras fraudulentas tem o condão de infirmar a confiança dos investidores, desafiando as finalidades constitucionais, legais e sociais atinentes ao Mercado de Capitais.

Nessa perspectiva, a conduta daqueles que praticam "short squeeze" com determinada ação dentro do ambiente da bolsa de valores agrega risco não permitido pela norma penal, fazendo incidir o delito previsto no artigo 27-C da Lei de Mercado de Capitais.

Conclusões

No bojo desse artigo, foi realçado o papel das tecnologias na modificação de práticas e expectativas sociais, de modo a ensejar a alteração do objeto da tutela do Direito Penal.

Identificou-se, nesse contexto, conduta praticada no âmbito do Mercado de Capitais denominada de "*short squeeze*" que, embora praticada individualmente, foi concertada coletivamente por meio de redes e mídias sociais com objetivo de alterar artificialmente o preço de ação da empresa IRB Brasil Resseguros S.A.

Dada a imediata advertência da CVM a respeito da prática, buscou-se examinar o objeto de tutela do delito descrito no artigo 27-C da Lei de Mercado de Capitais para aferir a sua incidência sobre a conduta indicada.

Diante do estudo realizado, conclui-se que o tipo penal previsto no artigo 27-C da Lei de Mercado de Capitais pode abranger a conduta daqueles que executam "*short squeeze*" por meio de redes e mídias sociais.

Referências

ALONSO, Leonardo. O bem jurídico nos crimes contra o Mercado de Capitais. RBCCrim, n. 82, 2010.

ARAÚJO, Marina Pinhão Coelho. Tipicidade Penal – Uma Análise Funcionalista. São Paulo: Quartier Latin, 2012.

ASSAF NETO, Alexandre. Mercado financeiro. – 14. Ed. – São Paulo: Atlas, 2021.

BITENCOURT, Cezar Roberto. Tratado de direito penal econômico. São Paulo: Saraiva, 2016.

BOLSA alcança marca de 3 milhões de investidores pessoas físicas. InfoMoney, São Paulo, 02 de out. de 2020. Disponível em < https://www.infomoney.com.br/onde-investir/bolsa-alcanca-marca-de-3-milhoes-de-investidores-pessoas-fisicas/>. Acesso em 30 de jan. 2021.

BOTTINI, Pierpaolo Cruz. Crimes de perigo abstrato. 3. ed. rev. e atual. São Paulo: Revista dos Tribunais, 2013.

BRASIL, Código Penal. Decreto-Lei n. 2.848, de 7 de dezembro de 1940. Disponível em: <http://www.planalto.gov.br/ccivil_03/decreto-lei/del2848compilado.htm>. Acesso em: 12 fev. 2021. 1940.

BRASIL, Lei n. 6.385, de 7 de dezembro de 1976. Disponível em: <http://www.planalto.gov.br/ccivil_03/leis/l6385.htm>. Acesso em: 12 fev. 2021. 1976.

BRASIL, Lei n. 7.492, de 16 de junho de 1986. Disponível em: <http://www.planalto.gov.br/ccivil_03/Leis/l7492.htm>. Acesso em: 12 fev. 2021. 1986.

BRASIL, Constituição da República Federativa do Brasil, de 05 de outubro de 1988. Disponível em: <http://www.planalto.gov.br/ccivil_03/constituicao/ConstituicaoCompilado.htm>. Acesso em: 12 fev. 2021. 1988.

BRASIL, Lei n. 13.506, de 13 de novembro de 2017. Disponível em: <http://www.planalto.gov.br/ccivil_03/_Ato2015-2018/2017/Lei/L13506.htm>. Acesso em: 12 fev. 2021. 2017.

BREDA, Juliano. Crimes contra o Mercado de Capitais. In: BITENCOURT, Cezar Roberto; BREDA Juliano. Crimes contra o sistema financeiro nacional e contra o Mercado de Capitais. São Paulo: Saraiva, 2014.

CAVALCANTE, Francisco. Mercado de Capitais. 5ª Ed. Rio de Janeiro: Campus, 2002.

CARVALHO, Felipe Fernandes; CHAVES, Álvaro Guilherme de Oliveira. O crime de manipulação de mercado de capitais por meio de short squeeze. In: Revista Consultor Jurídico, 03 de fevereiro de 2021. Disponível em: <https://www.conjur.com.br/2018-ago-10/opiniao-repercussoes-penais-lei-1350617>. Acesso em 14 de fev. 2021. 2021.

CARVALHOSA, Modesto; EIZIRIK, Nelson. A nova lei das S/A. São Paulo: Saraiva, 2002.

CAVALI, Marcelo Costenaro. Fundamento e limites da repressão penal da manipulação do Mercado de Capitais: uma análise a partir do bem jurídico da capacidade funcional alocativa do mercado. 2017. 352 f. Tese (Doutorado em Direito, na área de concentração Direito Penal, Medicina Forense e Criminologia) – Universidade de São Paulo, São Paulo. 2017.

CVM alerta: possível atuação irregular de pessoas em mídias sociais, com vistas a influenciar o comportamento de investidores. Comissão de Valores Mobiliários, Rio de Janeiro, 29 de jan. de 2021. Disponível em: <https://www.gov.br/cvm/pt-br/assuntos/noticias/cvm-alerta-possivel-atuacao-irregular-de-pessoas-em-midias-sociais-com-vistas-a-influenciar-o-comportamento-de-investidores>. Acesso em 30 de jan. 2021.

DE SANCTIS, Fausto Martin. Delinquência econômica e financeira. Rio de Janeiro: Forense, 2015.

EIZIRIK, Nelson; GAAL, Ariádna B.; PARENTE, Flávia; HENRIQUES, Marcus de Freitas. Marcado de Capitais: Regime Jurídico – 4. Ed. – São Paulo: Quartier Latin, 2019.

GRUPO de short squeeze de IRB reúne 20 mil membros no Telegram; CVM monitora. Investing, São Paulo, 28 de jan. de 2021. Disponível em <https://br.investing.com/news/stock-market-news/grupo-de-short-squeeze-de-irb-reune-20-mil-membros-no-telegram-cvm-monitora-825378>. Acesso em 30 de jan. 2021.

ESTADOS UNIDOS DA AMÉRICA. Corte de Apelação do Sétimo Circuito da Justiça Federal. N. do recurso: 94-2015. Disponível em: < https://casetext.com/case/sullivan-

-long-inc-v-scattered-corp >. Julgado em: 08 de fevereiro de 1995. Acesso em: 16 fev. 2021. 1995.

PINHEIRO, Juliano Lima. Mercado de Capitais. – 9. Ed. – São Paulo: Atlas, 2019.

SALOMI, Maíra; Silva, Roberta de Lima. Possíveis repercussões penais da Lei 13.506/2017. In: Revista Consultor Jurídico, 10 de agosto de 2018. Disponível em: <https://www.conjur.com.br/2018-ago-10/opiniao-repercussoes-penais-lei-1350617>. Acesso em 30 de jan. 2021. 2018.

SCHWAB, Klaus, A quarta revolução industrial. São Paulo: Edipro, 2016.

SILVA SÁNCHEZ, Jesús-María. A expansão do direito penal: aspectos da política criminal nas sociedades pós-industriais. Trad. de Luiz Otavio de Oliveira Rocha. São Paulo: Editora Revista dos Tribunais, 2002.

SILVEIRA, Renato de Mello Jorge. Crimes contra o Mercado de Capitais. In: ARAÚJO, Marina Pinhão Colho; SOUZA, Luciano Anderson de. Direito Penal econômico: Leis Penais Especiais, v. 1. São Paulo: Thomson Reuters Brasil, 2019.

TURKLE, Sherry. Reclaiming convesation: the Power of Talk in a Digital Age, Penguin, 2015.

20
ALGUMAS NOTAS SOBRE PRISÃO PREVENTIVA APÓS A LEI N. 13.964/2019 (PACOTE ANTICRIME)

SEBASTIÃO REIS JÚNIOR

Dispõe o art. 5º, inciso LIV, da Constituição Federal, que ninguém será privado da liberdade sem o devido processo legal.

Em outras palavras, para cercear a liberdade de alguém, mesmo que de modo provisório ou preventivo, necessário é que as regras impostas tanto pela legislação penal quanto pela legislação processual penal sejam efetivamente obedecidas.

Um dos temas que mais tem provocado discussão nos últimos tempos, até porque tem sido debatido, muitas vezes e de forma equivocada, mais por um viés político do que jurídico, é a prisão. Em especial, a prisão preventiva, aquela que é imposta a quem é investigado ou é réu no curso de uma investigação policial ou no curso de uma ação penal; ou seja, quando inexiste uma decisão penal condenatória definitiva.

A questão de prisão preventiva, bem como de outras cautelares, já se encontrava regulamentada pelos arts. 282, 283 e 311 a 316 do CPP. Em 2019, salvo o art. 314, todos esses dispositivos legais sofreram algum tipo de modificação quando da aprovação do chamado Pacote Anticrime (Lei n. 13.964/2019).

Em que pese críticas por boa parte da doutrina que viu as modificações tanto no Código Penal como no Código de Processo Penal, na Lei de Execução e em diversas legislações penais esparsas como modificações que tinham um caráter mais punitivista, vi alguns pontos positivos.

Minha ideia aqui, até porque o tema é extenso, é apresentar pequenas notas quanto a algumas das modificações implementadas pela Lei n. 13.964/2019, no que se refere à prisão preventiva.

Algumas das modificações trazidas pela lei aqui comentada, na verdade, como veremos mais adiante, incorporaram a esta requisitos e condições para o decreto de prisão preventiva que já viam sendo reconhecidos como necessários pela jurisprudência tanto do Superior Tribunal de Justiça quanto pelo Supremo Tribunal Federal.

Uma alteração substancial trazida pela Lei n. 13.964/2019 ocorre tanto no art. 282 como no art. 311 do Código de Processo Penal. Agora, as medidas cautelares, incluindo a prisão, só poderão ser decretadas ou a requerimento das partes, quando no curso da investigação criminal, ou por representação da autoridade policial ou mediante requerimento do Ministério Público. No caso da prisão preventiva, o art. 311 tem uma redação um pouco diferente e fala, em lugar de requerimento das partes, em requerimento do querelante ou do assistente ou do Ministério Público.

É interessante comentar que, pelo menos em um primeiro momento, a proibição de que a prisão preventiva, ou outra cautelar restritiva, viesse a ser decretada de ofício pelo juiz da causa recebeu, no âmbito do Superior Tribunal de Justiça, uma interpretação divergente.

Enquanto a Quinta Turma entendeu que, *a partir das inovações trazidas pelo Pacote Anticrime, tornou-se inadmissível a conversão, de ofício, da prisão em flagrante em preventiva*,e que*a prisão preventiva somente poderá ser decretada mediante requerimento do Ministério Público, do assistente ou querelante, ou da autoridade policial (art. 311 do CPP)* – (AgRg no RHC n. 137.448, Rel. Ministro Ribeiro Dantas), a Sexta Turma firmou, por maioria, entendimento em sentido contrário, tendo concluído que, *embora a lei nova tenha excluído a possibilidade de decretação da custódia cautelar, de ofício, do art. 311do CPP, configura-se a conversão da prisão em flagrante em preventiva em hipótese distinta e resguardada pela norma específica do art. 310, II, da mesma lei processual* (AgRg no RHC n. 132.563, Rel. Ministro Nefi Cordeiro).

A divergência veio a ser superada com a manifestação da Terceira Seção no julgamento do RHC n. 131.263, quando, por maioria, firmou-se o entendimento de que, após o advento da Lei n 13.964/2019, não é mais possível a decretação de ofício de prisão preventiva, mesmo naquelas hipóteses em que esta decorra da conversão da prisão em flagrante ou, ainda, das situações em que, independentemente da razão, não houve oportunidade para o Ministério Público requerer a prisão.

A ementa tem a seguinte redação:

PROCESSUAL PENAL. RECURSO EM HABEAS CORPUS. PRISÃO. CONVERSÃO EX OFFICIO DA PRISÃO EM FLAGRANTE EM PREVENTIVA. IMPOSSIBILIDADE. NECESSIDADE DE REQUERIMENTO PRÉVIO OU PELO MINISTÉRIO PÚBLICO, OU PELO QUERELANTE, OU PELO ASSISTENTE, OU, POR FIM, MEDIANTE REPRESENTAÇÃO DA AUTORIDADE POLICIAL.

1. Em razão do advento da Lei n. 13.964/2019 não é mais possível a conversão ex officio da prisão em flagrante em prisão preventiva. Interpretação conjunta do disposto nos arts. 3º-A, 282, § 2º, e 311, caput, todos do CPP.

2. IMPOSSIBILIDADE, DE OUTRO LADO, DA DECRETAÇÃO "EX OFFICIO" DE PRISÃO PREVENTIVA EM QUALQUER SITUAÇÃO (EM JUÍZO OU NO CURSO DE INVESTIGAÇÃO PENAL) INCLUSIVE NO CONTEXTO DE AUDIÊNCIA DE CUSTÓDIA (OU DE APRESENTAÇÃO), SEM QUE SE REGISTRE, MESMO NA HIPÓTESE DA CONVERSÃO A QUE SE REFERE O ART. 310, II, DO CPP, PRÉVIA, NECESSÁRIA E INDISPENSÁVEL PROVOCAÇÃO DO MINISTÉRIO PÚBLICO OU DA AUTORIDADE POLICIAL – RECENTE INOVAÇÃO LEGISLATIVA INTRODUZIDA PELA LEI N. 13.964/2019 ("LEI ANTICRIME"), QUE ALTEROU OS ARTS. 282, §§ 2º e 4º, E 311 DO CÓDIGO DE PROCESSO PENAL, SUPRIMINDO AO MAGISTRADO A POSSIBILIDADE DE ORDENAR, "SPONTE SUA", A IMPOSIÇÃO DE PRISÃO PREVENTIVA – NÃO REALIZAÇÃO, NO CASO, DA AUDIÊNCIA DE CUSTÓDIA (OU DE APRESENTAÇÃO) – INADMISSIBILIDADE DE PRESUMIR-SE IMPLÍCITA, NO AUTO DE PRISÃO EM FLAGRANTE, A EXISTÊNCIA DE PEDIDO DE CONVERSÃO EM PRISÃO PREVENTIVA – CONVERSÃO, DE OFÍCIO, MESMO ASSIM, DA PRISÃO EM FLAGRANTE DO ORA PACIENTE EM PRISÃO PREVENTIVA – IMPOSSIBILIDADE DE TAL ATO, QUER EM FACE DA ILEGALIDADE DESSA DECISÃO. [...] – A reforma introduzida pela Lei n. 13.964/2019 ("Lei Anticrime") modificou a disciplina referente às medidas de índole cautelar, notadamente aquelas de caráter pessoal, estabelecendo um modelo mais consentâneo com as novas exigências definidas pelo moderno processo penal de perfil democrático e assim preservando, em consequência, de modo mais expressivo, as características essenciais inerentes à estrutura acusatória do processo penal brasileiro. – A Lei n. 13.964/2019, ao suprimir a expressão "de ofício" que constava do art. 282, §§ 2º e 4º, e do art. 311, todos do Código de Processo Penal, vedou, de

forma absoluta, a decretação da prisão preventiva sem o prévio "requerimento das partes ou, quando no curso da investigação criminal, por representação da autoridade policial ou mediante requerimento do Ministério Público" (grifo nosso), não mais sendo lícita, portanto, com base no ordenamento jurídico vigente, a atuação "ex officio" do Juízo processante em tema de privação cautelar da liberdade. – A interpretação do art. 310, II, do CPP deve ser realizada à luz dos arts. 282, §§ 2º e 4º, e 311, do mesmo estatuto processual penal, a significar que se tornou inviável, mesmo no contexto da audiência de custódia, a conversão, de ofício, da prisão em flagrante de qualquer pessoa em prisão preventiva, sendo necessária, por isso mesmo, para tal efeito, anterior e formal provocação do Ministério Público, da autoridade policial ou, quando for o caso, do querelante ou do assistente do MP. Magistério doutrinário. Jurisprudência. [...] – A conversão da prisão em flagrante em prisão preventiva, no contexto da audiência de custódia, somente se legitima se e quando houver, por parte do Ministério Público ou da autoridade policial (ou do querelante, quando for o caso), pedido expresso e inequívoco dirigido ao Juízo competente, pois não se presume – independentemente da gravidade em abstrato do crime – a configuração dos pressupostos e dos fundamentos a que se refere o art. 312 do Código de Processo Penal, que hão de ser adequada e motivadamente comprovados em cada situação ocorrente. Doutrina. PROCESSO PENAL – PODER GERAL DE CAUTELA – INCOMPATIBILIDADE COM OS PRINCÍPIOS DA LEGALIDADE ESTRITA E DA TIPICIDADE PROCESSUAL – CONSEQUENTE INADMISSIBILIDADE DA ADOÇÃO, PELO MAGISTRADO, DE MEDIDAS CAUTELARES ATÍPICAS, INESPECÍFICAS OU INOMINADAS EM DETRIMENTO DO "STATUS LIBERTATIS" E DA ESFERA JURÍDICA DO INVESTIGADO, DO ACUSADO OU DO RÉU – O PROCESSO PENAL COMO INSTRUMENTO DE SALVAGUARDA DA LIBERDADE JURÍDICA DAS PESSOAS SOB PERSECUÇÃO CRIMINAL. – Inexiste, em nosso sistema jurídico, em matéria processual penal, o poder geral de cautela dos Juízes, notadamente em tema de privação e/ou de restrição da liberdade das pessoas, vedada, em consequência, em face dos postulados constitucionais da tipicidade processual e da legalidade estrita, a adoção, em detrimento do investigado, do acusado ou do réu, de provimentos cautelares inominados ou atípicos. O processo penal como instrumento de salvaguarda da liberdade jurídica das pessoas sob persecução criminal. Doutrina. Precedentes: HC n. 173.791/MG, Ministro Celso de Mello – HC n. 173.800/MG, Ministro Celso de Mello – HC n. 186.209 – MC/SP, Ministro

Celso de Mello, v.g. (HC n. 188.888/MG, Ministro Celso de Mello, Segunda Turma, julgado em 6/10/2020).

3. Da análise do auto de prisão é possível se concluir que houve ilegalidade no ingresso pela polícia do domicílio do paciente e, por conseguinte, que são inadmissíveis as provas daí derivadas e, consequentemente, sua própria prisão. Tal conclusão autoriza a concessão de ordem de ofício.

4. Recurso em habeas corpus provido para invalidar, por ilegal, a conversão ex officio da prisão em flagrante do ora recorrente em prisão preventiva. Ordem concedida de ofício, para anular o processo, ab initio, por ilegalidade da prova de que resultou sua prisão, a qual, por conseguinte, deve ser imediatamente relaxada também por essa razão.

Na discussão acerca desta questão sustentei,tanto no âmbito da Sexta Turma quanto na Terceira Seção, que a interpretação casada do art. 3º-A do CPP (Lei n. 13.964/2019, que deixa claro que o nosso processo penal tem estrutura acusatória, sendo vedadas a iniciativa do juiz na fase de investigação e a substituição da atuação probatória do órgão de acusação), com o art. 311, também do CPP (com redação dada pela Lei n. 13.964/2019, que é expresso em determinar que a prisão só pode ser decretada pelo juiz a pedido do Ministério Público, do querelante ou do assistente, ou por representação da autoridade policial), não permite, mesmo diante da não realização da audiência de custódia, validar qualquer prisão decretada de ofício pelo juiz do feito.

A não realização da audiência de custódia, circunstância muito comum durante a pandemia que assola o País a partir de março de 2020, não autoriza a prisão decretada de ofício, considerando que a sua não ocorrência não impede ou que a autoridade policial represente requerendo a prisão ou que o próprio Ministério Público o faça.

O fato é que, após a Lei n. 13.964/2019, não é possível mais a imposição pelo juiz da causa de prisão sem pedido expresso da parte interessada ou da autoridade policial.

E vou mais além. Também não é possível a decretação de ofício de qualquer outra cautelar menos gravosa. O raciocínio é o mesmo externado mais acima.

E, continuando, também não vejo como possível que o juiz da causa imponha cautelar mais gravosa do que aquela eventualmente requerida pelo Ministério Público. Se o juiz só pode agir quando provocado, não há como ele impor uma restrição aos direitos do investigado ou réu maior do que aquela requerida. Assim, se o Ministério Público, ou a autoridade policial, requer ou representa pelo afastamento do investigado do cargo por ele ocupado na administração pública, não pode o juiz ir além e determinar a sua prisão ou qualquer outra restrição ao seu direito de ir vir que possa ser considerada mais gravosa do que aquela requerida.

Importante também a alteração imposta pela Lei n. 13.964/2019 ao art. 312 do CPP, que é extremamente relevante e mostra a preocupação do legislador com a facilidade com que prisões preventivas vinham (e, infelizmente, continuam) sendo decretadas. Agora, além de a prisão preventiva exigir para a sua decretação a demonstração de que ela é necessária para garantir a ordem pública e a ordem econômica (estes dois requisitos extremamente abstratos e de difícil delimitação), por conveniência da instrução criminal ou para assegurar a aplicação da lei penal, o julgador deverá indicar, além dos indícios de autoria e materialidade, com elementos **concretos, novos ou contemporâneos** (art. 312, § 2º), o **perigo gerado pelo estado de liberdade do imputado**.

Em outras palavras, o julgador, ao impor a prisão do imputado, deverá apresentar elementos concretos que indiquem, além daqueles requisitos até então presentes na lei processual penal, que caso o imputado permaneça em liberdade isso significará um risco **concreto**, **real**, ou para a sociedade ou para o processo. E tais fundamentos deverão considerar o caso concreto, levando em conta fatos novos ou contemporâneos à decisão.

Quanto a fatos novos, imagino que o legislador cuidou aqui daquelas situações em que o imputado se encontrava livre ao longo da investigação ou do processo, tendo em vista não existir, até aquele momento, circunstância atual que justificasse a prisão. Nesta situação, surgindo um fato novo, é possível sim que a prisão preventiva seja decretada, desde que presentes os demais requisitos do art. 312.

E quanto à referência a fatos contemporâneos, o legislador trouxe para o texto legal aquilo que a jurisprudência há tempos já havia dito: "**A urgência intrínseca da prisão preventiva impõe a contemporaneidade dos fatos justificadores aos riscos que se pretende com a prisão evitar**" (HC n. 214.921/PA, Rel. Ministro Nefi Cordeiro, DJe de 25/3/2015).

Em outras palavras, não se pode decretar hoje a prisão de um imputado apresentando como razão um fato ocorrido há tempos passados, sem qualquer efeito ou consequência para o presente, muitas vezes até mesmo de conhecimento do próprio juízo.

Importante acréscimo, além do § 2º ao art. 312, também é aquele feito ao art. 315 (§§ 1º e 2º). Na verdade, este veio reiterar e reforçar o que foi dito naquele, reforçando a necessidade de que a prisão, ou qualquer outra cautelar, só poderá ser decretada com a indicação concreta de fatos novos ou contemporâneos, que a justifiquem (§ 1º). E foi mais além. Disse também o legislador, de modo inverso, o que é necessário para se considerar uma decisão fundamentada. Em suma, a simples referência à gravidade abstrata do crime, a textos da lei, a precedentes, à doutrina, a argumentos comuns que podem ser utilizados em outros casos; à ausência de enfrentamento de argumentos contrários e à ausência de referência a elementos do caso concreto em análise viciam e tornam ilegal, não só a decisão que decreta a prisão mas também qualquer decisão judicial, seja ela interlocutória, sentença ou acórdão.

Aqui também entendo que o legislador deu voz ao que a jurisprudência vem dizendo há tempos: a decisão que decreta a prisão deve ser suficientemente motivada, com indicação concreta das razões fáticas e jurídicas que justificam a cautela, nos termos dos arts. 312, 313 e 282, I e II, do Código de Processo Penal, sendo ilegal aquela que se limita a indicar, de modo genérico, a presença dos vetores contidos na lei de regência, a hediondez e a gravidade abstrata do delito em tese perpetrado (HC n. 507.210, Rel. Ministro Rogerio Schietti Cruz).

Vejo a preocupação do legislador neste cuidado em dizer e redizer a necessidade da referência a elementos concretos, novos e contemporâneos, para justificar a imposição de prisão preventiva ou qualquer outra cautelar restritiva, bem como a atenção em demonstrar aquilo que, se utilizado em uma decisão judicial como forma de fundamentação, levará a declaração de sua ilegalidade como a consequência da forma que decretos de prisão (e de outras cautelares) têm sido nos últimos temos proferidos: padronizados, sem qualquer referência a elementos concretos e considerando, muitas vezes, simplesmente, o tipo, a natureza do crime em tese cometido. A preventiva não tem sido utilizada tendo em vista o seu fim: garantir a ordem pública, a ordem econômica, para conveniência da instrução criminal, bem como para assegurar a aplicação da lei penal, desde que indicados indícios concretos de autoria e materialidade.

Não há como comentar alterações decorrentes da Lei n. 13.964/2019 sem fazer referência ao novo art. 316 do CPP.

Quanto ao seu *caput*, o legislador deixou claro que a modificação do quadro fático que autorizou, ou não, a prisão preventiva, deverá provocar uma manifestação do juiz da causa sobre a necessidade de a prisão ser mantida, ou esta vir a ser decretada. Aqui, incluiu-se, no *caput*, a referência que essa nova decisão do juiz poderá ser de ofício ou a pedido das partes.

É importante ressaltar que a manifestação de ofício só será possível nos casos em que a situação do imputado vir a ser melhorada – se preso, poderá ser solto ou ter a prisão substituída por outras cautelares menos gravosas.

No entanto, o mais relevante aqui é o acréscimo do parágrafo único – obrigação do juiz ou tribunal emissor da decisão que decretou a prisão, ou a imposição de cautelares outras, revisar a necessidade de sua manutenção a cada 90 dias.

Importante acréscimo à lei para demonstrar que a prisão, ou qualquer outra cautelar, não tem caráter definitivo, devendo corresponder à necessidade de momento do processo. Se não há mais risco na liberdade do imputado, ou se este risco diminuiu em razão do avançar da ação penal, não há razões para que o posicionamento anterior não seja modificado. Tal inovação é mais do que necessária porque, na prática, o fato é que imposta a prisão, ou uma cautelar diversa, esta prevalece ao longo do processo, salvo provocação da parte. Raríssimas vezes tenho visto o juiz da causa, ou mesmo o tribunal que apreciará a apelação, tomar a iniciativa de, percebendo uma mudança do quadro fático, modificar as restrições impostas ao réu.

Discordo do prazo fixado. 90 dias, considerando a realidade da Justiça brasileira, é um prazo, a meu ver, exíguo, já que, na maioria das vezes, tal prazo não permitirá uma modificação substancial do quadro fático do processo.De qualquer modo, se este é o prazo imposto pela lei, este é o prazo que deverá ser obedecido.

Caso o prazo não seja obedecido, não obstante as meritosas manifestações em sentido contrário, é fato que a jurisprudência tanto do STJ quanto do STF já se consolidou no sentido de que a consequência não é a ilegalidade da decisão restritiva com a soltura imediata do réu, mas sim a determinação de que o juiz responsável pela decisão faça imediatamente a sua reanálise nos termos da lei (SL 1.395/SP, Rel. Ministro Luiz Fux e AgRg no HC n. 629.415, da minha relatoria).

E justamente em razão dos efeitos da não reanálise da decisão que decretou a prisão (ou outra cautelar) no prazo de 90 dias não incluir na soltura automática do imputado, é que aconselho aos advogados que tomem a iniciativa de provocar o juízo competente e que, ao fazê-lo, não se limitem ao simples pedido de cumprimento do disposto no parágrafo único do art. 316 do CPP, mas que também forneçam ao prolator da decisão elementos que justifiquem a revisão da decisão anterior. Como dizia o Ministro Paulo Távora em suas aulas na Universidade de Brasília: ajude o juiz a te ajudar.

E neste pequeno texto com algumas notas iniciais sobre os efeitos da Lei n. 13.964/2019 na prisão, falo também do disposto no art. 492 do CPP. Este dispositivo, com os acréscimos que incluiu a letra *e* do inciso I, autorizou a execução provisória da condenação imposta pelo Júri naqueles casos em que a pena for igual ou superior a 15 anos e em que não se encontrem presentes os requisitos da prisão preventiva.

Entendo, como aliás já entenderam tanto a Quinta como a Sexta Turma do Superior Tribunal de Justiça (AgRg no HC n. 541.496/SC, Rel. Ministro Joel Ilan Paciornik, Quinta Turma, julgado em 1º/9/2020, DJe 8/9/2020, e HC n. 538.491/PE, da minha relatoria, Sexta Turma, julgado em 4/8/2020, DJe 12/8/2020), que tal dispositivo é inconstitucional.

Isto porque estamos diante de execução provisória de uma sentença penal, execução provisória essa que já foi declarada inconstitucional pelo Supremo Tribunal Federal por ocasião do julgamento das ADIs n. 43, n. 44 e n. 54. Sei que a sentença oriunda do Júri, para alguns doutrinadores e, também, para a Primeira Turma do Supremo Tribunal Federal, merece um tratamento diferenciado, considerando que *não viola o princípio da presunção de inocência ou não da não culpabilidade a execução da condenação pelo Tribunal do Júri, independentemente do julgamento da apelação ou de qualquer outro recurso* (HC n. 118.770, Redator para o acórdão o Ministro Luís Roberto Barroso).

Sei também que o próprio Supremo Tribunal Federal já afetou a questão ao seu pleno (RE n. 1.235.349); mas, sei também que, mesmo dentro do Supremo Tribunal Federal, existem aqueles que pensam de forma diferente (HC n. 163.814/MG, Ministro Gilmar Mendes, julgado em 19/11/2019).

Assim, até uma manifestação final do Supremo Tribunal Federal quanto à possibilidade de se executar provisoriamente a condenação imposta pelo Júri, não vejo como concluir de forma diferente – a inovação trazida pela letra *e* do inciso I do art. 492 do CPP é inconstitucional, considerando que não se admite a execução provisória de uma condenação penal.

São pequenas notas, levando em consideração ainda o pouco tempo de vigência da Lei n. 13.964/2019. Na essência, o que considero mais relevante é a preocupação demonstrada pelo legislador ao impor uma série de requisitos novos para que a prisão preventiva seja decretada, em uma demonstração clara de que esta estava sendo usada de forma indiscriminada e abusiva. O fato é que a prisão preventiva não pode ser – como estava e, em que pese o esforço do legislador, continua a ser – banalizada e usada como o remédio único para combater a criminalidade, mesmo naqueles casos de culpa não formada.

Existem regras e estas devem ser seguidas. A simples presença de indícios de autoria e materialidade não a autoriza, sendo necessário, além das condições até o advento da referida lei já existentes, que se indique, com fatos e elementos concretos e novos ou contemporâneos, que a situação de liberdade do imputado implica um perigo real e concreto para a sociedade e/ou para o processo.